HINAUS

↗ in die Natur

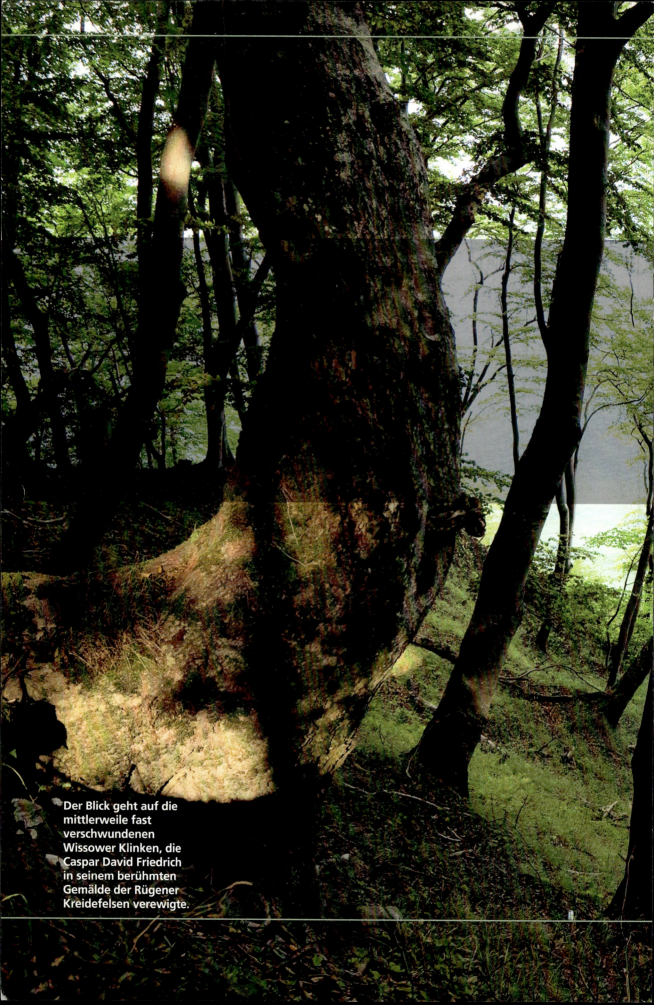

Der Blick geht auf die mittlerweile fast verschwundenen Wissower Klinken, die Caspar David Friedrich in seinem berühmten Gemälde der Rügener Kreidefelsen verewigte.

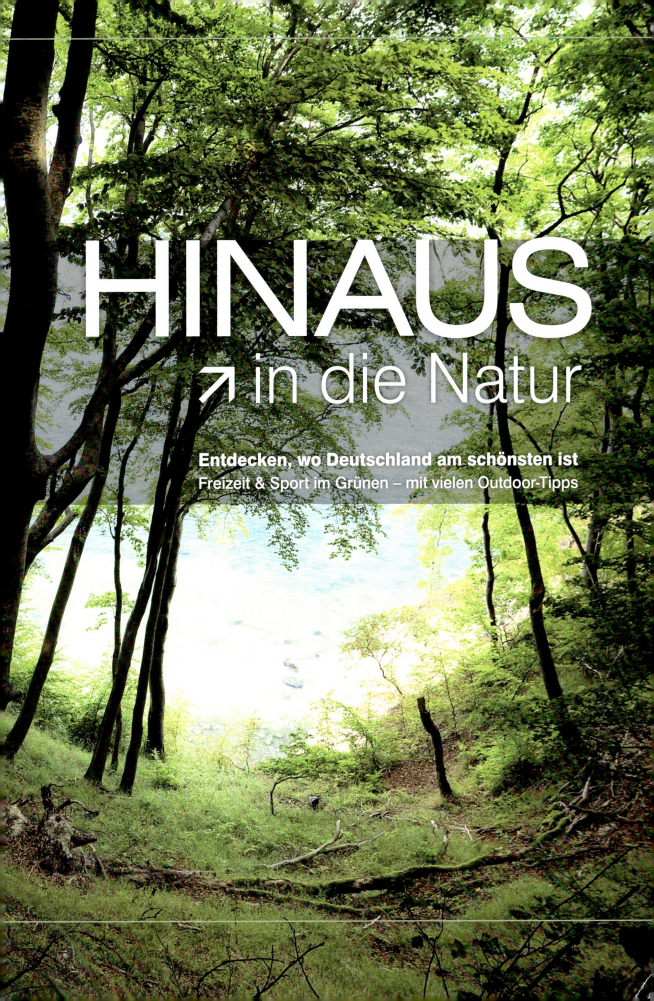

HINAUS
↗ in die Natur

Entdecken, wo Deutschland am schönsten ist
Freizeit & Sport im Grünen – mit vielen Outdoor-Tipps

Zu diesem Buch

Deutschland ist ein grünes Land: 15 Nationalparks, 15 Biosphären-reservate, 104 Naturparks und weit über 8000 Landschafts- und Naturschutzgebiete sind hierzulande eingerichtet. Eine Vielzahl von ihnen ist auf Besucher eingestellt, die im sanften Einklang mit der Natur Einblicke in Feld, Wald und Watt erleben können oder die sich für sportliche Aktivitäten im Grünen begeistern. Dieses Buch zeigt all die Höhepunkte von Deutschlands unberührten Regionen, liefert eine Vielzahl an Tipps für Anreise, Unterkunft und Freizeitmöglichkeiten und gibt Anregungen für Outdoor-Aktivitäten. Manchmal liegt das Glück nämlich nur ein paar Schritte vor der Haustür oder eine kurze Radtour entfernt. »Willst du immer weiter schweifen? Sieh, das Gute liegt so nah!« erkannte schließlich schon Johann Wolfgang von Goethe.

Die Felsrippe der Teufelsmauer in Sachsen-Anhalt ist durch viele bizarre Steinformationen geprägt.

Die Tannheimer Berge werden vom Ammergebirge durch das Tal des Lech getrennt. Er durchfließt den Forggensee (Bildhintergrund), einen künstlichen Wasserspeicher.

Der rot-weiß geringelte Leuchtturm List Ost auf der Halbinsel Ellenbogen von Sylt wacht über die Küste und sendet per Fernsteuerung seine Lichtsignale.

Wenn die Sonne hinter
der Nordsee untergeht,
zeigt die Dünenland-
schaft von Sylt ihr
schönstes Gesicht.

Schleswig-Holstein / Hamburg

Die Landschaft an Nord- und Ostseeküste bezaubert mit einem ganz besonderen Flair, Sonne, Wolken und die Gezeiten geben dem ebenen Land und dem Meer ein sich ständig wandelndes Erscheinungsbild. Nirgendwo auf der Welt findet man ein solches Naturparadies wie das Wattenmeer, diesen bis zu 30 Kilometer breiten Sand- und Schlick-Saum der Nordseeküste, mit seinen typischen Pflanzen und den faszinierenden Tieren.

Helgoland

Kurverwaltung Helgoland
Lung Wai 28
27498 Deät Lun / Helgoland
Tel. 04725/814 30 (Zentrale)
www.helgoland.de
info@kurverwaltung-helgoland.de

Trutzig ragt die rote Insel aus dem Meer. Doch in Wahrheit besteht Deutschlands Vorposten in der Nordsee aus weichem Gestein. Und so haben Wind und Wellen Helgoland über die Jahrhunderte ein einzigartiges Aussehen gegeben. Markantes Symbol dafür ist das Wahrzeichen der Insel, die »Lange Anna«, eine fast 50 Meter hohe Felsnadel aus Buntsandstein, die vor den steilen Klippen aus dem Meer ragt. Bis 1860 war sie noch über einen Bogen mit der Insel verbunden, der jedoch während einer Sturmflut einstürzte. Auch die Badeinsel Düne wurde erst 1721 von der Hauptinsel getrennt. Die exponierte Lage,

Basstölpel brüten auf Helgolands Lummenfelsen ...

... ebenso wie die namensgebenden Trottellummen.

40 Kilometer von der deutschen Küste entfernt, beschert Helgoland ein einzigartiges, mildes Klima mit einer reinen Luft, die Allergiker aufatmen lässt. Auch Flora und Fauna findet man so nirgendwo sonst. Die steilen Wände des »Oberland« bieten zahlreichen Seevogelarten die einzige Brutmöglichkeit in Mitteleuropa. Außerdem machen über 370 weitere Arten auf ihren Zügen hier Rast. Die Helgoländer Pflanzenwelt zeichnet sich durch ihre Vielfalt an Salzwiesengewächsen aus. Ferner findet man dort rund 400 Algenarten sowie den gelb blühenden, essbaren Helgoländer Klippenkohl. Das wahre Insel-Feeling erlebt jedoch nur der, der mehrere Tage bleibt und abends nach der Abfahrt der Tagestouristen die große Stille auf sich wirken lässt, die dieser Felsen im Meer ausstrahlt.

Lummenfelsen

Eines der Highlights der Insel ist der Lummenfelsen, das

kleinste Naturschutzgebiet Deutschlands. In der rund 50 Meter hohen Felswand brüten im Frühjahr Tausende von Seevögeln. Am spektakulärsten geht es im Juni zu. Denn dann stürzen sich Tausende junger Trottellummen in die Tiefe, um ihr Leben künftig auf dem Meer fortzusetzen. Außer den Namensgebern ziehen hier auch Dreizehenmöwen, Eissturmvögel, Basstölpel und der Tordalk ihre Jungen groß. Nirgendwo sonst in Deutschland gibt es eine derart hohe Brutvogeldichte. Wie die Elternvögel sich und ihren Nachwuchs geschickt auf den schmalen Felsvorsprüngen balancieren, ist vom Klippenrandweg gut einsehbar.

Highlights Ein Muss für jeden Helgoland-Besucher ist der Klippenrandweg über das Oberland, der spektakuläre Ausblicke auf das Meer und die Vogelfelsen bietet. Über Trampelpfade lässt sich auch der 61 Meter hohe Pinneberg, die höchste Erhebung der Insel, erreichen.

Outdoor-Aktivitäten Die Vogelinsel Helgoland ist ein Paradies für Ornithologen. Die spannendsten Beobachtungen lassen sich im Mai sowie im September und Oktober machen, wenn die Zugvögel auf der Insel Quartier nehmen. Wer lieber am Strand liegt, für den ist die Nebeninsel Düne mit ihrem feinen, weißen Sand genau das Richtige. Am Nordstrand lassen sich auch Seehunde und Kegelrobben beobachten.

Anreise/Unterkunft Ausflugstouren nach Helgoland werden von Büsum, Cuxhaven, Wilhelmshaven und Bremerhaven aus angeboten. Von Hamburg erreicht man die Insel per Schnellfähre. Daneben gibt es auch Flüge von Bremerhaven oder Heide. Wer Helgoland nicht nur als Tagesgast besuchen will, findet auf www.helgoland.de/uebernachten.html Übernachtungsmöglichkeiten.

Bild oben: Wahrzeichen von Helgoland: Lange Anna.

+ TIPP + TIPP + TIPP +

↗ **Themenpfad Natur** Für alle, die sich über die einzigartige Tier- und Pflanzenwelt der Insel informieren möchten, wurde der Themenpfad Natur angelegt. Große Schautafeln geben Auskunft über die Attraktionen. Eine kostenlose Broschüre gibt es in der Touristen-Information.

↗ **Einblicke in die Forschung** Wegen der besonderen Ökologie Helgolands unterhält auch das renommierte Alfred-Wegener-Institut für Polar- und Meeresforschung hier ein Forschungszentrum. Dieses bietet ganz besondere Führungen an. Zum Beispiel ins wissenschaftliche Tauchzentrum im Binnenhafen oder ins Ökolabor, wo der Hummer-Nachwuchs gezüchtet wird, der im Helgoländer Watt ausgesetzt wird. Informationen unter www.awi.de.

↗ **Felswatt und Aquarium** Ein besonderer Lebensraum ist das Watt am Felssockel der Klippen mit seinen vielen Algenarten. Allerdings ist das Betreten verboten. Wer die Wattbewohner von Nahem sehen will, wird im Aquarium des Alfred-Wegener-Zentrums (siehe oben) fündig.

↗ **Vogelwarte** Nicht nur für Vogelliebhaber ist die Vogelwarte mit ihrem großen Fanggarten interessant. Sie wurde bereits 1910 gegründet. Während der Zugsaison werden regelmäßig Führungen angeboten, Tel.: 04725/64020, www.vogelwarte-helgoland.de.

↗ **Wurfsaison** Im November bringen die Kegelrobben auf der Insel Düne ihre Jungen zur Welt. Experten des Vereins Jordsand führen Besucher bis auf 30 Meter heran. Tel.: 04725/7787, www.jordsand.eu.

Seehunde

Im Wattenmeer der Nordsee liegt die Heimat der Seehunde. Meist verhalten sie sich gar nicht scheu und schwimmen bis an die Molen der Häfen, wo sie wie Bojen hochtreiben. Auch die Wurfplätze befinden sich in Küstennähe. Die Jungen tummeln sich schon kurz nach der Geburt im Wasser und beginnen zu tauchen. Hat eine Seehundmutter ausnahmsweise Zwillinge, so bleibt das zweite Junge oft ohne Aufsicht und beginnt zu verwahrlosen. Seinen Unmut äußert es durch plärrende Laute, die weithin zu hören sind. Diese sogenannten Heuler werden oft von Küstenbewohnern aufgezogen; sie lassen sich mit angereicherter Kuhmilch hochpäppeln. Das Wattenmeer bietet den Seehunden opulente Nahrungsgründe: Vom Butt bis zum Tintenfisch reicht die Speisepalette der Tauchjäger, die meist nachts auf Beutefang gehen. Tagsüber aalen sie sich,

wenn möglich, auf Sandbän-
ken. Auf dem Trockenen schleifen sie unbeholfen den Hinter-
leib nach. Im Wasser erkennt
man Seehunde an ihrem schlän-
gelnden Schwimmstil. In der
Nord- und Ostsee lebt noch eine
zweite Robbenart, die größere
Kegelrobbe, die sich auch durch
ein steileres Kopfprofil vom
rundköpfigen Seehund unter-
scheidet. Eigentlich müsste sie
»Seehund« heißen und die
Schwesterart »Seekatze«.

Nationalpark Schleswig-Holsteinisches Wattenmeer

Nationalparkverwaltung
Schleswig-Holsteinisches
Wattenmeer
Schlossgarten 1
25832 Tönning
Tel. 04861/61 60
www.nationalpark-wattenmeer.
de/sh
nationalpark@lkn.landsh.de

Der weite Blick zum Horizont, das Spiel der Wolken, das ständig wechselnde Licht und die verschiedenen Farben des Meeres verleihen dem Schleswig-Holsteinischen Wattenmeer seinen Charme. Mal strahlt diese Landschaft große Ruhe aus, dann wieder wird sie von den tobenden Elementen regelrecht durchgepeitscht. Während eben noch die endlos scheinende Weite beeindruckte, fasziniert oft schon wenig später das unmittelbare Erleben von Wind und Wetter.

Deutschlands größter Nationalpark misst über 4400 Quadratkilometer und reicht von der Elbmündung bis zur dänischen Grenze. Im Mittelalter war ein großer Teil davon noch festes Land. Doch immer wieder rissen Sturmfluten Teile davon mit sich und ließen schließlich eigenwillig geformte Reste zurück: die nordfriesischen Inseln und die Halligen sowie viele kleine Sandbänke. Zweimal täglich gibt das Meer seine Beute wieder frei und legt einen Lebensraum bloß, der auf den ersten Blick unwirtlich und öde erscheinen mag, aber eines der lebendigsten und auch sensibelsten Ökosysteme überhaupt ist.

Sylt

Als »erste Adresse« an der schleswig-holsteinischen Nordseeküste gilt gemeinhin die eigenwillig geformte Insel Sylt. Auch sie ist ein Produkt der Naturgewalten. Ihre Ost-West-Ausdehnung hat im Verlauf der

Landschaft im Naturschutzgebiet am Sylter Ellenbogen

letzten 8000 Jahre etwa um zehn Kilometer abgenommen, weil das Meer beständig an ihr nagte. Dafür wurde sie durch angeschwemmte Sedimente im Norden und Süden immer länger. Das bescherte der Insel ihren wunderbaren, fast 40 Kilometer langen Weststrand. Während sich die einstigen Siedlungen im Kern der Insel längst zu mondänen Badeorten gewandelt haben, punktet Sylt im Süden und Norden mit einem herben, ursprünglichen

Charme. Dünenlandschaften wechseln dabei mit ökologisch besonders wertvollen Heideflächen ab sowie mit von Menschen angelegten Schutzzonen wie kleinen Wäldchen oder großen Flächen, die vor langer Zeit mit der herrlich duftenden, pink blühenden Kartoffelrose bepflanzt wurden.

Mit der kleinen Insel Uthörn im Königshafen und dem Rantumer Becken besitzt Sylt auch zwei wertvolle Vogelschutzgebiete.

Nord-Sylt

Als der schönste Teil der Insel gilt der Norden. Westlich der Gemeinde List befindet sich das Listland, ein einzigartiges Wanderdünengebiet. Zwar darf das Zentrum aus ökologischen Gründen nicht betreten werden, doch auch die Wege rundherum gewähren wunderschöne Einblicke. An das Listland schließt sich die hakenförmige Halbinsel Ellenbogen an. Sie ist als Vogelschutzgebiet ausgewiesen und für Autofahrer nur gegen Zahlung einer Maut zugänglich.

Rotes Kliff

Im Mittelteil der Insel findet der Besucher zwischen Wenningstedt und Kampen die markanteste Abbruchkante an der deutschen Nordseeküste: das Rote Kliff. Die fast 30 Meter hohe und über fünf Kilometer lange Steilküste diente den Kapitänen früher als Orientierungspunkt. Seine charakteristische rote Farbe hat das Kliff durch die Oxidation von Eisenbestandteilen im Lehm.

Morsum-Kliff

Das Mekka der Geologen jedoch ist das Morsum-Kliff. Dieser zwei Kilometer lange Abschnitt der Sylter Steilküste liegt im Osten nahe dem Ort Morsum. Hier tritt offen zutage, aus wie vielen und welchen Gesteinsschichten der Sockel von Sylt unter seiner Sanddecke besteht. Die verschiedenen Schichten repräsentieren dabei eine beeindruckende geologische Zeitspanne von etwa acht Millionen Jahren. Vor 120 000 Jahren haben hier Gletscher Erdschollen schräg gestellt, sodass man nebeneinander helle Kaolinsande, rostroten Sandstein und schwarz-braunen Glimmerton bewundern kann.

Großes Bild: Vor und nach der Hauptsaison im Sommer zeigt sich Sylt vielerorts menschenleer und ursprünglich.

Ein kleiner Wanderpfad führt auf dem Roten Kliff entlang.

Rot leuchten die Sandtöne am Morsum-Kliff.

Rantum-Becken

Vogelfreunde auf Sylt zieht es in das Rantumer Becken südlich des Hindenburgdamms. 1936 haben es die Nationalso-zialisten ausheben lassen, um einen Wasserflughafen anzulegen. Später leitete man die Abwässer von Westerland in das nutzlos erscheinende Becken. Doch schon bald zeigte sich, dass die flache Wasserfläche zu einem Paradies für Seevögel wurde. So wurde das Becken 1962 renaturiert. Mit der Zeit entwickelten sich verschiedene Süß- und Salzwasserlebensräume wie offene Wasserflächen, Schlickflächen, Verlandungszonen, Schilf und Salzwiesen, die für die unterschiedlichsten Vogelarten wertvolle Brut- und Rastplätze sind.

Auf dem etwa neun Kilometer langen Deich rund um das Becken ist ein herrlicher Wanderpfad angelegt, von dem aus man die Seevögel in aller Ruhe beobachten kann. Zum Brüten ziehen sich viele Vögel aber auf kleine Inseln inmitten der flachen Gewässerflächen zurück und sollten dort nicht gestört werden, auch wenn das Becken bei Ebbe begehbar ist.

Großes Bild: In der Luftaufnahme des Rantum-Beckens erkennt man die vielen Rückzugsgebiete, die von den Seevögeln bei der Brut aufgesucht werden. Hier brüten unter anderen auch die Zugvogelarten Uferschnepfe, die Ibisart Brauner Sichler und der Große Brachvogel (Bildleiste von oben nach unten).

Blick über das Wattenmeer vor der Küste von Amrum

Insel umgeben, sind ein Paradies für Vögel. Früher hat man hier bis zu 40 000 Wildenten pro Jahr gefangen, wovon noch sechs Vogelkojen zeugen. Die Warte im Wyker Ortsteil Boldixum kann besichtigt werden.

Amrum

Innen viel Grün, außen viel Weiß, so präsentiert sich die kleine Insel Amrum. Der Kern der Insel besteht aus einem lang gestreckten, eiszeitlichen Moränenrücken, der mit ausgedehnten Wald- und Heideflächen bedeckt ist. Westlich davon hat sich mit der Zeit viel feiner, weißer Sand angesiedelt und türmt sich nun zu Dünen auf. Der Dünengürtel von Amrum macht fast 40 Prozent der Inselfläche aus und ist mit seinen verschiedenen Arten von Dünen sicherlich eine der schönsten Sandlandschaften Deutschlands. Besonders interessant sind die sogenannten Runddünen. Sie entstehen rund um Bewuchs-Inseln aus Kriech-

Föhr

Geschützt durch seine Binnenlage im Windschatten von Amrum und Sylt, ist Föhr eine grüne Insel mit artenreicher Vegetation und lieblicher Landschaft, in der sich malerische Friesenhäuser, verstreut liegende Bauernhöfe, Windmühlen und Kirchlein finden. Das besonders milde Klima hat der Insel den Beinamen friesische

Karibik eingetragen. Bereits 1819 wurde Wyk zum ersten staatlich anerkannten Seebad der schleswig-holsteinischen Nordseeküste. Im Kurpark gedeihen sogar Esskastanien, Zypressen und andere mediterrane Gewächse. Im Süden der Insel fällt der Geestrücken hin zu langen, weißen Stränden ab. Daneben findet sich zu Füßen des Goting-Kliffs aber auch allerlei Geröll, das die Gletscher

einst aus Skandinavien in diese Region transportierten, darunter tonnenschwere Findlinge. Rund um den Hauptort Wyk kann man auch noch Reste jener Mischwälder finden, von denen die Insel einst bedeckt war. Neben Buchen und Eichen sorgen hier Stechpalmen für eine charakteristische Note. Im Norden der Insel dominiert flaches Marschland. Die ausgedehnten Wattflächen, die die

Der Leuchtturm ist das bekannteste Wahrzeichen der Insel Pellworm.

Weide oder Besenheide. Während in der Mitte die Wurzeln der Pflanzen den Sand festhalten, wird er rundum mit der Zeit weggeweht. Am Ende entstehen bis zu 20 Meter hohe Erhebungen, die auf ihrer Spitze einen »grünen Hut« tragen. Die höchste Erhebung ist die Aussichtsdüne A Siatler bei Norddorf mit 32 Metern. Von Möwen und Enten werden die Amrumer Dünen als Brutgebiete geschätzt, weshalb auch Teile unter Naturschutz stehen.

Kniepsand

Das Highlight von Amrum ist sicherlich der herrliche, bis zu 1,5 Kilometer breite Sandstrand, der Kniepsand. Eigentlich ist er gar nicht Bestandteil der Insel. Es handelt sich dabei um eine Sandbank vor der Küste der Insel, die langsam um die Nordspitze von Amrum herum wandert. Bis in die 1960er-Jahre war sie noch mit einem Priel vom Amrumer Dünengürtel getrennt, der jedoch inzwischen verlandet ist. Trotzdem schützt der Kniepsand die Amrumer Dünen vor Erosion.

Pellworm

Die Insel Pellworm ist das Ergebnis einer Naturkatastrophe. In der Nacht vom 11. auf den 12. Oktober 1634 brach die Insel Strand auseinander. Ihre Reste werden heute von Pellworm, Nordstrand und den Halligen gebildet. Da ein Großteil von Pellworm heute unter dem Meeresspiegel liegt, muss die Insel mit Deichen geschützt werden, die immer wieder erhöht werden. Wie Föhr ist auch sie eine grüne Insel, auf der noch Landwirtschaft betrieben wird. Im Frühjahr bestimmen leuchtend gelbe Rapsfelder das Bild. Bei Besuchern kann sie mit großer Ruhe und einem weiten Blick punkten. Rund um die Insel erstrecken sich endlos scheinende Wattflächen. Auf geführten Wanderungen können Reste der 1634 untergegangenen Siedlungen besichtigt werden.

Großes Bild: Heftige Westwinde treiben das Meer gegen die Dünen am breiten Kniepsand von Amrum, der sich hier in Nebel hüllt. Die Sandbank schützt die fragile Inselküste.

»Land unter!« heißt es mehrfach im Jahr auf den zehn Halligen vor dem Festland Nordfrieslands. Dann, wenn die herbstlichen Stürme über das Meer fegen, bleibt von den Überbleibseln ehemaliger Inseln oder den winzigen Landfetzen des einstigen Festlandes nicht mehr viel übrig: Wiesen und Weiden werden überflutet, das Vieh wird eilig in die Stallungen getrieben, die Fenster verschlossen und dann beginnt das Warten und das Hoffen. Nur wenige Menschen leben auf den Warften der Halligen, jenen aufgeschütteten Hügeln, auf denen die Wohn- und Wirtschaftsgebäude der Landwirte stehen. Sie leben ein einsames Leben im Winter und ein durchaus turbulentes im Sommer, wenn die Touristen kommen, um sich dieses Leben anzuschauen. Fünf der Halligen sind bewohnt und bewirtschaftet: Gröde, Hooge, Langeneß,

Nordstrandischmoor und Oland. Langeneß ist mit seinen 956 Hektar, 16 Warften und 110 Einwohnern die größte. Die kleinste Hallig ist Habel. Sie ist nur sieben Hektar groß und unbewohnt. Norderoog und Süderoog haben Vogelschutzstationen, die teilweise ganzjährig besetzt sind, zum Schutzgebiet des Nationalparks Schleswig-Holsteinisches Wattenmeer gehören und besichtigt werden können.

Anreise/Unterkunft

Sylt: Die Insel ist über einen Bahndamm mit dem Festland verbunden und gut mit dem Zug zu erreichen. Wer sein Auto dabeihaben will, hat die Möglichkeit, dieses per Autoreisezug zu transportieren. Günstiger, aber langwieriger ist die Anfahrt über die dänische Insel Rømø und die Fähre nach List. Zum Übernachten bieten sich eine Vielzahl von Hotel- und Pensionszimmern

sowie Ferienwohnungen an, die über www.sylt.de gebucht werden können. Eine reizvolle und bezahlbare Alternative für Familien ist die Jugendherberge List-Mövenberg, die wunderschön zwischen Binnenmeer und Wanderdünen gelegen ist, Tel.: 04651/870397, E-Mail: list@jugendherberge.de. Weitere Jugendherbergen gibt es in Westerland und Hörnum, buchbar über www.jugendherberge.de. Eine Alternative zu den recht teuren Übernachtungs-

preisen auf Sylt sind auch die Ferienhaussiedlungen im Süden von Rømø.

Föhr: Nach Föhr gelangt man in 50 Minuten mit der Fähre von Dagebüll aus. Autos können mitgenommen werden. Die Plätze für die Überfahrt sollte man aber rechtzeitig buchen. Ferienquartiere auf der Insel kann man über www.foehr.de buchen. Für Familien gibt es zahlreiche Möglichkeiten zu Urlaub auf dem Bauernhof, natürlich auf echten Friesenhöfen mit Reetdach.

Amrum: Auch Amrum erreicht man mit der Fähre von Dagebüll. Wer mit der Bahn fährt, sollte übrigens – das gilt für die Fahrt auf alle Inseln – die Fahrkarte bis zu seinem Urlaubsort buchen, dann sind Fährfahrt und örtlicher Nahverkehr inklusive, was günstiger kommt. Alternativ fahren die Adler-Schiffe Amrum von Strucklahnungshörn/Nordstrand aus an. Unterkünfte bucht man am

besten über www.amrum.de. Dort finden sich auch immer wieder günstige Pauschal- oder Last-Minute-Angebote.

Pellworm: Pellworm ist mit der Fähre von Strucklahnungshörn auf Nordstrand erreichbar. Quartiere lassen sich auf www.pellworm.de finden. Im Gegensatz zu Sylt, Amrum und Föhr sind die Übernachtungspreise im Schnitt deutlich günstiger. Außerdem ist Umweltschutz ein großes Thema.

Halligen: Die Halligen erreicht man in der Regel mit Ausflugsschiffen von den Häfen Schlüttsiel und Strucklahnungshörn aus. Daneben gibt es auch Fahrten von Amrum und Föhr aus. Einen Überblick über die Fährgesellschaften und ihre Angebote bekommt man auf der Website www.halligen.de.

Die Fähre nach Sylt trotzt auf ihrem Weg am Ellenbogen vorbei nach List dem unwirtlichen Wetter.

Bahn und Autoreisezug verbinden Sylt mit dem Festland.

+ TIPP + TIPP + TIPP +

Der Naturerlebnisfinder
Was ist los im Nationalpark Schleswig-Holsteinisches Wattenmeer? Den aktuellen Überblick bietet die Website www.nordseetourismus.de/de/suche-naturerlebnisangebote. Dort können Urlauber sich informieren, was an bestimmten Orten geboten wird. Der Filter erlaubt es, gezielt nach familientauglichen, barrierefreien, wetterunabhängigen oder autofrei erreichbaren Zielen zu suchen.

Das Watt erleben Der »Verein Schutzstation Wattenmeer« unterhält auf Sylt, Amrum, Föhr, Langeneß, Hooge, Pellworm und Nordstrand sowie in Husum, Westerhever, St. Peter-Ording, Büsum und in Friedrichskoog Niederlassungen. Deren Mitarbeiter bieten eine Vielzahl öffentlicher Veranstaltungen wie Wattwandern, Vogelexkursionen, mee-

resbiologische Kutterfahrten, Strandwanderungen, dazu naturkundliche Radtouren oder Vorträge an (www.schutzstation-wattenmeer.de). In Hörnum auf Sylt wurde zudem 2013 das größte Nationalpark-Infozentrum eingerichtet (www.arche-wattenmeer.de).

Von Föhr nach Amrum Wenn sich das Meer zurückzieht, ist es tatsächlich möglich, die 8 Kilometer von Föhr nach Amrum zu laufen. Man sollte dies allerdings keinesfalls allein, sondern nur mit einem kundigen Führer tun, da die Gefahr, von der Flut eingeholt zu werden, sonst zu groß ist. Vor allem bei Amrum muss mit dem Mittelloch ein größerer Priel durchwatet werden. Informationen bei den Tourismus-Verwaltungen Föhr, Tel. 04681/300, und direkt bei den Amrumer Guides Andreas Herber (www.wattwanderung-amrum.de), Reinhard Boyens (www.wattwandern-amrum.de) und Dark Blome (www.der-inselläufer.de).

Nach Norderoog Die kleine Hallig Norderoog gehört zur Schutzzone I des Nationalparks und darf nur zusammen mit einem geprüften Wattführer besucht werden. Im Sommer finden regelmäßig Wanderungen von der Hallig Hooge aus statt (hin und zurück ca. 9,5 Kilometer). Informationen gibt es im Tourismusbüro von Hooge (Tel. 04849/91 00, www.hooge.de). Im Frühjahr und Frühsommer kann man auf Norderoog Tausende von brütenden Brandseeschwalben sowie den rotbeinigen Austernfischer, der auch scherzhaft »Halligstorch« genannt wird, beobachten.

Mit dem Briefträger nach Süderoog Einen ganz besonderen Wattspaziergang kann man auch von Pellworm aus unternehmen. Besucher können nämlich zweimal in der Woche Briefträger Knud Knudsen bei seinen Touren auf die Hallig Süderoog begleiten. Auf der kleinen Insel, die in etwa 1,5 Stunden zu erreichen ist, lebt

lediglich ein Ehepaar, das dort ökologische Landwirtschaft betreibt. Ihre Kühe und Schafe tragen durch die Beweidung zum Landschaftsschutz bei. Daneben kümmern sich die beiden Inselbewohner noch um die Instandhaltung der Uferbefestigung, zählen Vögel und bewirten die Besucher, die der Postbote zu ihnen bringt. Informationen auf www.pellworm.de.

Schiffstouren Der größte Anbieter für Törns zwischen den Halligen und den nordfriesischen Inseln sind die Adler-Schiffe. Sie bieten im Sommer regelmäßig Tagesausflüge zu den nordfriesischen Inseln, vor allem auch den Halligen, an. Mit auf dem Programm stehen oft die Passage verschiedener Seehundsbänke bzw. der Seetierfang mit Erklärung. Eine Übersicht über das Angebot findet man unter www.adler-schiffe.de. Ein weiterer Anbieter ist die Reederei Hauke Haien auf Hooge, www.wattenmeerfahrten.de.

↗ Vögel beobachten Ein 9 Kilometer langer Deich-Rundweg bietet die wunderbare Möglichkeit, das Treiben im Sylter Rantum-Becken zu beobachten. Von März bis Dezember bieten hier Mitglieder des Vogelschutzvereins Jordsand (Tel. 01520/592 59 28 www.jordsand.eu) Führungen an. Auf Amrum werden Vogelfreunde vor allem auf der Amrumer Odde im Norden fündig. Hier gibt es einen 4 Kilometer langen angelegten Weg durch die Dünen. Die Führungen des Vereins Jordsand finden von April bis Oktober statt (Tel. 04682/23 32).

↗ Ringelganstage Jedes Jahr von Mitte April bis Mitte Mai fallen riesige Schwärme ziehender Ringelgänse auf den Halligen ein. Dieses Naturschauspiel würdigen die Bewohner mit den Ringelganstagen. Für Touristen gibt es Pauschalangebote und zahlreiche fachkundige Führungen. Außerdem können sich die Besucher bei den Vogelzählungen beteiligen, Informationen unter www.ringelganstage.de.

↗ Mit dem Fahrrad auf Sylt ... Die Insel hat ein gut ausgebautes, 200 Kilometer langes Fahrradnetz. Besonders reizvoll sind die Strecken im Norden, die teilweise auf den Trassen der alten Inselbahn verlaufen und durch landschaftlich besonders schöne Gebiete führen.

↗ ... und auf Föhr Auch die flache verkehrsarme Insel Föhr eignet sich perfekt zum Fahrradfahren. Malerische kleine Orte, verstreute kleine Kirchen, Walfänger-Friedhöfe, Hünengräber und andere frühzeitliche Relikte sowie Museen zur friesischen Kultur sind lohnende Ziele. Wer den Rückweg nicht mehr schafft, kann sich von den örtlichen Bussen mitnehmen lassen, die Fahrradanhänger haben.

↗ Skaten auf Pellworm Generell lassen sich die Radwege auf den nordfriesischen Inseln auch von Inline-Skatern nutzen. Vor allem das flache, verkehrsarme Pellworm ist für Familien bestens geeignet.

↗ Wandern in der Braderuper Heide Zu den eher verborgenen Schönheiten Sylts gehört das Naturschutzgebiet Braderuper Heide im Osten von Wenningstedt-Braderup. Eine 10 Kilometer lange Tour beginnt am Fährhaus Munkmarsch und führt auf dem Kurweg über das Weiße Kliff zum Traditionsrestaurant »Kupferkanne«. Anschließend geht es am Fuß der Klippen über den Wattwanderweg wieder zurück.

↗ Südküstenweg auf Föhr Eine der schönsten Wanderungen auf Föhr führt von Utersum über 16 Kilometer nach Wyk. Dabei passiert man das Goting-Kliff, den Südstrand, ein steinzeitliches Megalith-Grab und den Leuchtturm Olhörn. Für eine Rast mit Meerblick und hausgebackenen Torten bietet sich das Kliff-Café in Niblum an.

↗ Zur Fliederblüte nach Groede Die Hallig lohnt besonders im Sommer einen Besuch, denn da blüht der Strandflieder und verwandelt die Insel in ein duftendes Blumenmeer.

↗ Nordic Walking auf Sylt Für die Fans des gesunden Walkens bietet Sylt 26 Routen von insgesamt 220 Kilometern Länge. Die einzelnen Kurse sind in drei Schwierigkeitsstufen unterteilt und variieren zwischen 1,6 und 18,7 Kilometern Länge. Karten sind in den Touristen-Informationen erhältlich.

↗ Syltlauf Jedes Jahr im März bietet Sylt eine Alternative zu den diversen Stadt-Marathons. Auf einer 33,33 Kilometer langen Strecke geht es von Hörnum nach List. Wer teilnehmen will, muss sich allerdings frühzeitig beim TSV Tinnum 1966 (Tel. 04651/32566, www.tinnum66.de) anmelden.

↗ Ringreiten auf Föhr Zwischen Juni und August finden

auf Föhr die Ringreit-Turniere statt, bei denen es gilt, in vollem Galopp kleine, hängende Ringe mit der Lanze aufzuspießen. Gäste sind dabei willkommen. Für Kinder gibt es spezielle Wettkämpfe. Auch sonst ist Föhr mit rund 850 Pferden auf nur 82 Quadratkilometern ein Reiterparadies, das vor allem auch mit Ausritten ins Watt lockt.

↗ **Surfen, Kitesurfen und Kajak** Am Strand von Kampen auf Sylt stand die Wiege des deutschen Windsurfens und auch heute noch sind die nordfriesischen Inseln ein Paradies für Surfer. Daneben gewinnt das Kite-Surfen immer mehr Freunde. Wer den Umgang mit Surfbrett und Lenkdrachen lernen will, findet auf allen Inseln entsprechende Schulen. Die Surfschule Westerland (Tel. 04651/27172, www.sunsetbeach.de) verleiht darüber hinaus auch noch Seekajaks samt der nötigen Ausrüstung.

↗ **Gymnastik am Meer** Während der Sommersaison wird an den meisten Stränden von Sylt, aber auch in Wyk und Utersum auf Föhr täglich Open-Air-Gymnastik zum Mitmachen angeboten. Die Termine erhält man in den örtlichen Tourismus-Informationen.

↗ **Beachvolleyball, Frisbee und Co.** In Westerland und Rantum auf Sylt sind spezielle Strandabschnitte als Fun Beach ausgewiesen. Hier kann man kostenlos Spielgeräte wie Bälle und Frisbees ausleihen und regelmäßig an Turnieren teilnehmen. Wer noch auf der Suche nach Mitspielern ist, wird hier schnell fündig.

↗ **Geocaching** Die moderne Form der Schnitzeljagd, bei der per GPS kleine versteckte Behälter (Caches) gesucht werden, gewinnt immer mehr Anhänger. In Naturschutzgebieten ist dieser Sport natürlich tabu, um die empfindlichen Ökosysteme nicht zu schädigen. Doch

auf Sylt, Amrum und Föhr sind außerhalb der Schutzzonen viele Caches versteckt. Informationen dazu findet man auf www.opencaching.de.

↗ **Aufstieg auf den Leuchtturm** Lohnenswert sind die gut 40 Meter Aufstieg auf den Pellwormer Leuchtturm. Denn von seiner Spitze aus genießt man einen wunderbaren Blick über das Wattenmeer. Besichtigungszeiten sind beim Kur- und Tourismusservice zu erfragen (Tel. 04844/189 40, www.pellworm.de/pellworm-infos/kontakt/kur-und-tourismusservice.html). Im Übrigen kann man auf dem Turm auch heiraten.

↗ **Strandsauna** Direkt nach dem Saunagang beim Spaziergang über den Strand die reine Nordseeluft einatmen und dann im Meer Abkühlung suchen: Dieses gesunde Vergnügen bieten gleich fünf Strandsaunen: in List (Tel. 04651/ 87 71 74, www.strandsauna-list-auf-sylt.de), Kampen (Tel. 04651/

88 60 78, www.grande-plage. de), Rantum (Sauna am Campingplatz, Tel. 04651/83 41 86, www.strandsauna-sylt.de), Sauna Samoa (Tel. 04651/83 41 86, www.strandsauna-samoa.de) und Hörnum (Tel. 04651/88 03 00, www.strandsauna-hoernum.de).

↗ **Erlebniszentrum Naturgewalten** Ein neues, hochmodernes Museum in List auf Sylt macht die Naturgewalten, die im Nationalpark herrschen, erlebbar. So kann man sich etwa im »Sturmraum« gegen den Wind stemmen, selbst Wellen erzeugen oder im Watttunnel Muscheln und Krebse beobachten. Tel. 04651/8361 90, www.naturgewalten-sylt.de.

Die Nordseeinsel Sylt ist das deutsche Mekka der Windsurfer, und das Meer vor Westerland wird häufig als Austragungsort von internationalen Wettbewerben genutzt.

Westerhever

Der malerische Leuchtturm Westerheversand ist das Markenzeichen der Halbinsel Eiderstedt. Das östlich davon liegende flache Land war früher einmal eine Insel. Doch durch Eindeichung verlandete das Watt mit der Zeit, sodass Westerhever heute der nordwestliche Zipfel von Eiderstedt ist. Früher wurde das neu gewonnene Gebiet vor allem landwirtschaftlich genutzt. Mit der Einrichtung des Nationalparks schränkte man dies jedoch stark ein und seitdem kann man beobachten, wie sich die Vegetation um Westerhever verändert und sich die küstentypischen Salzwiesen immer weiter ausdehnen. Zudem ist das von Prielen durchzogene Schlickwatt zwischen Küste und Sandwatt ein Paradies für Vögel. Westlich des Leuchtturms gelangt man zum Westerheversand, eine der Küste vorgelagerte große Sandbank. Von dort hat man über den Heverstrom hinweg den

Symbol der Nordsee ist der Leuchtturm Westerheversand. Oben: Salzwiesen von Westerhever.

Blick zu einer weiteren Sandbank, auf der eine Seehundkolonie zu Hause ist.

Anreise/Unterkunft Westerhever erreicht man am besten mit dem Auto. Bahnreisende müssen in Husum in den Bus 1073 umsteigen. Unterkünfte kann man über die Website www.westerhever-nordsee.de buchen. Besonders stilecht wohnt man auf einem Haubarg, dem typischen Eiderstedter Bauerngut mit Reetdach.

+ TIPP + TIPP + TIPP

↗ **Auf dem Stockenstieg zum Leuchtturm** Zu Westerhevers Wahrzeichen führt ein schöner Spaziergang durch die wasserdurchzogenen Salzwiesen. Der Ziegelklinkerweg steht sogar unter Denkmalschutz. Den Turm kann man im Sommer im Rahmen einer Führung besteigen. Wegen der großen Nachfrage ist eine Anmeldung erforderlich (Tel. 04865/12 06). Aus 40 Metern Höhe hat man dann einen wunderbaren Blick auf das Wattenmeer.

↗ **Baden** Auf dem 9 Kilometer langen Westheversand können sich Badegäste richtig ausbreiten. Allerdings bedarf es eines etwa 30-minütigen Spaziergangs.

Nationalpark Hamburgisches Wattenmeer

*Nationalpark-Verwaltung
Hamburgisches Wattenmeer
Stadthausbrücke 8
20355 Hamburg
Tel. 040/428 40 21 69
www.nationalpark-wattenmeer.
de/hh*

Mehr als 100 Kilometer vom Zentrum entfernt liegt Hamburgs nordwestlichster Stadtteil mitten in der Nordsee. Die nur 3 Quadratkilometer große Insel Neuwerk ist der einzige bewohnte Flecken des Nationalparks. Dieser ist mit einer Fläche von nur 13 750 Hektar mit Abstand der kleinste der drei deutschen Wattenmeer-Nationalparks und wird durch die Elbmündung geprägt. Die Sedimente, die der Fluss mit sich bringt, haben eine von nur relativ flachen Prielen durchzogene Wattlandschaft geformt. Außerdem sorgt der Strom für einen

Sich bekämpfende Brandgänse. Oben: Kutsche nach Neuwerk.

steten Nährstoffeintrag, der das Schutzgebiet zu einem Schlaraffenland für Seevögel und Jungfische macht. Gut 5 Kilometer westlich von Neuwerk bietet die Insel Scharhörn Brandseeschwalben, Möwen, Brandgänsen, Austernfischern und anderen Vögeln eine Brutmöglichkeit. Da die Insel aber zunehmend vom Meer zerfressen wird und der Platz eng zu werden droht, wurde mit Nigehörn 1989 nebenan eine weitere Vogelinsel künstlich geschaffen.

Anreise/Unterkunft Neuwerk ist bei Hochwasser mit den Schiffen der Reederei Cassen Eils von Cuxhaven aus erreichbar (www.cassen-eils.de), bei Ebbe können Besucher die Insel mit dem Wattwagen erreichen. Die verschiedenen Anbieter sind auf www.insel-neuwerk.de gelistet. Wer nicht nur als Tagesgast bleiben will, findet hier auch Unterkünfte. Besonders romantisch wohnt man in der Pension im Leuchtturm (www.leuchtturmneuwerk.de).

+ TIPP + TIPP + TIPP

↗ **Durchs Watt nach Neuwerk** Das schier endlose Watt rund um Neuwerk erlaubt es, von Duhnen oder Sahlenburg nach Neuwerk bzw. von der Insel auf das Festland zu laufen. Für die etwa 10 Kilometer lange Strecke sollte man mindestens 2,5 Stunden einrechnen. Die Strecke ist markiert und kann deshalb auch auf eigene Faust in Angriff genommen werden, aber ein Restrisiko z. B., durch Seenebel, bleibt. Deshalb sollte man zuvor neben dem Tidenkalender auch den Wetterbericht studiert haben. Wer auf Nummer sicher gehen will, findet unter www.cuxwatt.de bzw. www.wattwandernneuwerk.de geführte Touren. Von der Insel aus sind Touren nach Scharhörn möglich, das allein nicht betreten werden darf.

Naturpark Schlei

Naturpark Schlei e.V.
Arnisser Straße 12
24407 Rabenkirchen-Faulück
Tel. 04642/183 33
www.naturparkschlei.de
info@naturparkschlei.de

Über gut 40 Kilometer erstreckt sich die Schlei zwischen der Stadt Schleswig und der Ostsee. Manchmal wirkt sie wie ein See, dann wieder wird sie schmal wie ein Fluss. In Wahrheit handelt es sich um einen Meeresarm, der in der Eiszeit durch abfließende Schmelzwässer geformt wurde. Gefüllt ist sie mit Brackwasser, dessen Salzgehalt von Osten nach Westen stetig abnimmt. Ihre vielfältige Gestalt sorgt auch dafür, dass die Ufervegetation ständig wechselt. Ausgedehnte Röhrichtbestände folgen auf Wälder und romantische, sandige Badebuchten. Kein Wunder, dass diese reizvolle Landschaft die verschiedensten Ökosysteme beheimatet. Mehrere Teile sind unter Naturschutz gestellt worden. So etwa die Halbinseln Reesholm bei Schleswig und Oehe an der Schleimündung sowie der strandnahe Schwansener See, die alle bedeutende Brut- und Rastgebiete für Seevögel sind, der Bültsee bei Eckernförde, der einer der letzten nährstoffarmen Seen in Deutschland ist und deswegen ganz andere Wasserpflanzen beherbergt als die normalen nährstoffreichen Gewässer, das Esprehmer Moor, das der letzte Rest einer einst mehr als zehnmal so großen Moorlandschaft ist, und schließlich der Eiszeitrücken Os bei Süderbrarup, wo seltene Trockenrasenflächen direkt an feuchte Niedermoorwiesen grenzen und einer Fülle bedrohter Pflanzen und Insekten Lebensraum geben.

Highlights Das Städtchen Schleswig ist ein guter Ausgangspunkt, um die Region sowohl zu Wasser wie zu Land zu erkunden. Im imposanten Schloss Gottdorf sind das Landesmuseum für Kunst und Kulturgeschichte und das Archäologische Landesmuseum untergebracht (www.schlossgottdorf.de). Ein Highlight in Letzterem sind die Moorleichen aus dem nahen Windeby-Moor und das etwa 1700 Jahre alte Nydam-Boot. Einen lebendigeren Eindruck in die Zeit der Wi-

Wenn über der Schlei die Sonne untergeht, wirkt der breite Fluss wie ein stiller See.

kinger bietet das Museumsdorf Haithabu (www.schloss-gott-dorf.de/haithabu).

Outdoor-Aktivitäten Die Schlei ist ein Paradies für alle Arten von Wassersportlern und vor allem bei Seglern beliebt. Viele Abschnitte eignen sich auch bestens zum Paddeln. Wer lieber an Land bleiben möchte, findet eine Vielzahl reizvoller Fahrrad- und Wanderwege. Auch Angler kommen hier voll auf ihre Kosten.

Anreise/Unterkunft Am besten ist die Gegend mit dem Auto zu erreichen. Wer die Bahn wählt, ist auf die Halte in Schleswig, Rieseby und Süderbrarup angewiesen. Kappeln kann auch mit dem Bus 1624 von Schleswig aus erreicht werden (Informationen unter www.vsf-gmbh.com). Unterkünfte lassen sich über die Websites www.ostseefjord-schlei.de, www.touristikverein-kappeln.de und www.schoenhagen-ostsee.de finden.

+ TIPP + TIPP + TIPP +

↗ Wikinger-Friesenweg Dieser fast 300 Kilometer lange Fernradweg führt von Maasholm am östlichen Ende der Schlei nach St. Peter-Ording an der Nordseeküste. Da es eine Variante über das südliche und das nördliche Schleiufer gibt, lässt er sich auch gut zu einer Rundtour von Schleswig nach Maasholm und zurück umfunktionieren. Informationen unter www.wikinger-friesen-weg.de.

↗ Die Füsinger Au entlang Ein besonders idyllisches Revier für Paddler ist die Füsinger Au, die bei Idstedt entspringt und bei Schleswig in die Schlei mündet. Abhängig vom Wasserstand ist die Tour 16 oder 26 Kilometer lang. Informationen gibt es unter www.flussinfo.net/loiter-au-fuesinger-au/uebersicht.

↗ Auf bekannten Spuren radeln 15 kürzere Themen-Törns per Fahrrad hat die Tourismusbehörde Schleiregion zusammengestellt. So führt der 37 Kilometer lange Wikingertörn von Schleswig ins Museumsdorf Haithabu und von dort nach Missunde, wo die Schlei auf einer windengezogenen Fähre überquert wird, bevor es an ihrem Nordufer zurück nach Schleswig geht. Der Landarzt-Törn dagegen klappert zwischen Kappeln und Süderbrarup auf 39 Kilometern die Schauplätze der ZDF-Serie »Der Landarzt« ab. Einen Überblick über alle Touren gibt es auf der Website www.sh-tourismus.de.

↗ Wandern in den Naturschutzgebieten Das Schutzgebiet Oehe-Schleimünde darf nur mit einem ausgebildeten Führer betreten werden. Die Führungen werden vom Verein Jordsand organisiert (Tel. 04102/32656, www.jordsand. eu). Flyer über die erlaubten Wege in den anderen Schutzgebieten kann man auf www.naturparkschlei.de/de/Landschaft-Naturschutz/Naturschutzgebiete/index.php herunterladen.

Eine romantische Bucht an der Schlei, der Ostseestrand oder doch lieber ein Binnensee im Hinterland? Die Schleiregion bietet viele verschiedene Bade- und Paddelmöglichkeiten (oben). Die menschenleeren Ufer der Schlei bieten vielen Seevögeln Rückzugsmöglichkeiten für die Brut (ganz oben).

Naturpark Hüttener Berge

Hüttener Berge
Hauptstraße 2
24361 Holzbunge
Tel. 04356/99 58 70
www.naturpark-huettenerberge.de
info@naturpark-huettenerberge.de

Die Hüttener Berge erheben sich zwischen Schleswig, Rendsburg und Eckernförde. Die höchste Erhebung, der Scheelsberg, ragt immerhin mehr als 105 Meter über den Meeresspiegel hinaus. Das für diese Region außergewöhnlich wellige Relief wurde durch die Eiszeit geprägt und hat den Hüttener Bergen auch den Spitznamen »Kleiner Harz« eingetragen. In die Hügel eingebettet sind zahlreiche Seen. Die bedeutendsten sind der Bistensee und der Wittensee, der auch ein beliebtes Segelrevier ist. Die abwechslungsreiche Landschaft wird von Wäldern und sogenannten Knicks geprägt. Diese Wallhecken wurden bereits um 1770 angelegt, um Besitzungen einzukoppeln und den Wind zu brechen. Seitdem entwickelten sie sich zu Schutzräumen für Vogelarten wie etwa die Dorngrasmücke, die Heckenbraunelle, den Bluthänfling und die Goldammer. Als absolutes Highlight gilt das Schoothorster Tal mit seinem besonders dichten Knicknetz.

Anreise/Unterkunft Mit dem Auto lassen sich die Hüttener Berge über die A7 erreichen. Wer mit der Bahn anreisen möchte, kann Busverbindungen ab Rendsburg oder Owschlag unter scout-sh.de recherchieren. Ferienwohnungen lassen sich auf der Website www.tourismus-huettener-berge.de oder www.schleswig-holsteins-mitte.de finden. Für Hotelgäste bietet sich z. B. das Hotel Wittensee in Groß Wittensee an (www.hotel-wittensee.de).

Unten: Der hübsche Bistensee mitten im Naturpark.

+ TIPP + TIPP + TIPP

↗ **Naturparkweg** Der etwa 200 Kilometer lange Fernwanderweg führt von Eckernförde durch die Nationalparks Hüttener Berge, Westensee und Aukrug nach Bad Segeberg. Mehr Informationen unter www.wanderkompass.de/Schleswig-Holstein/naturparkweg.html.

↗ **Bergblick** Der schönste Aussichtsberg unter den Hüttener Bergen ist der 98 Meter hohe Aschberg mit seinem Bismarck-Denkmal. Vom Parkplatz Baumgarten aus kann man in einer 10 Kilometer langen Tour sowohl auf den Asch- als auch auf den Scheelsberg gelangen und zudem noch den tief im Wald verborgenen Rammsee einbinden. Informationen: www.schleswig-holsteins-mitte.de.

Störche

Er ist der »Meister Adebar« und im Volksglauben bringt der Klapperstorch die Kinder. Und er muss herhalten, wenn jemand ungelenk läuft – »wie ein Storch im Salat« – oder wenn man seinem Ärger Luft macht: »Da brat mir einer einen Storch!« Und in einigen Teilen Deutschlands bringt er anstelle des Osterhasen die Ostereier. Woher Redewendungen und Aberglauben stammen, mag nicht immer ganz klar sein, eindeutig sind sie aber Beleg dafür, dass der Storch seit Jahrhunderten der auffälligste Vogel ist, der Deutschland im Sommer aufsucht. Schon seine Nester setzt er auf markante Punkte in der Landschaft: Dächer, Schornsteine, Kirchtürme und Masten – dem Storch kann es nicht hoch genug sein. Bis zu 300 Kilogramm kann so ein Nest wiegen, das in atemberaubender Höhe balanciert. Nach Deutschland kommen vor allem die Weißstörche *(Ciconia ciconia)*, deren Flügelspanne bis zu zwei Meter beträgt. Den Winter verbringen sie im südlichen Afrika, bis sie ab März wieder gen Norden ziehen. Im Frühsommer bringen sie dann bis zu sieben Jungtiere zur Welt, die beide Elternteile, die sich ein Leben lang treu sind, aufopfernd umsorgen. Weißstörche benötigen unberührte Wiesen- und Sumpflandschaften im Umkreis ihres Geleges.

Naturpark Westensee

Naturpark Westensee – Obere Eider e.V., Bahnhofstraße 46a 24582 Bordesholm
Tel. 04322/556 02 10
www.naturpark-westensee-obereeider.de
info@farmlands-network.de

Auch der Naturpark Westensee, der von den Hüttener Bergen durch den Nord-Ostsee-Kanal getrennt ist, wurde durch die letzte Eiszeit geformt. In seinem Zentrum liegt, eingebettet in eine Hügellandschaft, der 6,8 Quadratkilometer große, eigenwillig geformte Westensee, der von der Eider durchflossen wird. Er ist sowohl ein Wassersport-Paradies – allerdings nur unmotorisiert –, bietet aber auch seltenen Tier- und Pflanzenarten in geschützten Bereichen einen wertvollen Rückzugsraum. Umgeben ist er von einer reizvollen Landschaft, in der sich Wälder und Felder mit weiteren Seen und den typischen Knicks ab-

Fischerboote warten am Westensee auf ihren nächsten Einsatz.

wechseln. Ein beliebtes Wanderziel mit wunderschönem Ausblick ist der 88 Meter hohe Tüteberg südlich des Westensees. Paddler schätzen neben der Eider den schmalen, gewundenen Eiderring-Kanal, der den Westensee mit dem Nord-Ostsee-Kanal verbindet. Besonders unberührte Natur findet sich im Naturschutzgebiet rund um den Methorst- und den Rümlandteich, wo sich viele seltene Vogelarten beobachten lassen.

Anreise/Unterkunft Der Naturpark liegt im Autobahndreieck zwischen A7, A 210 und A 215. Wer mit der Bahn anreist, steigt in Rendsburg in den Regionalzug nach Felde um. Busverbindungen unter scout-sh. de. Unterkünfte lassen sich auf www.tourismus-naturpark-westensee.de buchen.

Im Uhrzeigersinn von links oben: Mittelsäger, Fasan, Graugans und Rothalstaucher.

+ TIPP + TIPP +

↗ **Arche Warder** In Warder betreibt Greenpeace einen Tierpark für vom Aussterben bedrohte Nutztierrassen. Die Besucher finden hier 82 verschiedene Arten wie Wollziegen oder Zwerghühner. Informationen: www.arche-warder.de.

Naturpark Aukrug

Naturschutzring Aukrug e.V.
Bargfelder Straße 10
24613 Aukrug
Tel. 04873/999 48
www.naturschutzring-aukrug.de
info@naturschutzring-aukrug.de

Alte Eichenwälder, Moore, Heide, kleine Teiche und Flüsse prägen die Landschaft des Naturparks Aukrug, der durch die eiszeitlichen Gletscher geformt wurde. Vom Naturpark Westensee ist er nur durch das Flüsschen Brammer Au getrennt. Die höchste Erhebung ist der 77 Meter hohe Boxberg, von dessen Spitze man einen tollen Blick über die waldreiche Landschaft hat. Gerade die vielen kleinen Gewässer sorgen für große Artenvielfalt. So brüten hier der seltene Schwarzstorch, Uhu und Rotmilan. Eine Attraktion sind die urtümlich wirkenden Heckrinder, die zur Landschaftspflege eingesetzt werden. Wanderer, Radfahrer und Reiter

Eine Eichenallee führt den Besucher in den Naturpark Aukrug.

finden abwechslungsreiche Wege mit verschiedenen Schwierigkeitsgraden, etwa einen Lehrpfad durch die unter Naturschutz stehende Störkathener Heide oder einen Rundwanderweg durch das Viertshöher Moor, das nach Jahrhunderten des Torfabbaus 2001 vernässt wurde.

Anreise/Unterkunft Der Naturpark liegt zwischen den Autobahnen A7 und A77. Die Orte Aukrug und Hohenwestedt sind

von Neumünster aus mit der Bahn erreichbar. Unterkünfte findet man über www.naturpark-aukrug.de. Auf dem Traberhof Rathjen (www.traberhof-rathjen.de) gibt es nicht nur Ferienwohnungen. Die Gäste können sich auch mit dem Sulky versuchen – oder ganz klassisch reiten.

Wildschweinbachen mit ihren Frischlingen sollte man besser nicht zu nahe kommen.

+ TIPP + TIPP +

↗ **Ochsenschleichweg** Von Hohenwestedt führt ein abwechslungsreicher und 28 Kilometer langer Fahrrad-Rundweg über Homfeld und Meezen. Informationen unter www.naturpark-aukrug.de/aktiv/radfahren.html.strum.

Naturpark
Holsteinische Schweiz

Naturpark Holsteinische
Schweiz e.V.
Schloßgebiet 9, 24306 Plön
Tel. 04522/74 93 80
www.naturpark-holsteinische-
schweiz.de
info@naturpark-holsteinische-
schweiz.de

Langsam geht die Sonne über dem Großen Plöner See auf.

Berggipfel wie in der Schweiz finden sich im Osten Holsteins natürlich nicht. Aber die 168 Meter, mit denen der Bungsberg bei Schönwalde aufwarten kann, sind für den Norden Deutschlands durchaus beträchtlich. Insgesamt aber wechseln sich hier, zwischen Kiel und Lübeck und nur wenige Kilometer von den Stränden der Ostsee entfernt, eher sanfte Hügel mit lieblichen Tälern ab. Eingestreut sind etwa 200 Seen, die zum Baden, Segeln und Paddeln einladen, aber auch bei der Vogelwelt beliebt sind. Auch in der Holsteini-

schen Schweiz findet man die typischen Knicks, dazu schöne alte Alleen, die zu hochherrschaftlichen Gutshöfen oder malerischen Dörfern führen. Einen besonderen Reiz hat die Gegend im Frühsommer, wenn die Hügel mit goldgelben Rapsblüten überzogen sind. Daneben ist die Holsteinische Schweiz auch eine der waldreichsten Regionen Schleswig-

Holsteins. An manchen Stellen sind sogar noch urwüchsige Bruchwälder erhalten, die mit ihrem tiefen, stets nassen Boden einen besonderen Lebensraum darstellen. Man findet sie z.B. in den Naturschutzgebieten Heidmoor bei Seedorf oder Ihlsee bei Bad Segeberg. Beide können auf ausgewiesenen Wanderwegen erkundet werden. Hier leben u. a. gefährdete

Tierarten wie die Teichfledermaus, der Mittelspecht oder der Moorfrosch.

Großer Plöner See

Mit seinen dicht bewaldeten Ufern und den Inseln hat der Große Plöner See teilweise fast skandinavischen Charakter. Eine Fläche von fast 30 Quadratkilometern macht ihn zum größten See Schleswig-Holsteins. Dadurch ist er ein beliebtes Erholungsgebiet für Touristen, vor allem auch aus den nahen Städten Kiel, Lübeck und Hamburg. Es gibt allein 15 Badestellen sowie Möglichkeiten zum Segeln, Surfen, Tauchen und Angeln. Geologisch wird der See von zwei Gletscherzungenbecken geformt, die durch einen Flachwasserbereich verbunden sind. Dieses Areal, in dem sich auch mehrere Inseln befinden, ist ein wertvoller Brut- und Mauserplatz für verschiedene Vogelarten und steht deshalb unter Naturschutz. Unter anderem können hier Seeadler, Graugänse oder Gänsesäger geschützte Brut- und Rastplätze finden. Als einer der wenigen nährstoffarmen Seen Schleswig-Holsteins weist der Große Plöner See auch eher seltene Fischarten wie die Maräne auf.

Oben: Blühende Rapsfelder. Rechts: Segelboot auf dem Großen Plöner See.

+ TIPP + TIPP + TIPP +

↗ **Mit dem Kanu durch die Stadt** Wie könnte man eine von Seen umgebene Stadt wie Plön besser erkunden als vom Wasser aus? Auf den zweistündigen Kanu-Touren, die im Sommer angeboten werden, können fünf Seen durchpaddelt werden, während ein ausgebildeter Stadtführer Wissenswertes über Plön und seine Umgebung vermittelt. Die Touren eignen sich auch für Anfänger und Kinder. Anmeldung und Information bei der Touristeninformation in der Bahnhofstraße 5 (Tel. 04522/509 50, www. holsteinischeschweiz.de/kanustadtfuehrung).

↗ **Gemütliches Paddeln auf der Schwentine** Die Schwentine lässt sich von Eutin bis zur Kieler Förde mit dem Kajak oder Kanu befahren. Die Gesamtstrecke be-

trägt rund 55 Kilometer. Dabei durchquert man den Großen und Kleinen Plöner See sowie den Lanker See und zudem mehrere kleine Seen. Man passiert auch diverse Naturschutzgebiete, weshalb

teilweise das Anlegen oder auch nur eine Annäherung an das Ufer verboten sind. Informationen unter www.ostsee-schleswig-holstein.de/de/paddeln-auf-der-schwentine.

↗ **Tauchen im Großen Plöner See** Schleswig-Holsteins tiefster See kann bis auf den Grund erkundet werden. 58 Meter sind das. Im Bereich der Plöner Stadtbucht und bei Bosau ist das Tauchen er-

laubt. Taucher müssen jedoch einem Verein angehören und sich zuvor eine Genehmigung holen. Informationen unter www.holsteinischeschweiz.de/tauchen.

Idylle pur verspricht diese Schilflandschaft am Selenter See bei Bellin.

Kleiner Plöner See

Der Kleine Plöner See wird von seinem großen Bruder nur durch eine schmale Landzunge getrennt, auf der sich das Zentrum der alten Residenzstadt Plön erstreckt. Auch er hat dank der Verformungen durch eiszeitliche Gletscher eine reizvolle Gestalt. Ökologisch wird er als weniger wertvoll eingestuft als andere Seen der Region. Als Naherholungsgebiet ist er dagegen sehr beliebt. Neben zahlreichen Wassergrundstücken gibt es auch schöne öffentliche Badestellen mit ruhigen Liegewiesen.

Selenter See

Der etwa 21 Quadratkilometer große Selenter See schließt die Holsteiner Seenlandschaft nach Norden hin ab. Von hier aus sind es nur noch wenige Kilometer bis zur Ostsee. Von flacher Küstenlandschaft ist hier noch keine Spur: Auch der zweitgrößte See Schleswig-Holsteins ist in eine wellige Hügellandschaft eingebettet, die entweder vom Aussichtsturm der Blomenburg am Südufer oder – für Ambitioniertere – vom 133 Meter hohen, bei Panker gelegenen Pilsberg gut überblickt werden kann. Der See selbst ist für seinen Fischreichtum bekannt. Unter anderem findet man hier die Große und Kleine Maräne sowie viele Rotaugen.

Sein Nordteil steht größtenteils unter Naturschutz, da hier die Reiherente ihren größten Mauserplatz in Mitteleuropa hat. Da die Tiere während der Mauser nicht fliegen können, sind sie in dieser Zeit besonders schutzbedürftig. Außerhalb des Schutzgebietes aber darf nach Herzenslust gebadet, gesegelt, gesurft, gerudert und gepaddelt werden.

Lanker See

Der Lanker See südlich von Preetz zeichnet sich durch einen besonderen Reichtum an Buchten aus. Dazu kommen mehrere Inseln und inselartige Schilfbestände. Das macht ihn zu einem wertvollen Brutrevier für Vögel. Nahezu der gesamte westliche Teil steht unter Naturschutz. Hier findet man wundervolle Gelbe Teichrosen auf dem Wasser und am Ufer ökologisch bedeutsame Sumpfwiesen, weitgehend natürliche, lichte Birkenwälder sowie den selten gewordenen, stark duftenden Gagelstrauch. Unter den vielen Vogelarten, die sich hier wohlfühlen, sind auch zahlreiche, die in Deutschland als gefährdet eingestuft werden, etwa Fluss-Seeschwalbe, Schwarzhalstaucher, Löffelente, Schellente, Rohrdommel, Rohrweihe, Bekassine, Beutelmeise und Pirol. Die größte Insel im See, deren offizieller Name Probstenwerder lautet, ist als »Möweninsel« bekannt, weil hier Lach-, Sturm- und Silbermöwen Brutkolonien haben. Ausgangspunkt für Wanderungen ist das Strandbad.

Highlights Wenn der majestätische Seeadler über einem Gewässer kreist, ist das ein imposanter Anblick. In der Holsteinischen Schweiz hat man gute Gelegenheiten, diesen größten Greifvogel Mitteleuropas zu entdecken. Zwischen März und Juli lohnt sich ein Besuch der Beobachtungsstationen der Projektgruppe Seeadlerschutz (www.projektgruppeseeadlerschutz.de). Wer während der Brutzeit bei der Bewachung der Horste helfen will, kann sich bis spätestens Mitte Februar bei der Projektgruppe melden.

Outdoor-Aktivitäten Mit seinen vielen Gewässern ist die Holsteinische Schweiz ein El Dorado für alle Wassersportfreunde, egal ob sie ein Segelrevier suchen, mit dem Paddel- oder Ruderboot unterwegs sind oder einfach Baden gehen wollen. Aber auch Wanderer und Radfahrer finden ein reiches Angebot an abwechslungsreichen Touren.

Anreise/Unterkunft Die Hauptorte Eutin, Malente, Plön, Ascheberg und Preetz sind von Hamburg aus mit der Regionalbahn und von Berlin aus (mit Ausnahme von Ascheberg) mit dem Linienbus (www.berlinlinienbus.de) erreichbar. Unterkünfte lassen sich über www.holsteinischeschweiz.de buchen. Besonders idyllisch: der Naturcamping-Platz Spitzenort, auf einer Landzunge gelegen, die in den Großen Plöner See hineinragt. Im Angebot sind auch Mietcaravans mit Küchenzeile, Nasszelle, großem Vorzelt, Gartenmöbeln und Grill, Informationen unter www.spitzenort.de.

Gar nicht nach Schweiz sieht die Holsteinische Schweiz hier aus und echte Berge sucht man hier auch vergebens. Vielmehr geht der Name auf den Schweiz-Trend des 19. Jahrhunderts zurück und man hoffte, mit ihm Gäste zu gewinnen.

+ TIPP + TIPP +

↗ **Mit dem Rad auf Themen-Tour** Radler finden im Naturpark 12 ausgewiesene Themen-Touren. Während auf der einen Mühlen oder Gutshäuser besichtigt werden können, führt die andere in die Städtchen Grebin, Plön und Eutin. Wer auf Natur pur steht, kann zwischen der Seen-, der Strand und der hügeligen Bergtour wählen. Eine Übersicht gibt es auf www.ostsee-schleswig-holstein.de/de/radrouten-holsteinische-schweiz.

Naturpark Lauenburgische Seen

Eigenbetrieb Kreisforsten,
Herzogtum Lauenburg
Farchauer Weg 7
23909 Fredeburg
Tel. 04541/86 15 17
www.naturpark-lauenburgische-
seen.de
info@naturpark-lauenburgische-
seen.de

Mit ausgedehnten Wäldern und eiszeitlich geformten Seen besticht der Naturpark Lauenburgische Seen südlich von Lübeck. Durch seine Lage an der einstigen deutsch-deutschen Grenze konnte sich die Natur hier lange Zeit besonders ungestört entwickeln. Heute bildet der Naturpark zusammen mit dem mecklenburgischen Biosphärenreservat Schaalsee ein länderübergreifendes Schutzgebiet. Insgesamt findet der Besucher hier 40 Seen, die durch idyllische Wasserläufe verbunden sind. Die größten

Der Ratzeburger See ist einer der größten Seen der Lauenburgischen Seenplatte.

sind der Ratzeburger und der Schaalsee. Der Ratzeburger See mit der malerischen Inselstadt Ratzeburg im Süden ist am Ostufer weitgehend naturbelassen, während das Westufer von Erholungssuchenden und Wassersportlern genutzt wird. Der mit 24 Quadratkilometern fast doppelt so große Schaalsee markiert die Landesgrenze zwischen Schleswig-Holstein und Mecklenburg-Vorpommern. Jedes Frühjahr und im Herbst rasten in den geschützten Buchten mehr als 20 000 Wasservögel auf ihren Zügen von oder zu den Winterquartieren. Der Aussichtsturm am Westufer des Mechower Sees ist ein ausgezeichneter Platz, um Vögel zu beobachten. Landschaftlich besonders idyllisch und ökologisch besonders wertvoll ist das Hellbachtal in der Nähe von Mölln. Wer das eiszeitliche Bachtal durchwandert, kommt an einer Kette sehr sauberer, klarer Seen vorbei, in denen sich sogar Flusskrebse heimisch fühlen.

Highlights Die historische Handelsstraße, auf der einst das Salz von den Siedereien in Lüneberg in die Hafen- und Hansestadt Lübeck transportiert wurde, ist heute ein wundervoller Fahrradweg. Die Strecke ist insgesamt 116 Kilometer lang, gut ausgebaut und für Familien mit Kindern geeignet.

+ TIPP + TIPP + TIPP +

↗ **Mit Fahrrad und Kanu** Wer sich nicht zwischen Fahrradfahren und Paddeln entscheiden will, kann die Erlebnistour »Ein Bett im Kornfeld« buchen. Zuerst geht es mit dem Leihfahrrad von Ratzeburg an den Schaalsee. Dort wartet eine Übernachtung im Heuhotel. Am nächsten Tag geht es dann im Kanadier zurück. Informationen zu der Tour unter www.hlms.de/de/urlaubsangebote/o-ein-bett-im-kornfeld

↗ **Vom Ratzeburger See nach Lübeck** Eine schöne Paddeltour von 14,5 Kilometern Länge führt von Rothenhusen am nördlichen Ende des Ratzeburger Sees über die Wakenitz nach Lübeck. Das idyllische Flüsschen weist zahlreiche seeartige Erweiterungen auf, die mit Seerosenfeldern bewachsen sind. Wer will, kann anschließend noch in Lübeck das Stadtzentrum per Boot erkunden. Für Wanderer ist der parallel geführte Drägerweg interessant.

↗ **Naturerlebniszentrum und Wildpark** Wer die Tierwelt des Naturparks einmal von ganz Nahem sehen will oder mehr Hintergrundwissen sucht, der ist im Uhlenkolk in Mölln richtig (Tel. 04542/ 80 31 61, www.moelln.de/kultur-und-freizeit/naturpark-zentrum-uhlenkolk/index.html). Rund um den Wildpark gibt es außerdem viele schöne Wanderwege, z. B. entlang der Möllner Seenkette.

↗ **Natur entdecken per GPS** Im Café Zur Kutscherscheune in Groß Zecher (www.kutscherscheune.de) kann man sich einen Audioguide mit GPS leihen, der nicht nur als Pfadfinder fungiert, sondern auch Interessantes zur eben durchwanderten Natur erzählt.

Outdoor-Aktivitäten Das einstige Herzogtum Lauenburg verfügt über 1000 Kilometer gut ausgeschilderte Radwege. Wanderer können zwischen den örtlichen Rundwanderwegen und den europäischen Fernwanderwegen E 1, E 6 und E 9 wählen, die den Naturpark durchqueren. Auch für Paddler gibt es viele Touren, teils ganz naturnah, teils durch die historischen Innenstädte von Mölln und Ratzeburg.

Anreise/Unterkunft Lüneburg, Lauenburg, Ratzeburg, Mölln und Büchen sind sehr gut auch mit der Bahn erreichbar. Unterkünfte können über www.hlms.de gebucht werden. Wer im einstigen Herzogtum Lauenburg herrschaftlich wohnen will, wird im Gut Bliestorf fündig (www.herrenhaus-gut-bliesdorf.de).

Großes Bild: Haubentaucher mit Jungen. Bildleiste von oben nach unten: Graugans, Zwergdommel und Reiherente.

Die Lüneburger Heide
im Spätsommer

Niedersachsen

Die Landschaften von Deutschlands zweitgrößtem Bundesland sind vielfältig, das Spektrum reicht vom Nordseewatt bis zum Harz. Über 200 Kilometer erstreckt sich die niedersächsische Nordseeküste. Kaum ein Bundesland hat so viel Unterschiedliches zu bieten: Inseln im Meer und flaches Land im Norden, grüne Hügel und Bergketten im Süden.

Nationalpark Niedersächsisches Wattenmeer

Nationalparkverwaltung
Niedersächsisches Wattenmeer
Virchowstraße 1
26382 Wilhelmshaven
Tel. 04421/911-0
www.nationalpark-
wattenmeer.de

Mit 3450 Quadratkilometern Fläche ist das Niedersächsische Wattenmeer der zweitgrößte Nationalpark in Deutschland. Strände, Dünen, Sandbänke, Salzwiesen und natürlich das einzigartige Watt erstrecken sich von der niederländischen Grenze im Westen bis Cuxhaven im Osten. Es ist ein Paradies für Meeresvögel. Und auch der Mensch weiß seit über 150 Jahren den Erholungswert der faszinierenden Landschaft zu schätzen. So ruhig die Inseln manches Mal daliegen, so idyllisch das Wasser in der Sonne glitzern kann, so bedrohlich

Möwen beim Krabbenfang hinter einem Fischkutter

kann die Nordsee aber auch auf den Besucher wirken. Das Niedersächsische Wattenmeer ist ungeheuer facettenreich. Nur an wenigen Orten kann man die Naturgewalten so hautnah erleben.
Geprägt wird die Region von dem stetigen Wechsel zwischen Ebbe und Flut. Er sorgt zusammen mit den weiteren

Gegebenheiten für eine wahre Explosion verschiedenster Lebensformen. Für viele überraschend: Nach dem tropischen Regenwald ist das hier das produktivste Ökosystem der Welt. 2009 honorierte die UNESCO diese Tatsache und erklärte den Nationalpark zum Weltnaturerbe. Allein 18 Gänse- und 20 Entenarten sind hier zu Hau-

se. Auch Schweinswale, Kegelrobben und Seehunde können in ihrem natürlichen Umfeld beobachtet werden.

Bild oben: Wattenmeer beim Nordseebad Wremen. Rechte Seite: Priele und Muschelbänke formen im Wattenmeer ein bizarres Muster, das nur aus der Luft zur Geltung kommt.

Wangerooge und Minsener Oog

Das Inselchen ist nur 8,5 Kilometer lang. In der Breite bringt es Wangerooge, aus einer Sandbank entstanden, an der dicksten Stelle gerade einmal auf 2,2 Kilometer. Das Auto muss auf dem Festland bleiben. Nach der Überfahrt mit der

Fähre ab Harlesiel geht es mit der Inselbahn bis zum Bahnhof Wangerooge. Es gibt einen kleinen Golfplatz, Wassersportler können surfen oder Katamaran segeln. Besonders attraktiv ist die Insel für Radfahrer. Gut gepflegte Wege führen durch die Dünen und über den Deich.
Östlich von Wangerooge liegt die Vogelinsel Minsener Oog. Hier finden Strandbrüter optimale Bedingungen. Die Wattwanderung dauert rund eine Stunde pro Strecke und sollte keinesfalls ohne Führung unternommen werden (www.nationalpark-wattenmeer-erleben.de).

Spiekeroog

Auch die kleine Insel Spiekeroog ist autofrei. Lärm und Hektik scheint es hier nicht zu geben. Das anerkannte Nordseeheilbad steht für Ruhe und Entspannung. Spiekeroog hat einiges zu bieten: zum Beispiel die höchste natürliche Erhebung Ostfrieslands, die ganze

24,1 Meter hohe Weiße Düne und die einzige Pferdebahn Deutschlands, die fahrplanmäßig läuft. Ende des 19. Jahrhunderts ging die von Pferden gezogene Eisenbahn in Betrieb und brachte Touristen vom Ort zum Strand und zurück. Die Tour mit dem nostalgischen Verkehrsmittel dauert zwölf Minuten und führt vom einstigen Bahnhof zum Westend. Bei kleinen Spiekerooggästen steht das Trockendock hoch im Kurs. Im Spielhaus gibt es beispielsweise einen kleinen Strand und eine Tunnelrutsche. Erwachsene zieht es ins InselBad & DünenSpa.

Langeoog

Autofreiheit allein ist auf Langeoog nicht genug. Die Insel ist außerdem Deutschlands erste Fair-Trade-Insel. Ein in der Information erhältlicher Führer weist aus, in welchen Betrieben entsprechende Produkte verwendet werden. Langeoog ist Deutschlands erste »Quali-

tätsinsel«, was für exzellenten Service steht. Das Wahrzeichen des Eilands ist der 1909 erbaute Wasserturm, der heute noch als Aussichtsturm dient. Von dort geht der Blick auf den 14 Kilometer langen Strand und die Schiffe der Nordsee. In der Kurstraße befindet sich das sehenswerte Schifffahrtsmuseum. Tickets für Ausflugsfahrten, wie die Piratentour oder die Fahrt zu den Seehundbänken, gibt es im Inselbahnhof. Geführte Wanderungen durch die Salzwiesen sowie die Flinthörnführung stehen während der Saison einmal wöchentlich auf dem Programm.

Baltrum

Mit nur 6,5 Quadratkilometern ist Baltrum die kleinste der bewohnten Ostfriesischen Inseln. Knapp 500 Menschen bietet sie eine Heimat. Autos gibt es nicht und auch einen Fahrradverleih sucht man auf Baltrum vergeblich. Dafür kann man für die Ausflüge zu Fuß einen Bollerwagen mieten, zum Beispiel zur 22 Meter hohen Aussichtsdüne, von wo aus man den Blick auf die Nachbarinsel Langeoog genießen kann. Ebenfalls sehenswert ist das Nationalpark-Haus, das das Leben von Pflanzen und Tieren in der Region näherbringt. Einen sehr schönen Überblick kann man sich auf dem sieben Kilometer langen Gezeiten-Pfad verschaffen. Dieser führt quer über die Insel und lässt die Gäste nachempfinden, wie Ebbe und Flut den Alltag bestimmen. Wahrzeichen der Insel ist die Lachmöwe. Rund 10 000 Paare brüten jedes Jahr nur wenige Meter außerhalb des Ortes auf einer Salzwiese. Dies ist die größte Kolonie in Deutschland.

Norderney

Zwischen Baltrum und Juist liegt die zweitgrößte der Ostfriesischen Inseln. Ungefähr 6000 Einwohner leben auf Norderney, das nur zwei Kilometer breit, aber 14 Kilometer lang ist. Seit dem 18. Jahrhundert darf es sich Seebad nennen. König Georg V. von Hannover unterhielt hier seine Sommerresidenz. Prächtige Bauwerke wie das Conversationshaus genannte Kurhaus zeugen vom Status eines königlichen Seebads. Das Badehaus ist nicht nur architektonisch interessant. Es ist das älteste Meerwasserwellenbad Europas und beherbergt ein Thalassozentrum. Kur und Gesundheit werden auf Norderney

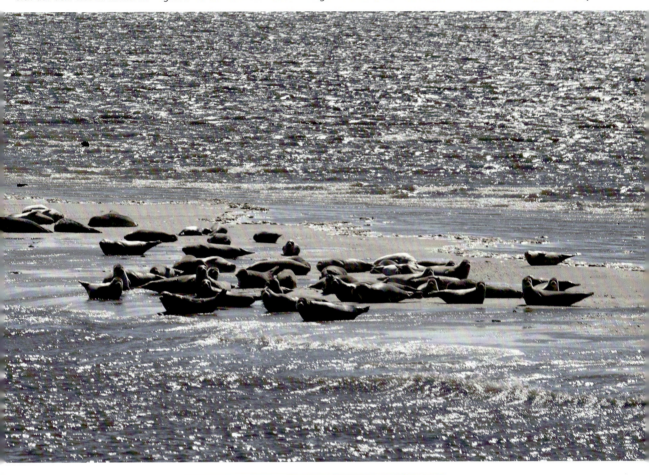

großgeschrieben. Für die gezielte Nutzung von Salzwasser, Algen und Schlick erhielt die Insel bereits einen Sonderpreis der Tourismusbranche. Für die Kleinen bietet der Spielpark KAP HOORN sowohl Innen- als auch Außenflächen inklusive Skaterstrecke. Ein echtes Highlight sind begleitete Kajaktouren im Wattenmeer (www.surfschule-norderney.de).

Seeschwalben, Austernfischer und Brandgänse verteidigen ihre Reviere am Minsener Oog (linke Seite), während sich vor Baltrum die Seehunde sonnen (oben). Links: Baltrum.

Juist und Memmert

Juist ist nicht einmal einen Kilometer breit, dafür aber stolze 17 Kilometer lang. Damit ist das »Töwerland«, das Zauberland, wie die Insel gern genannt wird, die zugleich schmalste und längste der ostfriesischen Schwestern. Die gesamte Insel ist mit Wanderwegen erschlossen, auch Reitwege sind vorhanden. Eine Tour führt um den Hammersee, den größten Süßwassersee der Ostfriesischen Inseln. Seine Dünen wurden aufgeschüttet, um die nach Sturmfluten auseinandergebrochene Insel wieder zu einen. Im Osten von Juist liegt der Kalfamer. Von Anfang November bis Ende März darf er bei Niedrigwasser auf markierten Wegen umrundet werden. Am besten nimmt man an einer Führung entlang des Brut- und Rastgebiets teil. Südwestlich der Insel liegt Memmert, ein Paradies für Seevögel, das nicht betreten werden darf. Hier leben Kolonien von Silber- und Heringsmöwen, Löfflern, Kornweihen, Brandgänsen und den seltenen Sumpfohreulen.

Borkum

Mit über 30 Quadratkilometern ist Borkum die größte Ostfriesische Insel. Bis Ende des 18. Jahrhunderts war sie sogar noch deutlich größer, doch die als »Blanker Hans« in den Volksmund eingegangene Sturmflut riss Teile der Insel mit sich fort. Dass Borkum eine ehemalige Heimat der Walfänger ist, ist nicht zu übersehen, zum Beispiel in der Wilhelm-Bakker-Straße, wo es einen Zaun aus Walknochen gibt. Ein Gefühl für die damalige Zeit bekommt man im Heimatmuseum Dykhus. Von der Promenade des Nordstrands aus hat man einen fantastischen Blick auf eine Sandbank mit Seehunden und manchmal auch Kegelrobben. Sie sind nicht nur die größten wilden Tiere Deutschlands, sondern auch die Symboltiere der Insel. Auf den Salzwiesen blühen Orchideen, die ausschließlich auf Borkum zu finden sind. Ringelgänse und Seeregenpfeifer lassen sich auf eigene Faust oder im Rahmen von geführten Touren beobachten.

Anreise/Unterkunft

Wangerooge: Anreise mit dem Auto bis Harlesiel, (Parkplatzreservierung unter Tel.: 04464/355), mit dem Zug über Oldenburg bis Sande/Friesland und von dort mit dem Tidebus zum Hafen. Die Fährverbindung ist tideabhängig (Abfahrtszeiten unter Tel.: 04464/949411 oder www.wangerooge.de). Strandkörbe können in der Kurverwaltung an der Strandpromenade reserviert werden. Unterkünfte unter www.westturm.de

Spiekeroog: Die Insel erreicht man per Schiff vom Kutterhafen Neuharlingersiel. Bahnfahrer reisen bis Station Norden, von wo der Bäderbus fährt. Eine Busalternative ab Oberhausen oder Bremen bietet der Ostfriesland-Express (www.ostfriesland-express.de); Fährplan und Tickets unter www.spiekeroog.de. Unterkunft oder ganze Arrangements: www.insel-schnaeppchen.de; Hotels, Ferienwohnungen und Künstlerherberge: www.spiekerooger-leidenschaft.de. Zeltplatz drei Kilometer außerhalb des Dorfkerns: Tel. 04976/9193226.

Langeoog: Der Fähranleger befindet sich in Bensersiel. Von den Bahnhöfen Leer und Norden fährt ein Bus. Von Bremen aus verkehrt ein Reisebus (www.ostfriesland-express.de). Auf Langeoog angekommen, geht es mit der Inselbahn weiter und dann per Kutsche zur Unterkunft. Fährtermine unter: www.schiffahrt-langeoog.de; Zimmer unter www.langeoog.de. Unterkünfte bieten z.B. die Hotels Strandhotel Achtert Diek (www.langeooger-strandhotel.de) oder Logierhus Hotel & Spa (www.logierhus-langeoog.de), für beide Tel.: 04972/91190.

Baltrum: Von Neßmersiel benötigt die Fähre eine halbe Stunde (www.baltrum-linie.de). Die Anreise per Bahn erfolgt bis Norden, per Fernreisebus lässt sich Neßmersiel direkt erreichen (www.meinfernbus.de). Ferienwohnungen: www.baltrum-ferien.de, Tel. 04939/1204 oder www.sonnenblick-baltrum.de, Tel.: 04939/351, Zelten ist auf dem Gelände des Niedersächsischen Turnerbunds möglich.

Norderney: Die Fähre legt von Norddeich Mole ab. Das Auto darf mit nach Norderney, dort aber nur eingeschränkt genutzt werden. Die Bahn hält direkt gegenüber des Fähranlegers. Dieser ist auch per Reisebus zu erreichen. Es gibt drei Campingplätze: Um Ost, Eiland und Booken. Zimmervermittlung unter www.norderney.de, Appartements im Badehaus www.badehaus-norderney.de.

Juist: Die Fähre ab Norddeich Mole braucht 90 Minuten (www.reederei-frisia.de). Der Anleger ist per Bahn und Fernreisebus zu erreichen. Camping und Zelten sind nicht möglich, es gibt aber eine Jugendherberge (Tel.: 04935/92910). Strandhotel Kurhaus Juist: www.kurhaus-juist.de, Tel.: 04935/916-0. Zimmervermittlung unter Tel.: 04935/809-222.

Borkum: Mit der Fähre ab Emden oder Eemshaven (Niederlande) (Fahrpläne: www.ag-ems.de). Die Bahn fährt direkt zum Emder Hafen. Automitnahme per Fähre möglich. Camping: Mietwohnwagen und Plätze: www.insel-camping-borkum.de, Tel.: 04922/1088; Jugendherberge: »Am Wattenmeer«, Tel.: 04922/579. Hotel Atlantik: www.hotelatlantik.de, Tel.: 04922/914-0.

Neben dem Hauptort Juist auf der gleichnamigen Insel ist Loog die zweite Siedlung. Rund um den kleinen Ort liegen Salzwiesen (linke Seite). Hier sind Löffler heimisch, die im Winter nach Afrika ziehen (unteres Bild). Auch die Heringsmöwe ist nur ein Sommergast, dann aber überall im Nationalpark anzutreffen (oberes Bild).

↗ **Wale beobachten**
Schweinswale sind die einzigen Wale, die im Wattenmeer heimisch sind. Man erkennt die durchschnittlich 1,50 Meter langen Meeressäuger an der gedrungenen kurzen Rückenflosse. Ein wenig Geduld und natürlich eine Portion Glück gehören schon dazu, eine Gruppe zu sichten. Meistens sind sie in einer Gemeinschaft von bis zu zehn Tieren unterwegs. Am besten stehen die Chancen in der Zeit von März bis Mai.
Direkt am Wattenmeer-Besucherzentrum Wilhelmshaven werden auch Beobachtungen unter fachkundiger Leitung angeboten (www.wattenmeerhaus.de).

↗ **Salzwiesenführung** Der Jadebusen ist die größte Bucht im Nationalpark. Dort wurde am Rand des Örtchens Cäciliengroden in der Gemeinde Sande ein Lehrpfad eingerichtet, der dem Gast die Salzwiesen näherbringt. Ein Steg führt 100 Meter weit in die Wiesen hinein, die vor allem im Sommer von Blüten übersät sind. Austernfischer, Wiesenpieper und Rotschenkel können beobachtet werden. Der Pfad ist für Rollstuhlfahrer geeignet. Während einer einstündigen Führung erfährt man einiges über die Entstehung und den Nutzen der Salzwiese (www.sande.de).

↗ **Moorinsel** Ein weltweit einmaliges Naturphänomen ist bei Sehestedt zu bestaunen.

Vor dem Deich liegt ein Moor, das vor etwa 1000 Jahren noch große Teile des Jadebusens bedeckte. Gewaltige Sturmfluten im Mittelalter zerstörten weite Bereiche. Um sich vor der Macht der Nordsee zu schützen, begannen die Menschen, Deiche zu bauen. Im 18. Jahrhundert schlossen sie die letzte Lücke am Jadebusen, ein Reststück des Hochmoores mit mehreren Höfen darauf blieb außerhalb des Deichs. Mit jeder schweren Flut riss das Meer sogenannte Dargen ab, das Moor wurde kleiner. Weil sein mit Süßwasser getränkter Körper leichter als Salzwasser ist, schwimmt es bei Sturmfluten auf. Menschen leben dort heute nicht mehr. Das Schwimmen des Moores kann nicht besichtigt werden, trotzdem lohnt sich ein Besuch. Auf einem Rundweg sind typische Moorpflanzen, wie Wollgras, Torfmoos, Heidekraut und Sonnentau zu sehen (www.ruhigundgemuetlich.de).

↗ **Wattwanderung** Bei einem Besuch der Nordsee darf eine Wanderung durch das schlickähnliche Watt auf keinen Fall fehlen. Einsteiger sind mit einer leichten Tour von sieben Kilometern von Neßmersiel nach Norderney gut beraten. Auf der Insel kommt ein Strand- und Dünenspaziergang hinzu, sodass man bis zu drei Stunden unterwegs ist. Zurück geht es mit der Fähre nach Norddeich. Geeignet für Kinder ab acht Jahren (www.wattführer.de).

↗ **Zugvogeltage** Millionen verschiedener Vögel machen zweimal im Jahr Station im Niedersächsischen Wattenmeer. Im Frühjahr befinden sie sich auf dem Weg in ihre Brutgebiete, im Herbst fliegen sie zum Überwintern ins Warme. Schon seit fünf Jahren wird die Herbstreise der Tiere zum Anlass genommen, um sich ihnen eine Woche lang zu widmen. An der Küste und auf sieben Inseln werden im Oktober über 150 Veranstaltungen zu diesem Thema angeboten (www.zugvogeltage.de).

↗ **Seehundstation** Kein Nordseeurlaub ohne den Besuch bei Seehunden, die im Sommer im Niedersächsischen Wattenmeer ihre Jungen zur Welt bringen. Über 100 der Heuler, wie der Nachwuchs der Meeressäuger genannt wird, verlieren in jeder Saison ihre Eltern. In der Station Norddeich werden sie artgerecht großgezogen, gefüttert und auf ein Leben in Freiheit vorbereitet. Auch Kegelrobben finden hier ab und zu ein Zuhause auf Zeit. Eine Dauerausstellung macht mit dem Lebensraum Watt und seinen Bewohnern vertraut. Fünf Kilometer von der Seehundstation entfernt liegt das Waloseum, wo sich die Quarantänestation für die Heuler befindet. Hier kann man auf eindrucksvolle Weise in die Welt der Wale und Delfine eintauchen (www.seehundstation-norddeich.de).

↗ **Paddeln auf der Jade** Die Jade ist ein langsam fließender Fluss. Auch Anfänger und Menschen mit durchschnittlicher Kondition können daher dort eine Kanutour unternehmen. Boote, Schwimmwesten und Stechpaddel werden auf dem Campingplatz in Jade verliehen. Es ist möglich, sich dort auch als größere Gruppe ausstatten zu lassen. Empfehlenswerte Ziele sind Wapelersiel am Jadebusen oder Lehmdermoor im Landkreis Ammerland (www.kanu-jade.de).

↗ **Jaderpark** Nicht nur für Kinder ist der Freizeitpark in Jaderberg ein Erlebnis. Einst als kleiner Zoo gegründet, hat sich der Park zu einem Ort mit Karussells, Baby-Land und Fahrattraktionen entwickelt. Im Tierpark mit Streichelzoo leben neben Vögeln und Insekten Erdmännchen, Affen, Löwen, Geparden, Giraffen, Antilopen und viele andere Säugetiere. Für eine Menge Adrenalin sorgen Wildwasser- und Achterbahn sowie viele weitere Karussells. Auf dem Trampolin, an der Seilbahn und natürlich auf dem Spielplatz können sich kleine Besucher austoben (www.jaderpark.de).

↗ **Reiten auf Spiekeroog** Die Insel bietet unter anderem einen 15 Kilometer langen Strand, der auf dem Pferderücken zu einem besonderen Erlebnis wird. So lassen sich das gleichmäßige Geräusch der Hufe, das Schnaufen der Pferde, salzige Nordseeluft und spritzendes Wasser auf einmal wahrnehmen. Erlaubte Wege sind ausgeschildert. Sie dürfen allerdings nur in fachkundiger Begleitung benutzt werden. Touren über www.reitschule-petschat.de oder www.islandhof-spiekeroog.de

↗ **Dangast** Das Fischerdörfchen Dangast am Jadebusen hat über die Jahre viele Künstler angelockt. Spuren der Kulturschaffenden scheinen hier allgegenwärtig zu sein. Zum 200. Geburtstag des Ortes wurde ein Kunstpfad eingerichtet, der an Orte führt, die Maler oder Bildhauer inspiriert haben. An 19 Plätzen erfährt der Spaziergänger etwas über dort entstandene Werke. Der Pfad lässt sich den sehr gut auf eigene Faust erkunden. Es werden aber auch 1,5 Stunden dauernde Führungen angeboten. Die Führer haben einen ganz persönlichen Bezug zu Dangast und seiner Kunst. Darüber hinaus lohnt es sich, die sechs sogenannten Stolpersteine zu entdecken. Dahinter verbergen sich ganz unterschiedliche Skulpturen, die an verschiedenen Orten, etwa auf dem Deich oder an der Promenade, errichtet wurden.

Herrliche Bedingungen für Windsurfer bieten die Gewässer vor Langeoog (Bild links). Auch Kitesurfer tummeln sich bei starkem Wind gern auf der Nordsee (rechte Seite).

Naturpark Lüneburger Heide

Naturpark Lüneburger Heide
c/o Landkreis Harburg,
Schlossplatz 6
21423 Winsen (Luhe)
Tel. 04171/693 139
www.naturpark-lueneburger-
heide.de
info@naturpark-lueneburger-
heide.de

Südlich von Hamburg, im Dreieck zwischen der Hansestadt, Hannover und Bremen, liegt der erste Naturpark, der in Deutschland gegründet wurde: der Naturpark Lüneburger Heide. Er umfasst 1130 Quadratkilometer und erstreckt sich über drei Landkreise. Neben der typischen violett blühenden Heide findet man hier eine Reihe seltener Pflanzen und Tiere, wie Moorlilie, Lungenenzian, Braun- und Schwarzkehlchen, Zauneidechsen oder Sandlaufkäfer. Inmitten dieser vor Tausenden Jahren entstandenen Landschaftsform

Wacholder und blühendes Heidekraut im Morgennebel am Totengrund

liegen idyllische Dörfer mit reetgedeckten Fachwerkhäusern, den typischen niedersächsischen Hallenhäusern, alten oder ganz modernen Kirchen, Wasser- und Windmühlen. Kern des Naturparks ist das gut 234 Quadratkilometer umfassende Naturschutzgebiet, das mit dem Fahrrad erkundet werden kann. Autos sind größtenteils verbo-

ten, aber Kutschen fahren von allen Parkplätzen quer durch das Gebiet. Hier sind kürzlich wieder Wölfe gesichtet worden. Birkhühner, ebenfalls selten anzutreffen, fühlen sich hier auch zu Hause. Wanderwege für verschiedene Ansprüche sind bestens markiert. Besonders ist die Kombination aus Natur, hübschen Städten und Freizeitparks.

Wilseder Berg und Totengrund

Mitten im Herzen des Naturparks und des Naturschutzgebiets thront der 169 Meter hohe Wilseder Berg über der Heidelandschaft. Von seiner Spitze aus hat man bei klarer Sicht einen Blick bis nach Lüneburg und sogar Hamburg. Ein

Gedenkstein erinnert an den Mathematiker Carl Friedrich Gauß (1777–1855), der die höchste Erhebung weit und breit für Vermessungsarbeiten nutzte. Geprägt ist die Gegend von kleineren Feldsteinen und eindrucksvollen Findlingen – Zeugen der letzten Eiszeit, die die Landschaft geformt hat. Am Fuß des Bergs liegt ein Talkessel mit dem schaurigen Namen Totengrund. Dass diese Bezeichnung etwas mit den Verstorbenen der Region zu tun hat, wird für unwahrscheinlich gehalten. Eher hat sie etwas mit dem überwiegend trockenen, wenig fruchtbaren Boden in der 0,3 Quadratkilometer umfassenden Senke zu tun. Diese ist dank engagierter Naturschützer nur knapp der Bebauung entkommen.

Der Steingrund bei Wilsede hüllt sich in den frühen Morgenstunden oft in Nebel (oben). Das stört die Heidschnucken-Schafe nur recht wenig (rechts).

+ TIPP + TIPP + TIPP +

↗ **Wilseder Berg** Den Blick von der höchsten Erhebung der Region sollte man sich nicht entgehen lassen. Vom Parkplatz in Niederhaverbeck aus führt ein ausgeschilderter 4,5 Kilometer langer Weg hinauf. Alternativ kann man mit einem geländetauglichen Rad auf den Berg gelangen. Für Menschen mit eingeschränkter Mobilität sind Kutschfahrten möglich.

↗ **Langstreckenwanderung** Für sportliche Besucher ist der 21 Kilometer lange Rundwanderweg von und nach Döhle geeignet. Vorbei am Kienmoor geht es durch den Totengrund und dann auf den Wilseder Berg. Eine Streckenbeschreibung und Details zu Sehenswertem unterwegs gibt es unter www.natur-erleben.niedersachsen.de. Wem das nicht genug ist, der kann sich auf den 223 Kilometer langen Heidschnuckenweg begeben. Er führt von Hamburg durch Wilsede nach Celle (Touren mit Gepäcktransport unter www.heidschnuckenweg.de).

↗ **Ort Wilsede** Das Heidedorf ist so erhalten geblieben, wie es vor der Industrialisierung ausgesehen hat. Pkw haben keine Zufahrt. Man besucht den malerischen Ort zu Fuß, per Rad oder Kutsche. Heidemuseum, Schauschafstall, SB-Restaurant und vor allem der ursprüngliche Dorfcharakter sind einen Abstecher wert. Achtung: Im August und September kommen bis zu 10 000 Gäste täglich!

↗ **Ameisentage** In der Saison startet der historische Eisenbahntriebwagen »Ameisenbär« täglich ab Soltau. Er bringt Besucher im gemütlichen Bummeltempo bis nach Döhle am Fuße des Wilseder Bergs. Drei Stunden Aufent-

halt reichen für ausgedehnte Spaziergänge oder Radtouren, bevor der »Ameisenbär« die Rückfahrt antritt (Infos Soltau-Touristik, Tel.: 05191/ 828282). Von Dienstag bis Samstag öffnet während der Saison in Döhle Deutschlands einziges Ameisen-Erlebnis-Zentrum seine Pforten (www.ameisenzentrum.de).

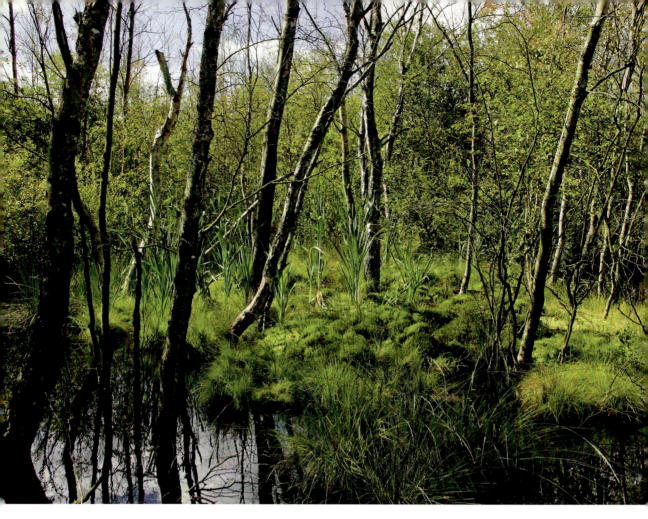

Pietzmoor

Das 8000 Jahre alte Pietzmoor bei Schneverdingen ist mit 2,5 Quadratkilometern das größte zusammenhängende Hochmoor der Lüneburger Heide. Undurchlässige Tonschichten haben dafür gesorgt, dass sich das Wasser in der weitläufigen Mulde sammelt. Verschiedene Torfmoosarten – aus denen sich später eine massive Torfschicht bildete – siedelten sich an. 1860 begann der Torfabbau, der den einzigartigen Naturschatz beinahe zerstört hat. Seit Beginn der Renaturierung in den 1970er-Jahren sind viele für diese Landschaft typischen Pflanzen und Tiere zurückgekehrt.

Im Mai und Juni blüht das Wollgras, Zwergsträucher recken sich aus den weiten Wasserflächen, gelbe Moorlilien leuchten und die bekannteste in Deutschland heimische fleischfressende Pflanze, der Sonnentau, ist ebenfalls zu bestaunen. Ein perfekter Lebensraum für

Kreuzottern oder Kraniche, die hier ihre Jungen aufziehen.

Highlights Flora und Fauna sind die Stars des geheimnisvollen Pietzmoores. Durch die Wiedervernässung recken absterbende Bäume ihre knorrigen Äste in die Luft, wie Gestalten eines Märchenwaldes. Nur an wenigen anderen Orten lassen sich Sumpfohreulen und Birkhühner, Libellen und Moorfrösche so gut beobachten wie hier. Spektakulär ist

die Wollgrasblüte. Unzählige weiße Bällchen spiegeln sich dann in den Wasserflächen zu Füßen der Besucher. Glocken- und Rosmarinheide sowie die Schwarze Krähenbeere ergänzen diese Idylle perfekt. Das Moor nimmt die Besucher mit in eine Welt der Ruhe und Entspannung.

Outdoor-Aktivitäten Ein Steg aus hölzernen Bohlen schlängelt sich durch das Moor. Er führt zu zehn Stationen mit

Informationstafeln, die nicht nur die Entstehung der Torfschichten erklären, sondern auch den Blick für Pflanzen und Tiere schärfen. Die Wanderung auf eigene Faust ist zwar nicht barrierefrei, aber der Steg ist komfortabel breit. Auch gibt es Möglichkeiten für eine Rast, selbst ungeübte Wanderer haben Freude an der Rundstrecke. Wer das Moor noch intensiver kennenlernen möchte, sollte sich für eine geführte Wanderung entscheiden. Sie werden von April bis Oktober regelmäßig angeboten. Nur einen Katzensprung vom Pietzmoor entfernt liegt die berühmte Osterheide. Hier kann man violett blühendes Heidekraut, grasende Schafherden und den idyllischen Sylvestersee bewundern, klassische Sehenswürdigkeiten der Lüneburger Heide.

Anreise/Unterkunft Anreise bis zur Heberer Straße 100. Dort befindet sich ein großer Parkplatz, von dem man direkt

in das Pietzmoor gelangt. Die Tour ist von dort ausgeschildert. Der Park ist ganzjährig geöffnet.
Unterkunft: Naturotel Hotel Schäferhof, Tel. 05193-3547, www.hotel-schaeferhof.com; Campingpark Lüneburger Heide, Tel. 05199-275, www.camping-lh.de.

Libellen, Schmetterlinge und Heuschrecken gilt es, in der verzauberten Landschaft des Pietzmoores zu entdecken.

+ TIPP + TIPP + TIPP +

↗ **Mehrtägige Ausritte** Die Lüneburger Heide ist geradezu ideal, um sie vom Rücken eines Pferdes aus zu erkunden. Sowohl Vorschläge für Tagestouren als auch für mehrtägige Ausritte sind erhältlich (z. B. fünf Tage »Heide-Wasser«). Wege durch Flusstäler, Auen und entlang an Wasserläufen führen auf rund 114 Kilometern quer durch die typische Heidelandschaft und Wälder. Info und Buchung über Naturpark-Informationsstelle Amelinghausen, Tel.: 04132/930550, www.amelinghausen.de.

↗ **Höhenrausch** Kletterspaß total und jede Menge Nervenkitzel bietet der Kletter Fun Park Höhenweg-Arena. Auf fünf Ebenen wird balanciert und geturnt. Seilrutschen, Slacklines oder Base-Jump-Abseilen laden zum

Ausprobieren ein. Der Park ist nicht nur für Top-Sportler geeignet, auch Kinder und Senioren haben hier ihren Spaß (www.hoehenwegarena.de, Tel.: 05198/987373).

↗ **Freizeitparks** Neben dem Naturerlebnis Heide bietet die Region viel Unterhaltung für Familien. In ganz Europa gibt es nicht so viele Freizeitparks auf so begrenztem Raum. Rund 40 Fahrattraktionen warten im Heide-Park Soltau (www.heide-park.de), darunter ein Turm, der 70 Meter freien Fall ermöglicht. Im Serengeti-Park Hodenhagen (www.serengeti-park.de) kann man etwa 1000 exotischen Tieren in einer naturnahen Umgebung sehr nahe kommen. Vogelarten aus aller Welt sind im Vogelpark Walsrode (www.weltvogelpark.de) zu Hause. In Bispingen gibt es für Freunde von vier Rädern sowohl eine Kart- als auch eine Quad-Bahn (www.rs-kartcenter.de).

Naturpark Elbhöhen-Wendland

Naturpark Elbhöhen-Wendland e.V., Königsberger Straße 10, 29439 Lüchow (Wendland) Tel. 05841/12 05 40 www.naturpark-elbhoehen-wendland.de info@naturpark-elbhoehen-wendland.de

Laubfrösche sind zwar nicht so leicht zu entdecken, dafür aber oft lautstark vernehmbar.

Östlich der alten Salzstadt Lüneburg am östlichsten Ende Niedersachsens liegt der 1160 Quadratkilometer große Naturpark Elbhöhen-Wendland. Die von der Eiszeit geformte Landschaft gehört zu den am wenigsten besiedelten Gebieten Deutschlands. 1968 wurde der Park gegründet, 2006 flächenmäßig ungefähr verdoppelt. Knapp die Hälfte der Gesamtfläche steht unter Schutz. Neben Wäldern bestimmen vor allem über 100 Rundlingsdörfer die Region Elbhöhen-Wendland. Die aus slawischer Zeit stammende Besiedlung zeichnet sich durch eine kreisförmige Bebauung rund um einen Dorfplatz aus. Dabei werden die Giebel zum Zentrum des Ortes ausgerichtet. Dass es nur eine Zufahrt gibt, trägt zusätzlich zum besonderen Charakter bei. Auch Fachwerkstädte sind typisch für den Naturpark, ebenso wie die Hügellandschaft Drawehn. Das slawische Wort steht für Waldland. Wie treffend diese Bezeichnung ist, lässt sich von der höchsten Erhebung, dem 142 Meter hohen Hohen Mechtin, gut nachvollziehen. Dort lädt ein Aussichtsturm die Besucher ein, ihren Blick über Misch- und Nadelwälder sowie die ausgedehnten Heideflächen schweifen zu lassen. Schmetterlinge und Insekten, wie der Ameisenlöwe, sind ebenso anzutreffen wie Frösche, Kröten und Unken.

Highlights Unverzichtbar ist ein Besuch im interessanten Rundlingsmuseum Wendlandhof Lübeln (www.rundlingsmuseum.de). Das Freilichtmuseum ist nicht etwa an seinem Standort neu errichtet worden, sondern steht dort seit über 600 Jahren. Altes Handwerk sowie historische Bauerngärten mit Obst und Heilkräutern sind neben Trachten und Zwei-, Drei- oder Vierständerhäusern zu sehen. Hier lässt sich erfahren, wie das Leben vor 200 Jahren ausgesehen hat.

Outdoor-Aktivitäten Ab Mitte Juni blühen die Feldlilien. Ihr Anblick lässt sich am besten auf dem etwas über vier Kilometer langen Feldlilienweg genießen. Der Ausgangspunkt befindet sich in Govelin, im nördlichen Teil des Parks. Festes Schuhwerk wird empfohlen. Der Findlingspark Clenzer Schweiz erzählt von der landschaftlichen Entstehung der Region. Auf einem Waldlehrpfad mit zwölf Stationen lernen Besucher viel über Geologie und Natur.

Anreise/Unterkunft Anreise in Richtung Dannenberg/Hitzacker, Dömitz oder Lüchow; mit der Bahn über Lüneburg nach Hitzacker oder Dannenberg, über Ülzen bis Salzwedel oder Schnega. Unterkunft: Reit- und Bauernhof Klaucke, www.reiterhof-klaucke.de; Gasthaus Hotel Gundelfinger, www.hotel-gundelfinger.de.

Die Ruhe vor dem Sturm: Dunkle Wolken künden einen Regen im Wendland an.

+ TIPP + TIPP + TIPP +

↗ **Nordic Walking** Die Clenzer Heide ist reich an Wanderwegen. Touren zwischen fünf und zwölf Kilometern Länge bieten für jeden Anspruch die richtige Wahl. Wer während des Spaziergangs besonders viele Muskeln trainieren will, greift zu Nordic-Walking-Stöcken. Auf einer Tafel am Heidehof in Reddereitz stehen drei Nordic-Walking-Strecken zur Wahl.

↗ **Radrundfahrt** Eine Tagestour für Radfahrer beginnt im Rundlingsdorf Lübeln. Meist ist man auf Radwegen oder kleinen Landstraßen unterwegs. Auf der 55,5 Kilometer langen Route liegen diverse Rundlingsdörfer, sodass für Pausen gesorgt ist. Am Ende erreicht man wieder Lübeln.

↗ **Wasser pur** Ganzjährig verspricht die Wendlandther-

Heidschnucken im Breeser Grund

me (www.wendlandtherme.de) mit Gegenstromanlage und 50-Meter-Rutsche Badevergnügen für Kinder und Erwachsene. Sole- und Außenbecken sorgen für Entspannung. Noch mehr Wasser gibt es gegenüber der Therme: im Wassererlebnispark erfährt man alles über das nasse Element sowie über den Verbrauch, die Zusammensetzung oder die Artenvielfalt in heimischen Gewässern.

↗ **Nemitzer Heide** Nachdem ein Brand 1975 den ursprünglichen Kiefernwald zerstört hatte, überließ man das 0,5 Quadratkilometer große Gebiet sich selbst. Abseits der bekannten Touristenstrecken geht es zu Fuß, auf dem Pferderücken oder mit der Kutsche entlang der Birken, Kiefern und Zwergstrauchheidepflanzen durch die Natur. Weitere Infos unter www.nemitzer-heide-touristik.de.

Biosphärenreservat Flusslandschaft Elbe

*Biosphärenreservatsverwaltung
Niedersächsische Elbtalaue
Am Markt 1, 29456 Hitzacker
Tel. 05862/96 730
www.elbtalaue.niedersachsen.de
info@elbtalaue.niedersachsen.de*

1997 erkannte die UNESCO die Region als Biosphärenreservat an. Sie wies vier Reservate aus, die sich über fünf Bundesländer erstrecken: Mittelelbe, Flusslandschaft Elbe-Brandenburg, Flusslandschaft Elbe-Mecklenburg-Vorpommern und Niedersächsische Elbtalaue. Die Gesamtfläche von 3430 Quadratkilometern schließt 400 Kilometer des Elbverlaufs ein, der niedersächsische Teil macht 567 Quadratkilometer aus, die sich auf knapp 100 Elbkilometer verteilen. Die Landschaft mit ihren Feuchtgebieten ist Heimat von über 1000 verschiedenen Pflanzen und rund 250 Vogelarten. Der stark ge-

fährdete Weißstorch brütet hier und auch Zwergschwäne nutzen die Gegend als Winterquartier. Selbst der bereits für ausgestorben gehaltene Elbe-Biber hat sich wieder angesiedelt und auch Fischotter, Rehe, Feldhasen und Füchse fühlen sich hier wohl. In der niedersächsischen Elbe tummeln sich rund 50 Fischarten, durch die Lüfte flattern etwa 700 verschiedene Schmetterlinge. Von den heimischen Pflanzen, viele davon typisch für die Umgebung großer Flüsse, stehen etwa 400 auf der Roten Liste der bedrohten Arten. Unter besonderem Schutz steht die Brenndoldenwiese. Neben den Brenndolden wachsen dort auch Pfirsichblättriges Veilchen und Gnadenkraut.

Highlights Das Reservat lädt das ganze Jahr über zu Naturbeobachtungen ein. Eine besonders gute Zeit hierfür ist von März bis Mai. Dann ziehen Spieß-, Löffel- und Krickenten durch das Gebiet. Die Graureiher brüten, und auch Seeadler ziehen ihren Nachwuchs auf.

Outdoor-Aktivitäten Inzwischen ist die Elbe wieder sauber genug, um darin zu baden. Weiße Sandstrände machen das Vergnügen perfekt. Vorsicht: Die Strömung ist hier teilweise sehr stark, es kommt außerdem zu Wirbelbildung. Daher sollte man sich vorher gut über ungefährliche Stellen informieren.

Anreise/Unterkunft Anreise mit dem Pkw in Richtung Dannenberg oder Lüchow, mit der Bahn nach Lüneburg.
Unterkunft: Campingplatz Elbufer, Tel. 05853/256; Heuhotel Herrenhaus Salderatzen, Tel. 05849/97 10 18.

In den Auen sind Schwalbenschwanz, Zitronenfalter, Große Ochsenaugen und Resedafalter (im Uhrzeigersinn von links oben) ebenso heimisch wie Moorfrösche (oben).

+ TIPP + TIPP + TIPP

↗ **Biosphaerium Elbtalaue** Direkt an der Elbe kann man deren Bewohner in acht Aquarien des Biosphaerium Elbtalaue kennenlernen. Hier darf nicht nur geguckt, sondern auch gemacht werden. Dazu laden beispielsweise eine Windmaschine oder ein Vogelstimmenklavier zu Experimenten ein. Tolle Ergänzung dazu: die großzügige Biberfreianlage (www.biosphaerium.de).

↗ **Per Schiff und Floß** Vom Wasser aus lässt sich die Landschaft besonders entspannt genießen. Dampfer starten zum Beispiel in Bleckede. Wer mag, kann eine Floßtour machen oder – mit entsprechendem Bootsführerschein – selbst ein Floß mieten (www.elbe-flossfahrten.de).

Fische stehen auf dem Speiseplan der Graureiher und deshalb sind die Vögel überall dort verbreitet, wo ein fischreiches Gewässer in der Nähe ist. Sie leben gern im Schilf an Seen und Flüssen, sind aber auch an der Meeresküste vorzufinden. Ihre Nester bauen sie allerdings auf hohen Bäumen. Ihren Namen verdankt diese Untergattung der Reiher natürlich der Farbe ihres Gefieders, das aber nicht nur grau sein muss, sondern auch weiße und schwarze Federn aufweist. Auffällig ist ihr orangefarbener Schnabel, mit dem sie dolchartig nach Beute picken. Obwohl die Graureiher *(Ardea cinerea)* die zweitgrößten einheimischen Vögel sind – nach dem Storch – und bis zu einen Meter groß werden, wiegen sie erstaunlich wenig: Selbst ein ausgewachsenes Exemplar bringt nur etwa 1,5 Kilogramm auf die Waage. Diese Leichtigkeit macht die Graureiher zu exzellenten Flugakrobaten. In der Luft sind sie leicht an ihrer Kopfhaltung zu erkennen: Im Gegensatz zu anderen Schreitvögeln ziehen sie beim Flug den Kopf ein. Nicht alle Graureiher verlassen im Winter deutsche Gefilde gen Süden, manche bleiben auch das ganze Jahr über hier. Dann wird ihre Ernährung auch schon mal um Frösche und die ein oder andere Wühlmaus ergänzt.

Naturpark Dümmer

*Naturpark Dümmer e.V.,
Niedersachsenstraße 2
49356 Diepholz
Tel. 05441/976 12 74
www.naturpark-duemmer.de
naturpark-duemmer@diepholz.de*

Bekannt ist der Park natürlich für seinen Namensgeber, den Dümmer. Der flache See, durch den die Hunte fließt, hat eine stattliche Größe von 13,5 Quadratkilometern. Außerdem liegen in dem 500 Quadratkilometer umfassenden Naturpark die 100 Meter hohen Dammer Berge mit ihren ausgedehnten Nadelwäldern und die Weser-Ems-Wasserscheide. Die höchste Erhebung ist der Stemweder Berg mit seinen 181 Metern. Kraniche sind die Attraktion des knapp 35 Kilometer nordöstlich von Osnabrück gelegenen Parks. Alles dreht sich hier um sie, wenn sie im Herbst ihre Rast einlegen. Darüber hinaus sind Spieß- und Pfeifenten zu

Der Dümmer ist ein herrlich ruhiges Segelrevier.

beobachten, der Laubfrosch ist ebenso heimisch wie diverse Schmetterlinge, Libellen oder auch Sumpfschrecke und Großes Heupferd. Auch zahlreiche Blütenpflanzen gedeihen bestens, darunter Hochstauden von Mädesüß und Blutweiderich bis hin zur Ackerkratzdistel mit ihren hübschen violettfarbenen Blütenköpfchen.

Anreise/Unterkunft Anreise über die A1, A2 oder A7, mit

der NordWestBahn nach Twistringen, Barnstorf, Diepholz oder Lemförde.
Unterkunft: »Kiek mol rin«, Tel. 05443/1759, www.kiek-molrin-huede.de; Dümmerhotel Strandlust, Tel. 05447/99330, www.duemmerhotel.de.

Die Uferschnepfe brütet in den Feuchtwiesen rund um den See. Im Winter zieht sie in wärmere Regionen in Westafrika auf.

+ TIPP + TIPP +

↗ **Hundeschlitten** Ein Erlebnis der besonderen Art ist eine Schlittenhundetour auf Kufen oder Rädern durch das Wietingsmoor. Dazu gehören eine Mahlzeit am Lagerfeuer und der Kontakt mit den Hunden (www.hundetouren.de).

Naturpark Steinhuder Meer

Geschäftsstelle Naturpark Steinhuder Meer, Höltystraße 17, 30171 Hannover
Tel. 0511/61 62 22 11
www.naturpark-steinhuder-meer.de
info@naturpark-steinhuder-meer.de

Das Steinhuder Meer ist der größte Binnensee in Nordwestdeutschland. Um ihn erstreckt sich der gleichnamige Naturpark auf einer Fläche von 310 Quadratkilometern über die Landkreise Schaumburg und Nienburg sowie die Region Hannover. Schon 1959 wurde die Idee zu einem Naturpark geboren, erst 1974 wurde sie realisiert. Rund zwei Drittel sind Schutzgebiet. Wald- und Moorflächen sorgen für eine unverwechselbare Landschaft, das Herzstück bleibt jedoch der See als besonderer Lebensraum. Im Brut- und Rastgebiet

Meerbruch sind Wasser- und Watvögel wie die Bekassine oder die Uferschnepfe anzutreffen. Unweit des Steinhuder Meers liegt das Tote Moor, ein Hochmoor, das vor dem Untergang gerettet werden soll. Graugans, Kiebitz und Krickente nutzen das Gebiet bereits wieder als Brutplatz, auch typische Moorpflanzen siedeln sich nach und nach wieder dort an.

Highlights Das Steinhuder Meer ist ein Flachsee. Neben einer Badeinsel gibt es die Insel

Wilhelmstein. Im Sommer kann man schwimmen, segeln und surfen, bei Eis Schlittschuh laufen.

Anreise/Unterkunft Anreise über die A2 oder A7, per Bahn über Hannover nach Neustadt oder Wunstorf.
Unterkunft: Campingplatz Mardorf, www.camping-steinhuder-meer.de; cantera Naturstein Hotel, www.cantera.de.

Großes Bild: Auf der Insel Wilhelmstein steht eine Festung.
Oben: Abendstimmung.

+ TIPP + TIPP + TIPP

↗ **Golf** Direkt am See liegen zwei Golfanlagen für Einsteiger und Fortgeschrittene. Sowohl in Neustadt-Mardorf (www.gpsm.de) als auch in Rehburg-Loccum (www.gcrl.de) sind Besucher und Zuschauer willkommen.

↗ **Reiten** Im Naturpark wird Reiten großgeschrieben. Man kann sowohl ein Pferd ausleihen als auch sein eigenes Tier mitbringen und in einer Gastpferdebox unterstellen. Auskunft über die zehn verschiedenen Höfe erteilt die Tourist-Info www.steinhuder-meer.de.

↗ **Bootstour** Auf dem Steinhuder Meer sind Segel-, Motor-, Tret- und Elektroboote zugelassen. Verleihstellen findet man in Mardorf und Steinhude.

Naturpark TERRA.vita

Natur- und Geopark TERRA.vita
Am Schölerberg 1
49082 Osnabrück
Tel. 0541/501 42 17
www.naturpark-terravita.de
info@naturpark-terravita.de

Vom Südwesten Niedersachsens bis in den Nordosten Nordrhein-Westfalens hinein erstreckt sich der 1500 Quadratkilometer große Naturpark TERRA.vita, der auch ein sogenannter Geopark ist. Dieses Prädikat weist eine Region aus, in der sich nachvollziehen lässt, wie Landschaften einst entstanden sind. In diesem Fall ist an vielen Stellen zu erkennen, dass die heute sichtbaren Hügel und Ebenen einmal eine Küstenregion waren, was auch Muschelkalkbänke und Spuren von Wattwürmern bezeugen. Im Jahr 2001 war TERRA.vita der erste Naturpark, der auch das Siegel Geopark verliehen bekommen hat. Teile des Teu-

Beim Wandern im Naturpark TERRA.vita kann man auch auf wild blühenden Mohn treffen.

toburger Waldes, des Wiehengebirges – Deutschlands nördlichstes Mittelgebirge – sowie das Osnabrücker Land gehören dazu. Sein ehemaliger Name verrät es, denn der Naturpark TERRA.vita hieß einmal Naturpark Nördlicher Teutoburger Wald-Wiehengebirge. Neben den Bergen prägen Moore und Wälder, Seen und Solebäder das Landschaftsbild. Spuren der Erdgeschichte lassen sich in der Megalithkultur ebenso fin-

den wie in den 150 Millionen Jahre alten Fährten von Dinosauriern, die in einem Steinbruch zu bestaunen sind. Typisch für die Region sind ferner Bergbau, Fachwerkstädte sowie Wind- und Wassermühlen. Letztere lassen sich vor allem im Wiehengebirge entdecken.

Highlights Bei einer Piesberg-Busrundfahrt bekommt man in drei Stunden einen Überblick über die Vielfalt der Region.

Vom Museum Industriekultur (www.industriekultur-museumos. de) geht es zunächst tief unter die Erde in einen Stollen, bevor man hoch hinauf auf den Piesberg fährt. Ein Steinbruch und ein 150 Jahre alter Mammutbaum stehen ebenfalls auf dem Programm (mittwochs bis sonntags 10 bis 18 Uhr, Reservierung unter Tel. 0541/12 24 47).

Outdoor-Aktivitäten Im Geopark dreht sich alles um Steine.

Auf Tuchfühlung kommt man mit ihnen beim Klettern. Neben Hochseilgärten, Kletterparks und -wäldern darf hier auch im echten Fels gehangelt und gekrabbelt werden. Das Sandsteingebiet Dörenther Klippen lädt dazu ein. Hier finden Anfänger und ambitionierte Kletterer stillgelegte Steinbrüche oder Felsen, wie die Plisseewand, die mit ihren Falten und Wellen ihrem Namen alle Ehre macht. Infos über www.bergfreunde-ibb.de.

Anreise/Unterkunft Anreise über die A2, A30 oder A44, per Bahn nach Minden, Bielefeld oder Paderborn.
Unterkunft: Ferienhof Meyer-Landhotel (Ferienwohnung, Appartement, Gästezimmer), www.ferienhofmeyer.de; Campingpark Regenbogen, www.regenbogen.ag.

Oben: Im Frühling zeigt die Landschaft ein besonders liebliches Antlitz. Rechts: Pfad im Teutoburger Wald.

+ TIPP + TIPP + TIPP +

↗ **Mühlenweg** Neun Wasser- und zwei Windmühlen liegen auf dem knapp 100 Kilometer langen Mühlenweg am Wiehengebirge. Hinzu kommen Museen, mittelalterliche Burgen und Hügelgräber. Für Abwechslung ist also gesorgt. Wer mag, nimmt sich ein paar Tage Zeit für den gesamten Rundweg. Alternativ gibt es verschiedene Routen für eintägige Touren. Infos und Karten: www.muehlenweg-am-wiehengebirge.de.

↗ **Stollenlabyrinth** Der Zoo Osnabrück bietet als einziger der Welt ein unterirdisches Tiergehege an. Ob Nacktmull, Präriehund oder Feldhamster – hier kann man Geschöpfe beobachten, die sich üblicherweise tief im Boden verstecken (www.zoo-osnabrueck.de). An Wochenenden und Feiertagen geht es vom Labyrinth direkt in die Osnabrücker »unter.Welten«. Die 350 Quadratmeter große Ausstellung eröffnet ungewöhnliche Einsichten in Wald- und Ackerboden, Moor oder Wiese (www.osnabrueck.de/unterwelten).

↗ **Ballonfahrt** Einen komplett anderen Blick auf die Welt erhält man aus der Luft. Im Ballon lässt es sich besonders ruhig dahingleiten. Nachdem man den Naturpark TERRA vita von oben genossen hat, rundet eine Ballontaufe das Erlebnis ab (www.rehmballooning.de).

↗ **Kalksinterterrassen** In der Noller Schlucht zwischen Melle und Dissen erstrecken sich über 2400 Quadratmeter die größten Kalksinterterrassen Niedersachsens. Sie entstehen dort, wo stark kalkhaltiges Wasser mit Sauerstoff reagiert. Ein 2,5 Kilometer langer Lehrpfad auf Stegen informiert über die Entstehung. Infos: Tel. 0541/501 42 17.

Naturpark Weserbergland

Naturpark-Geschäftsstelle
Landkreis Hameln-Pyrmont
Süntelstraße 9, 31785 Hameln
Tel. 05151/903 93 07
*hameln-pyrmont.de/Naturpark_*
Weserbergland
naturpark@hameln-pyrmont.de

1975 wurde der Naturpark Weserbergland gegründet, der rund 50 Kilometer südwestlich der Landeshauptstadt Hannover liegt. Den Charakter der Region bestimmt der Flusslauf der Weser. Doch im Grunde ist es kaum möglich, von einem Charakter zu sprechen. Viel zu abwechslungsreich sind die Landschaftsformen und Möglichkeiten, die hier direkt nebeneinander liegen. Da gibt es das Naturschutzgebiet Hohenstein mit seiner 40 Meter in die Höhe ragenden Kalksteinwand, Bergzüge, die zum Klettern und Wandern sowie zum Wintersport einladen, Schlösser und

Burgen, Deutschlands nördlichste Tropfsteinhöhle, Bergbaustollen und ausgedehnte Laubwälder, die sich im Herbst in einem farbenprächtigen Kleid präsentieren. Von 55 Metern geht es bis auf 441 Meter hinauf, die norddeutsche Tiefebene wird hier allmählich zur Mittelgebirgsregion. Auf Wander-, Rad- und Reitwegen kann der gesamte Naturpark Weserbergland wunderbar durchquert und hautnah erlebt werden. Bäche und Seen, große und kleine Erhebungen und Trocken- sowie Magerrasenflächen wechseln sich dabei ab und sorgen für ständig neue Eindrücke. Der Besucher lernt die Landkreise Schaumburg und Hameln-Pyrmont von ihrer reizvollsten Seite kennen.

Wesertal

Bei Hannoversch Münden fließen Fulda und Werra zusammen, hier entspringt die Weser und der Strom beginnt seinen Weg in die Nordsee. Was ge-

Weser bei Pegesdorf im Weserbergland

wöhnlich klingt, ist durchaus eine Erwähnung wert. Kein anderer Fluss bleibt nämlich ausschließlich auf deutschem Gebiet. Im Naturpark Weserbergland befindet sich das obere Wesertal. Wer das Bett des Flusses, seine Entstehung und seinen Verlauf auf eine etwas andere Art kennenlernen möchte, sollte das Wesertal-Modell in Petershagen besuchen. Direkt am Fluss, zwischen Weserbrücke und Schloss Petershagen,

befindet sich die Installation. Mit Haut und Haar kann man bei einer dreitägigen Schiffstour über die Oberweser in die Region eintauchen. Ebenfalls vom Wasser aus kann man das Wesertal mit dem Kanu erkunden. Viel Muskelkraft und etwas Erfahrung sollte man dafür aber mitbringen, denn teilweise ist die Strömung recht kräftig.

Highlights Der Weserbergland-Weg führt auf 225 Kilometern zu den Höhepunkten der Region. Er ist in 13 Etappen aufgeteilt, sodass man sich die Teilstücke aussuchen kann, die zum Naturpark gehören. Bodenwerder mit seinem Münchhausen-Museum gehört sicher dazu (www.muenchhausenland.de; www.weserberglandweg.de).

Outdoor-Aktivitäten Im östlichen Weserbergland wartet eine sportliche Herausforderung, die neben einer guten Kondition auch festes Schuhwerk und Trittsicherheit erfordert. Der Wanderer wird dafür mit spektakulären Weitblicken, Bergkämmen, Felsformationen und Höhlen belohnt. Der komplette Ith-Hils-Weg ist 80 Kilometer lang und ausgesprochen gut beschildert. Man kann Pauschaltouren über die gesamte Strecke buchen oder sich die sieben Etappen auf eigene Faust erschließen (www.weserbergland-tourismus.de).

Im Freizeitpark Steinzeichen reiht sich eine Attraktion an die nächste. Einige davon sind in

Gebäuden untergebracht, sodass auch bei Regenwetter keine schlechte Laune aufkommt. Das Zentrum des Geländes ist ein teilweise renaturierter Steinbruch. Der 1250 Meter lange Rundweg führt zu einer Fossiliensammlung inklusive Dinosaurierskelett und in den Medientunnel, einen ehemaligen Transporttunnel des Steinbruchs (www.steinzeichen.de).

Anreise/Unterkunft Anreise über die A2 oder A7, mit der Bahn über Hameln und Löhne nach Rinteln oder Hessisch Oldendorf. Unterkunft: Camping am Waldbad, Tel. 05158/27 74, www.campingamwaldbad.de; Hotel Schaumburger Ritter, Tel. 05152/94 74 60, www.schaumburger-ritter.de.

Oben: Bei dem kleinen Ort Polle führt eine Fähre über die Weser. Wenn im Sommer der Mohn und die Margeriten blühen, verwandelt sich das Weserbergland in eine bunte, duftende Landschaft (links).

↗ Radfahren Der Naturpark ist für Radfahrer bestens erschlossen. Vier Rundwege widmen sich jeweils einem Schwerpunktthema. So zum Beispiel die etwa 28 Kilometer lange Route »Rund um den Klüt«: sie beginnt in Hameln und umkreist den 258 Meter hohen Hausberg der Stadt. Über Halvestorf, Groß und Klein Berkel geht es wieder zurück nach Hameln. In Rinteln startet und endet eine 54 Kilometer lange Tour über Exten, Hessisch Oldendorf und Fischbeck, die sich mit Kirchen und Klöstern beschäftigt (www.weserbergland-tourismus.de).

↗ Schillat-Höhle 1992 wurde Deutschlands nördlichste Tropfsteinhöhle entdeckt, 2004 wurde sie der Öffentlichkeit als Schauhöhle zugänglich gemacht. Reproduktionen von Felsmalereien, ausgestellte Mineralien und Fossilien, ein Märchenwald aus glitzernden Kristallen und nicht zuletzt ein Blick

in die benachbarte Riesenberghöhle machen den Besuch zu einem besonderen Erlebnis. Die Riesenberghöhle selbst ist nicht begehbar. Umso eindrucksvoller ist es, sich eine 3D-Bilder-Schau davon anzusehen. Auch die Aussicht auf den Riesenberg-Steinbruch, die man von einer Terrasse außerhalb der Schillat-Höhle genießen kann, ist beeindruckend (www.schillathoehle.de).

↗ Totenberg Ein Kleinod im Landkreis Göttingen ist das Naturschutzgebiet Totenberg. Der Großteil der knapp einen halben Quadratkilometer großen Fläche ist ein naturnaher Wald, für dessen Bewirtschaftung strenge Regeln gelten. Über 150 Jahre alte Buchen säumen majestätisch die Wege, Weißstorch, Eisvogel und Wanderfalke werden hier ebenso gesichtet wie Wildkatzen. Das Gebiet gehört zum Bramwald. Den erwandert man sich am besten ab Bühren. Informationen und Tourenvorschläge zum Herunterladen findet man unter www.dransfeld.de.

↗ Draisinentour Ein ungewöhnliches Raderlebnis bieten Touren auf ausgedienten Bahntrassen. Man braucht sich keine Sorgen um die Streckenführung zu machen und kann mit etwas sportlichem Einsatz die hügelige Landschaft und die Fachwerkdörfer betrachten. Kinder können auf der Sitzbank mitfahren oder ab einer Größe von 1,50 Meter auch mitradeln (www.draisinen.de, Tel. 05751/40 39 88).

↗ Fürstliche Reitstunden Keinesfalls sollte man das Schloss Bückeburg versäumen, den Sitz des Fürstenhauses Schaumburg-Lippe. Auch die dazugehörige Hofreitschule ist zu besichtigen. Wer mag, kann hier sogar reiten lernen (www.schlossbueckeburg.de).

Radeln lässt sich auch zwischen den Rapsfeldern rund um Tuchtfeld (rechts).

Naturpark Solling-Vogler

Zweckverband Naturpark Solling-Vogler, Wildpark 1, 37603 Holzminden/Neuhaus Tel. 05536/1313 www.naturpark-solling-vogler.de info@naturpark-solling-vogler.de

Im Süden von Niedersachsen liegt der 520 Quadratkilometer große Naturpark Solling-Vogler, der 1966 gegründet wurde. Das Hochmoor Mecklenbruch gehört ebenso zu dieser Landschaft wie weitläufige Buchen- und Fichtenwälder und alte Eichen. Es ist ein Paradies für die unterschiedlichsten Tier- und Pflanzenarten.

Waschbär, Dachs und Marder finden hier einen perfekten Lebensraum. Außerdem ist ein ganz besonderer Bewohner anzutreffen: der im Hutewald halbwild lebende Auerochse. Nachts erklingt der Ruf des Raufußkauzes, im Herbst wird er von den Brunftschreien der

Rothirsche übertönt. Beinahe 1000 Farne und Samenpflanzen gedeihen hier, dazu über 100 Flechten- und fast 300 Moosarten. Sowohl die naturbelassenen Gebiete, als auch diejenigen, die von Menschen bewirtschaftet und dadurch stark geprägt wurden, sind einen Besuch wert. Steinbrüche, Mittelgebirgsbäche, Wiesentäler und stille Seen – das alles lässt sich im Naturpark Solling-Vogler auf einem bestens ausgebauten Wegenetz erwandern oder per

Rad entdecken. Dazu gesellen sich Schlösser und Burgen, Aussichtstürme und archäologische Fundstätten. Wer besonders viel über die Region erfahren möchte, kann sich einer geführten Tour anschließen.

Highlights Etwa von Bodenwerder im Norden bis hinunter nach Bodenfelde zieht sich der Lebensraum ebenso typischer wie besonderer Bewohner des Naturparks. In Tälern, an Berghängen, im Moor, in Wäldern

und auf den Bergwiesen sind zahlreiche Weidetiere zu Hause. Sie prägen und beeinflussen das Landschaftsbild. Ziegen, Auerochsen, Exmoorponys, Galloway-Rinder, Bergschafe und Rote Höhenvieh-Rinder können beim Weiden beobachtet werden. Das Fleisch der Tiere wird regional angeboten und in Restaurants der Umgebung serviert.

Outdoor-Aktivitäten Der Park ist ein Mountainbike-Paradies. 760 Kilometer ausgewiesene Strecken sprechen für sich. Verschiedene Touren stehen zur Wahl, darunter die 60,5 Kilometer lange Route »Drei-Länder-Blick«. Hier ist ein Höhenunterschied von 1425 Metern zu bewältigen. Adrenalin pur verspricht ein Besuch im Solling Funpark mit Downhill- und Rennstrecken (www.solling-funpark.de).

Anreise/Unterkunft Anreise über die B446 nach Uslar oder von Norden kommend über die

B83, per Bahn über Göttingen. Unterkunft: Bikerhaus Gasthaus Reimer, Tel. 05532/82 55, www.bikerhaus.de; Baumhaushotel Solling, Tel. 05571/91 93 05, www.baumhaushotel-solling.de.

Ein röhrender Hirsch und ein Wildschwein im Wald, dazu eine magische Lichtstimmung mit einem zauberhaften Regenbogen – das sind die Zutaten, die die Natur dem Naturpark Solling-Vogler zuweilen angedeihen lässt.

+ TIPP + TIPP + TIPP +

↗ **Wildpark Neuhaus** Im Herzen des Naturparks liegt das Wildgehege Neuhaus. Es ist, als hätte man hier eine landschaftliche Essenz der gesamten Region vor sich. Das gilt auch für die Wildtiere, die das Gelände bevölkern. Im Sommer kann man mit etwas Glück ihren Nachwuchs beobachten. Eine Falknerei gehört ebenso dazu wie das neu eröffnete Wildpark-Haus (www.wildpark-neuhaus.de).

↗ **Aussichten** Diverse Türme und Aussichtpunkte sorgen überall in der Gegend für einen besonderen Weitblick. Zum Beispiel der 40 Meter hohe Klimaturm. Er ist Teil des Erlebniswaldes in Schönhagen, einem ehemaligen EXPO-Projekt. Ein anderes Exemplar befindet sich an einer der höchsten Stellen des Solling: 33 Meter misst der hölzerne

Hochsollingturm. Man erreicht ihn vom Parkplatz an der Landestraße 549 zwischen Neuhaus und Silberborn.

↗ **Frauenschuh** Nirgendwo sonst in Norddeutschland sind so viele »Frauenschuhe« zu finden wie auf den Wiesen am Burgberg. Gemeint ist eine Orchideenart. Auf einem 4,5 Kilometer langen Rundweg lassen sich die zauberhaften Blumen, die hier ideale Wachstumsbedingungen vorfinden, betrachten. Man startet am besten auf dem Parkplatz an der B64 zwischen Negenborn und Bevern.

↗ **Glashütte** Ab dem Jahr 1200 bis in das 19. Jahrhundert hinein wurde in der Region Glas hergestellt. Die Waldglashütte am Lakenteich war im 17. Jahrhundert in Betrieb. Sie konnte teilweise ausgegraben und rekonstruiert werden. Infos: Flyer »Archäologie und Geschichte« unter www.naturpark-solling-vogler.de.

Turmfalken

Der Turmfalke ist ein ziemlich opportunistischer Vogel: Dort, wo der Mensch viele seiner Rückzugsorte genommen hat, hat er es sich mitten in den Zentren der Städte gemütlich gemacht. In München etwa im Turm der Frauenkirche und in Berlin in der Park-Klinik Weißensee. Kameras überwachen an vielen Orten die Nistkästen und senden Live-Bilder des Geleges an interessierte Vogelfreunde. Eigentlich ist der Turmfalke aber jenseits der Städte zu Hause. Er lebt überall dort, wo Feldmäuse aufzufinden sind, und bevorzugt unberührte Landschaften wie im Harz oder im Erzgebirge. Die meisten der in Deutschland beheimateten Turmfalken *(Falco tinnunculus)* leben das ganze Jahr über hier und ziehen im Winter nicht in wärmere Regionen. Charakteristisch ist sein »Rüttelflug«, wenn er auf Beutefang ist. Hat er eine Maus in einem Feld erspäht, bleibt er mit schnellem Flügelschlag etwa 10 bis 20 Meter in der Luft über ihr stehen und schießt dann zu einem geeigneten Zeitpunkt pfeilschnell auf die Beute zu. Er ergreift sie mit sei-nen Fängen und tötet mit ei-nem schnellen Biss ins Genick. Viel liebevoller geht er bei der Aufzucht seiner Jungen vor: Männchen und Weibchen küm-mern sich gemeinsam um drei bis sechs Jungtiere.

Naturpark Drömling

Naturparkverwaltung Drömling
Bahnhofstraße 32
39646 Oebisfelde
Tel. 039002/85 00
www.naturpark-droemling.de
naturpark-droemling@lvwa.
lsa-net.de

Wo Sachsen-Anhalt und Niedersachsen aufeinandertreffen, liegt der 340 Quadratkilometer große Naturpark Drömling. Der weitaus größte Teil des Moorgebiets gehört zu Sachsen-Anhalt. Der Park ist in vier Zonen untergliedert. In der Kernzone wird die Renaturierung vorangetrieben, deren Ziel die Neu-Entwicklung eines Erlenbruchwaldes ist. Der Drömling wird »Land der 1000 Gräben« genannt. Das ist nicht erstaunlich, denn die Bewirtschaftung durch den Menschen brachte vor allem den Bau zahlreicher Gräben und Kanäle zur Entwässerung mit sich. Heute wird das Gebiet vor allem durch die Flüsse Aller

und Ohre entwässert. Es ist die Heimat des Fischotters und des Bibers. In der Luft sind Weißstorch, Kranich und Seeadler zu Hause. Darüber hinaus leben jede Menge Gänse, Enten und Schwäne im Drömling.
In Niedersachsen findet man im Park vier Naturschutzgebiete: Kaiserwinkel, das Giebelmoor, Vorsfelder Drömling und den Allerauenwald.

Anreise/Unterkunft Anreise über die B4 oder B188, per Bahn über Hannover zum Bei-

spiel nach Gifhorn. Unterkunft: Haus Ewa (Ferienwohnung oder Zimmer), Tel. 05351/380 93 95, www.haus-ewa.de; Hotel Deutsches Haus Gifhorn, Tel. 05371/81 80, www.deutsches-haus-gifhorn.de.

Großer Brachvogel, Rotmilan, Biber und Fischotter (oben im Uhrzeigersinn von links oben) sind im Naturpark Drömling zu Hause. Auch der scheue Schwarzstorch (kleines Bild) stattet den Wäldern im Sommer einen Besuch ab.

+ TIPP + TIPP + TIPP

↗ **Kaiserwinkel-Wanderung** Wo einst liebliche Auen und feuchtes Moor waren, sind heute Wiesen und Gräben. Feuchtigkeit ist das bestimmende Thema der Region. Während man früher alles zur Entwässerung getan hat, versucht man heute, das Gebiet wieder zu vernässen. Ein sehr schönes Bild dieser landschaftlichen Veränderungen bietet sich bei einer Eintagestour von und nach Parsau, Ortsteil Kaiserwinkel. Es geht in der Guleitzer Straße los über schmale Grünstreifen vorbei an Hochstauden und Grauweiden. Besonders schön ist der Spaziergang im Frühsommer, zwischen Mai und Juli, wenn die hübschen weißen Blüten der Wasserfeder im Wasser zu sehen sind.

Naturpark Elm-Lappwald

Geschäftsstelle Naturpark Elm-Lappwald, Bahnhofstraße 11, 38300 Wolfenbüttel
Tel. 05331/844 63
www.elm-lappwald.de
np-elm-lappwald@lkwf.de

470 Quadratkilometer groß ist der Naturpark Elm-Lappwald, der sich über die beiden Kreise Wolfenbüttel und Helmstedt erstreckt. Ziemlich genau die Hälfte der Gesamtfläche des 1977 gegründeten Parks ist als Natur- oder Landschaftsschutzgebiet ausgewiesen. Höhenlagen zwischen 90 und 323 Metern verraten, dass es sich um ein Gebiet zwischen norddeutscher Ebene und den Mittelgebirgen handelt. Heide, Moore, Kiefernwälder und ein schöner Buchenwald gruppieren sich um bunte Wiesen und Felder. Ein Paradies, wenn man einmal von der Autobahn absieht, die es zerschneidet. Eine Besonderheit

sind die sogenannten Geotope: Orte, die eindrucksvoll von der Entstehungsgeschichte der Landschaft erzählen. Weil diese hier reich vorhanden sind, ist der Park Teil des Geoparks Harz-Braunschweiger Land-Ostfalen. Eine historische Zeitreise der anderen Art führt nach Hötensleben zum deutsch-deutschen Grenzdenkmal.

Highlights In Schöningen ist eine der bedeutendsten archäologischen Stätten der Welt zu Hause. In ihrer unmittelbaren

Nähe kann man weit in der Vergangenheit des Menschen zurückreisen (www.palaeon.de).

Anreise/Unterkunft Anreise über die A2, per Bahn nach Wolfenbüttel, Helmstedt oder Braunschweig. Unterkunft: Ferienwohnung am Elm, www.schoener-wohnenamelm.de; Hotel Ritter St. Georg in Braunschweig, www.centro-hotels.de.

Großes Bild: Herbstliche Bäume im Elm-Lappwald; oben: Giftiger Fliegenpilz.

+ TIPP + TIPP + TIPP

↗ **Heeseberg** Es ist ein Muss, den Aussichtsturm auf dem 200 Meter hohen Berg zu erklimmen. Von dort aus hat man bei guter Sicht einen herrlichen Blick bis auf den Brocken und seine Umgebung.

↗ **Förster-Wanderung** Der Elm gilt als der schönste Buchenwald Norddeutschlands, wenn nicht sogar von ganz Deutschland. Besonders spannend ist eine Führung in Begleitung eines Försters (Individuelle Touren sind buchbar unter Tel. 05332/21 15).

↗ **Rennrad** Schöningen ist Startpunkt für Rennradstrecken. Eine 46 Kilometer lange Tour führt beispielsweise über Hötensleben und zur Schunterquelle (www.elm-freizeit.de).

Naturpark Harz

Regionalverband Harz e.V.
Hohe Straße 6
06484 Quedlinburg
Tel. 03946/964 10
www.harzregion.de
rvh@harzregion.de

Der Naturpark Harz in Niedersachsen ist einer von vier rechtlich eigenständigen Naturparks im Harz. Zwei davon liegen in Sachsen-Anhalt, ein dritter in Thüringen. Der Naturpark auf niedersächsischem Gebiet ist der älteste der vier. Er wurde bereits 1960 gegründet, die anderen folgten erst ab 2003. Mit ungefähr 800 Quadratkilometern Fläche ist er der zweitgrößte Naturpark im Harz. Er reicht von Goslar im Nordwesten bis nach Osterode im Südwesten und grenzt im Osten an den Nationalpark Harz. Das Gelände steigt von 200 bis auf 970 Meter über Normalnull an und bietet durch diese Höhenunterschiede sehr abwechs-

lungsreiche Landschaftsformen und einen außergewöhnlichen Artenreichtum. Sanfte Hänge, verwunschene Flusstäler und Seen findet man ebenso wie schroffe Felsformationen, rauschende Bäche, tiefe Höhlen und dunkle Wälder. Im Naturpark finden zahlreiche, zum Teil bedrohte Arten einen Lebensraum. Der Luchs konnte erfolgreich wieder angesiedelt werden. Wasseramseln und Gebirgsstelzen fühlen sich an den schnell dahinfließenden

Gewässern wohl, und auch der Feuersalamander findet im Naturpark beste Bedingungen vor. Ein gut ausgeschildertes Netz mit mehr als 4000 Kilometern an Wanderwegen erschließt die Region für ihre Besucher.

Okertal

Es soll das schönste Tal im Westharz sein. So behaupten es zumindest die Wanderer und Kletterer, die die bizarren Fels-

formationen im Tal bestaunen oder zu bezwingen suchen. Das Okertal befindet sich zwischen Altenau und Oker, einem Ort am nördlichen Rand des Harzes. Die Oker hat sich hier im Laufe von Millionen von Jahren tief in den Fels eingegraben und eine beeindruckende Schlucht geschaffen. Bevor man in diesen Teil des Tals gelangt, muss man von Altenau aus zuerst die Okertalsperre passieren. Hinter einer 67 Meter hohen Staumauer werden

Millionen Kubikmeter Wasser zurückgehalten. Der lang gestreckte Stausee beansprucht fast die Hälfte des Okertals für sich. Hinter der Talsperre schlängelt sich der Fluss in beachtlichem Tempo am Fuße steiler Klippen und dicht bewaldeter Hänge entlang. Von Romkerhall führt ein beliebter Wanderweg an riesigen Granitblöcken vorbei, die durch die sogenannte Wollsackverwitterung entstanden sind. Besonderes Merkmal dieser Verwitterungsart sind die abgerundeten Kanten, die die Felsen wie riesige Kissen oder gestapelte Matratzen aussehen lassen. An vielen Stellen bietet sich von den Klippen ein atemberaubender Blick auf das Tal und das nördliche Harzvorland.

Großes Bild oben und linke Seite: Die Oker durchfließt das nach ihr benannte Tal. Bilder links und oben: Adler- und Feigenbaumklippe sind beliebte Kletterfelsen im Okertal.

Romkerhaller Wasserfall

Der künstlich angelegte Wasserfall rauscht fast 70 Meter in die Tiefe. Angelegt wurde er 1863 von König Georg V. von Hannover, der hier sein Jagdrevier hatte. Er ließ auch das Haus errichten, in dem sich heute das Hotel »Königreich Romkerhall« befindet. Der Wasserfall wird vom Flüsschen Romke gespeist und fließt nach seinem Sturz in die Oker. In besonders kalten Wintern ist er ein beliebtes Ausflugsziel für Eiskletterer.

Radau-Wasserfall

Der 22 Meter hohe, künstlich angelegte Wasserfall macht zwar reichlich Lärm, namensgebend war das laute Geräusch allerdings nicht. Vielmehr wurde er nach dem Flüsschen Radau benannt, das ihn speist. Betont wird der Name übrigens auf der ersten Silbe. Es gibt ihn seit 1859. Er wurde im Jahr 1859 von der Herzoglich-Braunschweigischen Eisenbahngesell-schaft angelegt, um Kurgäste in die Region zu locken. Auch heute besuchen jedes Jahr zahlreiche Touristen den markanten Wasserfall bei Bad Harzburg.

Einhornhöhle

Benannt wurde die Höhle, die vor über drei Millionen Jahren entstand, nach dem gleichnamigen Fabelwesen. Grund dafür waren zahlreiche Knochenfunde, die man bis ins 17. Jahrhundert für Einhornknochen hielt. Es handelte sich jedoch tatsächlich um die fossilen Überreste von Höhlenbären, -löwen und Wölfen. Mit über 600 Metern erschlossenen Gängen ist die Einhornhöhle die größte begehbare Höhle im Westharz. Sie kann selbst mit Kinderwagen und Rollstuhl erkundet werden (www.einhornhoehle.de).

Wurmberg

971,2 Meter Höhe reichen aus, um den Wurmberg zum höchsten Berg Niedersachsens zu

machen. Betrachtet man den gesamten Harz, rückt er hinter dem Brocken an die zweite Stelle. Auf dem Gipfel befindet sich die Wurmbergschanze, die auch als Aussichtsturm dient. Gegen eine geringe Gebühr kann man den großartigen Blick hinüber zum Brocken und in das Umland genießen. Interessant sind auch die Hexentreppe und die alten Steinanlagen am Gipfel, bei denen es sich vermutlich um eine germanische Kultstätte handelte.

Highlights Das Silbererzbergwerk Grube Samson in Sankt Andreasberg besitzt heute die einzige betriebsbereite Fahrkunst weltweit. Die Anlage ermöglichte es den Bergleuten, schneller in die Grube einzufahren. Dauerte das Hinabsteigen sonst Stunden, konnte der Weg in den Berg nun in 45 Minuten zurückgelegt werden. Im Bergwerksmuseum ist Bergbautechnik, teilweise im Originalzustand, aus den letzten Jahrhunderten zu bestaunen. Besonders beeindruckend sind die beiden hölzernen Wasserräder mit Durchmessern von neun bzw. zwölf Metern. Das Kehrrad förderte das Erz nach oben, das größere Kunstrad betrieb die Fahrkunst (www.harzer-roller.de/grube/de/frames/text.html).

Outdoor-Aktivitäten Der Harz ist eine gewachsene Wanderregion, zieht aber auch immer mehr Radfahrer an. Ein gut ausgeschildertes Rad- und Wegenetz erleichtert die Orientierung. Informationen zu Touren gibt es unter www.outdooractive.com.

Anreise/Unterkunft Anreise von Norden kommend nach Goslar über die B82, von Süden nach Osterode über die B241 bzw. 243. Unterkunft: Schiefer-Hotel, Markt 6, Goslar, Tel. 05321/382 27 00, www.schiefer-erleben.de; Hotel Zum Röddenberg, Steiler Ackerweg 6, Osterode am Harz, Tel. 05522/905 40, www.hotel-zum-roeddenberg.de.

+ TIPP + TIPP + TIPP +

↗ **Harzer Dolomiten** An der Einhornhöhle beginnen drei Rundwege. Mit einer Länge von 900 Metern bis zu 10,5 Kilometern sind sie für Kinder, Spaziergänger oder Wanderer geeignet. Entlang dieser »Natur-Live-Wege« befinden sich etwa 60 Informationstafeln und Erlebnisinstallationen, die auf die Besonderheiten des Kalkbuchenwalds, seine Artenvielfalt und die als »Harzer Dolomiten« bezeichneten regionalen Gesteinsvorkommen hinweisen.

↗ **Liebesbankweg** Einer der schönsten Wanderwege im Naturpark ist der sogenannte »Liebesbankweg«. Die sieben Kilometer lange Strecke, die an 25 Liebesbänken entlang führt, ist der erste ausgezeichnete Premiumweg im Harz. Der abwechslungsreich gestaltete Rundkurs beginnt an der Stabkirche in Goslar-Hahnenklee. Über Bocksberg und Auerhahn geht es zur Oberharzer Wasserwirtschaft und zurück. Entlang des Weges befinden sich außerdem ein Wasserspielplatz und ein Wassertretbecken (www.liebesbankweg.de).

↗ **Försterstieg** Wesentlich anspruchsvoller ist die Wanderung auf dem Försterstieg. Er verläuft auf einer Strecke von 60 Kilometern quer durch den Naturpark Harz. Von Goslar wandert man über Wolfshagen, Lautenthal und Bad Grund Richtung Clausthal-Zellerfeld, bevor es in südlicher Richtung nach Osterode geht. Der Weg führt durch die verschiedenen Lebensräume des Oberharzes: Wälder, Hochebenen und Flüsse. Neben Ausblicken auf die Landschaft gibt es auch Einblicke in das »Menschenwerk« der Region: Bergbaustädte und gleich drei Talsperren (Granetal-, Innerste-Talsperre, Sösetalsperre) sind unterwegs zu bestaunen. Teile des neu angelegten Försterstiegs verlaufen auf dem historischen Weg »Innerste-Rennstieg«, der bereits in der Bronzezeit für den Transport von Waren genutzt wurde. Ge-

übte Wanderer schaffen die Strecke in vier Etappen. Wer es gemütlicher angehen möchte, sollte sich die Route in kleinere Abschnitte unterteilen.

↗ **Iberger Höhle** Sehenswert ist die Iberger Tropfsteinhöhle bei Bad Grund. Bergleute entdeckten sie wahrscheinlich schon im 16. Jahr-

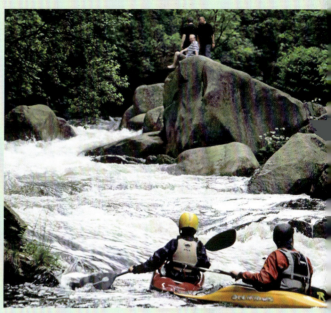

hundert, eine erste Beschreibung stammt aus dem 18. Jahrhundert. Erstaunlich ist, dass die Höhle aus einem Korallenriff entstanden ist, das sich vor 350 bis 250 Millionen Jahren dort befand und mit der Auffaltung des Gebirges nach oben schob. Neben den Höhlen, die im Rahmen einer Führung zu besichtigen sind, zeigt das Museum am Berg interessante Höhlenfunde (www.hoehlen-erlebnis-zentrum.de).

↗ **Wurmberg** Von Braunlage fährt eine moderne Kabinenbahn in zwei Abschnitten auf den Wurmberg. Seit 2014 geht es mit einer Sesselbahn vom Hexenritt bis auf den Gipfel. Im Winter sind bis zu zwölf Pisten in Betrieb und bieten Abfahrten in einer Gesamtlänge von 12,5 Kilometern. Zusätzlich zum alpinen Skivergnügen gibt es ein Freestyle-Gelände, eine Rodelbahn, eine Snowtubing-Area und Langlaufloipen.

↗ **Hochseilvergnügen** Mehrere Hochseilgärten laden zu schwindelerregenden Abenteuern ein. In luftiger Höhe führt der Weg über Seile, Stämme und Balken. Die eigenen Grenzen ausloten kann man im Hochseilpark SKYROPE in Bad Harzburg (www.skyrope.de) und in Sankt Andreasberg (www.bergsport-arena.de).

↗ **Vogelperspektive** Wer den Naturpark Harz einmal aus einer völlig anderen Perspektive erleben möchte, kann als Gast an einem Motor- oder Segelflug teilnehmen. Der Luftsportverein Goslar e. V. (www.segelfliegen-goslar.de) bietet Rundflüge und Schnupperkurse an.

↗ **Kanu- und Kanadiertouren auf der Oker** Die wilde Oker bietet sich für abwechslungsreiche Bootstouren an, dabei gibt es Abschnitte mit unterschiedlichen Schwierigkeitsgraden. Beim Anbieter Canadier-Touren (www.bootstouren.de) kann man Kanadier für 2–10 Personen für Tages- und Mehrtagestouren mieten.

Großes Bild links: Besucher betreten den Eingang der Einhornhöhle. Kleines Bild links: Romkerhaller Wasserfall; kleines Bild rechts: Radau-Wasserfall. Oben: Kanufahrer wagen sich durch die Stromschnellen der Oker.

Nationalpark Harz

Nationalparkverwaltung Harz
Lindenallee 35
38855 Wernigerode
Tel. 03943/550 20
www.nationalpark-harz.de
info@nationalpark-harz.de

Fast zehn Prozent des Harzes nimmt der Nationalpark rund um den höchsten Berg, den 1141 Meter hohen Brocken, ein. Das Gebiet, in dem die Natur weitestgehend sich selbst überlassen bleibt, liegt zwischen Bad Harzburg und Ilsenburg im Norden und zieht sich über den Brocken bis nach Herzberg im Süden. Die ursprüngliche Natur und unterschiedliche Landschaftsformen machen die Region für Wanderer und Naturfreunde, aber auch für Wintersportler attraktiv. Von baumlosen, nebelverhangenen Berghängen über tiefe Moore bis hin zu romantischen Flussläufen reichen die Natur- und Lebensräume. Eini-

ge Pflanzen wie das Brockenhabichtskraut und die Brockenanemone sind nur auf diesem Berg zu finden. Zu bewundern sind sie neben 1800 anderen Pflanzenarten im Botanischen Garten auf dem Brocken, dem Brockengarten. Die einmalige Sammlung beherbergt bedrohte und seltene Gewächse aus allen Hochgebirgen der Erde. Im Nationalpark sind Wanderfalken und Wildkatzen heimisch, Luchse und Auerhähne können in Tiergehegen beobachtet werden. Thematische Wanderwege, oft mit Erlebnisstationen, laden zur Erkundung des Parks auf eigene Faust ein. Die Ranger des Nationalparks bieten aber auch regelmäßig Führungen, Entdeckertouren, Vorträge und Seminare an.

Rabenklippe

Die mächtigen Granitsteine der Rabenklippe erheben sich 200 Meter über das Eckertal. Schon im 19. Jahrhundert war die

Klippe ein beliebtes Ausflugsziel. 1874 baute man deshalb für Wanderer eine Unterstandhütte. An ihrem Platz befindet sich heute ein Waldgasthaus. Bei einer Gesamthöhe von ungefähr 550 Metern über dem Meeresspiegel hat man von der Klippe, die teilweise über Steinstufen begehbar ist, einen guten Blick auf den Brocken und den Ort Torfhaus.

Torfhaus

Wenige Kilometer östlich von Altenau und südlich von Bad Harzburg liegt Torfhaus, die mit 812 Meter höchste Siedlung Niedersachsens. Früher war der Ort ein Symbol für die deutsche Teilung. Von dort hatte man einen guten Blick auf den Brocken, der unerreichbar auf der anderen Seite der innerdeutschen Grenze lag. Der Tourismusort bietet heute zahlreiche Unterkünfte, Lokale und Sportmöglichkeiten und ist Ausgangspunkt für viele Rad- und Wandertouren.

Oderteich

Der Oderteich wurde zwischen 1715 und 1722 von Bergleuten aus Sankt Andreasberg errichtet. Das angestaute Wasser reichte aus, die Fahrkünste der umliegenden Gruben auch noch nach monatelanger Trockenheit zu betreiben. Heute wird das Wasser des Teichs zur Stromerzeugung genutzt. Er ist das größte Gewässer seiner Art im Oberharz und gehört zum UNESCO-Weltkulturerbe Oberharzer Wasserwirtschaft. Ein schöner, vier Kilometer langer Wanderweg führt um den Oderteich herum.

Großes Bild oben: Die Granitfelsen der Rabenklippe bieten einen grandiosen Ausblick auf den Brocken und die umliegende Landschaft des Nationalparks Harz. Rund um das Gebiet des Oderteichs warten zahlreiche Wanderwege und kleine Bachläufe auf Naturfreunde (kleine Bilder links).

UNESCO-Weltkulturerbe Oberharzer Wasserwirtschaft

Bergbau und Wasser gehören zusammen. Ohne die Harzer Teiche und das ausgeklügelte System von Sperren und Staustufen hätte sich der Bergbau hier nicht so erfolgreich entwickeln können. Wasser trieb die Räder in den Gruben an, mit deren Hilfe man das Erz aus der Tiefe nach oben beförderte und einströmendes Wasser abpumpen konnte. Erdacht und geschaffen wurde das System von Zisterziensermönchen. Heute zählen 107 historische Teiche, 310 Kilometer Gräben und 31 Kilometer Wasserläufe zur Oberharzer Wasserwirtschaft, die 2010 in die Liste des Weltkulturerbes aufgenommen wurde. Das Gebiet lässt sich auf eigene Faust auf einem der 22 »WasserWanderWege« erkunden.

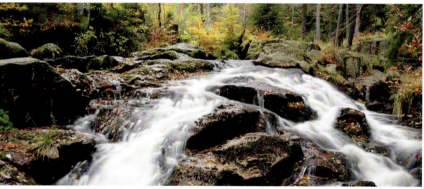

Der Untere Bodefall ist ein lohnendes Wanderziel von Braunlage aus.

Rappbodestausee und Oberes Bodetal

Mit 106 Metern Höhe besitzt die Rappbodetalsperre die höchste Staumauer Deutschlands. Das 1959 in Betrieb genommene Sperrwerk befindet sich im Unterharz im Naturpark Harz/Sachsen-Anhalt bei Wendefurth. Direkt auf der Mauerkrone verläuft die Landesstraße 96, von der aus man einen herrlichen Blick auf den Stausee hat.

Dieser Blick zieht scharenweise Touristen an. Wem das nicht genug ist, der kann in der längsten Doppelseilrutsche Europas über die Talsperre gleiten.

Highlights Früher lebten Luchse im Harz. 1818 erschoss man dort das letzte frei lebende dieser Tiere. Seit 2000 bemüht man sich, die Katze mit den Pinselohren wieder anzusiedeln. 24 Exemplare wilderte man aus. In freier Wildbahn sind die

scheuen Tiere allerdings kaum zu beobachten. Deshalb entschloss man sich, ein Gehege anzulegen, damit Besucher die Chance haben, die Luchse zu beobachten. Zwei Paare leben derzeit auf dem Gelände. Von April bis November werden öffentliche Luchsfütterungen durchgeführt, bei denen über die Tiere und das Auswilderungsprogramm informiert wird. Das Luchsgehege befindet sich bei Bad Harzburg an der

Rabenklippe und ist mit öffentlichen Verkehrsmitteln gut zu erreichen.

Outdoor-Aktivitäten Mountainbiken im Harz: Die Volksbank-Arena Harz vereinigt 74 ausgeschilderte Routen verschiedener Länge und Schwierigkeitsgrade. Viele Routen führen über Torfhaus und durch das Nationalparkgebiet. Informationen zu den Strecken gibt es unter www.oberharz.de. Dort kann man sich die gewünschte Tour mit Karte und Beschreibung auch herunterladen.

Anreise/Unterkunft Anreise zum Torfhaus über die B4 zwischen Bad Harzburg und Braunlage. Großparkplatz am Nationalpark-Besucherzentrum. Unterkunft: Jugendherberge Torfhaus, Nr. 3, Torfhaus, Tel. 05320/242, www.jugendherberge.de; Hotel »Der Kräuterhof«, Drei Annen Hohne 104, Drei Annen Hohne/Schierke, Tel. 039455/840, www.hotel-kraeuterhof.de

↗ **Nordic Walking** In Sankt Andreasberg beginnen drei ausgeschilderte Walkingtouren in verschiedenen Schwierigkeitsgraden am Kurhaus. Die Strecken sind identisch mit den Heilklima-Wanderwegen. Die leichte Panorama-Route ist 3,6 Kilometer lang, die mittelschwere Tour 7,8 Kilometer. Nimmt man den Höhenweg rund um die Bergstadt, sind 14 Kilometer zu bewältigen.

↗ **Das TorfHaus** Das Nationalpark-Besucherzentrum »TorfHaus« informiert über die Entstehung der Moore, die Bedeutung der ehemaligen innerdeutschen Grenze, das sogenannte Grüne Band, für die Tierwelt des Nationalparks und die verschiedenen Lebensräume. Im Außengelände bietet ein »WaldWandelPfad« zusätzliche Informationen und Erlebnisse. Das Nationalparkhaus führt regelmäßig Exkursionen und thematische Führungen durch.

↗ **Löwenzahn-Entdeckerpfad** Bei Drei Annen Hohne können Kinder und ihre Eltern auf Entdeckungstour gehen und herausfinden, was Ameisen, Eulen und Spinnen so treiben. Der Pfad schlängelt sich an vielen verschiedenen Stationen vorbei, an denen gespielt, entdeckt und erlebt werden kann. Es gibt etwa einen Barfußpfad, eine Hör-Eule und ein Waldmemory.

↗ **Wintersport** Gute Möglichkeiten für Wintersportler bieten sich gleich an mehreren Orten im Nationalpark. In Torfhaus findet man einen Ski- und Rodelhang. Sonnenberg verfügt sogar über vier Abfahrts-Skipisten, und auch Rodler kommen hier nicht zu kurz. Man kann außerdem an der Molkenhaus-Chaussee bei Bad Harzburg Schlitten fahren. Natürlich immer vorausgesetzt, es liegt überhaupt Schnee.

↗ **Brocken-Wanderung** Am Torfhaus beginnt die acht Kilometer lange ausgeschilderte Wanderung »Auf dem Goetheweg zum Brocken« sowie die 4,5 Kilometer-Tour »Rund um das Große Torfhausmoor«. Unter www.nationalpark-harz.de steht ein Download der Touren zur Verfügung. Der Nationalpark Harz bietet außerdem zahlreiche geführte Wanderungen mit den Nationalpark-Rangern an.

Malerisch schön liegt der Rappbodestausee im Abendlicht (oben). Der See hinter der hohen Rappbodetalsperre ist acht Kilometer lang und knapp vier Quadratkilometer groß. Rechts: Der Hochmoor-Wanderweg ist einer der vielen Wege zum Brocken und führt am TorfHaus vorbei.

Die Kreidefelsen im
Nationalpark Jasmund
auf der Insel Rügen in
der Dämmerung

Mecklenburg-Vorpommern

Sandstrände, Steilküsten, Nehrungen, Buchten, Bodden, im Hinterland ausgedehnte Laubwälder und Tausende von Mooren und Seen – in Mecklenburg-Vorpommern ist die Landschaft noch über weite Strecken naturbelassen. Im östlichen Teil des Küstenabschnitts, in Vorpommern, liegen die beiden größten deutschen Inseln, Rügen und Usedom. Berühmt ist Rügen für seine Kreidefelsen, die Caspar David Friedrich 1818 so eindrucksvoll verewigte.

Nationalpark Vorpommersche Boddenlandschaft

*Nationalparkamt Vorpommern
Im Forst 5, 18375 Born (Darß)
Tel. 038234/50 20
www.nationalpark-vorpommer-
sche-boddenlandschaft.de
poststelle@npa-vp.mvnet.de*

Von der Halbinsel Darß-Zingst zieht sich der größte Nationalpark von Mecklenburg-Vorpommern bis zur Westküste Rügens. Zu rund 680 Quadratkilometern Wasserfläche gesellen sich etwa 125 Quadratkilometer auf den Inseln und an den Küsten des Festlandes. Schon im frühen 20. Jahrhundert wurden in dieser Region Naturschutzgebiete ins Leben gerufen. Im Oktober 1990 wurde der Nationalpark offiziell gegründet. Neben dem Bodden selbst finden sich hier Dünen und Strände, Nehrungen und Seen. Es gibt Steil- und Flachküsten und urtümliche Waldgebiete. Kiefern, Rotbu-

Die Sumpflandschaft eines Erlenbruchs prägt einen Teil des Nationalparks.

chen, Erlen und Birken prägen das Bild vieler Gehölze. Nirgendwo sonst in Mitteleuropa rasten so viele Kraniche, wie es hier der Fall ist. Überhaupt bietet sich Vogelfreunden hier ein Paradies. Über 100 Arten von Wasser- und Watvögeln können beobachtet werden, darunter die Bekassine. Man erkennt sie an ihrem meckernden Gezwitscher, das ihr den Spitznamen »Himmelsziege« eingetragen hat. In den Salzwiesen und dem Schilf fühlen sich zahlreiche Insekten wohl, in den von der Ostsee abgetrennten Boddengewässern findet man Barsche, Zander und auch Aale. Die vielen hübschen Orte der Gegend sind nicht Bestandteil des Nationalparks.

Darßwald

Der 58 Quadratkilometer große Darßwald, auch Darßer Urwald genannt, beansprucht den größten Teil der Halbinsel, die ihm den Namen gab. Über 30 Wanderwege kreuzen sich hier. Wer auf ihnen unterwegs ist, wird sich nur schwer vorstellen können, dass die Gegend einst intensiv bewirtschaftet wurde. Nachdem viele Bäume geschlagen wurden, überwog Heidelandschaft. Förster haben dann Douglasien, Fichten und auch Europäische Lärchen gepflanzt. Lange wurde hier gejagt. Dafür eigens angesiedelte Wisente sind inzwischen verschwunden. Heute hat das Rot- und Schwarzwild nichts mehr zu befürchten. Auch Eichhörnchen gibt es reichlich, und mit etwas Glück sieht man eine Kreuzotter. Verschiedene Spechtarten erfüllen die Luft mit ihren typischen Klopfgeräuschen. Außerdem sind hier Zwergschnepper und Karmingimpel zu Hause.

Am besten lässt sich der Wald auf dem Rundweg, der teilweise über Holzbohlen führt, erleben.

Großes Bild: Auf den Dünen am Darßer Ort, der Landzunge im Norden der Halbinsel, wächst Strandhafer. Bilder linke Seite: Gewitterwolken und Küstenwald am Darßer Weststrand.

Hiddensee

Hiddensee ist überschaubar und doch die größte Insel im Nationalpark Vorpommersche Boddenlandschaft. Sie ist starker Bodenbewegung ausgesetzt. Sand wird im Westen an der Steilküste des Dornbuschs abgetragen und ostwärts getrieben. Dort hat er zwei Landzungen geschaffen, Nehrungshaken genannt, den Alten und den Neuen Bessin. Der neue Teil ist den Menschen nicht zugänglich, sondern ist ausschließlich den Wat- und Wasservögeln vorbehalten, die hier brüten und rasten. Er legt jedes Jahr um rund 40 bis 50 Meter zu. Der Altbessin ist etwa 400 Jahre alt und wächst seit geraumer Zeit nicht mehr. Man darf ihn betreten, Fahrräder sind allerdings nicht erlaubt. Man erreicht den Sandhaken über den Weg Richtung Enddorn. Geht man den Pfad zwischen Wiesen hindurch zum Ende, erreicht man eine Hütte, von der aus sich die Vögel auf dem Neuen Bessin sehr gut be-

obachten lassen. Pro Strecke sollte man mindestens eine Stunde einplanen.

Weitere Highlights Neben Vögeln und Wild gibt es weitere Tiere, die recht regelmäßig zu Gast im Nationalpark sind. Schweinswale lassen sich zwar nur selten sehen. Dafür kann man Seehunde und Kegelrobben häufiger beobachten. Für Fledermäuse, etwa Abendsegler oder Rauhautfledermaus, findet sich in den vielen Wäldern und abgestorbenen Bäumen reichlich Nahrung und Quartier. Kreuzottern begegnet man gerade in Gras- und Wiesenlandschaften immer wieder.

Outdoor-Aktivitäten Der Nationalpark ist groß und vielfältig. Einer seiner Stars ist ohne Zweifel der Kranich. Im Herbst kommt er in Scharen, aber auch im Frühjahr sind die eindrucksvollen Vögel über Norddeutschland unterwegs. In Groß Mohrdorf nördlich von Stralsund gibt es ein Kranich-

Schöne Ausblicke auf Hiddensee: Grieben und Vitter Bodden

Informationszentrum mit interessanter Ausstellung. Dies ist auch eine gute Adresse für Vorträge und vor allem für Exkursionen. Besondere Höhepunkte sind die Woche des Kranichs und organisierte Fotoexkursionen (www.kraniche.de).

Anreise/Unterkunft Anreise über die A20 und B105, per Bahn nach Ribnitz-Damgarten oder Rügen. Hiddensee ist per Schiff ab Stralsund oder Scha-

prode auf Rügen erreichbar. Unterkunft: Hotel Post Hiddensee Appartements, www.hotel-post-hiddensee.de; Jugendherberge und Zeltplatz, Born-Ibenhorst, Darß, www.born-ibenhorst.jugendherberge.de; Arcona Hotel Baltic, Stralsund, www.baltic.arcona.de.

Großes Bild: Der Leuchtturm Dornbusch von Hiddensee. Rechts: Segelregatta auf dem Greifswalder Bodden.

88

+ TIPP + TIPP + TIPP +

↗ **Sundische Wiese und Hohe Düne** Wer auf der Suche nach absoluter Ruhe und beeindruckender Natur ist, sollte sich auf den Weg zum Aussichtsturm von Pramort machen. Mit dem Rad geht es vom Zingster Hafen auf dem Deich entlang. Der Blick auf die Boddenlandschaft ist absolut lohnend. Am Informationszentrum Sundische Wiese sollte man eine kurze Rast einplanen. Hier erfährt man einiges über die wechselvolle Geschichte des Landstriches, die von bäuerlicher Nutzung bis zum Schieß- und Bombenabwurfübungsplatz reicht. Weiter geht es in Richtung Hohe Düne, die bis zu 13 Meter hoch ist. Das letzte Stück muss man zu Fuß gehen. Vom hölzernen Turm hat man einen guten Blick auf die Insel Werder und das Windwatt. So nennt man den Boden, der aufgrund der Windverhältnisse ab

und zu trocken fällt, als gäbe es hier Ebbe und Flut.

↗ **Ummanz** Westlich von Rügen liegt im Bodden das Inselchen Ummanz. Wiesen und Äcker recken sich kaum höher als drei Meter aus dem Wasser. Die Bevölkerung besteht traditionell aus Fischern und Landwirten. In Freesenort, einem alten Fischerdorf, kann man noch heute ein Hallenhaus im Zuckerhutstil und weitere historische Gebäude bewundern. Südlich des Ortes liegt die unbewohnte Insel Heuwiese. Dort kann man Möwen, Enten und Kormorane beim Brüten beobachten.

↗ **Surfen und Kiten** Zwischen den Inseln Hiddensee und Ummanz liegt eines der beliebtesten Surf- und Kite-Reviere der gesamten Region. In Suhrendorf kann man sich Material leihen oder auch Kurse belegen, um die ersten Versuche auf dem Brett zu unternehmen (Windsurfing-Rügen, Tel. 038305/822 40).

↗ **Kajaktour** Wasser ist das bestimmende Element des Nationalparks. Wer sportlich auf Entdeckungstour gehen möchte, sollte in ein »Einerseekajak« steigen. Damit lassen sich sowohl die Boddengewässer als auch die Ostsee erpaddeln. Ausrüstung inklusive einer Tourbegleitung für Neulinge und Geübte unter www.darsstour.de.

↗ **Bodden-Radtour** Dass die Gegend neben Natur auch Kunst und Kultur zu bieten hat, kann man auf einer rund 25 Kilometer langen Rundtour über die Halbinsel Darß erleben. Start und Ziel ist das Ostseebad Ahrenshoop, genauer gesagt der Althäger Hafen. Über den Boddenweg geht es nach Born, wo die Häuser Reetdächer tragen und sich mit besonders hübschen Haustüren schmücken. Sowohl die Fischerkirche in Born als auch die Schifferkirche in Ahrenshoop, wohin es nach Durchqueren des Darßer Waldes

geht, sollte man sich unbedingt ansehen. Übersichtskarte und mehr Informationen finden sich unter www.fischlanddarss-zingst.net.

+ TIPP + TIPP + TIPP +

↗ **Zeesboote** Typisch für die Boddenlandschaft sind Boote mit braunen Segeln, »Zeesboote« genannt. Sie wurden früher für eine spezielle Art des Treib-netzfischens genutzt. Bei einer Tour mit einem solchen Schiff lässt sich auf angenehme Weise die Bodden-Idylle genießen (www.boddenskipper.de).

↗ **Reiten** An verschiedenen Orten des Nationalparks gibt es gesonderte Reitwege. So darf man etwa den Darßer Urwald zu Pferde erkunden. In dem ge-samten Bereich Fischland/Darß gibt es zahlreiche Reiterhöfe, die nicht nur Ausritte oder Un-terricht, sondern auch Kutsch-fahrten anbieten. Auf Ummanz befindet sich sogar die nörd-lichste Haflingerzucht Deutsch-lands. Auch hier kann man Ausflüge, Kremser- oder im Winter Schlittenfahrten buchen (Tel. 038305/556 04).

Die charakteristischen Zees-boote segeln auch auf dem Saaler Bodden (oben) und auf dem Zingster Strom (rechts).

Nach der Scheitelhöhe ist der Kranich unser größter einheimischer Vogel. In abgelegenen Mooren Niedersachsens und besonders Mecklenburg-Vorpommerns brüten wieder etliche Paare der grauen Hünen, der Schwerpunkt ihrer Verbreitung liegt aber in Skandinavien. Beide Partner ziehen ein einziges Junges auf, das zuerst ein rotbraunes Daunenkleid trägt und als Nestflüchter in den Pfützen rund um die Bülten der Horstgräser schwimmt. Der Aufzucht voraus geht die berühmte Kranichbalz, bei der das Männchen die Partnerin lauthals trompetend und mit hüpfenden Tanzschritten umwirbt. Es zeigt ihr unter Verbeugungen Stängel und Halme oder Reisig, die als Nistmaterial dienen könnten, und wirft alles auffordernd in die Luft. Beide lassen ihre »Kurr«-Rufe hören. Durch seine langen Luftröhrenschleifen vermag der Kranich, sehr weit tragende Töne hervorzubringen. Zwei Monate widmen sich die Partner der Aufzucht, schützen das Küken vor Füchsen oder Seeadlern, und sie begleiten auch noch den flüggen Jungvogel. Im Spätsommer ziehen Scharen von Kranichen in Formation zu den Sammelplätzen auf Feldern und Äckern, bevor sie in den Südwesten der Iberischen Halbinsel fliegen. Im Winter könnte man sie dort zwischen Korkeichen schreiten sehen.

Nationalpark Jasmund

Nationalpark Jasmund
Stubbenkammer 2a
18546 Sassnitz
Tel. 038392/350 11 22
www.nationalpark-jasmund.de
poststelle@npa-vp.mvnet.de

Im Nordosten der Insel Rügen wurde im September 1990 Deutschlands kleinster Nationalpark gegründet. Er liegt auf der Halbinsel Jasmund, deren Namen er trägt und zieht sich von Lohme nach Sassnitz an der Küste entlang. Die Ausdehnung in das Inselinnere schließt vor allem die Kreideabbaugebiete, etwa bei Wittenfelde, ein. Neben den berühmten Kreidefelsen, die sich beinahe 120 Meter über die Ostsee erheben, hat der Park einen weiteren Höhepunkt zu bieten, nämlich einen der größten zusammenhängenden Buchenwälder der Küste. Auch zahlreiche Bäche, Moore und sogar

kleine Wasserfälle sind hier zu entdecken. Die Pflanzenwelt ist überaus vielfältig. So gedeihen an den Steilküsten verschiedene Orchideen, im Moor sind Wollgras, Sonnentau und seltene Moose zu Hause. Ungewöhnlich ist auch die Vegetation der Strandflächen. Dort wachsen Salzmiere und -binse. So klein das Parkgebiet sein mag, so reich ist es an Tieren, die hier leben. In den feuchten Regionen sind es Amphibien, Schlangen und Co. Vor allem Moor-, Spring- und Grasfrosch sind zu nennen, ebenso Ringel- und Glattnatter, Teichmolch, Rotbauchunke und Erdkröte. An den Kreidefelsen brüten Mehlschwalben, im Wald sind es Zwergschnäpper.

Highlights Der sogenannte Königsstuhl ist die Attraktion des Parks. Den besten Blick darauf hat man vom Wasser aus. Touren starten ab Sassnitz. Trotzdem sollte man sich für die Wanderung dorthin entscheiden. Sie führt vom Park-

platz in Hagen vorbei an einem kleinen See, wo früher Torf abgebaut wurde, durch den Buchenwald zum Nationalpark-Zentrum. Dort sollte man sich Zeit für die Ausstellung und eine Multivisionsshow nehmen. Und dann wartet noch die Aussichtsplattform (www.koenigsstuhl.com).

Outdoor-Aktivitäten Ein wildromantisches Erlebnis ist der Fußmarsch vom Königsstuhl über die Stubbenkammer-

Straße und über den Schwierenzer Damm sowie Ranzower Damm zum Schloss Ranzow. Hier kann man einkehren oder einfach die idyllische Parkanlage genießen. Dann geht es nach Lohme, wo man versuchen sollte, den Sonnenuntergang im kleinen Seglerhafen zu erleben. Das Ziel ist klar: der Königsstuhl. Wie wäre es, diesen einmal mit einem Lipizzaner-Gespann zu besuchen? Auch ein Ritt durch den Nationalpark Jasmund ist möglich und absolut empfehlenswert (www.perdehof-koenigsstuhl.de). Tiere im Freien gibt es im Tierpark Sassnitz zu sehen. Darunter sind Wölfe, Wildschweine, Rehe und Schwäne (www.tierpark-sassnitz.de).

Anreise/Unterkunft Anreise über die A11 oder A20 und B96 in Richtung Sassnitz, per Bahn über Stralsund oder Binz mit der Regionalbahn nach Sassnitz.
Unterkunft: Krüger Naturcamping, Lohme, Tel. 038302/92 44, www.ruegen-naturcamping.de; Blockhausferien, Zirmoisel, Tel. 03838/3159999, www.blockhaus ferien-ruegen.de; Pension Fährblick, Sassnitz, Tel. 038392/22901, www.faehrblick.de.

Bilder oben und links: Der Kreidefelsen der Halbinsel ist der Höhepunkt des Nationalparks. Mehr als hundert Meter ragen die Felsen an der Küste auf. Doch sie sind ein fragiler Schatz. Immer wieder brechen große Teile ab.

Caspar David Friedrich:

Die Kreidefelsen von Rügen

Caspar David Friedrich (1774 bis 1840) verewigte 1818 das Wahrzeichen der Insel auf dem Gemälde »Kreidefelsen auf Rügen«. Häufig werden die dargestellten Berge für die Wissower Klinken gehalten, doch die existierten zur Entstehungszeit des Kunstwerks noch nicht, sondern haben sich erst später herausgebildet bzw. wurden erst später durch Erosion freigelegt. Der Maler, der Personen häufig von hinten abbildete, wurde in Greifswald geboren. Es lohnt ein Besuch im dortigen »Caspar David Friedrich-Zentrum«. Neben einer interessanten Ausstellung, einer Galerie und dem kleinen Laden sollte man sich unbedingt die alte Seifensiederei ansehen, die der Vater des Künstlers betrieben hatte (www.caspar-david-friedrich-gesellschaft.de).

↗ **Fossiliensuche** Drei Treppen führen vom Höhenweg der Stubnitz, wie die Waldlandschaft im Herzen des Parks heißt, hinunter an den Strand. Zu Füßen des Kliffs kann man mit Glück Fossilien finden. Sie haben in der Kreide kleine Ewigkeiten überdauert, bevor sie durch Wind und Wetter zum Vorschein kamen. Die beste Zeit, um versteinerte Seeigel, Schwämme oder versteinertes Holz zu finden, ist das Frühjahr.

↗ **Vom Wasser aus** Von diversen Orten der Insel starten Ausflugsschiffe. Der Gast hat die Wahl, ob er ganz Rügen umrunden oder nur eine Tour entlang der Kreideküste und eventuell zu den Leuchttürmen von Kap Arkona machen möchte. Für Foto-Freunde bieten sich hier die besten Motive des Königsstuhls.

↗ **Kreidemuseum Gummanz** Über 60 Millionen Jahre hat das weiße Gold der Insel auf dem Buckel. Alles über seine Entstehung, den Abbau und die Verarbeitung erfährt man im Kreidemuseum Gummanz. Ein Ausflug dorthin lohnt sich schon wegen der herrlichen Sicht vom Lehrpfad über Jasmund und den Jasmunder Bodden (www.kreidemuseum.de).

↗ **Nordic Walking** Die gesunde Luft und der Schatten der Buchen laden Wanderer und Läufer ein, den Nationalpark sportlich zu erobern. Die Wege führen vorbei an Hünengräbern und Opfersteinen oder auf dem Hochuferpfad entlang. Dank der guten Beschilderung, zum Beispiel zu den Wissower Klinken im Süden, kann man auf eigene Faust walken. In der Gruppe macht es mehr Spaß. Geführte Tagestouren inklusive Material, Transfer und Verpflegung unter www.nordic-walking-auf-ruegen.de.

Nur 30 Quadratkilometer ist der Nationalpark im Norden Rügens groß, und trotzdem beherbergt er eine der bekanntesten Naturattraktionen Deutschlands: die Steilküste mit den Kreidefelsen.

Biosphärenreservat Südost-Rügen

Amt für das Biosphärenreservat Südost-Rügen, Circus 1
18581 Putbus
Tel. 038301/882 90
www.biosphaerenreservat-suedostruegen.de
poststelle@suedostruegen.mvnet.de

Viele Rügen-Besucher kennen vor allem die Strände und Promenaden von Binz oder Sellin. Sie ahnen nicht, dass sich ab Binz das 228 Quadratkilometer umspannende Biosphärenreservat Südost-Rügen über den Nordosten der Insel erstreckt. Im Jahr 1991 wurde es von der UNESCO anerkannt. Es umfasst sieben Naturschutzgebiete, darunter das Naturschutzgebiet Granitz mit dem 107 Meter hohen Tempelberg. Den flächenmäßig größten Anteil machen die Gewässer der Ostsee und vor allem der Rügische Bodden aus. Danach kommt anteilig

Weite Graslandschaften prägen das Schutzgebiet der Halbinsel Mönchsgut.

Ackerfläche, Wald, Grünland und ein eher kleiner Anteil Sumpf und Moor. Auch Siedlungen gehören dazu, darunter die Ostseebäder Sellin, Baabe und Göhren. Steilufer wechseln sich mit Flachküsten ab, zum Meer hin liegen breite Strände, am Bodden sind geheimnisvoll raschelnde Schilfgürtel zu finden. Es gibt Buchenwälder, Trockenrasen und Salzweiden.

Letztere werden zwar längst nicht so viel überflutet, wie es an der Nordsee der Fall ist, dennoch gedeihen hier typische Pflanzen, wie der essbare Queller, die Salzaster oder die Strand-Grasnelke. Der Greifswalder Bodden hat eine besondere Bedeutung für die Fischerei, denn es handelt sich um den größten Laichplatz des Ostseeherings.

Mönchsgut

Die Halbinsel Mönchgut ist ein eigenes Naturschutzgebiet. Die Eiszeit hat die Landschaft geformt und Seen, Buchten und sanfte Hügel hinterlassen.

Großes Bild: Der Selliner See beim gleichnamigen Ort ist ein Naturparadies, das Rückzugsorte für Brutvögel bietet.

+ TIPP + TIPP + TIPP +

↗ **Eine Fahrt mit dem Rasenden Roland** Er schnauft und tutet und macht ordentlich Dreck. Dennoch gehört der »Rasende Roland«, wie die historische, mit Dampf betriebene Schmalspurbahn auf Rügen genannt wird, zum Biosphärenreservat dazu. Eine Strecke sollte man mit dem Kulturdenkmal mindestens fahren, zum Beispiel in Kombination mit einer Wanderung (www.ruegensche-baederbahn.de).

↗ **Putbus-Wanderung** Die hübsche Rosenstadt Putbus ist die Keimzelle der Bäderarchitektur. Schloss, Park und der zentrale Platz, »Circus« genannt, sind absolut sehenswert. Am Circus beginnt eine Wanderung über 14 Kilometer. Man geht zunächst in Richtung Göhren, kommt am edlen Badehaus Goor vorbei zum Hafen von Lauterbach. Dem Wegweiser mit blauem Querstrich folgend, kriegt man Wiesen und Wälder zu sehen, hat einen herrlichen Blick auf die Insel Vilm und kommt über Neuenkamp, Wreechen und Neukamp schließlich durch den Schlosspark zurück nach Putbus.

↗ **Tauchen** Um Rügen herum gibt es einige spektakuläre Tauchreviere. Wer die Unterwasserwelt des Biosphärenreservats erkunden möchte, ist mit den Gebieten von Südperd oder dem Seehundriff vor Sellin gut beraten. Informationen bei »Schöni's Tauchschule«, Göhren, Tel. 038303/862 76, www.schoenis-tauchschule.de.

↗ **Mit der Tauchgondel in die Tiefe** Selbst komplett trocken kann man die Ostsee aus der Nähe betrachten. Das funktioniert mit einer Tauchgondel, die direkt an der Seebrücke von Sellin immerhin vier Meter unter die Wasseroberfläche sinkt. Tauchgondel Sellin, Tel. 038303/927 77.

↗ **Baumwipfelpfad** Ein ebenso außergewöhnlicher wie imposanter Ausflug führt kurz hinter die Grenze des Biosphärenreservats. Zwischen dem Kleinen Jasmunder Bodden und der Prorer Wiek liegt das »Naturerbe Zentrum Rügen«. Seine Hauptattraktion ist der über einen Kilometer lange Baumwipfelpfad. Er führt auf Holzbohlen hinauf zu den Baumkronen. Erlebnisstationen unterwegs erklären die Natur. In der Mitte thront der 40 Meter hohe Aussichtsturm. In der dazugehörigen Dauerausstellung, die auch sehr gut für Kinder geeignet ist, können Besucher die verschiedenen Landschaften Rügens erleben (www.nezr.de).

Die Allee bei Lancken-Granitz ist typisch für die sanfte Vermischung von Natur und Infrastruktur auf Rügen.

Mäusebussard, Habicht, Turm- und Baumfalke sowie die Uferschwalbe brüten hier. Nicht nur die Ruhe und die wunderschöne Natur locken nach Mönchgut, auch die kleinen Fischerorte sind mehr als einen Besuch wert. Unbedingt sollte man sich das Pfarrwitwenhaus in Groß Zicker ansehen, eines der ältesten Gebäude Rügens.

Selliner See

Nur wenige Schritte von den Touristenzentren entfernt liegt der Selliner See, ein Kleinod der Stille. Ein Teil des 0,85 Kilometer breiten und 1,8 Kilometer langen Sees gehört zum Naturschutzgebiet Westufer Selliner See. Das Gewässer ist leicht salzhaltig, was an der Verbindung zur Having liegt, einer kleinen Bucht im Rügischen Bodden. Es ist in weiten Teilen von Schilf-Röhricht eingerahmt. Wasservögel können sich hier ideal verstecken und ihre Jungen aufziehen.

Insel Vilm

Das Naturschutzgebiet Insel Vilm ist eines der ältesten in Deutschland. Von März bis Ok-

tober kann man das Eiland vor Putbus besuchen, allerdings nur bei einer Führung mit begrenzter Teilnehmerzahl. Besonders beeindruckend sind die alten Eichen und Buchen. Dauergast auf der Insel ist eine Außenstelle des Bundesamtes für Naturschutz. Den Ausflug zu Waldkauz, Graureiher und Steinmarder bucht man unter Tel. 038301/618 96, www.vilmexkursion.de.

Weitere Highlights Die Granitz ist ein weitläufiges Waldgebiet mit alten Buchen und Traubeneichen. Auf dessen höchster Erhebung, dem Tempelberg, thront das im 19. Jahrhundert erbaute Jagdschloss des Fürsten Wilhelm Malte I. zu Putbus (1783–1854). Über eine gusseiserne Wendeltreppe ist auf dem Turm eine Aussichtsplattform zu erreichen, die mit einem fantastischen Blick auf die Granitz, die umliegenden Seebäder und die Ostsee belohnt. Gleich neben dem Schloss befindet sich Granitzhaus, ein Informationszentrum des Biosphärenreservats.

Outdoor-Aktivitäten Auf dem Zickerschen Höft, der Spitze der Halbinsel Mönchgut, gedeihen bunte Blumen und würzige Kräuter. Letztere kann man vom Frühjahr bis zum Herbst auf einer geführten Wanderung erkennen lernen und auch probieren. Spannende Geschichten aus Rügens Sagenwelt gibt es noch dazu (www.naturgeyer.de).

Anreise/Unterkunft Anreise über die A11 oder A20 und B96 in Richtung Putbus, per Bahn nach Putbus oder Binz. Unterkunft: Regenbogen-Camping, Göhren, www.regenbogen.ag; Hotel Bernstein, Sellin, Tel. 038303/1717, www.hotel-bernstein.de.

Knorrige alte Eichen und Buchen wachsen im herrlich ursprünglichen Wald der nur 0,94 Quadratkilometer großen Insel Vilm (beide Abbildungen).

Naturpark
Insel Usedom

Naturpark Insel Usedom
Bäderstraße 5
17406 Usedom
Tel. 038372/76 30
www.naturpark-usedom.de
info-use@lung.mv-regierung.de

720 Quadratkilometer groß ist der Naturpark Insel Usedom und liegt direkt an der Grenze zum Nachbarland Polen. Natürlich sind die Steil- und Flachküsten, die Laub- und Nadelwälder, die Hügel und die Ebenen und nicht zuletzt das Meer landschaftlich reizvoll. Für die Tier- und Pflanzenwelt haben die stillen Gewässer, die Moore und Halbinseln jedoch das größte Gewicht. Die Wind-

watten des Peenemünder Hakens, Streifen, die aufgrund der Windverhältnisse trocken fallen, sind beispielsweise ein wichtiger Rastplatz für Wasservögel. Die Vogelwelt ist überhaupt herausragend. 150 Arten brüten auf der Insel. Damit ist Usedom diesbezüglich die artenreichste Gegend der gesamten Region. Die nicht gerade häufige Glattnatter ist hier ebenso heimisch wie der Fischotter. Buchen sind die typischen Bäume der Insel, an den Küsten findet man allerdings auch viele Kiefern und in den Moorgebieten Erlen. Neben der bemerkenswert vielfältigen Natur sind auch die Seebäder und kleinen Dörfer Anziehungspunkte des Parks. Kulturelle Erkundungstouren führen zu Großsteingräbern, gewäh-

ren Einblicke in die Slawenzeit und zeigen die Spuren der Herzöge und Könige sowie die militärische Vergangenheit Usedoms.

Greifswalder Oie

Die Oie zwölf Kilometer vor Peenemünde ist 1550 Meter lang und misst an der breitesten Stelle 570 Meter. Die gesamte Fläche ist Naturschutzgebiet und wichtig für den Vogelschutz. Jedes Jahr bekommen bis zu 22 000 Zugvögel hier ihre Ringe, das ist die zweitgrößte Beringungszentrale in ganz Europa. Empfehlenswert: ein Inselrundgang und ein Besuch des 49 Meter hohen Leuchtturms von 1855. Anmeldung erforderlich: Tel. 038308/83 89, www.boddenreederei-ruegen.de.

Achterwasser

Der niederdeutsche Begriff »achtern« bedeutet »hinter«. Und tatsächlich liegt das Achterwasser von der Ostsee aus gesehen hinter Usedom. Das flache Gewässer mit steinigem Grund hat über den Peenestrom Verbindung zum Meer. Besuchenswert sind die Inseln Böhmke, Werder und Görmitz, wo sich Schutzgebiete für Seevögel befinden. Auf Görmitz, wo einmal nach Öl gebohrt wurde, lebt nur eine Handvoll Menschen. Heute verbindet ein Damm das Eiland mit der Insel Usedom.

Highlights Usedoms schmalste Stelle liegt zwischen Zempin und Koserow. Der Ort Damerow, der sich dort einst befand, wurde 1872 bei einer Sturmflut zerstört. Das Forsthaus Damerow erinnert noch daran. Heute schützt ein Deich die sensible Stelle, wo der Maler Otto Niemeyer-Holstein (1896–1984) sein Wohnhaus und Atelier hatte. Das Gelände, Lüttenort

genannt, bietet eine gelungene Kombination aus Natur-Idylle und Kultur (www.atelier-otto-niemeyer-holstein.de).
Vom Parkplatz am Forsthaus kann man wunderbare Wanderungen durch den neu gepflanzten Klimawald starten,

gern auch mit Nordic-Walking-Stöcken.

Outdoor-Aktivitäten Gerade der Peenestrom oder das Achterwasser sind hervorragende Wassersportreviere. Selbst Anfänger ohne Vor-

kenntnisse können hier beispielsweise mit dem Kanu unterwegs sein. Es gibt geführte Tagestouren, auch Mehrtagestouren sind möglich (www.kanuhof-spandowerhagen.de).

Anreise/Unterkunft Anreise über die A11 oder A20 und B110 oder B111, per Bahn über Züssow und dann weiter mit der Usedomer Bäderbahn. Unterkunft: Campingplatz Stubbenfelde, Tel. 038375/206 06, www.stubbenfelde.de; Steigenberger Grandhotel, Heringsdorf, Tel. 038378/49 50, www.de.steigenberger.com.

Großes Bild: Boote dümpeln im kleinen Hafen der Gemeinde Zempin am Achterwasser. **Rechts:** Sumpflandschaft im Erlenbruch.

↗ **Bienenwanderung** Bienen sind für das Gleichgewicht der Natur extrem wichtig. Leider sind sie an immer mehr Orten bedroht. Usedom trägt den Beinamen »Bieneninsel«. Warum, kann man bei einer Bienenwanderung leicht verstehen. Es gibt viel Spannendes über das Leben der kleinen Brummer und über die Herstellung von Honig zu erfahren, einen Besuch beim Imker inklusive (Tel. 038378/314 54).

↗ **Insel-Safari** Mit einem Geländewagen auf Safari – das geht nicht nur in Afrika, sondern auch auf Usedom. Der Veranstalter bietet mehrere Tages- oder Mehrtagestouren an, zum Beispiel ins Grenzland oder zur Eisenbahn-Hubbrücke Karnin. Ganz neue Blickwinkel und echte Geheimtipps werden garantiert (www.insel-safari.de).

↗ **Falknerhof** Bussarde, Steinkäuze und natürlich Falken sind auf dem »Usedomer Falknerhof« zu erleben. Von April bis Oktober gibt es täglich Vorführungen. Besucher dürfen nicht nur gucken, sondern auch mit den Tieren interagieren (www.stolperhof.de/s9y_falkner/).

↗ **Mümmelkensee** Der Mümmelkensee, benannt nach der Gelben Teichrose, die im Niederdeutschen »Mümmelken« heißt, ist eine landschaftliche Rarität. Das Hochmoor hat eine Torfschicht von ungefähr 14 Metern Stärke, die nicht einmal teilweise abgebaut wurde. Vom Seebad Bansin führt ein 11,3 Kilometer langer Wanderweg herum. Begleitete Wanderungen sind über den Naturpark Insel Usedom (Tel. 038372/76 30) zu buchen.

↗ **Kletterwald** Bei Neu Pudagla gibt es einen Hochseilgarten mit verschiedenen Rundkursen und entsprechend unterschiedlichen Schwierigkeitsgraden (www.kletterwald-usedom.de).

In den Sumpf- und Moorgebieten auf Usedom finden viele Frösche ideale Bedingungen für ihre Laichplätze.

Klein und wendig sind sie und mit ihren spitzen Zähnen können sie sehr fest zubeißen: die Fischotter *(Lutra lutra).* Obwohl sie in Europa in sehr vielen unterschiedlichen Regionen beheimatet sind, gehören die Fischotter zu den bedrohtesten Tierarten des Kontinents. Sie bevorzugen flache Flüsse, die in Überschwemmungsgebiete und Sumpflandschaften übergehen. Durch die zunehmende Trockenlegung und Begradigung vieler Flussläufe durch den Menschen werden die Fischotter zunehmend ihres natürlichen Lebensraums beraubt. In einigen Bundesländern gibt es bereits Naturschutz-Initiativen, die die Heimat der Tiere zu schützen versuchen. Gewässer, an denen der Fischotter noch vorzufinden ist, gelten als gesund, und so ist ein Bestand an Fischottern ein gutes Zeichen für die gesamte Natur der Umgebung.

Fischotter gehören zur Familie der Marder und sind hervorragende Schwimmer. Sein Fell ist wasserabweisend und schützt durch Luftpolster vor Auskühlung. Da der Fischotter keinen eigentlichen Bau errichtet, sondern sich lieber in zahlreiche Verstecke zurückzieht, braucht er abwechslungsreiches Gelände, das ihm viele Unterschlupfmöglichkeiten bietet. In denen verspeist er dann seine Lieblingsspeise: frischen Fisch.

Biosphärenreservat Schaalsee

*Amt für das
Biosphärenreservat Schaalsee
Wittenburger Chaussee 13
19246 Zarrentin am Schaalsee
Tel. 038851/30 20
www.schaalsee.de
post@afbr-schaalsee.mvnet.de*

24 Quadratkilometer umfasst der Schaalsee, der dem Biosphärenreservat den Namen gab. Es ist insgesamt 309 Quadratkilometer groß und liegt zwischen den Hansestädten Lübeck und Hamburg sowie der ältesten Stadt Mecklenburg-Vorpommerns, Schwerin. Über die Hälfte des im Jahr 2000 von der UNESCO anerkannten Gebietes wird von Ackerflächen eingenommen. Außerdem gibt es viel Wald, vor allem Buche und Buchenbruch, und natürlich Gewässer. Ein ganzes Netz von Seen und Flüsschen durchzieht die Region. Häufig vertreten sind Sölle, so nennt man runde, von der Eiszeit geformte Senken. In diesem Umfeld fühlen sich zahlreiche Libellenarten wohl. Auch Laubfrosch und Rotbauchunke, deren Lebensräume immer mehr beschnitten werden, haben hier eine Heimat. Nur in Norddeutschland zu finden und für die Insekten-

und Vogelwelt ausgesprochen wichtig sind die sogenannten Knicks. Im Biosphärenreservat Schaalsee kommen Hecken und Knicks in großer Zahl vor. Die extensiv bewirtschafteten Erd-wälle werden nicht selten von weit über 1000 Tierarten bewohnt. Über 150 Kilometer Wander- oder Radwege machen es dem Besucher leicht, die Region zu erkunden. Hinzu kommen sechs Aussichtsplattformen, die sich vor allem anbieten, um rastende oder überwinternde Vögel zu beobachten.

Highlights Die Wasserqualität der meisten Seen, allen voran die des Schaalsees, lädt zum Baden ein. Ein Strandbad findet sich in Zarrentin. Dort kann man auch Boote leihen oder ein Ausflugsschiffchen besteigen. Aufgrund der Schutzbedingungen sind Einschränkungen zu beachten. Informationen und Buchungen unter Tel. 038851/253 11, www.schaalseetour.de. Ein echter Höhepunkt ist die Kombination aus Schifffahrt, Kutschfahrt und

Führungen durch das Moor sowie durch das Informationszentrum. Buchbar als »See-Pferd-Tour« unter Tel. 038851/253 11, www.see-pferd-tour.de.

Anreise/Unterkunft Anreise über die A24 nach Zarrentin, per Bahn über Ratzeburg. Unterkunft: Ferienwohnung Techin, Tel. 040/43 91 09 61, www.ferienwohnung-techin. de; Hotel Alter Gutshof, Demern, Tel. 038872/67 20, www. alter-gutshof.de.

Großes Bild: Ein Kranich kümmert sich liebevoll um seinen Nachwuchs. Links: Badestelle am Schaalsee.

+ TIPP + TIPP + TIPP +

↗ **Eselwanderung** Wandern in unversehrter Natur entspannt und ist gesund. Mit Tieren macht es noch mehr Spaß, vor allem, wenn sie so freundlich und ruhig wie Esel sind. Auf verschiedenen Routen kann man gemeinsam mit den Huftieren durch das Biosphärenreservat streifen, www.eselpfad.de.

↗ **Trakehnerhof** Eine gute Möglichkeit, die Schaalsee-Region auf eine gemütliche und romantische Weise kennenzulernen, ist eine Kutschfahrt. Darüber hinaus kann man auf dem Trakehnerhof Valluhn Reitunterricht nehmen und sich eine Ferienwohnung mieten (www.softsoul.de).

↗ **Wissenschafts- und Erlebnispark** Wie wird sich die Technik entwickeln? Was kann der Mensch von der Natur lernen? Auf einem großen Ausstellungsgelände geht es höchst spannend zu. Hautnah kann der Besucher die Geheimnisse der Natur erforschen, wie etwa in einem Tunnelsystem, in dem man unter dem Waldboden spazieren kann (www.zmtw.de).

Naturpark Mecklenburgische Schweiz und Kummerower See

*Naturpark Mecklenburgische Schweiz und Kummerower See
Wargentiner Straße 4
17139 Basedow
Tel. 039957/291 20
www.naturpark-mecklenburgi-sche-schweiz.de
info-msk@lung.mv-regierung.de*

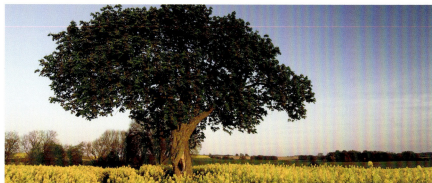

Ein alter Kastanienbaum steht in einem knallgelben Rapsfeld in der Mecklenburgischen Schweiz.

1997 wurde der 616 Quadratkilometer große Naturpark gegründet. Sein Name sagt es schon: Die teils hügelige Landschaft erinnert stellenweise an Mittelgebirgsregionen. Hinzu kommt ein Netz von Seen und Fließgewässern, wie etwa die Peene. Ein großer Teil ist Ackerland, durchzogen von Grünland und Wald. Hier, im nördlichen Bereich der Mecklenburgischen Seenplatte, sind vereinzelt über 100-jährige Eichen zu finden, ebenso wie Torfstiche und Streuobstwiesen. In vielen Dörfern sind Storchennester zu sehen, die noch bebrütet werden. Auch Kraniche und See-, Fisch- und Schreiadler brüten in nicht unerheblicher Zahl im Naturpark. Wer Vögel beobachten will, ist hier also richtig. Jährlich machen unzählige Enten und Gänse Rast. Aber auch am Boden, meist eher zu hören als zu sehen, herrscht reges Treiben. Die Rotbauchunke, der Laub- und der Moorfrosch sind hier heimisch. Und dann ist da noch ein ganz besonderer Besucher, der vor allem am Ufer der Peene deutliche Spuren hinterlässt: der Biber. Das gesamte Parkareal ist bestens erschlossen und beschildert. So lässt es sich wunderbar zu Fuß oder mit dem Rad durch die Natur streifen. Schlösser und Herrenhäuser locken außerdem mit interessanter Architektur und jeder Menge Kultur.

Highlights Das Wasser ist das bestimmende Element. Darum sollte man auch unbedingt eine Bootstour einplanen. Wo Westauf Ostpeene trifft, befindet sich der Wasserwanderrastplatz »Koesters Eck«. Dort kann man Kanus, Motor- oder Hausboote mieten. Wasserfreizeit Bremer, Tel. 03994/22 36 65, www.wasserfreizeit.com.

Outdoor-Aktivitäten Eine Wanderung durch die Vorwerker Schweiz begeistert durch die Vielfalt an Eindrücken. Von Demmin am südlichen Ufer der Peene geht es in Richtung Stavenhagen. Über das Devener Holz gelangt man dann in die

Vorwerker Schweiz. Trittelwitz und Verchen liegen auf dem Weg, bevor man zurück nach Demmin kommt. Unterwegs gibt es herrliche Blicke auf den Fluss, kleine Kirchen und ein Gutshaus (www.demmin.de).

Anreise/Unterkunft Anreise über die A19 und B104 bzw. B108, per Bahn zum Beispiel nach Malchin.
Unterkunft: Forsthaus Niendorf (Ferienwohnungen), Tel. 03996/ 17 33 30, www.landpartie-mecklenburg.de; Schlosshotel Burg Schlitz, Tel. 03996/127 00, www.burg-schlitz.de.

Hechte (großes Bild), Forellen, Karpfen und Aale finden sich in den Gewässern der Mecklenburgischen Schweiz. Hobby-Angler können als Angelschein eine 28-tägige Urlaubslizenz erwerben.

+ TIPP + TIPP + TIPP +

↗ **Draisine** Sportliche Betätigung wartet auf der ehemaligen Bahnstrecke zwischen Malchin und Dargun. Auf über 16 Kilometern kann man hier Draisine fahren. Draisinenstation Dargun, Tel. 039959/278 04.

↗ **Skulpturenweg** Die Burg Schlitz wurde westlich des Malchiner Sees Anfang des 19. Jahrhunderts in ihrem heutigen Stil erbaut. Sie liegt in einem prächtigen Landschaftspark. Hübsche Wanderwege führen mitten hindurch. Von hier aus können Kunstliebhaber auf dem Skulpturenweg nach Görzhausen wandeln (www.burg-schlitz. de/freizeit-skulpturenweg.php).

↗ **Korn- und Backerlebnisstraße** Nicht nur Liebhaber von gutem Brot werden auf dieser Route Spannendes entdecken. Zum Beispiel den historischen Mühlenhof Altkalen, wo es Bio-Brot und -Kuchen gibt. Oder das Heimatmuseum Dargun, das sich mittwochs dem Weg vom Korn zum Brot widmet. Weiter gibt es Gutshöfe, Ausstellungen und Vorträge (www. korn-und-back.de).

↗ **Basedow** Die Anwesenheit des mecklenburgischen Adelsgeschlechtes von Hahn in Basedow ist bis in das 13. Jahrhundert nachweisbar. Im 19. Jahrhundert entstand das Herrenhaus. Es bildet zusammen mit dem von Lenné kreierten Park und dem Dorf eine sehenswertes Ensemble. Unbedingt hinfahren!

Nationalpark Müritz

Nationalparkamt Müritz
Schlossplatz 3
17237 Hohenzieritz
Tel. 039824/25 20
www.mueritz-nationalpark.de
poststelle@npa-mueritz.mvnet.de

Auf 322 Quadratkilometer Fläche befinden sich über 100 Seen, darunter Norddeutschlands größter See, die Müritz, die dem Park den Namen gibt. Davon gehört allerdings, um genau zu sein, nur ein Streifen zum Nationalpark. Östlich davon finden sich weitläufige Moorgebiete und Kiefernwälder mit Wacholdersträuchern. Der weitaus kleinere Teil des Parks ist von altem Buchenbestand und sanften Erhebungen geprägt. Einige Bereiche davon gehören seit 2011 zum UNESCO-Weltnaturerbe. Rotbuchenwälder haben früher ganz Mitteleuropa dominiert. Nur langsam erobern sie sich, wie hier, ihren Lebensraum zurück. Sich selbst überlassen, bietet Totholz Spechten eine neue Heimat. Zwei bemerkenswerte heimische Pflanzen sind die Seerose, die auf vielen Gewässern ihre Pracht entfaltet, und das Schneidried. Diese Sumpfpflanze, auch »Binsenschneide« genannt, kommt an kaum einem anderen Ort in Deutschland in dieser Fülle vor. Neben der Landschaft ist natürlich die Tierwelt ein faszinierender Anziehungspunkt. Das größte Säugetier des Landes, der Rothirsch, ist hier bei der Brunft zu beobachten und vor allem zu hören. Durch die Lüfte

segeln Kraniche und Fischadler auf ihrem Zug. Seeadler bleiben sogar das ganze Jahr über in dieser Region.

Müritz

Müritz, das Wort stammt aus dem Slawischen und bedeutet »Kleines Meer«. Es passt sehr gut, denn mit über 112 Quadratkilometern Fläche handelt es sich um den größten Binnensee, der vollständig auf deutschem Gebiet liegt. Sein zum Nationalpark gehörendes Ostufer verläuft flach hinein in das ausgesprochen saubere Wasser. Bei Waren geht es bis zu 30 Meter in die Tiefe. Schon der See an sich ist ein Magnet. Wasserratten können nach Herzenslust baden, surfen oder paddeln. Wem das noch nicht genug ist, der hat direkten Anschluss an die Strelitzer Seenplatte und von dort über die Müritz-Havel-Wasserstraße nach Berlin. Westlich erreicht man nach dem Durchqueren einiger großer Seen die Müritz-Elde-Wasser-

straße, die zur Elbe führt. Achtung, Verwechslungsgefahr: Südlich von der Müritz zieht sich eine Seenkette entlang, zu der die Kleine Müritz und auch der Müritzsee gehören. Beide sind nicht Teil des Nationalparks.

Großer Fürstenseer See

Im Osten des Nationalparks zwischen Fürstensee und Herzwolde befindet sich einer der schönsten Badeseen der Region, der Große Fürstenseer See. Das Wasser ist klar, der Sand teilweise so fein, dass man den Eindruck hat, in einer besonders schönen Ostsee-Bucht zu sein. Außer in Fürstensee, wo sich die wohl beliebteste Badestelle befindet, sind die Ufergebiete bewaldet. Bis zu 25 Meter ist das von der Halbinsel Pankower Ort geteilte Gewässer tief. Angler schätzen das Revier wegen seines Fischreichtums. Die am häufigsten vorkommenden Fischarten sind Barsch, Hecht, Zander und auch Aal. Wer die Tiere lieber in ihrem Lebensraum be-

obachtet, sollte schnorcheln gehen. Das Tauchen mit Ausrüstung ist allerdings untersagt. Um den See herum ist eine interessante Fauna zu finden. Biber und Fischotter lieben die feuchten Uferzonen, lassen sich Menschen gegenüber jedoch kaum sehen.

Highlights Den Nationalpark auf eigene Faust erkunden und gleichzeitig ungewöhnlichen Urlaub machen, dafür eignen sich Ferien im Zigeuner-Wagen. Nach einer ausführlichen Einweisung darf man selbst die Zügel übernehmen und den Planwagen lenken. Sogar die Übernachtung darin ist möglich. Mehr Informationen unter Tel. 03991/747 82 83, www. pferdecamper.de.

Outdoor-Aktivitäten Von Mai bis September findet die Nationalpark-Radtour statt, bei der man in Begleitung die Höhepunkte der Region und deren Naturschönheit kennenlernen kann. Die 25 Kilometer lange

Strecke führt zum Warnker See, durch Moorgebiete und zu dem einen oder anderen Vogelbeobachtungspunkt. Informationen unter Tel. 03961/66 88 49, www. nationalpark-service.de. Wenn man lieber zu Fuß unterwegs ist, führt ab Waren ein knapp zehn Kilometer langer Rundweg am Nationalpark entlang, im Norden befindet sich der Campingplatz Ecktannen (www. traumziel-mv.de/wandern_waren_mueritz_ecktannen.html).

Anreise/Unterkunft Anreise über die A19 oder A20 und B192 und B198, per Bahn etwa nach Neustrelitz oder Wesenberg. Unterkunft: Campingplatz Boek, Tel. 039823/218 07 oder 212 61, www.campingbolter-ufer.de; Öko-Hotel (Zimmer und Ferienhäuser), Tel. 03981/20 31 45, www.basiskulturfabrik.de.

Großes Bild: Luftaufnahme des Müritzsees. Links: Großer Fürstenseer See und Birkenwald im Nationalpark.

↗ **Müritz-Nationalpark-Ticket** Dieses Billett ist unbedingt empfehlenswert. Der Inhaber kann den Bus und das Schiff benutzen und dabei sein Fahrrad mitnehmen. Fahrpläne und Preise unter www.pvm-waren.de.

↗ **Müritz-Nationalpark-Weg** Mit 165 Kilometern ist er der längste Wanderweg, der durch einen deutschen Nationalpark führt. Er ist nicht besonders anspruchsvoll, niemals steil und daher auch für wenig trainierte Personen geeignet, wenn er in Etappen aufgeteilt wird. Start und Ziel befinden sich im Stadthafen von Waren an der Müritz. Mit einem blauen »M« ist er ausgeschildert. Praktisch alle Sehenswürdigkeiten des Parks, von den Seen über den Buchenwald bis hin zu Aussichtspunkten und Informationszentren, liegen auf der Strecke (www.wanderbares-deutschland.de).

↗ **Nationalpark-Information Federow** Im Informationszentrum gibt es nicht nur reichlich Tipps und Unterlagen, sondern auch einen Fahrradverleih, den Verleih von Ferngläsern und wechselnde Ausstellungen. Eine Attraktion ist die Live-Übertragung aus einem benachbarten Fischadlerhorst. Tel. 03961/66 88 49, www.nationalpark-service.de.

↗ **Wald-Erlebnis-Pfad** Während eines Spaziergangs von Serrahn nach Zinow oder natürlich in umgekehrter Richtung lernt man viel über Buche, Birke, Traubeneiche und Kiefer. Mehr im Forsthaus Serrahn, Tel. 039821/415 00.

↗ **Moorsteg** Östlich von Blankenförde führt ein Holzsteg mitten in das Moor. Eine Rote Rohrdommel ist das Symbol, das den Wanderer vom Parkplatz an der Verbindung Blankenförde nach Babke leitet. Es geht einmal zum Havelstein und zurück. So kurz die Strecke ist, so faszinierend sind die Eindrücke, die sie ermöglicht. Mit etwas Glück sieht man Wildschweine und Damwild.

↗ **Historischer Wolfsfang** Eine echte Rarität bekommt man am Großen Labussee zu sehen. Unweit von Zwenzow bei Wesenberg wurde eine Wolfsgrube entdeckt, die man Anfang des 18. Jahrhunderts nutzte, um die Siedlung und vor allem die darin gehaltenen Tiere zu schützen. Die Fanganlage hat einen Durchmesser von vier Metern und wurde rekonstruiert. Eine Gefahr für Tiere stellt sie heute nicht mehr dar.

↗ **Käflingsbergturm** Ein Muss ist der Aufstieg auf den 55 Meter hohen Käflingsberg-Aussichtsturm. Von oben hat man einen eindrucksvollen Blick über verschiedene Seen, darunter die Müritz und über dichte Waldgebiete. Vom einstigen Gutsdorf Speck führt ein Wanderweg auf den rund 100 Meter hohen Berg.

↗ **Müritzeum** Im Naturerlebniszentrum in Waren gibt es nicht nur Aquarien, Fossilien oder Gesteinssammlungen zu bestaunen, es gibt auch eine Menge zu tun. Im Haus der 1000 Seen können Kinder und Erwachsene mit Tieren und Pflanzen der Region auf Tuchfühlung gehen (www.mueritzeum.de).

↗ **Ankershagen** Das hübsche Dorf hat nicht nur die Ruine einer mittelalterlichen Burg sowie mehrere Hügelgräber zu bieten, ein besonderer Anziehungspunkt ist das Heinrich-Schliemann-Museum. Der berühmte Archäologe (1822 bis 1890) ist in dem Pfarrhaus aus dem 18. Jahrhundert aufgewachsen, in dem man jetzt seinem Leben und seiner Arbeit nachspüren kann (www.schliemann-museum.de).

↗ **Slawendorf** Direkt am Zierker See liegt die Erlebniswelt des Slawendorfs Neustrelitz. Hier wird geschnitzt und getöpfert, es gibt eine Kulthalle, einen Brunnen, eine Schmiede und einen Spielplatz (www.slawendorf.dg-webservice.net).

In den Marschen des Nationalparks trifft man auch auf dessen Bewohner: Teichrohrsänger (rechte Seite), Rohrdommel und Kranich (Bildleiste rechts).

Naturpark Feldberger Seenlandschaft

Naturpark Feldberger Seenlandschaft, Strelitzer Straße 42, OT Feldberg, 17258 Feldberger Seenlandschaft
Tel. 039831/527 80
www.naturpark-feldberger-seenlandschaft.de
info-fsl@lung.mv-regierung.de

Der 347 Quadratkilometer große Naturpark hat an Besonderheiten einiges zu bieten. Im dazugehörigen Naturschutzgebiet mit dem passenden Namen »Heilige Hallen« steht der älteste Buchenwald Deutschlands. Bereits im 19. Jahrhundert beeindruckte er die Menschen, weil er mit seinem geraden Wuchs an einen Dom oder eine Kathedrale erinnert. Einige Exemplare sind 50 Meter hoch und bereits über 300 Jahre alt. Wenn die ältesten Buchen auch gerade nach und nach absterben, so bleibt der Wald doch etwas Außerge-

Kleine Inseln liegen im Feldberger Haussee und warten auf Hobby-Angler.

wöhnliches. Junge Buchen wachsen nach, der Mensch greift in diesen Prozess nicht ein. So verwandelt sich diese Region allmählich in einen Urwald im besten Sinne. Ebenfalls erwähnenswert sind die Kesselmoore, eine Form, die nicht häufig zu finden ist. Es handelt sich um kleine Moore mit großem Torfreichtum. Besonders ist hier auch die Tierwelt. Fischotter werden immer wieder gesichtet. Sie sind das

Wappentier des Parks. Auch Biber mögen die wasserreiche Gegend. Der Pommern- oder auch Schreiadler ist heimisch und auch See- und Fischadler sowie Schwarzstorch gehören hierher. Wer sich für Libellen interessiert, findet mit etwas Glück sehr seltene Arten. Hier ein paar Senken, dort ein Hügel oder einige Binnendünen sorgen – nach norddeutschen Maßstäben – für überraschende Höhenunterschiede.

Breiter Luzin

Die Eiszeit hat den knapp drei Kilometer langen Breiten Luzin geformt. Er wird von der Landzunge Mönkenwerder geteilt und ist bis zu 58 Meter tief, der zweittiefste See von ganz Mecklenburg. Es gibt vier Badestellen, von der eine für textilfreies Baden reserviert ist. Erwähnenswert sind zwei Seebewohner. Zum einen ist das die in Deutschland extrem rar gewordene Große Flussmuschel, und zum anderen die seltene Tiefenmaräne, die angeblich nur noch hier vorkommen soll.

Feldberger Haussee

Der bis zu zwölf Meter tiefe See teilt sich in drei Bereiche. Er schmiegt sich direkt an den Breiten und Schmalen Luzin. Im nördlichen Teil liegen die Liebesinsel und die Insel Grabenwerder, wo früher einmal Kreide abgebaut wurde. Im Gegensatz zu den anderen Gewässern ringsherum, sind Motorboote auf dem Feldberger Haussee mit Genehmigung erlaubt. Angler können hier ihre Rute nach Karpfen, Barsch, Hecht, Aal und Zander auswerfen.

Die Buchen am Ufer des Schmalen Luzin zeigen ihr herbstliches Kleid.

Highlights Eine Wanderung durch die Heiligen Hallen sollte man sich keinesfalls entgehen lassen. Vom Waldparkplatz in Lüttenhagen führt ein sechs Kilometer langer Rundweg hindurch. Bevor es losgeht, lohnt ein Blick auf den Versuchsgarten in unmittelbarer Nähe des Parkplatzes. Jedes Jahr wird dort der aktuelle Baum des Jahres gepflanzt. Knapp zwei Kilometer geht man auf dem Neuen Damm, dann ein Stück auf dem Herrenweg. Immer links halten und schließlich der Beschilderung zurück nach Lüttenhagen folgen.

Outdoor-Aktivitäten Eine Wanderung sei jedem Besucher ans Herz gelegt. Es ist der Haussee-Rundweg mit Start und Ziel am »Haus des Gastes« in Feldberg. Die Aussichten auf die Seenlandschaft sind unvergleichlich, Lehrpfade vermitteln Spannendes über die Natur der Umgebung. Markante Stellen sind der Barby Höhenweg, der Aussichtspunkt am Hüttenberg, das Dorf Wittenhagen, Carwitz und die Luzinfähre (www.wanderbares-deutschland.de).

Anreise/Unterkunft Anreise über die A19 oder A20, per Bahn nach Neustrelitz. Unterkunft: Camping am Bauernhof, Feldberg, Tel. 039831/210 84, www.camping-am-bauernhof.m-vp.de; Hotel Hullerbusch, Tel. 039831/202 43, www.hotel-hullerbusch.de.

Großes Bild: Die Chance, einen Seeadler zu beobachten, ist nirgendwo sonst in Deutschland so groß wie hier.

+ TIPP + TIPP + TIPP +

↗ **Naturlehrpfad Hullerbusch** Auf der Landzunge zwischen Wittenhagen und Carwitz sind neben Hochbuchen vor allem Kesselmoore zu bestaunen. Der Naturlehrpfad ist über Wittenhagen zu erreichen. Allerdings sollte man die Gelegenheit nutzen, und sich von Feldberg mit der handbetriebenen Seilfähre über den Luzin setzen lassen (www.luzinfaehre.de).

↗ **Kneippen in Feldberg** Wo könnte man besser etwas für seine Gesundheit tun als in einer üppigen Natur mit sauberer Luft? Schon Ende des 19. Jahrhunderts lockte eine Wasserheilanstalt erholungsbedürftige Menschen nach Feldberg. Und schon damals setzte man die Erkenntnisse von Pfarrer Kneipp ein. Inzwischen sind zwei Kneipp-Anlagen hinzugekommen. Außerdem gibt es den Kurpark mit Barfußpfad und Gräserlabyrinth, einen Fitness-Parcours und fünf Nordic-Walking-Strecken, auf denen man sich austoben kann.

↗ **Ranger-Touren** Den geschulten Augen von Rangern entgeht keine Tierspur. Sie kennen sich im Park aus, wissen, wie die Landschaft entstanden ist und haben viel Interessantes zu erzählen. Ob bei einer Kanu-Safari, auf dem Rücken eines Pferdes oder mit dem Elektroboot, immer sind außergewöhnliche Naturerlebnisse, gutes Essen und Begegnungen mit Land und Leuten garantiert (www.ranger-tours.de).

↗ **Quad-Tour** Weniger ruhig und umweltfreundlich als zu Fuß, dafür aber mit einer gehörigen Portion Abenteuer geht es bei einer Quad-Tour abseits der Straßen zu. Rücksicht auf die Natur wird natürlich dennoch genommen. Von der 45-minütigen Schnuppertour

bis hin zur Tagesfahrt ist alles möglich (www.quad-tour.de).

↗ **Spaziergang durch die Windmühlenstadt Woldegk** Mit fünf Mühlen, alle liebevoll restauriert und zu besichtigen, kann sich Woldegk mit Recht »Mühlenstadt« nennen. Drei von ihnen haben noch ihre Flügel. Der Ort liegt zu Füßen der Helpter Berge,

die mit knapp 180 Metern die höchste Erhebung Mecklenburg-Vorpommerns sind und sogar ein Gipfelkreuz tragen, zu dem man hinaufwandern kann. Besonders sehenswert ist die über 100 Jahre alte Holländermühle, die einzige ihrer Art im Bundesland, in der auch das Mühlenmuseum untergebracht ist (www.windmuehlenstadt-woldegk.de).

Ganze Teppiche voller Seerosen schwimmen auf zahlreichen Seen in der Feldberger Seenlandschaft. Bei einer Kanutour auf den Seen kann man die hübschen Pflanzen aus nächster Nähe betrachten. Kleine Kanäle verbinden etliche Seen miteinander und machen so den Übergang zwischen den Gewässern zu einem Kinderspiel.

Seeadler

Majestätisch sieht es aus, wenn der Seeadler seine bis zu 2,40 Meter breiten Schwingen ausbreitet und durch die Luft segelt. Dabei zählt der Seeadler – anders als etwa der im Alpenraum beheimatete Stein-adler – gar nicht zur Gatting der Echten Adler *(Aquilae)*, sondern zu den Habichtarti-gen. Diese taxonomische Ein-ordnung nimmt dem Seeadler aber nichts an Eleganz und Schnelligkeit. Er ernährt sich überwiegend von Fischen und anderen Seevögeln, nur selten kommt ihm ein Kaninchen oder eine Maus in die Fänge. Besonders gern räubert der Seeadler in Brutkolonien von Lummen, Kormoranen, Tölpeln und ähnlichen Seevögeln, de-ren Vieltausende Jungvögel ein leckeres Büffet abgeben. Ein wenig mehr anstrengen muss sich der Greifvogel bei der Jagd nach Fischen, aber auch hier zieht er einfache

Beute direkt an der Wasser-oberfläche vor. In Mecklen-burg-Vorpommern und in Brandenburg leben die meis-ten der heute etwa 570 Brut-vogelpaare Deutschlands, hier ist die Wahrscheinlichkeit am

größten, eines der eleganten Tiere beim Flug zu beobach-ten. Dabei breitet der Seeadler *(Haliaeetus albicilla)* seine Flü-gel brettartig aus und liegt ganz ruhig in der Luft. Doch seinen wachen Augen entgeht

keine Regung. Wer im Norden Europas, genauer gesagt in der nordnorwegischen Stadt Bodø das Glück hat, einen Seeadler zu sichten, der darf sich im of-fiziellen Seeadler-Club der Stadt anmelden.

Alte Stieleichen stehen
im Biosphärenreservat
Spreewald.

Brandenburg / Berlin

Die Region rund um Berlin ist gespickt mit idyllischen Seen, prachtvollen Gärten und alten Adelssitzen. Auch sonst ist Brandenburg noch sehr ländlich geprägt. Hier gibt es viel unberührte Natur, verträumte Fischerdörfer und beschauliche Kleinstädte. Im Verhältnis zu seiner Fläche ist Brandenburg das gewässerreichste deutsche Bundesland. Rund 33 000 Kilometer Flüsse, Bäche und Kanäle sowie gut 3000 Seen verwandeln es von der Uckermark im Norden bis zur Niederlausitz im Süden in einen faszinierenden Flickenteppich aus Wasser und Land.

Naturpark
Uckermärkische Seen

Naturpark Uckermärkische Seen, Zehdenicker Straße 1, 17279 Lychen
Tel. 039888/645 30
www.lugv.brandenburg.de/cms/detail.php/bb1.c.331001.de
np-uckermaerkische-seen@lugv.brandenburg.de

Nähme man von Berlin aus den direkten Weg hinauf an die Ostsee, würde man mitten durch den Naturpark Uckermärkische Seen fahren. 897 Quadratkilometer ist er groß, knapp die Hälfte der Fläche ist von Wäldern bedeckt. Das sind im Norden vor allem Hain- und Rotbuchen, Eichen und Ahorn. Im Süden bestimmen Kiefern das Bild. Erwähnenswert sind auch mehrere Hundert Apfelsorten, die im Naturpark zu finden sind, sowie die mächtigste Lärche des gesamten Landes. Gewässer und Moore nehmen zehn Prozent des Umfangs ein. Trotzdem

Ein an den Uckermärkischen Seen auch vorkommender Eisvogel hat einen stolzen Fang gemacht.

hat der Park 230 Seen zu bieten! Neben 25 Naturschutzgebieten, die hier eingerichtet wurden, sind vor allem zwei EU-Vogelschutzgebiete zu nennen, die zusammen 577 Quadratkilometer für sich beanspruchen. Nur an wenigen Orten tritt der Fischadler in so großer Zahl auf wie hier. Kein Wunder, dass er

zum Wappentier des Parks erkoren wurde. An den Gewässern sind Krick-, Schell- und Knäkenten zu Hause. Doch nicht nur in der Luft ist die Artenvielfalt groß. Am Boden tummeln sich Fischotter, die in ihrem Bestand in Deutschland stark bedroht sind. Auch die Europäische Sumpfschildkröte, in freier Wild-

bahn nur selten zu sehen, ist im Park anzutreffen.

Großer Lychensee

Inmitten von sieben Seen, dem sogenannten Lychener Seenkreuz, liegt die Flößerstadt Lychen. In ihrem Herzen befindet sich das Strandbad des knapp

20 Meter tiefen Großen Lychensees. Vorbei an drei Inselchen gelangt man von hier aus über den Haussee in die Obere Havel-Wasserstraße. Vielleicht kommen deshalb viele Wasserwanderer hierher, die am Strandbad einen Liegeplatz und Übernachtungsmöglichkeiten vorfinden. Außer an den Badestellen ist das Seeufer meist bewaldet.

Highlights In Naugarten läuft im Restaurant des Hofes Kokurin eine Live-Übertragung aus dem 2,50 Meter tiefen See. Fische werden vom Futterautomaten vor die Unterwasserkamera gelockt. Vom Hof aus kann man wunderbar um den Naugartener See wandern. Es geht rechts am Wasser entlang, hinter der Feldhecke links in einen Sandweg und hinter der Siedlung hinauf in den Ort. Von dort geht es an der Badestelle vorbei zurück zum Hof.

Outdoor-Aktivitäten Bei Zehdenick liegt die sogenannte Tonstichlandschaft. Anfang des

20. Jahrhunderts wurden hier große Tonvorkommen im Tagebau abgetragen. Zurück blieben 60 Gräben, die begrünt wurden und sich mit Grundwasser gefüllt haben. Das ehemalige Ziegeleiwerk Mildenberg ist heute ein Erlebnisgelände. Ein Höhepunkt ist die Fahrt mit der »Tonlorenbahn« durch die Landschaft (www.ziegeleipark.de).

Anreise/Unterkunft Über die A10 über Mühlenbeck und Liebenwalde oder die A25 über Neuruppin und Löwenberg nach Zehdenick, per Bahn über Berlin nach Zehdenick oder Templin. Unterkunft: Wurlsee Camping Lychen, Tel. 039888/2509, www.wurlseecamping-lychen.de; Hotel Bornmühle, Fürstenberg/Havel, Tel. 039605/600, www.bornmuehle.de.

Oben: Abendlicht streift den Großen Lychensee in der Uckermark. Da der See sehr zergliedert ist, gibt es unzählige abgeschiedene Buchten.

+ TIPP + TIPP + TIPP +

↗ **Paddeln** Es empfiehlt sich, die Region vom Wasser aus zu erkunden. Besonders gut eignet sich die 60 Kilometer umfassende Rundtour Naturpark Uckermärkische Seen. Start und Ziel ist der Große Lychensee. Neben mehreren Seen wird die Havel befahren, sieben Schleusen liegen auf dem Weg, einmal wird ein Shuttle benötigt. Info unter www.tourismus-uckermark.de.

↗ **Natur-Idyll** Sowohl große als auch kleine Besucher können im Naturerlebnis Uckermark einen abwechslungsreichen und entspannten Tag erleben. Ziegen und Schafe, Hühner und Enten bevölkern den Haustierpark. Eingebettet in eine zauberhafte Gartenlandschaft gibt es außerdem einen Sinneslehrpfad, eine Streuobstwiese, einen traditionellen Holz-

backofen und ganz viel zum Staunen und Lernen (www.naturerlebnis-uckermark.de).

↗ **Apfel pur** Wer den Naturpark Uckermärkische Seen besucht, sollte nicht die Apfelvielfalt verpassen. Ein besonderer Genuss ist der Besuch von Apfelhof, -café und -mosterei Lichtenhain. Man kann auf dem Gut inmitten blühender oder bereits schwer tragender Bäume Urlaub machen oder im Hofladen alles rund um den Apfel kaufen. Freitags gibt es eine Hofführung (www.die-apfelgraefin.de).

↗ **Westernstadt** Ein Tag voller Abenteuer ist in der Westernstadt El Dorado in Templin garantiert. Pony- oder für Größere Trailreiten, Goldwaschen, Bogenschießen oder Hufeisenwerfen – bezahlt wird mit »Eldorado-Dollar«. Auch eine Fahrt mit der Postkutsche oder im Kinder-Quad ist möglich (www.eldorado-templin.de).

Biosphärenreservat Schorfheide-Chorin

Kulturlandschaft Uckermark e.V., Hoher Steinweg 5–6, 16278 Angermünde Tel. 03331/365 40 www.schorfheide-chorin.de br-schorfheide-chorin@lugv. brandenburg.de

Das Biosphärenreservat war jahrhundertelang ein berühmtes Jagdrevier. Was für das Wild gefährlich war, war für die Flora die Rettung, denn man hat möglichst wenig in die Natur eingegriffen und die dichten Wälder belassen. Heute ist das 1258 Quadratkilometer große Areal das zweitgrößte Naturschutzgebiet Deutschlands. Ein Teil gehört sogar zum UNESCO-Welterbe. Es gibt Kiefern-, natürlichen Erlenbruchwald und Traubeneichenwälder. Besonders beeindruckend sind Eichen, deren Alter auf 400 bis 600 Jahre geschätzt wird. In dem 1990 gegründeten

Reservat leben an den Ufern von 240 Seen und Tausenden Mooren nur wenige Menschen. Tiere, die woanders nur noch selten zu finden sind, kommen dafür in umso größerer Zahl vor. Biber und Fischotter zum Beispiel und auch Kraniche, Schwarzstörche und verschiedene Adler, wie der See-, der Schrei- und der Fischadler. Durch die Schorfheide verläuft die Nordsee-Ostsee-Wasserscheide von der dänischen bis zur tschechischen Grenze. Die Landschaft, vor allem die Gewässer, wurden von der Eiszeit geformt. Deutliche Spuren hinterließen auch die Askanier und die Zisterzienser, die Burgen und Klöster bauten, deren Reste noch zu besichtigen sind.

Sabinensee

Der sichelförmige See hat eine Badestelle und ist ein beliebtes Angel-Revier. Größtenteils ist sein Ufer von Schilf bewachsen, sodass man schwer an das Wasser vordringen kann. Um das

Gewässer spinnt sich eine Sage, auf deren Spur man wandeln kann. Es ist die Sage von Sabine, die dem Teufel zur Frau versprochen wurde und sich mit einem Sprung in den See gerettet hat. Von Temmen aus am Reitweg Berlin-Usedom erreicht man einen Mythenplatz mit zwei Skulpturen.

Rummelsberg und Wesensee

Der Wesensee war nach der Eiszeit erst ein Gewässer, dann eine morastige Senke. Das blieb so, bis die Zisterzienser die Wälder rodeten. Der Boden konnte die Regenmengen nicht mehr aufnehmen, sodass sich wieder ein See bildete. Je nach Wasserstand sind darin noch Findlinge und Baumteile zu sehen, die dort einst auf feuchtem Grund standen und nun ein Rastplatz für Kormorane und Graureiher sind. Einen besonders schönen Blick darauf hat man vom gut 80 Meter hohen Rummelsberg.

Werbellinsee

An der breitesten Stelle misst er ungefähr einen Kilometer, dafür ist der Werbellinsee zehn Kilometer lang. Damit ist er einer der größten Seen Brandenburgs und mit 50 bis 60 Metern auch recht tief. Sieben Badestellen, zahlreiche Ausflugsschiffe und Bootsverleihe machen ihn zum perfekten Naherholungsgebiet für Berlin. Schon Theodor Fontane (1819–98) schwärmte für diese Landschaft. Highlight ist der nahezu original erhaltene Kaiserbahnhof in Joachimsthal.

Highlights Obwohl Wölfe, Wollschweine, Wisente und Elche im Biosphärenreservat leben, trifft man sie nicht leicht an. Wer sie beobachten möchte, fährt in den Wildpark Schorfheide. Auf sieben Kilometern kann man an ihren Gehegen vorüberstreifen. Ein besonderes Erlebnis sind die Wolfsnächte bei Vollmond inklusive Fütterung und Fackelwanderung (www.wildpark-schorfheide.de).

Outdoor-Aktivitäten Eine Erfahrung der besonderen Art verspricht eine Eselwanderung. Die Routen können zwischen zehn und 25 Kilometern lang sein. Der Esel übernimmt den Gepäcktransport und trägt auch Kinder ab zwei Jahren, die nicht mehr als 35 Kilogramm wiegen. Im Pauschalpaket sind Übernachtungen in einfachen Zimmern ebenso enthalten wie Lunchpakete und Kartenmaterial. Information und Buchung über www.belvento.de.

Anreise/Unterkunft Anreise über die A11, per Bahn über Berlin nach Angermünde. Unterkunft: Campingplatz am Werbellinsee, Tel. 033363/4232, www.campingplatz-werbellinsee.de; Hotel Döllnsee-Schorfheide, Tel. 039882/630, www.doellnsee.de.

Oben: Blick vom Rummelsberg auf den Wesensee. Bilder rechts: Landschaft am Werbellinsee; üppig gedeihen hier die Sumpf-Schwertlilien.

↗ **Zum Askanierturm** Eine empfehlenswerte Wanderung durch die Natur und durch die Geschichte beginnt in Eichhorst. Im Gasthaus Zum Wisent direkt am Werbellinkanal holt man sich den Schlüssel und macht sich auf den Weg, immer am Kanal entlang. Wo einmal eine Askanierburg gestanden haben soll, ließ Prinz Carl von Preußen (1801–83) einen Feldsteinturm errichten. Tatsächlich hat man bei Ausgrabungen Waffen und Mauerreste aus dem 12. Jahrhundert entdeckt. Ab Eichhorst gibt es einen Wanderweg zu dem Türmchen, das Ende des 19. Jahrhunderts eingeweiht wurde.

↗ **Kloster Chorin** Die Zisterzienser haben die Region stark beeinflusst. Sie haben Wälder abgeholzt und eindrucksvolle Bauwerke in die Landschaft gesetzt. Eines davon ist die prachtvolle Klosteranlage Chorin, deren Entstehung in das 13. Jahrhundert zurückreicht. Sie gilt als eines der bedeutendsten Baudenkmäler der Backsteingotik in Norddeutschland. Schon die Lage an einem See, eingebettet in ein parkähnliches Gelände, lohnt ein Ausflug an den Ort, den Fontane treffend als märchenhaft und gespenstisch beschrieb (www.kloster-chorin.org).

↗ **Buchenwald Grumsin** 2011 wurde der Buchenforst Grumsin in die Liste des UNESCO-Welterbes aufgenommen. Es ist einer der größten zusammenhängenden Tiefland-Buchenwälder, die es auf der Erde gibt. Betreten ist teilweise verboten, doch von einer alten Kopfsteinpflasterstraße aus hat man einen guten Einblick in die Welt der knorrig-eigenwilligen Baumgestalten und verwunschenen Moore. Eine geführte Wanderung ist besonders informativ. Sie beginnt am Besu-

cher- und Informationszentrum Geopark. Dort kann man sich perfekt auf die Entstehung der Landschaft einstimmen und mit Säbelzahntiger und Gletscher auf Tuchfühlung gehen (Tel. 033361/633 80).

↗ **Biorama** Einen unvergleichlichen Blick über das Biosphärenreservat bekommt man von der 123 Meter hoch gelegenen

Aussichtsplattform Biorama. Sie befindet sich auf dem Dach eines ehemaligen Wasserturms (www.biorama-projekt.org).

↗ **Kletterwald** Unweit des Wildparks Schorfheide gibt es seit 2012 einen Kletterwald. Seile, Netze und Holzsprossen oder -stufen führen in verschiedenen Höhen durch das Gelände. Hier gilt es, Körperbeherr-

schung und Gleichgewichtssinn zu trainieren. Gleichzeitig kommt man den beeindruckenden Stars der Region, den meterhohen Bäumen, besonders nah (www.kletterwald-schorfheide.de).

Ein im Biosphärenreservat vorkommender Fischadler verlässt seinen Horst, um für das Jungtier Beute zu machen.

Nationalpark Unteres Odertal

Nationalpark Unteres Odertal
Park 2, OT Criewen
16303 Schwedt/Oder
Tel. 03332/267 70
www.nationalpark-unteres-odertal.eu
info@nationalpark-unteres-odertal.eu

Der Nationalpark ist in mehrerlei Hinsicht bemerkenswert. Zum einen handelt es sich um das erste Schutzgebiet, das Deutschland gemeinsam mit seinem Nachbarn Polen gegründet hat. Zum anderen ist das Untere Odertal der einzige in Deutschland existierende Auennationalpark. Fast überall verschwindet diese Landschaftsform der am Flussufer liegenden Überschwemmungsgebiete, die dem Gewässer auch bei Starkregen die Möglichkeit geben, sich über sein Bett hinweg auszubreiten. Verabschiedet sich der Winter, werden die sogenannten Nasspolder geflutet. Auf 60 Kilometern Länge entlang der Oder wird die Region zum idealen Rastplatz für Wasservögel, die zu Hunderttausenden kommen. Spektakuläre Eindrücke sind garantiert, wenn morgens der Nebel von den anscheinend alles umschlingenden Nassflächen aufsteigt oder die Sonne sich glitzernd darin spiegelt. 1995 wurde der 105 Quadratkilometer große Nationalpark ins Leben gerufen. Er ist sowohl für Radfahrer als auch für Fußgänger bestens erschlossen. Die Gegend lässt sich beispielsweise herrlich entlang der 120 Kilometer Wegstrecke auf Deichen erkunden. Neben einer einzigartigen Natur finden sich hier hübsche Städtchen und interessante Ausflugsziele.

Highlights Während der Flussauen-Woche im Frühjahr ist das für die Region typische Naturschauspiel am intensivsten zu genießen. Wanderungen, Radtouren und natürlich Vogelbeobachtung stehen auf dem Programm. Informationen beim örtlichen Tourismusverein, Tel. 03332/255 90.

Outdoor-Aktivitäten Ein von Deichen gesäumtes Gebiet zwischen der Oder und der Hohensaaten-Friedrichsthaler-Wasserstraße bildet das Herz des Parks. Mit einem Kanu kann man es auf Bächen und Nebenarmen vom Wasser aus kennenlernen. Zwischen Schilf und Biberburgen, bei Sonnenuntergang oder sogar im Mondlicht, die Auswahl an Touren ist groß und selbst für

Kanu-Neulinge geeignet (www.flusslandschaft-reisen.de).

Anreise/Unterkunft Anreise über die A11, Abfahrt Joachimstal nach Schwedt, per Bahn ab Berlin mit der Regionalbahn nach Schwedt.
Unterkunft: Ferienappartements Schweizer Haus, Angermünde, Tel. 033338/855 64, www.schweizerhaus-stolpe.de; Turmhotel Schwedt, Tel. 03332/44 30, www.turmhotel-schwedt.de.

Ein Teil des Oder-Neiße-Radwegs verläuft durch den Nationalpark und bietet idyllische Stationen für eine Rast.

+ TIPP + TIPP + TIPP +

↗ **Wasserbüffel beobachten** Wasserbüffel sind imposante Wildtiere, die dem einen oder anderen von einem Urlaub in Asien bekannt sein dürften. Was nicht jeder weiß: Vor der letzten Eiszeit war eine Unterart dieser Rinder auch in Mitteleuropa und Deutschland zu Hause. Wasserbüffel kommen mit Moor hervorragend zurecht und können sogar schwimmen. Zwischen Friedrichsthal und Gartz kann eine Herde beobachtet werden.

↗ **Nationalparkhaus Criewen** Im ehemaligen Schafstall eines restaurierten Gutshofes ist seit Herbst 2000 das Nationalparkhaus untergebracht. Auf 400 Quadratmetern kann man das Fluten der Auen erleben, auch wenn kein Hochwasser ist. Die Erlebnisausstellung lädt zum Mitmachen ein und präsentiert in einem 15 000 Liter fassenden Aquarium die Fische der Oder (Tel. 03332/267 70).

↗ **Kremsertour** Fernab von Autobahnen und Großstadtlärm entwickelt sich das Gefühl, in die Vergangenheit gereist zu sein. Dieser Eindruck lässt sich auf wunderbare Art bei einer Kutsch- oder Kremserfahrt verstärken. Mühelos kann man die Landschaft an sich vorüberziehen lassen, das gleichmäßige Klappern der Pferdehufe im Ohr. Informationen und Buchung bei Gerhard Langer, Tel. 033365/710 21.

↗ **Ausflug nach Schwedt** Die Stadt mit den meisten Einwohnern in der Region ist Schwedt. Sie wurde unter anderem von den Hugenotten geprägt, die hier mit Tabak einigen Wohlstand erreichten. Der Ermelerspeicher und der Europäische Hugenottenpark erinnern daran.

Naturpark Stechlin-Ruppiner Land

Naturpark Stechlin-Ruppiner Land, Am Friedensplatz 9, OT Menz, 16775 Stechlin Tel. 033082/40 70 www.lugv.brandenburg.de/cms/ detail.php/bb1.c.330960.de np-stechlin-ruppiner-land@lugv. brandenburg.de

Das sogenannte Großschutzgebiet Brandenburgs ist 680 Quadratkilometer groß und schließt neben dem Stechlinsee das Rheinsberger Seengebiet und die Ruppiner Schweiz ein. Der Stechlinsee ist mit knapp 70 Metern der tiefste See des Bundeslandes. Er gab Fontanes letztem Roman den Titel. Obere Havel und Rheinsberger Rhin fließen durch die Landschaft. Viele Spechtarten, aber auch Kranich, Fischadler und Eisvogel sind hier zu Hause. Wappentier des Parks ist die Schellente. Die Weibchen haben ein graues, die Männchen ein schwarz-weißes Gefieder. Auffällig bei beiden sind die leuchtend gelben Augen. Weit über die Hälfte des Naturparks ist von Wäldern bedeckt. Typisch sind die ausgedehnten Buchenwälder. Dazwischen verstreut liegen über 100 Seen, die meisten davon Klarwasserseen, in denen man herrlich baden kann. Auch geangelt wird viel. Im Zentrum der Region liegt obendrein das kulturelle Zentrum. Die Stadt Rheinsberg mit ihrem Schloss erlangte durch Kurt Tucholskys Erzählung »Rheinsberg« große Berühmtheit. Auch Theodor Fontane erwähnte die Stadt in seinen Wanderbeschreibungen. Man sollte auch einen Besuch in Wittstock/Dosse oder in Fürstenberg/Havel nicht versäumen.

Großer Stechlinsee

Der Große Stechlinsee, kurz »der Stechlin« genannt, ist einer der wichtigsten Klarwasserseen Norddeutschlands. Das bedeutet, er ist besonders sauber und ermöglicht einen Blick weit in die teilweise türkis schimmernde Tiefe. Was liegt näher, als dort auf Tauchstation zu gehen und Barsch und Hecht ganz nah zu kommen? Erlaubt ist das ausschließlich bei Neuglobsow, wo auch eine Tauchbasis ansässig ist (www.tauchbasis-stechlinsee.de). In der Bucht von Neuglobsow gibt es zudem eine Badestelle mit Einstiegshilfe für Menschen, die in ihrer Beweglichkeit eingeschränkt sind. Wer den See umrunden will, braucht etwas Kondition für die 16 Kilometer lange Strecke. Ein durchgehender Wanderweg ist jedoch vorhanden. Im Stechlin sind zwei Lebewesen beheimatet, die es nirgends sonst auf der Welt gibt: die erst 2000 als eigene Art entdeckte, kleine Stechlin-Maräne, zu Ehren Fontanes Coregonus fontanae genannt, und eine spezielle Kieselalge.

Highlights Eine 26 Kilometer lange Wanderung von Rheinsberg nach Strasen gewährt ei-

nen Einblick in den Charakter des Naturparks. Über Buberow und Reiherholz geht es nach Zechlinerhütte und weiter über Beerenbusch und Pelzkuhl nach Strasen. Karten und weitere Routenvorschläge über www.wander-bahnhoefe-brandenburg.de.

Outdoor-Aktivitäten Mit dem Fahrrad kommt man schneller voran, kann sich also auch eine längere Tour vorneh-

Eine alte Buche im Großen Stechlinsee

men. Beispielsweise die 52 Kilometer lange Rundstrecke von und nach Fürstenberg/Havel. Attraktionen unterwegs sind ein Weihnachtshaus, eine Ausstellung über die Seidenraupenzucht, ein Glasmacherhaus und natürlich der Stechlin. Informationen beim örtlichen Tourismusverband, Tel. 03391/ 65 96 30.

Anreise/Unterkunft Anreise zum Beispiel über die A19 bzw. A24 oder per Bahn nach Wittstock/Dosse. Unterkunft: Kossätenhof, Zechlin (Ferienwohnungen und Heuherberge), Tel. 033923/702 40, www.fewobehm.de; Wellnesshotel Am Birkenhain, Luhme/Rheinsberg, Tel. 033923/71 70, www.hotel-birkenhain.de.

Großes Bild: Der »Stechlin«, nach dem Fontane die Hauptfigur in seinem gleichnamigen Roman benannte.

+ TIPP + TIPP + TIPP +

↗ **Barrierefrei über die Rheinsberger Seen schippern** Urlaub in einer Seenlandschaft bedeutet für Menschen im Rollstuhl fast immer, dass sie nur vom Ufer auf das Wasser blicken können. Umgekehrt ist es kaum möglich, weil Ausflugsschiffe für sie nicht oder nur umständlich zu besteigen sind. Ganz anders bei »Rolly-Tours«. Die barrierefreien Katamarane erlauben einen bequemen Einstieg. Die Fahrt über die Rheinsberger Seen startet täglich vom Steg des Hotels am See in Rheinsberg. Mit Binnen-Bootsführerschein kann man auch einen Katamaran chartern (www. rolly-tours.de).

↗ **Laufstrecken erkunden** Steht einem das Verlagen nach Bewegung und verschiedene Laufstrecken vor der Haustür? Oder soll es ein Marathontraining sein? Der tolle Laufpark Stechlin bietet insgesamt über 500 Kilometer bestens ausgeschilderter Routenvorschläge. Besonders angenehm: Erfahrene Läufer stehen mit Trainingstipps zur Verfügung. Es gibt auch Angebote von Kursen wie Yoga oder Lauftreffs zum gemeinsamen Sport (www.laufpark-stechlin.de).

↗ **Besuch im Tierpark Kunstspring** Am Rande des Naturparks in Neuruppin kann man Fischotter, Steinmarder, Iltisfrettchen und Waschbär kennenlernen. Auch Wölfe, Luchse, Wildschweine und Damwild sind im Tierpark Kunstspring zu Hause. Der Park mit Terrarium und Uhu-Großfluganlage im Tal der Kunster lässt sich gut auf eigene Faust erkunden. Es werden aber auch Themen-Führungen angeboten (www.tierpark-kunster-spring.com).

Der Biber ist das größte Nagetier der Nordhalbkugel. Oft wird er mit der Bisamratte verwechselt, die ähnlich gefärbt, aber viel kleiner ist. Und ihr fehlt die Biberkelle, der breite, abgeplattete unbehaarte Schwanz, der dem Biber zum Steuern beim Tauchen und als Fettdepot dient. Die Kelle benutzt der Baumeister also keineswegs zur Anlage seiner Dämme und Burgen, diese Arbeit wird mit Zähnen und Pfoten ausgeführt. Ausgesprochene Biberburgen finden sich nur dort, wo die Tiere lange ungestört bleiben. In Mecklenburg-Vorpommern siedelte man in den 1990er-Jahren gezielt wieder Biber in der Sternberger Seenlandschaft und an der Peene an. Und wie andernorts auch wuchs ihr Bestand in ungeahnte Höhen. Abgesehen von Konflikten mit Hundebesitzern und Forstleuten, die geflutete, absterbende Nadelwälder nicht gern sehen, führte die Arbeit der fleißigen Nager in Deutschland aber auch zu Schäden an Hochwasserdämmen. Die Biber greifen aktiv in die Struktur der Landschaft ein, denn sie graben Transportkanäle und setzen ihre Umgebung gern unter Wasser. Das geschieht, um Nahrungsreserven zu sichern. Am Rand der Staunässe wachsen schnell Weiden nach, deren Schösslinge die Nager mit Vorliebe knabbern.

Naturpark Barnim

*Naturpark Barnim, Breitscheid-
straße 8–9, 16348 Wandlitz
Tel. 033397/299 90
www.lugv.brandenburg.de/cms/
detail.php/bb1.c.328683.de
np-barnim@lugv.brandenburg.de*

Direkt nördlich von Berlin zwischen Oranienburg, Liebenwalde, Eberswalde und Bernau liegt der 749 Quadratkilometer große Naturpark Barnim. 1999 wurde er ins Leben gerufen. Über die Hälfte der Fläche, die an das Biosphärenreservat Schorfheide-Chorin grenzt, ist von Wald bedeckt, in erster Linie sind Kiefern anzutreffen. Am Liepnitzsee findet man Buchen-, im Kreuzbruch Eichenmischwälder. Nur etwa drei Prozent des Parks bestehen aus Gewässern. Die können sich jedoch sehen lassen. Hübsche kleine Seen mit größtenteils wunderbar klarem Wasser – Strandbäder und -cafés inklusive – laden zum Baden und Angeln ein. Idyllische Bach-

läufe eignen sich für ausgedehnte Spaziergänge. Hier ist mit etwas Glück auch das Wappentier des Parks, die Rotbauchunke, anzutreffen. Selbst Historisches kommt nicht zu kurz. In malerischen Dörfern stehen Burgruinen und alte Kirchen, die von slawischer und früher deutscher Besiedlung zeugen.

Highlights Ein besonderes Naturerlebnis ist die Barnimer Feldmark. In der von der Eiszeit geformten Rinne wechseln sich Wiesen und Weiden mit klei-

nen Dörfern und schattigen Alleen ab.

Anreise/Unterkunft Anreise über die A11, ab Berlin mit der Heidekrautbahn (NE 27). Unterkunft: Familiencamping Ruhlesee, Tel. 03337/45 16 35, www.wake-and-camp.de; Hotel Wilder Eber, Eberswalde, Tel. 03334/245 51, www.wilder-eber.de.

Beide Bilder: Die für das Gebiet typischen Buchenwälder umgeben den Liepnitzsee.

+ TIPP + TIPP + TIPP

↗ **Treidelweg** Der Finowkanal gehört zu den ältesten Wasserstraßen Deutschlands. Auf dem sogenannten Treidelweg zogen früher Pferde die beladenen Kähne. Heute kann man dort Rad fahren oder wandern. Auf dem Weg liegen mehrere historische Schleusen (www.finowkanal.info).

↗ **Wasserski** In Ruhlsdorf können sich auch Anfänger auf der Wasserskianlage vergnügen. Die Seilbahn ist 920 Meter lang (www.wake-and-camp.de).

↗ **Heidekrautbahn** Eisenbahnfreunde sollten das Heidekrautbahnmuseum in Basdorf aufsuchen. Von dort werden Dampfzugfahrten angeboten. Parallel verläuft ein Radweg (www.berliner-eisenbahnfreunde.de).

Naturpark Märkische Schweiz

*Naturpark Märkische Schweiz
Lindenstraße 33, 15377 Buckow
Tel. 033433/158 40
www.lugv.brandenburg.de/cms/
detail.php/bb1.c.329061.de
np-maerkische-schweiz@lua.
brandenburg.de*

Der Naturpark Märkische Schweiz hat mehr mit der Eidgenossenschaft gemein, als man auf den ersten Blick meint. Seine Fläche ist mit 205 Quadratkilometern recht überschaubar, es ist der kleinste seiner Art in Brandenburg. Gipfel und Schluchten, Wälder und Seen sowie fantastische Ausblicke auf die zauberhafte Natur zählen zu seinen Höhepunkten. Im September 1990 wurde ein kleines Landschaftsschutzgebiet auf etwa die fünffache Größe erweitert und damit der Park Märkische Schweiz gegründet. Forste beanspruchen über die Hälfte davon für sich. Sie alle sind, eben-

so wie Wiesen und Grünflächen, hervorragend für Wanderer erschlossen. Nur 8000 Menschen leben hier. Der Tier- und Pflanzenreichtum ist beeindruckend: Mehr als 1000 Farn- und Blütenpflanzen sind nachgewiesen, dazu 129 Muschel- und Schnecken-, 246 Vogel- und 11 Fledermausarten. Letztere genießen besonderen Schutz.

Highlights Auf der knapp 21 Kilometer langen Naturparkroute lernt man die verschiedenen Facetten der Märkischen Schweiz kennen. Flyer mit Beschreibung unter www.maerkischeschweiz.eu.

Anreise/Unterkunft Anreise über die B1 oder B5, per Regionalbahn 26 ab Berlin-Lichtenberg bis Müncheberg, von dort mit dem Bus nach Buckow. Unterkunft: Hotel Bergschlösschen, Buckow, www.bergschloesschen.com.

Großes Bild: Der Stobber durchfließt den Naturpark. Kleines Bild: Marschlandschaft.

+ TIPP + TIPP + TIPP

↗ **Fledermausmuseum** Großes Mausohr, Graues Langohr, Mopsfledermaus und elf weitere Arten sind in und um den Julianenhof zu Hause. Neben dem Gutshaus in Feldstein-Ziegel-Bauweise sind ein Eiskeller, der Fledermaus- und der Museumsgarten zu besichtigen (www.fledermausmuseum-julianenhof.de).

↗ **Sieben-Seen-Tour** Besonders die Seen im Naturpark haben ihren Reiz. Auf einer Rundtour mit Start und Ziel an der Touristinfo von Buckow entdeckt man sie vom Sattel aus. Die 25 Kilometer lange Strecke hält Einkehrmöglichkeiten und auch Kulturelles bereit, zum Beispiel das Brecht-Weigel-Haus oder einen Kräuterhof. Radkarte unter www.maerkischeschweiz.eu.

Naturpark Dahme-Heideseen

Naturpark Dahme-Heideseen
Arnold-Breithor-Straße 8
15754 Heidesee
Tel. 033768/96 90
www.lugv.brandenburg.de/cms/
detail.php/bb1.c.328692.de
np-dahme-heideseen@lugv.
brandenburg.de

Südöstlich von Berlin liegt der knapp 600 Quadratkilometer große Naturpark Dahme-Heideseen. Sein Name ist Programm: Über 100 Seen gehören zu seinem Gebiet. Dazu gesellen sich Moor- und Sumpflandschaft, Wiesen und Felder und dichte Eichen- sowie Erlenbruchwälder. Nicht zu vergessen die Dahme, ein Nebenfluss der Spree. Logotier des Parks ist ein Käfer, der Walker, ein Verwandter des Maikäfers. Sein Zuhause sind Dünen, Kiefernwälder und sandiger Boden. Das alles findet er hier reichlich. Außer dem Walker gibt es Eisvögel, Fisch- und

Seeadler, Kraniche und auch Fischotter. Reizvoll ist die Kombination aus unberührt scheinender Natur und den Spuren verschiedener Besiedlungsphasen. Frühe Zeugen der Vergangenheit sind die Rundlingsdörfer der Wenden. In späterer Zeit kamen Gutshäuser und Wasserschlösser hinzu. Heute laden 45 Orte ein, Geschichte und Kultur der Region kennenzulernen.

Highlights Am besten bereist man Fluss und Seen zu Wasser. Kanu-Touren entlang der Dah-

me bringen Besuchern den Lebensraum des Seeadlers eindrucksvoll näher (www.outdoorvagabunden.de).

Anreise/Unterkunft Anreise über die A12 oder A13, per Regionalbahn von Berlin nach Storkow. Unterkunft: Natur-Campingplatz, Storkow, www.springsee.de; Hotel Waldhaus, www.hotel-waldhaus-prieros.de.

Großes Bild: Ein Graureiher fliegt über die Dahme, auf der ein Hausboot fährt (oben).

+ TIPP + TIPP + TIPP

↗ **Lama-Wanderung** Der Naturpark Dahme-Heideseen ist ein ideales Wanderrevier. In Begleitung eines Lamas wird eine Tour zu Fuß zum ganz besonderen Erlebnis. Die Tiere tragen das Gepäck und strahlen Ruhe und Gemütlichkeit aus (www.zadik-lamas.de).

↗ **Groß Schauener Seen** In Sielmanns Naturlandschaft Groß Schauener Seen in Storkow tauchen Besucher in die Wasserwelt des Parks ab oder schweben gefühlt durch die Lüfte (www.sielmann-stiftung.de). Von dort kann man 22 Kilometer um die Schauener Seen radeln. Oder man besucht die Burg des Ortes. In der dortigen Touristinformation bekommt man Tipps für den Spaziergang auf die höchste Binnendüne Brandenburgs.

Leuchtend rot blüht der
Klatschmohn im Gerstenfeld.

Biosphärenreservat Spreewald

*Biosphärenreservat Spreewald
Schulstraße 9
03222 Lübbenau/Spreewald
Tel. 03542/89 21 11
www.lugv.brandenburg.de/cms/
detail.php/bb1.c.327425.de
br-spreewald@lugv.Branden-
burg.de*

1991 wurde das 475 Quadratkilometer große Biosphärenreservat zwischen Cottbus, Dresden und Berlin von der UNESCO
anerkannt. Die letzte Eiszeit
hat dafür gesorgt, dass die
Spree hier zu einem feinen Netz
kleiner Fließgewässer wurde.
Zu den natürlichen kamen im
Lauf der Jahre künstliche hinzu,
die es auf eine Länge von insgesamt rund 1550 Kilometern
bringen. Daran angrenzend findet man Feuchtwiesen und Auenwälder. Das Gebiet ist in
verschiedene Schutzzonen eingeteilt. Die Kernzone 1 mit
zwei Prozent der Gesamtfläche
beinhaltet naturnahen Wald,
der nahezu unberührt ist. Der
Schwerpunkt des Biosphärenreservats widmet sich interes-
santerweise der Nutzung durch
den Menschen, genauer ge-
sagt, der landwirtschaftlichen
Nutzung. Die war in dieser Region durch kleine Hofstellen
geprägt. Rein finanziell würde
sich die Bewirtschaftung längst
nicht mehr lohnen. Doch für die
Kulturlandschaft ist deren Erhalt von großer Bedeutung.
Darüber hinaus versucht man,
Kanäle zu renaturieren und den
Wasserhaushalt langfristig zu
sichern. Denn auch der Erhalt
des Lebensraums von Tieren
und Pflanzen spielt natürlich
eine bedeutende Rolle. Dazu
gehören Weiß- und Schwarzstorch, Biber und Fischotter sowie über 800 Schmetterlings-
und knapp 50 Libellenarten.

Highlights Eine Kahnfahrt gehört typischerweise zum Aufenthalt im Biosphärenreservat
Spreewald dazu. Die Streusiedlung Burg besteht aus mehre-

ren kleinen Bauernhöfen, häufig sind Holzbohlenhäuser mit Reetdächern zu sehen. Bei der Fahrt durch die Wasserarme, Fließe genannt, und durch verschiedene Schleusen erfährt der Gast einiges über den Alltag vergangener Zeiten. Besonders reizvoll ist die Kahnfahrt durch den zur Kernschutzzone 1 gehörenden Hochwald (www.spreehafen-burg.de).

Outdoor-Aktivitäten Eine Alternative zur klassischen Wanderung oder Radtour ist ein Ausflug mit dem motorisierten Stehroller Segway oder dem E-Cruizer. Nach Einweisung und Probefahrt geht es mit einem ortskundigen Führer los. Ob Waldschlösschen-, Hochwald- oder Schnapsbrenner-Tour, die Angebote sind ausgesprochen abwechslungsreich (www.scooterrent-spreewald.de). Auch für Reiter hat die Region etwas zu bieten. Von Schmogrow aus werden verschiedene geführte Ausritte ermöglicht. Es geht beispiels-

weise zur Pferdebahn, der ersten Eisenbahnroute der Lausitz. Wer mehrere Stunden unterwegs sein möchte, macht sich auf zum Byhleguhrer See mit seiner über 1000 Jahre alten Eiche »Florentine«. Infos bei der Touristinformation Burg, Tel. 035603/417.

Anreise/Unterkunft Anreise über die A13 oder A15 bis Dreieck Spreewald, per Regionalbahn 2 von Berlin zum Beispiel nach Lübben oder Vetschau. Unterkunft: Kneipp- und Erlebniscamping, Burg, Tel. 035603/ 75 09 66, www.caravan-kurcamping.de; Biobauernhof Buchan (Ferienwohnungen), Vetschau, Tel. 035433/3011, www.urlaub-beim-spreewaldbauer.de; Hotelanlage Starick, Lehde, Tel. 03542/899 90, www.spreewald.com.

Oben: 600 Fährleute warten in diesem größten Erlen-Auwald Europas darauf, Städtern in ihren Holzkähnen stakend ein Stück Natur näherzubringen.

+ TIPP + TIPP + TIPP +

↗ **Freilandmuseum** Zwei Kilometer vor Lübbenau liegt das Freilandmuseum Lehde. Es ist zu Fuß über einen Wanderweg, per Auto oder von Mai bis September sogar per Kahn vom Großen Spreewaldhafen Lübbenau aus zu erreichen. Auf dem Museumsgelände taucht der Besucher in den Alltag der Menschen im 19. Jahrhundert ein. Die Hofanlagen wurden aus dem gesamten Spreewald zusammengetragen und hier wieder aufgebaut. Obst- und Kräutergarten sowie eine Kahnbauerei runden die Ausstellung ab (www.museum.kreis-osl.de).

↗ **Gurkenmuseum** Der Spreewald ist berühmt für seine Gurken. Alljährlich wird sogar eine Gurkenkönigin gekrönt. Alles über den Anbau, das Einlegen und die Rezepte

erfährt man im einzigem Gurkenmuseum des Landes (www.spreewald-starick.de).

↗ **Spreewaldmuseum** Ein einzigartiges Erlebnis für Groß und Klein ist die Zeitreise im Spreewaldmuseum in Lübbenau. Im roten Backsteingebäude Torhaus sind neben einem historischen Gemischt- und Kolonialwarenladen eine Kürschnerei, eine Leineweberei und eine Schuhmacherei zu sehen. Hinzu kommt der Konfektionsladen mit Trachten – alles aus der Zeit vor 100 Jahren. Hierzu kommt eine Dampflok mit Pack- und Personenwagen. Sogar der Führerstand darf besichtigt werden (www.museum.kreis-osl.de).

↗ **Neuendorfer See** Er ist der größte See im Biosphärenreservat. Seine vielen Buchten, oft umgeben von Kiefernwäldern, laden zum Baden ein. Wer mag, kann sich ein Ruder- oder Paddelboot leihen und die Umgebung erkunden.

Naturpark Nuthe-Nieplitz

*Naturparkverwaltung Nuthe-Nieplitz, Beelitzer Straße 24, 14947 Nuthe-Urstromtal
Tel. 033732/50 60
www.naturpark-nuthe-nieplitz.de
np-nuthe-nieplitz@lugv.brandenburg.de*

Es ist schon faszinierend: Nicht einmal eine Autostunde von Berlins Innenstadt entfernt findet man üppige Wildnis und Natur pur. Die Niederungen von Nuthe und Nieplitz bilden den Kern des 623 Quadratkilometer großen Parks. Seit der zweiten Hälfte des 18. Jahrhunderts wurden die beiden Flüsse ständig verändert und begradigt. Beinahe naturbelassen sind nur noch die Abschnitte der Nuthe auf dem einstigen Truppenübungsplatz Jüterbog West und der Nieplitz bei Treuenbrietzen. Feuchtwiesen, Bruchwälder, Heide und eine der wenigen aktiven Flugsand-

Flache Wiesenlandschaften in der Nähe von Beelitz

dünen im Binnenland liegen hier dicht beieinander. Sie sind der Lebensraum vieler bedrohter Pflanzen und Tiere. Hier brütet der Kranich, das Wappentier des Parks. Außer ihm bevölkern Wildgänse, Rot- und Schwarzmilane, Baumfalken und Silberreiher die Lüfte. Am Boden dominieren Lurch- und Kriechtiere. An bestimmten Plätzen sind sogar Schlingnattern, Kreuzkröten, Laubfrösche und Rotbauchunken zu entde-

cken. Auch Wölfe haben sich wieder angesiedelt, lassen sich jedoch nur selten sehen. Muffel-, Rot- und Damwild ist ebenfalls nicht mehr frei unterwegs, dafür umso besser im Gehege zu beobachten. Im Frühjahr dreht sich vor allem im nordwestlich gelegenen Beelitz alles um den dort angebauten Spargel.

Highlights Ein Besuch des Wildgeheges Glauer Tal darf

während des Aufenthalts im Naturpark Nuthe-Nieplitz auf keinen Fall fehlen. Drei verschiedene Wanderwege zwischen einem und 5,5 Kilometern Länge führen hindurch. Dazu gibt es ein Insektenhotel, einen Barfußpfad und natürlich Aussichtspunkte. Gleich daneben befindet sich ein Naturparkzentrum, wo man vielfältige Informationen und Tipps für seinen Aufenthalt bekommt (www.wildgehege-glau.de).

Outdoor-Aktivitäten Zehn Kilometer Gesamtlänge und bis zu 100 Höhenmeter sind bei der Aussichtswanderung vom Blankensee in die Glauer Berge zu überwinden. Die Wanderung ist zwar nicht besonders anspruchsvoll, enthält aber durchaus steile Passagen. Los geht's auf dem Parkplatz im Süden von Trebbin.

Anreise/Unterkunft Anreise über die A9 oder A10 zum Beispiel nach Beelitz, mit der Bahn ab Berlin nach Jüterbog oder Treuenbrietzen.
Unterkunft: Camping Dobbrikow, Tel. 033732/403 27, www. camp-dobbrikow.de; Hotel Stadt Beelitz, Tel. 033204/47 70, www.hotel-stadt-beelitz.de.

Oben: Der Wolf hat in Brandenburg wieder Einzug gehalten, ist aber sehr menschenscheu. Kleine Bilder (im Uhrzeigersinn von links oben): Färber-Scharte, Schlangenknöterich, Sumpf-Schwertlilie und Frostpestwurz.

+ TIPP + TIPP + TIPP

↗ **Kräuterkate** Neben Spargel gehören Wildkräuter zu den kulinarischen Höhepunkten der Region. In der Kräuterkate Glau gibt es nicht nur einiges zum Probieren, zwei Kräuterpädagoginnen bieten interessante Veranstaltungen an und bringen einem vieles über das Sammeln, die Essbarkeit und die Zubereitung bei (www.kraeuterkateglau.de).

↗ **Kloster Zinna** Im Museum des am südlichen Rand des Naturparks gelegenen Klosters Zinna mit dazugehöriger Klosterkirche und Weberkolonie lässt sich die kulturelle Vergangenheit der Region erfahren. Auch eine Kostprobe aus der Kräuteressenzherstellung gehört unbedingt dazu (www. kloster-zinna.com).

Europäische Mufflons

Gegen den Wolf sind sie chancenlos: Wenn er zum Sprint ansetzt, um sie als Beute zu reißen, gibt es für die Europäischen Mufflons kein Entkommen. Noch rund 8000 Exemplare des Muffelwilds leben in Deutschland, doch mit dem vermehrten Zuzug des Wolfs, ihrem gefährlichsten Fressfeind, sieht ihre Zukunft alles andere als rosig aus. In der Lausitz sind die Mufflons nach der Rückkehr des Raubtieres schon verschwunden, vor allem in Brandenburg, Thüringen und Hessen leben noch einige Herden. Aber auch diese haben es nicht leicht: Hier bemängeln Naturschützer, dass die Tiere seltenen Pflanzen zusetzen. Sein Los ist das umstrittene Schicksal eines Immigranten: Der Europäische Mufflon (Ovis orientalis musimon) gehört eigentlich gar nicht nach Mitteleuropa, er wurde aus Korsika und Sardinien eingebürgert.

Ihre Hufe sind daher auch eigentlich für trockene Böden und Hochgebirgslagen geeignet und nicht für die feuchten Wiesen Mitteldeutschlands. Dennoch gibt es auch vielerorts Bestreben, die hier lebenden Wildschafe zu schützen und ihnen ausreichend Rückzugsorte zu bieten. Bei den Widdern wachsen im Laufe ihres Lebens imposante eingedrehte Hörner, die bis zu 80 Zentimeter lang werden können.

Naturpark Hoher Fläming

Naturparkzentrum Hoher Fläming, Brennereiweg 45, OT Raben, 14823 Rabenstein Tel. 033848/600 04 www.flaeming.net info@flaeming.net

Der Naturpark Hoher Fläming liegt im Westen Brandenburgs, nicht weit von Sachsen-Anhalt. Er hat seinen Namen von den Flamen, die hier im 12. Jahrhundert siedelten. Mit 827 Quadratkilometern ist er das drittgrößte Schutzgebiet des Bundeslandes. Der größte Teil entfällt auf Wald und landwirtschaftlich genutzte Flächen. Es ist eine Region der Sagen, Mythen und der Kunst. Auch Berge spielen eine besondere Rolle. Für Fremde überraschend: Der Hagelberg ist mit 200 Metern die höchste Erhebung. Steine sind quasi allgegenwärtig. Das schlägt sich auch in der traditionellen Bauweise, etwa in den

Feldsteinkirchen, nieder. Der Mittelspecht, eine in Mitteleuropa eher selten anzutreffende Spechtart, ist Wappentier des Hohen Fläming. In den Gewässern tummeln sich Bachforelle und Edelkrebs. Auch Wild kommt im Park reichlich vor, darunter der Europäische Mufflon, ein Wildschaf mit markanten geschwungenen Hörnern, und der Marderhund.

Highlights Eine wunderbare Wanderkombination ist der Panorama-Rundweg von und nach

Bad Belzig. Sie verbindet die Altstadt mit der ortstypischen Natur (www.wandern-im-flaeming.de).

Anreise/Unterkunft Anreise über die A2 oder A9, per Bahn nach Bad Belzig. Unterkunft: Gut Schmerwitz (Ferienwohnungen), www.gut-schmerwitz.de; Burghotel Bad Belzig, www.burghotel-bad-belzig.de.

Marderhund (großes Bild) und Mittelspecht (kleines Bild) haben am Fläming ein Zuhause.

Naturpark Niederlausitzer Landrücken

Naturpark Niederlausitzer Landrücken, Alte Luckauer Straße 1, OT Fürstlich Drehna 15926 Luckau Tel. 035324/30 50 www.lugv.brandenburg.de/cms/ detail.php/bb1.c.329171.de np-niederlausitzer-landrue- cken@lugv.brandenburg

Bis 1991 wurde in der Region Kohle abgebaut. Davon zeugt die Landschaft des rund 580 Quadratkilometer großen Naturparks noch heute. An manchen Stellen kommt man sich vor wie in einer anderen Welt. Das ist vor allem dort der Fall, wo geflutete Gruben noch schroffe Steinformationen erkennen lassen. Hinzu kommen große Moorgebiete und weite zusammenhängende Wälder. Hier brütet das Wappentier des Parks, der Raufußkauz. Der Herbst ist die Zeit der Kraniche. Tausende von ihnen machen

dann Rast im Luckauer Becken. Die Zahl rastender Gänse liegt allerdings um ein Vielfaches höher. Im Frühjahr ist auf einer Insel des Stoßdorfer Sees die Kinderstube von bis zu 4000 Lachmöwen-Paaren zu bestaunen. Kulturell sind die Wassermühlen ebenso zu erwähnen wie frühe Spuren slawischer Besiedelung. Eine kleine Herausforderung zu Fuß oder per Rad ist die Calauer Schweiz mit ihren Erhebungen.

Highlights Ein 51 Kilometer langer Radweg führt durch die

Calauer Schweiz. Neben Spuren des Tagebaus steht viel Interessantes auf dem Programm. Touristinformation Senftenberg, Tel. 03573/149 90 10.

Anreise/Unterkunft Anreise über die A13 nach Luckau, per Bahn und Bus über Lübben. Unterkunft: Ferienhaus Rochauer Heide, www.kiefernblockhaus. de; Parkhotel Cahnsdorf, www. parkhotel-cahnsdorf.de.

Großes Bild: Raufußkauz; kleines Bild: Roteichenallee.

+ TIPP + TIPP + TIPP

↗ **Wannichen** Die ehemaligen Tagebaugebiete sind auch dank des Engagements von Heinz Sielmann heute kleine Naturparadiese. Ein Erlebniszentrum berichtet von der Renaturierung. Außerdem gibt es eine Kräuterspirale und einen Bienenlehrpfad (www. wanninchen-online.de).

↗ **Höllberghof** Im kleinen Freilichtmuseum Höllberghof wird es nie langweilig. Ein Bauerngarten macht mit alten Pflanzen vertraut, ein kleiner Tierpark beherbergt alte Haustierrassen. Schon das Gebäude ist eindrucksvoll. Es handelt sich um einen traditionell aus Lehm, Stroh, Schilf, Holz und Stein errichteten Dreiseithof. Tauben gehören ebenso dazu wie ein altes Backhaus (www.höllberghof.com).

147

Naturpark Niederlausitzer Heidelandschaft

*Naturpark Niederlausitzer Heidelandschaft, Naturparkhaus, Markt 20, 04924 Bad Liebenwerda
Tel. 035341/47 15 94
www.naturpark-nlh.de
info@naturpark-nlh.de*

Ähnlich wie der Niederlausitzer Landrücken ist auch dieser Naturpark zunächst eiszeitlich und danach vom Kohleabbau geprägt. Er liegt im Süden Brandenburgs und umfasst 484 Quadratkilometer. Herz des Parks ist ein ehemaliger Truppenübungsplatz, das heutige Naturschutzgebiet Forsthaus Prösa mit großen Flächen von violett blühender Callunaheide und Silbergras. Wo einmal die Panzer rollten, können jetzt Schäfer mit ihren Heidschnucken oder auch Pferdekutschen angetroffen werden. Daran schließt sich ein ausgedehnter Traubeneichen-

Der Morgennebel taucht die Heidelandschaft in Pastelltöne.

wald mit 200 bis 300 Jahre alten Bäumen an. Unweit davon wartet ein weiterer Höhepunkt, das Naturschutzgebiet »Der Loben«. Hier wurde früher Ton für die ansässigen Töpfereien abgebaut. Inzwischen wird aus dem Niedermoor nur noch Torf für medizinische Zwecke geholt. Es ist der Lebensraum verschiedenster Pflanzen, einige davon gelten als gefährdet. Kranich und Rauhfußkauz fühlen sich hier wohl. Und auch

das Auerhuhn, Wappentier des Parks, das nur noch selten in freier Wildnis zu sehen ist. Blaubeeren und Pilze gedeihen prächtig in den Wäldern – doch nicht nur die. Brandenburgs größte Streuobstwiesen sind hier zu finden. Die Region ist bekannt für ihre Äpfel, Birnen, Nüsse und Kirschen.

Highlights Durch den Naturpark fließt die Schwarze Elster. Sie bietet ein herrliches Paddel-

revier. Während der 35 Kilometer langen Rundtour »Kahn, Kanu und Kohle« ist man teilweise mit dem Fahrrad, teilweise mit dem Kanu unterwegs. Es geht in Bad Liebenwerda am »Haus des Gastes« los. Unterwegs gibt es viel zu sehen, unter anderem eine ehemalige Brikettfabrik und den Rothsteiner Felsen. Informationen beim Tourismusverband Elbe-Elster-Land e.V., Tel. 035341/306 52, www.elbe-elster-land.de.

Outdoor-Aktivitäten Eine sechsstündige Wanderung führt in das Herz des Parks, in das Naturschutzgebiet Forsthaus Prösa und zu den dort lebenden Heidschnucken. Ein Ranger bringt Besuchern die Tiere, die hier aktiv Landschaftspflege betreiben, näher. Zwischendurch wird gemeinsam Mittag gegessen. Informationen und Anmeldung unter Tel. 035341/101 92.

Anreise/Unterkunft Anreise über die A13 und B101, per Bahn nach Bad Liebenwerda. Unterkunft: Camping Zeischa, Tel. 035341/103 98, www.campingplatz-waldbad-zeischa.de, Hotel Weißes Roß, Tel. 03533/ 31 88, www.hotel-elsterwerda.de.

In der Heide lohnt sich auch der Blick für das Detail: Hier blühen Magerwiesen-Margeriten und Kuckucks-Lichtnelken (großes Bild), Geflecktes Knabenkraut und Lungen-Enzian (kleine Bilder) um die Wette.

+ TIPP + TIPP + TIPP +

↗ **Elstermühle** Früher gab es über 20 Mühlen an der Schwarzen Elster. Noch heute ist eine ehemalige Getreidemühle hinter dem Fischerdorf Plessa erhalten. Schon der Weg in die verwunschene Idylle zu Fuß oder per Rad lohnt sich. Während einer Führung kann man die liebevoll gepflegte Einrichtung bewundern. Anmeldung unter Tel. 03533/52 06.

↗ **Natoureum** In Maasdorf lädt das Natoureum dazu ein, von der Natur zu lernen und die Natur der Umgebung zu erkunden. Besonderheit: Die gesamte Region ist dort im Kleinen nachgebaut, sodass man gemütlich von Finsterwalde nach Bad Liebenwerda spazieren und dabei die unterschiedlichen Landschaftsformen studieren kann (www.maasdorf.de).

↗ **Grünewalder Lauch** Die Region ist reich an Badeseen, darunter der Grünewalder Lauch. Außer schwimmen, kann man hier auch tauchen, surfen und segeln. Eine Trampolinanlage und ein Fahrradverleih machen das Freizeitangebot komplett.

↗ **Energie-Route** Obwohl es ein Naturpark ist, spielt die Industrie hier eine große Rolle. Auf besonders faszinierende Art kann man sich ihr auf der Energie-Route nähern. Dazu gehören zehn Stationen, wie etwa ein Besucherbergwerk, www.energie-route-lausitz.de.

↗ **Miniaturenpark** Besonders für Kinder ist der Erlebnis- und Miniaturenpark Elsterwerda ein Spaß. Neben Naschobstgarten, Hochmooranlage und Wandelgartenlabyrinth gibt es auf dem mehr als 30 000 Quadratmeter großen Gelände eine historische Ritterburg (www.erlebnis-miniaturenpark.de).

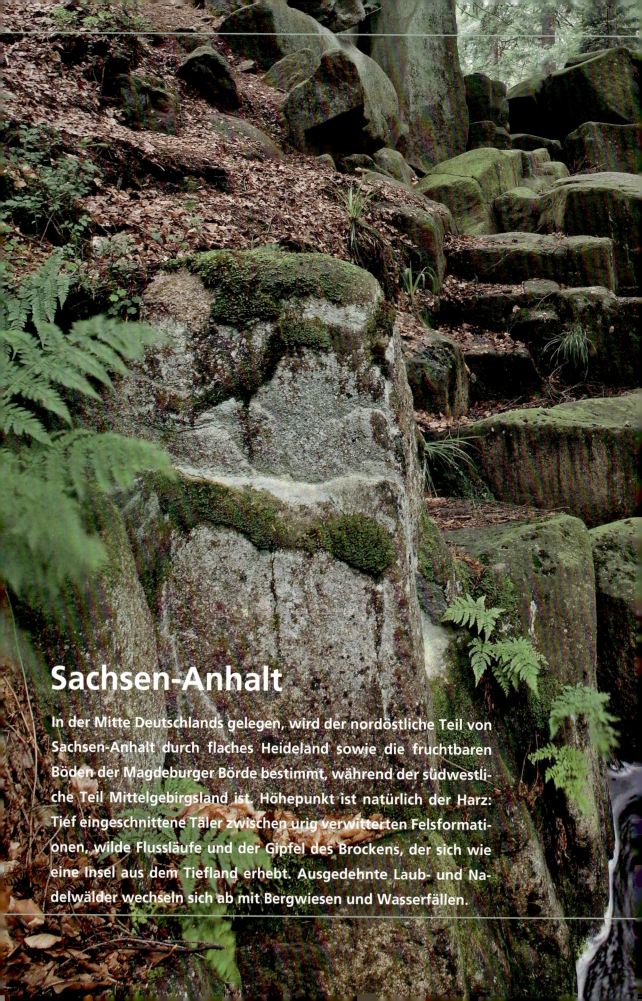

Sachsen-Anhalt

In der Mitte Deutschlands gelegen, wird der nordöstliche Teil von Sachsen-Anhalt durch flaches Heideland sowie die fruchtbaren Böden der Magdeburger Börde bestimmt, während der südwestliche Teil Mittelgebirgsland ist. Höhepunkt ist natürlich der Harz: Tief eingeschnittene Täler zwischen urig verwitterten Felsformationen, wilde Flussläufe und der Gipfel des Brockens, der sich wie eine Insel aus dem Tiefland erhebt. Ausgedehnte Laub- und Nadelwälder wechseln sich ab mit Bergwiesen und Wasserfällen.

Die Wasserfälle des Bergflüsschens Ilse strömen durch bemooste Felsen am Heinrich-Heine-Weg im sachsen-anhaltinischen Teil des Harzes.

Biosphärenreservat Flusslandschaft Elbe

Biosphärenreservatsverwaltung
Mittelelbe
Kapenmühle, Postfach 1382
06813 Dessau-Roßlau
Tel. 034904/42 10
www.mittelelbe.com
poststelle@bioresme.mlu.
sachsen-anhalt.de

Weite Auenlandschaften charakterisieren das Biosphärenreservat Mittelelbe, das sich von Seehausen in der Altmark bis zur Lutherstadt Wittenberg erstreckt. Es ist der sachsen-anhaltinische Teil des Biosphärenreservats Flusslandschaft Elbe. Die weitgehend naturbelassenen Feuchtwälder an Elbe und Mulde sind ein Refugium für viele vom Aussterben bedrohte Tier- und Pflanzenarten. Das gilt besonders für den Elbe-Biber, der nach dem Zweiten Weltkrieg nur noch hier zu finden war, bevor er dank besserer Schutzmaßnahmen andere Regionen zurückeroberte. An die Auengebiete mit ihren Sumpfflächen und Altwasserarmen schließen sich ebenso wertvolle Magerrasen-Landschaften an, die wieder ganz andere Tiere und Pflanzen beherbergen. Besonders faszinierend ist der große Vogelreichtum. Neben 179 Brutvogelarten finden sich zur Zugzeit mindestens 100 weitere Arten ein, darunter riesige Schwärme von Kranichen.

Highlights Seinen besonderen Charme bekommt das Biosphärenreservat durch die enge Verzahnung von Natur und Kultur, die sich besonders im »Dessau-Wörlitzer Gartenreich« zeigt. Ganz naturnah ist dagegen etwas außerhalb des eigentlichen Reservats das Vogelschutzgebiet Colbitz-Letzlinger Heide mit Europas größtem geschlossenem Lindenwald.

Outdoor-Aktivitäten Das Biosphärenreservat stellt vor allem für Fahrradtouristen ein

+ TIPP + TIPP + TIPP +

↗ **Auf Auenpfaden** Die typischen Lebensräume des Biosphärenreservates kann man auf 19 sogenannten Auenpfaden erwandern. Informationen bekommt man im Informationszentrum Auenhaus oder auf www.mittelelbe.com/mittelelbe/wandern_60_1_1.html.

↗ **Den Vögeln auf der Spur** Für Vogelfreunde wurden 12 besonders lohnenswerte Aussichtspunkte angelegt. Informationen hierzu gibt es unter www.mittelelbe.com/mittelelbe/vogelbeobachtungs___punkte_112_1_1.html.

↗ **Mit dem Fahrrad durchs Gartenreich** Das »Dessau-Wörlitzer Gartenreich« lässt sich auch auf einer 65 Kilometer langen Rundtour mit dem Fahrrad erkunden. Informationen unter www.dessau.de/Deutsch/Kultur-und-Tourismus/Radtourismus-RadWandern-/Gartenreichtour-Fuer-03045.

↗ **Im Auenhaus** Das Auenhaus an der Straße zwischen Dessau und Oranienbaum ist das zentrale Info-Zentrum im Biosphärenreservat. Hier findet man eine Ausstellung, ein Biberfreigelände, einen Picknickplatz und einen Lehr-und Erlebnispfad mit Taststrecken, Kiefernlabyrinthen und vielem mehr, Informationen unter Tel. 034904/406 10.

↗ **Bauhaus am Fluss** Neben der Kunstschule findet man in Dessau noch weitere Bauten im bekannten Bauhausstil, darunter direkt am Elbufer im Stadtteil Roßlau die Ausflugsgaststätte Kornhaus. Außer stilechtem Bauhaus-Ambiente und leckeren Speisen, kann man hier auch den Anblick der in einem Bogen dahinfließenden Elbe genießen, www.kornhaus-dessau.de.

Die Elbe bei Arneburg und bei Dessau (großes Bild).

UNESCO-Weltkulturerbe Wörlitzer Park

Malerische Teiche und lauschige Haine, dazwischen immer wieder Sichtachsen, die den Blick auf kleine Tempel und Schlösschen freigeben, dazu künstliche Grotten, Klippen und Inselchen, Einsiedeleien, in denen nie ein Asket sein Leben fristete, Felsenlabyrinthe und schön geschwungene Brücken, die über die vielen Wasserläufe führen: So präsentiert sich der von Fürst Friedrich Franz von Anhalt-Dessau im 18. Jahrhundert geschaffene Wörlitzer Park. Er ist das Herzstück des »Dessau-Wörlitzer Gartenreichs«, einer einzigartigen Kulturlandschaft im Biosphärenreservat Mittelelbe, die auch die Parks Luisium, Georgium und Großkühnau bei Dessau, Mosigkau, Leiner und Sieglitzer Berg sowie Oranienbaum umfasst.

lohnendes Ziel dar. Neben dem Elberadweg gibt es eine Vielzahl von Rundkursen zu Natur- und Kulturschönheiten. Da die meisten kulturellen Sehenswürdigkeiten direkt an der Elbe liegen, lässt sich hier mit dem Paddel- oder Segelboot ein Sport-Kultur-Urlaub verbringen.

Anreise/Unterkunft Als Ausgangspunkt für Touren bieten sich zahlreiche Städte an, die mit zusätzlichen touristischen Highlights aufwarten können: etwa Magdeburg, Wittenberg und Dessau, aber auch Havelberg, Tangermünde, Jerichow und Stendal. Wasserratten und Campingfreunde können am Arendsee in der Altmark oder am Bergwitzsee südlich von Wittenberg Quartier nehmen. Unterkünfte buchen kann man auf buchen.sachsen-anhalt-tourismus.de. Unterkünfte für Radfahrer findet man unter www.bettundbike.de.

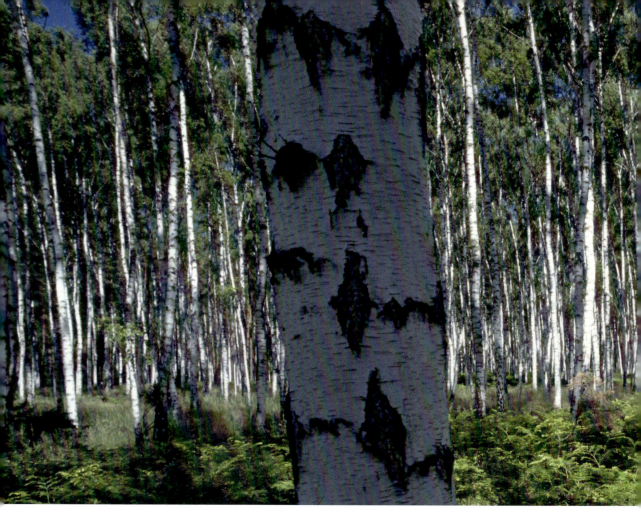

Naturpark
Dübener Heide

Verein Dübener Heide e.V.,
Naturparkbüro Sachsen-Anhalt,
OT Tornau, Krinaer Straße 2,
06772 Gräfenhainichen
Tel. 034243/508 81
www.naturpark-duebener-
heide.com
info@naturpark-duebener-
heide.com

Sanfte Hügel mit lichten Kiefer-, Birken- und Buchenwäldern bestimmen den Naturpark Dübener Heide, der sich zwischen Wittenberg und Leipzig am westlichen Elbufer erstreckt. Die von der Eiszeit geprägte Landschaft ist das größte zusammenhängende Waldgebiet Mitteldeutschlands, das sich durch einen besonderen Reichtum an Quellen, kleinen Bächen, versteckten Teichen und romantischen Waldseen auszeichnet. Dazu kommen sogenannte Moortaschen, die sich im Laufe der Zeit aus verlandeten Gewäs-

sermulden gebildet haben. Teilweise wurden sie für die Moorbäder in den Kurorten genutzt, teilweise hat man sie unter Schutz gestellt. Heute findet man dort viele selten gewordene Pflanzen wie Preiselbeeren, Wollgras und den fleischfressenden Sonnentau. Von der Anwesenheit des Elbebibers zeugen zahlreiche Biberburgen und angenagte Stämme. Wer Glück hat, kann auch Fisch- und Seeadler beobachten.

Highlights Das Herz des Nationalparks ist das Presseler Heidewald- und Moorgebiet südlich von Bad Schmiedeberg. Hier findet man auf engem Raum einen abwechslungsreichen Mix von Mooren, Wäldern, Bächen und Offenland, der sich auf einem 6 Kilometer langen Naturlehrpfad erkunden lässt.

Outdoor-Aktivitäten Die Heide ist vor allem ein Refugium für Wanderer, die hier rund 500 Kilometer markierte Wege vorfinden. Wassersportfreunden stehen vor allem der Große Lausiger Teich und die großen gefluteten Braunkohlegruben rund um den Naturpark wie Großer Goitzschsee, Muldestausee und Bergwitzsee zur Verfügung. Für Radfahrer gibt es Routen im Naturpark. Man befindet sich hier im Zentrum von vielen interessanten Ausflugszielen wie Torgau, Dessau, dem Wörlitzer Gartenreich oder der Baggerstadt Ferropolis.

Anreise/Unterkunft Die Hauptorte des Naturparks sind Bad Düben und Bad Schmiedeberg, die beide auch mit Kur- und Wellnessangeboten aufwarten. Campingplätze gibt es vor allem an den Seen. Zu finden sind die Unterkünfte über www.naturpark-duebener-heide.

Dichte Birkenwälder prägen die Landschaft (oben). Fuchs und Hase werden sich auch hier kaum gute Nacht sagen, dennoch teilen sie sich den Lebensraum mit Dachsen und Schwänen (kleine Bilder).

+ TIPP + TIPP + TIPP

↗ **Auf Bibertour** Zwischen Bad Düben und Bad Schmiedeberg verläuft die »Heide-Biber-Tour«, ein etwa 30 Kilometer langer, leichter Wanderweg durch das idyllische Hammerbachtal. Weitere Sehenswürdigkeiten sind die letzte Köhlerei und das Wasserschloss Reinharz. Infos unter www.naturpark-duebener-heide.com.

↗ **Bergbauspuren** Zwischen der Dübener Heide und Bitterfeld kann man erfahren, wie eine ehemalige Bergbaulandschaft renaturiert wird. Am eindrucksvollsten gelingt dies mit einer Führung durch die Baggerstadt Ferropolis, wo nicht nur Bergbaumaschinen zu besichtigen sind, sondern auch geführte Radtouren in die Region angeboten werden (www.ferrropolis.de).

Nationalpark
Harz (Hochharz)

Nationalparkverwaltung Harz
Lindenallee 35
38855 Wernigerode
Tel. 03943/550 20
www.nationalpark-harz.de
info@nationalpark-harz.de

Kahl und lang gezogen dominiert die Kuppe des Brockens den sachsen-anhaltinischen Teil des Nationalparkes Harz. Dieser ist nur 89 Quadratkilometer groß und erstreckt sich rund um Norddeutschlands höchsten Berg. Abgesehen vom Gipfel des Brockens ist das Nationalparkgebiet fast vollständig von dichten Wäldern bedeckt. Unter den Baumwipfeln verbirgt sich eine wildromantische, zerklüftete Landschaft mit zahlreichen tief eingeschnittenen Tälern und malerischen Granitklippen. Vor allem nach Norden fällt das Gebirgsplateau steil ab, während es nach Süden flacher ausläuft.

Selbst im Hochsommer zeigt sich die Ilse als ein Flüsschen mit rascher Fließgeschwindigkeit.

An den Hängen lassen sich alle Vegetationsstufen beobachten: von lichten Buchenwäldern über montane Fichtenwälder bis hin zur alpinen Zwergstrauchheide. Im 19. Jahrhundert wurden viele bergbaubedingte Kahlschläge mit schnell wachsenden und borkenkäferanfälligen Fichten wieder aufgeforstet. Inzwischen bemüht man sich, diese sukzessive wieder durch die ursprünglicheren Buchen und Bergahorne zu ersetzen. Besonders wertvoll sind die Hochmoorgebiete, die zu den am besten erhaltenen Mitteleuropas zählen und selten gewordene Pflanzen wie die Rosmarinheide, die Zwerg-Birke und verschiedene Torfmoosarten beherbergen. Eine besondere Rarität ist die weiß blühende Brockenanemone, die, zumindest in Deutschland, nirgendwo sonst zu finden ist.

Brocken

Der 1141 Meter hohe Brocken ist das Wahrzeichen des Harzes. Als einziger Mittelgebirgsgipfel Deutschlands ragt er

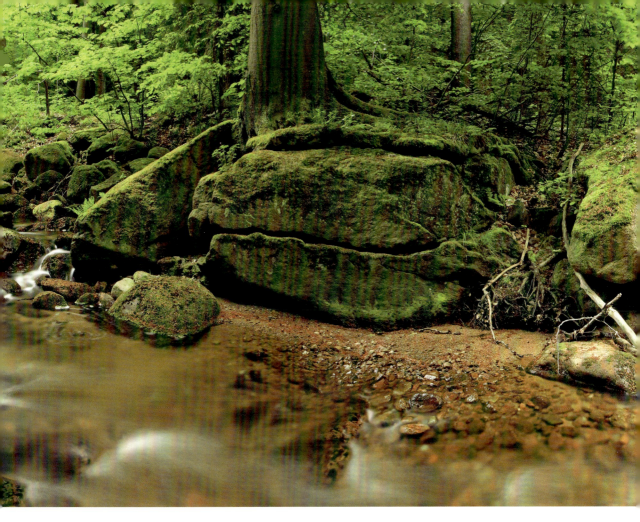

über die Baumgrenze hinaus. Seine runde Kuppe ist einer der klimatisch rauesten Orte in Deutschland und oft von heftigen, eiskalten Winden umtost, in Nebel gehüllt oder unter meterdicken Schneedecken begraben. Kein Wunder also, dass die Menschen früher glaubten, hier würden sich die Hexen treffen. Später wurde auf dem Berg eine Reihe von Sendeanlagen installiert. Die exponierte Lage des Gipfels gewährleistet nicht nur eine große Reichweite von Funkwellen, sondern auch eine fantastische Aussicht. So lassen sich an klaren Tagen die mehr als 150 Kilometer entfernten Gipfel von Rothaargebirge und Rhön erkennen. Einzigartig ist auch die Vielzahl von Wanderwegen unterschiedlicher Längen und Schwierigkeitsgrade, die von den Ortschaften ringsum auf den Brocken führen. Einige davon sind auch mit dem Mountainbike bzw. im Winter mit Langlaufskiern zu befahren.

Ilsetal

Einer dieser Wege auf den Brocken führt durch das wildromantische Ilsetal. Er ist nach dem Dichter Heinrich Heine (1797–1856) benannt, der ihn 1824 im Rahmen einer Wanderung von Göttingen nach Ilsenburg ging, und seine Erlebnisse dann in dem Buch »Harzreise« festhielt. Darin schildert er die Wasser der »lieblichen Ilse« als eine Prinzessin, die im »weißen Schaumgewand« lachend und funkelnd die Schlucht hinabläuft. Der Weg von Ilsenburg durch die Schlucht auf den Brocken ist 12 Kilometer lang. Dabei passiert man zahlreiche Naturhighlights wie die Ilsefälle, die auf einer Wegstrecke von über einem Kilometer in vielen kleineren und größeren Kaskaden talwärts stürzen, oder die Hermann-, Bismarck- und Paternosterklippen. Für Trittsichere und Schwindelfreie lohnt sich, den fast senkrecht abfallenden Ilsenstein zu besteigen, der die Schlucht überragt und eine wunderbare Aussicht auf den Brocken bietet.

Highlights Einen Besuch wert ist die abwechslungsreiche Klippenlandschaft südöstlich des Brockens. Sie kann von Schierke aus auf dem 11,5 Kilometer langen Oberharzer Klippenweg erkundet werden, Infos unter www.sachsen-anhalt-tourismus.de/touren/details/tour/oberharzer-klippenweg-1. Die höchste Erhebung ist der Hohnekamm mit 900 Metern.

Outdoor-Aktivitäten Der Nationalpark Harz verfügt über ein großes Netz an Wanderwegen, von denen viele, aber keineswegs alle auf den Brocken führen. Ein großer Teil davon darf auch von Mountainbikern benutzt werden. Im Winter stehen Langläufern im Nationalparkgebiet (inkl. niedersächsischem Teil) 140 Kilometer gespurte Loipen zur Verfügung. Daneben werden auch Winterwanderwege geräumt und vor allem rund um Schierke Rodelbahnen angelegt. Wegen seines rauen Klimas und Niederschlagreichtums ist der Harz recht schneesicher.

Anreise/Unterkunft Ein guter Ausgangspunkt für Touren in den Nationalpark sind Bad Harzburg, Ilsenburg und Wernigerode am Fuß der Berge. Wer lieber »mittendrin« sein möchte, kann in der Brockenherberge auf dem Gipfel des Berges übernachten (www.brocken-hotel.de). Ansonsten bietet sich Schierke an, wo es eine große Auswahl an Hotels, Pensionen, Ferienwohnungen und -häusern sowie einen Campingplatz gibt (www.schierke-am-brocken.de). Eine Alternative sind auch die nahen Urlaubsorte im niedersächsischen Teil des Nationalparks wie Braunlage oder St. Andreasberg sowie Quartiere im sachsen-anhaltinischen Naturpark Harz, etwa in Elbingerode oder Beneckenstein.

Oben: Das grüne Ilsetal inspirierte schon Heinrich Heine.

157

↗ **Mit Dampf auf den Brocken** Trotz der schönen Wanderwege ist die Fahrt mit den Dampfzügen der Harzer Schmalspurbahn auf den Brocken ein besonderes Erlebnis. Die Züge haben Anschluss an die anderen Strecken der Schmalspurbahn, etwa nach Wernigerorde, Nordhausen, Harzgerode und Quedlinburg. Die Bahn bringt übrigens auch Rollstuhlfahrer auf den Brocken, die dort barrierefreien Zugang zu Brockenhaus und Brockengarten haben. Informationen unter www.hsb-wr.de

↗ **Durchs Elendstal** Trotz des wenig einladenden Namens lohnt sich eine Wanderung durch das romantische Tal der Kalten Bode zwischen Schierke und Elend unbedingt. Dabei sollte man auch einen Schlenker über die Schnarcherklippen machen, die eine wunderschöne Aussicht bieten.

↗ **Grenzweg** Die einstige deutsch-deutsche Grenze verläuft nicht nur mitten durch den Harz, sondern auch mitten durch den schönsten Teil des Nationalparks. Sie lässt sich auf dem Harzer Grenzweg von Ilsenburg nach Walkenried erwandern (www.wandern-im-harz.de/grenzweg/10).

↗ **Auf den Spuren der Hexen** In Ost-West-Richtung durchwandert man die schönsten Regionen des Harzes auf dem 97 Kilometer langen Hexenstieg, der von Thale über Rübeland und den Brocken nach Osterode führt. Auch hier ist es möglich, Pauschalangebote »ohne Gepäck« zu buchen. Informationen unter www.hexenstieg.de.

↗ **Mit Rangern unterwegs** Gleich mehrere Nationalparkhäuser und Stationen dienen als Anlaufpunkte für Besucher. Dort gibt es nicht nur Wandertipps und Ausstellungen über die ebenso spannende wie sensible Natur des Nationalparks, die Ranger bieten auch diverse Führungen an, etwa auf den Spuren von Luchs und Feuersa-lamander. Nationalparkhäuser gibt es auf dem Brocken, am Eingang des Ilsetals und in Schierke sowie in Torfhaus und St. Andreasberg auf niedersächsischer Seite. Dazu kommen das Natur-Erlebniszentrum Hohne-Hof in der Nähe der Drei Annen Höhe sowie eine kleine Ranger-station unterhalb der Scharfen-stein-Klippe. Informationen unter www.nationalpark-harz.de/de/besucherzentren.

↗ **Entdeckerpfad für Kinder** In der Nähe des Bahnhofs Drei Annen Höhe gibt es den gemeinsam mit dem ZDF angelegten Löwenzahnpfad, der Kindern spielerisch Naturwissen vermittelt und am Erlebniszentrum HohneHof endet.

↗ **Klettern in den Klippen** Die Klippenlandschaft bei Schierke bietet Kletterrouten der Schwierigkeitsgrade I – VI. Für alle, die Klettern erst lernen wollen, bietet die Schierker Baude (www.schierkerbaude.de) Kurse an. Diese Freizeitstätte der Sportjugend verfügt auch über einen Niedrig-Seilgarten und eine Kletterwand in der Halle.

↗ **Im Brockengarten** Eine Sammlung, bestehend aus rund 1800 Hochgebirgspflanzen aus aller Welt, gibt es bereits seit 1890 auf dem Brocken. Im Sommer bieten die Ranger regelmäßig um 11 und 13 Uhr Führungen an.

Vom Wurmberg geht der Blick auf den Brocken (oben). Eine Fahrt mit der Schmalspurbahn gehört zu jedem Brocken-Besuch dazu (linke Seite).

Blick vom Hexentanzplatz
über das Bodetal zur
Rosstrappe

Naturpark Harz

Regionalverband Harz e.V.
Hohe Straße 6
06484 Quedlinburg
Tel. 03946/964 10
www.harzregion.de
rvh@harzregion.de

Ausgedehnte Wälder, tiefe romantische Täler, aber auch weite Hochebenen und große Stauseen prägen den 1660 Quadratkilometer großen Naturpark Harz, der sich im Osten an den Nationalpark Hochharz anschließt. Vor allem der Nordrand zwischen Wernigerode und Thale ist von steilen Felswänden, schroffen Klippen und Wasserfällen geprägt, um dann hinter Thale Richtung Falkenstein ebenso wie nach Süden in lieblichen Tälern auszulaufen, die auch klimatisch im Schatten des Hochharzes liegen und deswegen mit milderen Temperaturen und weniger Regen punkten können. Auf dem zerklüfteten Hochplateau finden sich heute mehrere Hochwasser-Schutzsperren. Sehenswert ist auch das »Innenleben« des Gebirges. Es gab nicht nur wegen der reichen Bodenschätze schon seit dem Mittelalter einen regen Bergbau, bei Rübeland lassen sich auch zwei schöne Tropfsteinhöhlen besichtigen.

Holtemmetal

In einer steilen, engen Schlucht, der Steinernen Renne, stürzt das Flüsschen Holtemme von den Hängen des Brockens Richtung Wernigerode. Das Tal mit seinen vielen kleinen Wasserfällen und Stromschnellen gehört schon seit Mitte des 19. Jahrhunderts zu den beliebtesten Wandergebieten des Harzes – unter anderem auch deswegen, weil am Ende der Schlucht ein Waldgasthaus lockt. Von dort führt ein Wanderweg weiter zu den Ottofelsen und den Hohensteinklippen.

Bodetal und Hexentanzplatz

Das vielleicht berühmteste der Harztäler ist die nur 15 Kilometer lange, wildromantische Schlucht, die die Bode zwischen Altenbrak und Thale durchfließt. Stellenweise ist sie bis zu 280 Meter tief eingeschnitten. Am Grund durchschreitet man eine verwunschen scheinende Landschaft mit Felsklippen, Wasserfällen und bizarr geformten Bäumen, zwischen denen man eine Vielzahl seltener Pflanzen und Tiere entdecken kann wie Wasseramseln und Feuersalamander, Alpenaster und Hirschzungen, die sich speziell an diesen Lebensraum angepasst haben. Wer die Mühen nicht scheut, kann aus dem Tal zu schönen Aussichtspunkten aufsteigen, vor allem auf die beiden exponierten Plateaus Hexentanzplatz und Rosstrappe, die bei Thale ein Tor zum Bodetal bilden. Beide sind auch mit einer Seilbahn bzw. einem Sessellift erreichbar.

Selketal

Im Gegensatz zu den schroffen Tälern im Norden präsentiert sich das Selketal im Osten sanft und stimmungsvoll. Zwar erheben sich auch hier rechts und links steile, waldbestandene und von Burgen und Ruinen gekrönte Hänge, die das Tal von der Außenwelt abschirmen, doch der breite Talgrund, wo sich der Fluss durch Wiesenlandschaften mit alten Eichen und Buchen schlängelt, hat einen friedlichen Charakter. Vor allem zwischen Selkemühle und Meisdorf eignet sich die Strecke wunderbar zum Fahrradfahren.

Outdoor-Aktivitäten Genau wie der Nationalpark ist auch der Naturpark Harz mit mehreren Tausend Kilometern ausgeschilderter Wege ein Refugium für Wanderer, Mountainbiker und im Winter auch für Langlauf-Freunde. Für Radfahrer, die es weniger anstrengend lieben, empfiehlt sich vor allem der Europaradweg R1, der am Nordrand des Harzes entlangführt und Abstecher in die schönsten Täler erlaubt. Kletterreviere gibt es an der Teufelsmauer und im Steinbachtal. Wassersport ist auf den großen Talsperren leider nicht möglich, aber viele Orte verfügen über Bäder und kleine Badeseen.

Anreise/Unterkunft Dank seiner Größe gibt es im Harz ein schier unübersehbares Angebot an allen erdenklichen Unterkünften – vom mondänen Stadthotel am Harzrand bis zur einsamen Bergbaude, von Wellnesstempeln bis zu Natur-Campingplätzen. Buchungsportale sind etwa www.harzinfo.de oder www.buch-den-harz.de, auf denen auch viele Pauschalangebote zu finden sind.

Linke Seite: Der Selkefall im gleichnamigen Tal trägt zur schönen Stimmung in diesem Harz-Abschnitt bei. Unten: Impressionen vom Bodetal.

+ TIPP + TIPP + TIPP +

↗ **Auf den Spuren des Bergbaus** Auf den Bergbauwanderwegen rund um Neudorf bei Harzgerode (www.neudorf.com/texte/bergbauwander.pdf) oder bei Straßberg (www.strassberg-harz.de) lassen sich viele Relikte des einstigen Bergbaus im Harz besichtigen. Ausflüge unter die Erde kann man zum Beispiel im Schaubergwerk von Elbingerode (www.schaubergwerk-elbingerode.de) oder in der Grube Glasebach, ebenfalls in Straßberg (www.grube-glasebach.de), unternehmen.

↗ **Zur Talsperre** Eine leichte, aber schöne, 9 Kilometer lange Wanderung führt von Rübeland über den Philosophenweg auf die Sperrmauer der imposanten Rappbode-Talsperre. Nicht nur die Besichtigung der Staumauer selbst, sondern auch die Aussicht von dort auf die Umgebung lohnt sich. Für den Rückweg kann der Bus 265 benutzt werden.

↗ **Nur für Mountainbiker** Mit der Website www.volksbank-arena-harz.de gibt es ein eigenes Portal für Mountainbiker, auf dem, sortiert nach Schwierigkeitsgraden und Ausgangsorten, 74 Touren mit insgesamt 2200 Kilometern Länge vorgestellt werden. Außerdem lassen sich Unterkünfte finden, wo man u. a. Werkzeug, Lunchpakete, einen verschließbaren Parkplatz und Möglichkeiten zum Waschen der verschmutzen Kleidung bekommen kann.

↗ **Baden und Bootfahren** Ein geeigneter Ort für eine Erfrischung an heißen Sommertagen ist der ganz von Wald umgebene Mühlenteich, oft auch als Bergsee von Günstersberge bezeichnet, direkt an der Selkebahn. Im kleinen Waldbad werden Tret- und Ruderboote verliehen.

Naturpark Unteres Saaletal

Verband Naturpark »Unteres Saaletal« e.V., Bahnhofstraße 1a, 06406 Bernburg (Saale)
Tel. 03471/640 48 35
www.unteres-saaletal.de
info@unteres-saaletal.de

Umgeben von lichten Auwäldern, idyllischen Streuobstwiesen und malerischen roten Felsformationen, aber auch sehenswerten Städtchen mit viel Geschichte schlängelt sich die Saale zwischen Nienburg und Halle durch eine eiszeitlich geformte Hügellandschaft. Immer wieder durchschneidet der Fluss Bergzüge, um sich danach wieder ein breiteres Bett zu suchen. Sehr reizvoll und ökologisch wertvoll sind die verschiedenen Seitentäler, die oft in engster Nachbarschaft ein völlig unterschiedliches Mikroklima aufweisen: von karg und trocken bis feucht und dicht bewaldet. Dies hat natürlich eine vielfältige Flo-

ra und Fauna zur Folge. Generell begünstigt das sehr regenarme Klima jedoch seltene Trockenpflanzen. Außerdem finden sich hier rund 500 Arten von Großschmetterlingen und etwa 200 verschiedene Wildbienen. Die ausgedehnten Auenwälder dienen zudem zahlreichen Vogelarten als Brutplatz.

Highlights Landschaftlich besonders reizvoll sind etwa die »Brachwitzer Alpen«, karg bewachsene Porphyrfelsen nördlich von Halle, das »Krumb-

holz« bei Bernburg oder der enge Bergdurchbruch bei Rothenburg.

Anreise/Unterkunft Mit Nienburg, Bernburg, Alsleben, Rothenburg, Wettin und Halle liegen mehrere größere Orte im Naturpark direkt an der Saale, die sich für Übernachtungen anbieten. Unterkünfte über www.sachsen-anhalt-tourismus.de.

Großes Bild und oben: Die Saale schuf in diesem Naturpark eine liebliche Landschaft.

+ TIPP + TIPP + TIPP

↗ **Mit dem Rad** Am schönsten lässt sich das Saaletal per Fahrrad erkunden. Der insgesamt 427 Kilometer lange Radweg führt von der Quelle im Fichtelgebirge bis zur Mündung in die Elbe bei Barby. Der Abschnitt durch das Untere Saaletal umfasst 68 Kilometer. Infos unter www.saale-radwanderweg.de.

↗ **GEO-Wanderweg** Die Bergbau-Vergangenheit der Region, aber auch die interessante Geologie kann man auf dem 9 Kilometer langen GEO-Wanderweg bei Wettin erkunden, der etwa an alten Gruben oder besonderen geologischen Störungen vorbei führt. Informationen unter www.sachsen-anhalt-wiki.de/index.php/Geopfad_Wettin#Weitere_Informationen.

Naturpark Saale-Unstrut-Triasland

Naturpark »Saale-Unstrut-Triasland« e.V., Unter der Altenburg 1, 06642 Nebra
Tel. 034461/220 86
www.naturpark-saale-unstrut.de
info@naturpark-saale-unstrut.de

Den Unterlauf der Unstrut zwischen Rossleben und Naumburg säumt eine uralte und abwechslungsreiche Kulturlandschaft. Steile Felshänge wechseln sich mit sanften Hügeln und weiten Streuobstwiesen ab. Dazwischen finden sich viele Städtchen, Burgen und Schlösser. Die besonders fruchtbaren Böden und das milde Klima haben schon vor über 3500 Jahren Menschen angelockt, wie der spektakuläre Fund der Himmelsscheibe von Nebra bewiesen hat. Sie schaffen auch die Voraussetzung dafür, dass an den zahlreichen günstigen Hanglagen Reben gedeihen. Entlang von Saale und Unstrut liegt das nördlichste Weinbaugebiet Europas. Eine Reihe prachtvoller Blumen weiß das trockene, sonnige Klima zu schätzen. Neben Türkenbund, Sonnenröschen und Diptam sind im Naturpark 25 Orchideenarten zu finden. Besuchern wird ein 1300 Kilometer langes Wanderwegenetz geboten, um diese Vielfalt zu erkunden.

Highlights Besonders schön sind die zahlreichen Weinwanderwege entlang der historischen Terrassen, etwa bei Freyburg, Bad Kösen oder Bad Sulza sowie der Unstrutradweg.

Anreise/Unterkunft Als Ausgangspunkt bieten sich zahlreiche schöne Städte an, von Naumburg und Weißenfels über Bad Kösen, Bad Sulza, Freyburg, Laucha, Bad Bibra, Memleben und Nebra. Unterkünfte findet man unter saale-unstrut.com.

Kleines Bild oben: Das Unstrut-Tal bei Memleben.

+ TIPP + TIPP + TIPP

↗ **Zum Observatorium**
Von der Saalefähre Leißling führt ein kurzer Spaziergang nach Goseck, wo ein interessantes, steinzeitliches Sonnenobservatorium rekonstruiert wurde. Die Anlage ist frei zugänglich. Es empfiehlt sich jedoch, zuerst das Info-Zentrum im Schloss zu besuchen.

Die Neurathener Felswände sind Teil des Elbsandsteingebirges in der Sächsischen Schweiz.

Sachsen

Der Freistaat Sachsen ist das östlichste deutsche Bundesland. Im Osten bilden Oder und Neiße die Grenze zu Polen. Das Erzgebirge im Süden des Bundeslandes erreicht Höhen von über 1200 Metern. Dennoch erscheint es vielerorts wie eine ansteigende, leicht wellige Hochebene, durchzogen von tief eingeschnittenen Tälern. Einzigartige Felsformationen bietet das Elbsandsteingebirge südöstlich von Dresden.

Naturpark
Erzgebirge/Vogtland

*Zweckverband Naturpark
Erzgebirge/Vogtland
Geschäftsstelle Schlettau
Schlossplatz 8, 09487 Schlettau
Tel. 03733/62 21 06
www.naturpark-erzgebirge-
vogtland.de
naturpark@tira.de*

Sanftes Morgenlicht zaubert eine fast mystische Stimmung an diesem Bach im Vogtland.

Wellige Hügel im Westen, raue Höhenzüge im Osten, so präsentiert sich Deutschlands längster Naturpark. Er zieht sich von der Weißen Elster im Vogtland bis zur Freiberger Mulde im Osterzgebirge über 120 Kilometer an der deutsch-tschechischen Grenze entlang. Wie der Name nahelegt, wurde hier bereits seit dem Mittelalter intensiver Bergbau betrieben. Heute stellt der Kontrast zwischen der abwechslungsreichen Kulturlandschaft und den Relikten fast unberührter Natur den besonderen Reiz der Gegend dar. Unbesiedelte Täler mit Schluchten-wäldern und Quellmooren, Hochmoore in den Kammlagen, Feucht- und Bergwiesen sowie die Reste der ursprünglichen Bergmischwälder bieten seltenen Tier- und Pflanzenarten wie dem Sperlingskauz, dem Birkhuhn, dem Eisvogel, der Flussperlmuschel und der Feuerlilie sowie vielen Enzian- und Orchideenarten ein einzigartiges Refugium. Daneben zeugen alte Bergwerksstollen, Halden, Stauanlagen, idyllische Heckenland-schaften und Bergbaustädtchen von Jahrhunderten menschlicher Nutzung.

Erzgebirge Mit Erhebungen über 1200 Meter gehört das Erzgebirge zu den höchsten deutschen Mittelgebirgen. Markante Berggipfel sind jedoch Mangelware. Denn als sogenanntes Pultschollengebirge steigt das Erzgebirge auf der deutschen Seite flach an und läuft in Hochflächen aus, die dann jenseits des Kammes auf der tschechischen Seite steil abfallen. Dazwischen finden sich einzelne Gipfel, deren höchster auf deutscher Seite der Fichtelberg ist. Unterteilt wird der Gebirgsstock von den tiefen Flusstälern des Schwarzwasser, der Zschopau, Flöha und Freiberger Mulde. Trotz der jahrhundertelangen menschlichen Nutzung sind noch immer über 60 Prozent des Naturparks von ausgedehnten Wäldern bedeckt. Auch die

Hochwälder, die einst stark von Industrieabgasen gezeichnet waren, haben sich in den letzten Jahrzehnten sichtbar erholt. Dort finden sich auch seltene alpine Tier- und Pflanzenarten.

Vogtland Im Westen schließt sich an das Erzgebirge das idyllische Vogtland an, das sich bis Gera, Lobenstein und Hof erstreckt. Zum Naturpark gehört jedoch nur ein kleiner Teil des Oberen Vogtlandes. Im Süden ragt ein Zipfel in das deutsch-tschechische Elstergebirge hinein, dessen höchster Gipfel mit 759 Metern der Kapellenberg bei Schönberg ist. Von seinem Aussichtsturm hat man bei gutem Wetter einen wunderbaren Blick über Erz- und Fichtelgebirge sowie den Oberpfälzer Wald und das tschechische Bäderdreieck. Auch auf deutscher Seite finden sich mit Bad Brambach und Bad Elster historische Badeorte, die ihre mineralischen Quellen der vulkanischen Vergangenheit der Region verdanken. Ein weiterer wunderbarer

Aussichtspunkt ist Schöneck, der »Balkon des Vogtlandes«. Hier fällt eine Landstufe bis zu 200 Meter ab und markiert den geografischen Übergang zwischen Vogtland und Erzgebirge.

Greifensteine

Die markanten Greifensteine ragen aus den Wäldern um Ehrensfriedersdorf im westlichen Erzgebirge. Die ehemals drei-

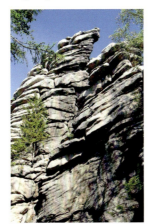

zehn, heute noch sieben Granitfelsen sind entstanden, als vor mehreren Hundert Millionen Jahren flüssiges Magma zur Erdoberfläche aufstieg und dann erkaltete. Im Laufe der Zeit verwitterte das weichere Gestein rundherum, sodass nur die Magmasäulen stehen geblieben sind. Die Felsregion ist heute ein beliebtes Wander- und Klettergebiet sowie eine ergiebige Fundstätte für Mineraliensucher.

Fichtelberg

Mit 1215 Metern Höhe ist der Fichtelberg bei Oberwiesenthal der höchste Gipfel des deutschen Erzgebirges. Er liegt inmitten der größten geschlossenen Waldfläche Sachsens und weist etwa 165 Kilometer Wanderwege sowie zahlreiche Mountainbike-Routen auf. Der Aufstieg von Oberwiesenthal auf das Fichtelbergplateau ist nicht anspruchsvoll und in knapp einer Stunde zu machen. Rund um den Gipfel bringt es

die exponierte Lage des Berges mit sich, dass dort auch viele seltene Gebirgspflanzen gedeihen wie der Alpen-Flachbärlapp oder die Grüne Hohlzunge und der Weiße Höswurz, zwei Orchideenarten. Deshalb gibt es am Fichtelberg – neben einem ausgedehnten Wintersportzentrum – auch gleich drei Naturschutzgebiete. Die weiten Moorflächen und zahlreichen Quellmulden in den oberen Lagen des Fichtelbergs sorgen dafür, dass hier viele Flüsse entspringen, deren bedeutendster die Zschopau ist.

Pöhlsee

Der fast vier Quadratkilometer große See etwas außerhalb des Naturparks im Herzen der »Vogtländischen Schweiz« zwischen Plauen und Elsterberg wurde einst als Hochwas-

Oben: Wiesen-Schaumkraut wächst auf einer Lichtung im Erzgebirge. Links: Der Seekofel, einer der Greifensteine.

serschutz angelegt. Heute ist er nicht nur ein Refugium für seltene Vogelarten, sondern auch ein beliebtes Wassersport-Revier. Seinen Namen erhielt er von dem überfluteten Dorf Pöhl, dessen Ruinen auf dem Seegrund von Tauchern erkundet werden können. Für Wanderer gibt es einen knapp 20 Kilometer langen, reizvollen Rundweg um den See.

Weitere Highlights Im Osterzgebirge verbindet die Silberstraße die wichtigsten alten Bergbauorte wie Freiberg und Annaberg-Buchholz. Hier kann man nicht nur technische Denkmäler wie Schaubergwerke, Papiermühlen, Schmiedehämmer, Pochwerke und vieles mehr besichtigen, sondern auch auf Lehrpfaden die historischen Bergbaulandschaften erkunden und bei Stadtrundgängen erleben, welchen Reichtum Silber und Erz brachten. Für Naturfreunde besonders reizvoll ist das malerische Zschopautal zwischen Ober-

wiesenthal und Flöha mit seinen schroffen Felshängen und geschichtsträchtigen Burgen, Schlössern und Kirchen am Wegesrand.

Outdoor-Aktivitäten Der Naturpark bietet eine Vielzahl abwechslungsreicher Wanderwege, darunter auch Natur- und Bergbaulehrpfade, die auf die Besonderheiten der Region hinweisen. Klettergebiete gibt es u. a. rund um die Greifensteine. Aufgrund der häufigen Niederschläge im Winter ist das Erzgebirge ein recht schneesicheres Wintersportgebiet. Es gibt ein großes Netz an Langlaufloipen sowie zahlreiche Wintersportzentren mit Liftanlagen, etwa in Oberwiesenthal, Klingenthal, Johanngeorgenstadt oder Altenberg. Funparks für Snowboarder finden sich am Fichtelberg, in Eibenstock, Holzhau, Hermsdorf, Rehefeld, Altenberg und Schellerhau. Wassersportfans kommen nicht nur am Pöhler See, sondern auch an den großen

Gerstenfeld im Frühjahr

Talsperren bei Rauschenbach, Markersbach, Sosa, Eibenstock, Muldenberg, Falkenstein und Werda auf ihre Kosten.

Anreise/Unterkunft Das Vogtland ist von Plauen aus, das Erzgebirge von Chemnitz mit dem Auto zu erreichen. Bahnverbindungen gibt es in die Hauptorte Bad Elster, Bad Brambach, Auerbach, Falkenstein, Klingenthal, Johanngeorgenstadt, Annaberg-Buchholz,

Oberwiesenthal, Marienberg und Olbernhau. An manchen Sommerwochenenden verkehrt auch die Ausflugsbahn zwischen Annaberg und Schwarzenberg (www.vse-eisenbahnmuseum-schwarzenberg.de/Aussichtsbahn.htm). Übernachtungen können über die Tourismusverbände Erzgebirge in Annaberg-Buchholz, www.erzgebirge-tourismus.de und Vogtland in Auerbach, www.vogtlandtourist.de, gebucht werden.

↗ **Kammweg** Der bekannteste Wanderweg durch den Naturpark ist der 289 Kilometer
lange Kammweg zwischen Gei-
sing und Blankenstein. Die
Tourismusverbände Erzgebirge
und Vogtland bieten Arrangements mit 3, 5, 14 oder 18
Übernachtungen, Kartenmaterial und Gepäcktransfer an.
Weitere Informationen unter
www.kammweg.de.

↗ **Vogtland-Panorama-
Weg** Zu den schönsten Aussichten des Vogtlandes führt
der Panorama-Weg, ein 228
Kilometer langer Rundweg, der
von der Göltzschtalbrücke bei
Greiz, einem eindrucksvollen
Viadukt von 1851, über Plauen
ins Elstergebirge und von dort
über Klingenthal wieder zurück-
führt. Da der Weg meist nahe
an den Trassen der Vogtland-
bahn verläuft, sind auch einzelne Etappen gut machbar. Hier

werden Abschnitte von bis zu
fünf Etappen als Arrangements
mit Gepäcktransfer angeboten.
Infos unter www.vogtlandpa-
noramaweg.de.

↗ **Anton-Günther-Weg** Der
nach dem Volksdichter Anton
Günther (1876-1937) benannte
Wanderweg führt von Ober-
wiesenthal aus über die höchsten Gipfel des Erzgebirges, den
Fichtelberg sowie auf tschechi-
scher Seite den Klínovec (Keil-
berg), Blatenský vrch (Platten-
berg) und Plešivec (Pleßberg).
Bei einer Gesamtlänge von 49
Kilometern sowie 1282 Höhenmetern Aufstieg ist er jedoch
nur als Mehrtages-Tour zu bewältigen, Infos unter de.wiki-
pedia.org/wiki/Anton-Günther-
Weg. Daneben finden sich auf
www.oberwiesenthal.de/som-
mer/wandern/ zahlreiche andere Wanderwege rund um Oberwiesenthal.

↗ **Erlebnispfad für Kinder**
Für Familien mit kleinen Kindern gibt es rund um Oberwie-

senthal »Fichtelchens Erlebnispfad«, einen 3,5 Kilometer
langen Rundkurs mit Wissens-
und Mitmach-Stationen.

↗ **Kamm-Loipe** Die 36 Kilometer lange Langlauf-Loipe
zwischen Schöneck und Jo-
hanngeorgenstadt gilt als eine
der schönsten und schneesi-
chersten in ganz Deutschland.
Dazu kommen etwa 90 Kilometer Einstiegs- und Anschlussloi-
pen. Information unter www.
kammloipe.de.

↗ **Biathlon-Training** Wer
selbst ausprobieren möchte,
wie treffsicher er nach körperli-
cher Anstrengung noch mit einem Gewehr ist, der kann dies
in Zinnwald-Georgenfeld tun.
Je nach Jahreszeit werden die
Schießübungen mit Runden per
Langlaufski, Fahrrad oder
Inlineskates kombiniert, Tel.
035056/22 96 74, www.activ-
camp-beer.de.

↗ **Rodeln** In Rehefeld-Zaun-
haus bei Altenberg können Ro-

delfahrer die Sesselbahn benutzen und dann auf einer
1100 Meter langen Naturrodel-
bahn zu Tal flitzen. Außerdem
gibt es eine »Tube«, in der man
auf dicken, aufblasbaren Rei-
fen »rodelt«.

Ob Seenlandschaften (großes
Bild) oder die Rissfälle (oben):
der Naturpark bietet
vielfältige Aussichten.

Besonders im Winter ist der Fichtelberg ein Paradies für Naturfreunde: Dichter Schnee schafft hier eine beruhigende Stille.

Nationalpark
Sächsische Schweiz

Nationalparkverwaltung
Sächsische Schweiz, An der
Elbe 4, 01814 Bad Schandau
Tel. 035022/90 06 00
www.nationalpark-saechsische-
schweiz.de
poststelle.sbs-nationalparkver-
waltung@smul.sachsen.de

Wenige Landschaften haben die Romantiker des 19. Jahrhunderts so begeistert wie die Sächsische Schweiz: ein idyllisches Flusstal, gesäumt von den ebenso malerischen wie bizarren Felsformationen des Elbsandsteingebirges, in denen oft der Nebel hängt. Geformt wurde diese Landschaft durch die Erosion, die im Verlauf von Millionen von Jahren dem weichen Sandstein zusetzte. Der Nationalpark umfasst die schönsten Gebiete am nördlichen Elbufer. Ein Teil erstreckt sich westlich von Bad Schandau rund um die Bastei bis Stadt Wehlen, der an-

dere reicht östlich von Bad Schandau bis zur tschechischen Grenze und geht dort in den Nationalpark Böhmische Schweiz über. Die zerklüfteten Felsregionen wurden aber nicht nur wegen ihrer Schönheit unter Schutz gestellt, sondern auch, weil sich durch die starke Gliederung der Landschaft eine Vielzahl kleiner Lebensräume ergibt, in denen sich Pflanzen mit speziellen Bedürfnissen ansiedeln konnten. Die große geschlossene Waldfläche im westlichen Teil des Nationalparks dient zudem vielen seltenen Tierarten als Rückzugsraum. Hier findet man 16 der 18 in Deutschland heimischen Fledermausarten, Eulen und Habichte, Wanderfalken, Kolkraben, Schwarzstörche sowie Gämsen, Mufflons und Luchse, die hier schon einmal ausgestorben waren.

Bastei

Die fast 200 Meter hohe Felsformation, die bei Rathen steil am Elbufer aufragt, gehört zu den

größten Attraktionen der Sächsischen Schweiz. Von außen hat sie – wie ihr Name nahelegt – einen festungsähnlichen Charakter, während sich im Inneren ein wahres Schluchtenlabyrinth auftut. Während man vom Gipfel des Felsens einen atemberaubenden Blick auf das Elbtal hat, bewegt man sich zu ihren Füßen in einer verwunschenen Welt. Entdeckt wurde diese Schönheit zu Beginn des 19. Jahrhunderts durch romantische Maler wie Caspar David Friedrich, die über den immer noch bestehenden Malerweg zur Bastei aufstiegen. Bereits 1826 errichtete man die erste hölzerne Brücke, die in rund 40 Metern Höhe die Kluft zwischen Bastei und Neurathener Felsentor überwindet. 1851 wurde sie durch die Sandsteinbrücke mit ihren sieben Bögen ersetzt.

Felsenburg Neurathen

Über die Basteibrücke erreicht man die Relikte einer einstigen Burganlage, die spätestens im

13. Jahrhundert in die steilen Felsen hineingebaut wurde. Beeindruckend ist vor allem die exponierte Lage, die sich über die rekonstruierten Wehrgänge und Brücken erkunden lässt. Von den Gebäuden selber sind nur Fundamente erhalten, da Burg und Burgturm aus Holz und Fachwerk bestanden. Zahlreiche Info-Tafeln sorgen jedoch dafür, dass man einen guten Eindruck von der einstigen Anlage bekommt.

Lilienstein

Der 415 Meter hohe Gipfel, der zwischen Rathen und Bad Schandau in einer Elbschleife liegt, gilt als das Wahrzeichen der Sächsischen Schweiz. Das Plateau, von dem aus man eine großartige Rundsicht hat, war vermutlich schon in der Bronzezeit besiedelt und trug später eine Burg. Heute ist die Westsei-

Der Blick von der Bastei inspirierte schon viele Maler der Romantik.

Eine alte Buche hat im Laufe der Jahrhunderte ihren Stamm um einige Felsen gewunden.

te des Felsens ein beliebtes Klettergebiet, während an der Ostseite nach der Wende wieder Wanderfalken angesiedelt wurden. Wanderer können den Gipfel sowohl von der Fähre Halbestadt im Süden wie von Norden her erklimmen.

Schrammsteine

Zu den malerischsten Formationen im östlichen Teil des Nationalparks gehören die Schrammsteine, eine stark zerklüftete Felsenkette. Der höchste der Gipfel ist mit 425 Metern der Hohe Torstein. Die Schrammsteine sind ein Paradies für Kletterer. Es gibt jedoch auch diverse Wanderwege, etwa auf die Schrammsteinaussicht und über den Grat, die allerdings wegen der steilen, teils mit Leitern und Steigen gesicherten Aufstiege eine gute Kondition, Trittsicherheit und Schwindelfreiheit erfordern.

Pfaffenstein

Der von zahlreichen Schluchten, Gängen und Höhlen durchzogene Pfaffenstein liegt etwas außerhalb des Nationalparks am südlichen Elbufer bei Königsstein. Aufgrund seiner zerklüfteten Gestalt hat er zahlreiche interessante Aufstiegswege und Aussichtspunkte zu bieten, vor allem aber ist er ein Paradies für Sportkletterer, die hier rund 850 Routen vorfinden. Daneben ist der Pfaffenstein ein Refugium für seltene Pflanzenarten, Wanderfalken und Fledermäuse, weshalb er auch unter Naturschutz steht.

Bielatal

Bei Königsstein mündet die Biela in die Elbe, die im tschechischen Elbsandsteingebirge entspringt. Vor allem der Oberlauf des Flüsschens zwischen der tschechischen Grenze und der Schweizermühle hat sich tief in den Fels hineingegraben, sodass eine Vielzahl steiler Kletterfelsen entstand. Die malerischsten sind die beiden dünnen Herkulessäulen zwischen Schweizer- und Ottomühle. Aber auch Wanderer finden hier zahlreiche malerische, wildromantische Wege.

Elbetal

Ihren besonderen Reiz erhält die Sächsische Schweiz jedoch durch das Nebeneinander von schroffen Felsen und dem lieblichen Elbetal, vor allem zwischen Stadt Wehlen und Bad Schandau, wo der Fluss sich in zwei großen Schleifen durch das Gebirge schlängelt. Genauso wie man von den zahlreichen

Aussichtspunkten rechts und links der Elbe einen wunderbaren Blick auf das Flusstal hat, so bieten sich auch vom Fluss aus wunderschöne Ausblicke auf all die Türmchen, Zinnen und Felsgipfel, die da aus den dichten Wäldern ragen. Dazu kommen malerische kleine Städte, Kirchen und Burgen sowie die imposante Festung Königstein, die die Ufer des Flusses säumen.

Besonders geruhsam lässt sich all dies natürlich von den Ausflugschiffen aus genießen, die die Elbe entlangfahren. Aber auch der Elberadweg, der teilweise sogar an beiden Flussufern entlangläuft, präsentiert sich hier besonders reizvoll.

Weitere Highlights Einen Besuch wert ist das romantische Kirnitzschtal, das sich von Bad Schandau aus bergan schlängelt. Wer es gemütlich liebt, kann mit solarbetriebenen Straßenbahn 8 Kilometer bis zum Lichtenhainer Wasserfall fahren. Von dort aus führen weitere Wanderwege zu interessanten Felsformationen wie dem Kuhstall oder den Affensteinen bzw. dem Großen Winterberg, einem weiteren schönen Aussichtspunkt.

Outdoor-Aktivitäten Die Sächsische Schweiz ist nach den Alpen wohl das beliebteste Kletter-Revier Deutschlands. Sportkletterer finden hier eine schier unendliche Fülle von Möglichkeiten, sollten aber beachten, dass manche Felsen unter Naturschutz stehen oder aus Sicherheitsgründen gesperrt sind. Auch für Wanderer gibt es ausreichend Touren unterschiedlicher Schwierigkeitsgrade. Ferner kann die Elbe per Kajak oder Kanu, Schlauchboot oder Floss erkundet werden, für Fahrradfahrer bietet sich der Elberadweg an. Auch ein Abstecher ins Kirnitzschtal ist trotz der Steigung zu empfehlen.

Anreise/Unterkunft Die Sächsische Schweiz ist von Dresden aus sowohl mit dem Auto wie mit der Bahn gut zu erreichen. Unterkünfte, aber auch Pauschalarrangements findet man über www.saechsische-schweiz.de/unterkuenfte.html. Am Elberadweg gibt es auch spezielle, radfahrerfreundliche Unterkünfte, die ohne Probleme Quartiere nur für eine Nacht anbieten und Stellplätze haben. Wasserwanderer finden an der Festung Königstein einen Rastplatz.

Einen großartigen Blick auf die Elbe hat man von der Bastei (rechts). Kleine Bilder: Pfaffenstein, Schrammsteine und Herkulessäulen.

+ TIPP + TIPP + TIPP +

↗ **Auf dem Malerweg** Der Fernwanderweg, der den Spuren der romantischen Maler folgt, führt vom Liebethaler Grund bei Pirna über die Bastei und den Lichtenhainer Wasserfall an die tschechische Grenze und von dort südlich der Elbe über Königstein wieder zurück nach Pirna. Entlang der insgesamt 112 Kilometer langen Strecke finden sich ausgewiesene »wandererfreundliche Unterkünfte«, die auf Etappenwanderer spezialisiert sind und etwa Lunchpakete oder Gepäcktrans-fer anbieten. Daneben gibt es auch Pauschalangebote für »Wandern ohne Gepäck«. Informationen beim Tourismusservice Sächsische Schweiz in Pirna unter www.saechsische-schweiz.de/malerweg/.

↗ **Flößersteig** Viele Informationstafeln über die Geschichte der Flößer sowie die Geologie und die Natur des Elbsandsteingebirges findet man entlang des Flößersteiges, einer 16 Kilometer langen, nicht sonderlich anspruchsvollen Wanderung entlang der Kirnizsch von Bad Schandau nach Neumannsmühle, Informationen unter www.bad-schandau.de/flosersteig/.

↗ **Wanderung mit Kahnfahrt** Von Hinterhermsdorf nahe der tschechischen Grenze führt ein fünf Kilometer langer Wanderweg zur Oberen Schleuse, wo man zwischen Mai und Oktober mit dem Kahn durch die Kirnitzschklamm fahren kann. Für den Rückweg gibt es dann verschiedene Wege als Alternative. Informationen unter www.hinterhermsdorf.de/obere-schleuse.html.

↗ **Über Heilige Stiege und Wilde Hölle** Eine wildromantische Rundtour durch die zerklüftete Felslandschaft, für die man aber keine Kletterausrüstung braucht, führt von Schmilka über die »Heilige Stiege«, die »Wilde Hölle«, die »Untere Affensteinpromenade« und den Großen Winterberg. Sie ist 13 Kilometer lang und fordert wegen der steilen Steige und Leitern Kondition und Schwindelfreiheit.

↗ **Klettern** Die Sächsische Schweiz ist ein Paradies für Sportkletterer (siehe vorhergende Seiten). Infos zu Routen auf www.teufelsturm.de.

↗ **Felslabyrinth** Von der Festung Königsstein führt ein Forstweg zu einem Felslabyrinth, das vor allem Kindern ungetrübtes Klettervergnügen ohne Gefahren bietet.

↗ Auf dem Kasperpfad Ebenfalls für Kinder ab 4 Jahren angelegt, ist ein 2,8 Kilometer langer Wanderweg bei Hohnstein auf den Spuren des Puppenspielers Max Jacob (1888 bis 1967) und seiner berühmten Kasperfigur. Unterwegs gibt es 8 Stationen und zum Abschluss kann man noch die Kasperausstellung in der Touristinformation von Hohnstein, Tel. 035975/194 33, besuchen.

↗ Waldhusche Für Familien mit Kindern empfiehlt sich ein Besuch auf dem 66 Hektar großen Erlebnisgelände bei Hinterhermsdorf nahe der tschechischen Grenze. Entlang verschiedener, kinderwagentauglicher Wege sind über 40 Attraktionen zu finden, wie ein bekletterbares »Spinnennetz«, ein unterirdischer Wurzelweg oder eine »Fuchsbaurutsche«. Dazu gibt es kindgerechte Info-Tafeln (www.hinterhermsdorf.de/waldhusche.html).

↗ Im Winter Langlaufloipen und kleinere Hänge mit Liftanlagen findet man in Sebnitz, Rugiswalde und Hinterhermsdorf. Infos unter www.skiarena-saechsische-schweiz.de/.

↗ Mit dem E-Bike Da Touren in der Sächsischen Schweiz abseits des Elberadwegs meist recht anstrengend sind, geht der Trend hier eindeutig zum E-Bike. Beim Tourismusverband in Pirna, Tel. 03501/47 01 47 oder unter http://karte.saechsische-schweiz.de/top-tipps/e-bike-touren.html gibt es ein Faltblatt mit Verleihstationen und Tourenvorschlägen.

↗ Mit dem Fahrrad rund um die Bastei Eine sehr schöne, aber auch anstrengende 56-Kilometer-Runde führt von Lichtenhain über Altendorf, das Polenztal nach Walthersdorf, Rathen und Stadt Wehlen und von dort über Rathewalde und Hohburkersdorf zurück, Infos unter http://karte.saechsische-schweiz.de/top-tipps/e-bike-touren/e-bike-tour-5.html.

↗ Auf der Elbe Für alle, die die Elbe per Boot erkunden wollen, gibt es die Möglichkeit, Kajaks oder Kanadier zu leihen. Für größere Gruppen werden auch Arrangements mit Floss (Kanu Aktiv Tours in Königstein, www.kanu-aktiv-tours.de) bzw. großen Schlauchbooten (Elbe Adventure in Stadt Wehlen, www.elbe-adventure.de) angeboten.

Kletterer an der kleinen Herkulessäule am Alter Weg im Bielatal. Die Felsen sind ein beliebtes Übungsgebiet für erfahrene Gipfelstürmer.

Er ist der König der Nacht: Der Uhu, der seinen Namen schon durch seinen tiefen Ruf ankündigt, schwebt nach Sonnenuntergang fast geräuschlos zwischen Ästen und Zweigen in dichten Wäldern umher. Wenn es dunkel wird, ist seine Zeit gekommen. Dann ist er seiner Beute und anderen konkurrierenden Greifvögeln durch seine gute Nachtsicht haushoch überlegen und wird zum gefährlichsten Räuber der dunklen Stunden. Dicht über dem Erdboden gleitet er auf der Suche nach Mäusen, Hasen, Mardern oder Igeln. Schlafende Singvögel auf einem Ast sind vor seinem wachsamen Auge und seinen scharfen Fängen ebenso wenig sicher wie langsamer fliegende Krähen oder Tauben. Und wenn es sein muss, jagt er eine Ratte auch mal auf dem Boden laufend. Als Gewölle spuckt er die für ihn unverdaulichen Knochen und Federn nach der Mahlzeit wieder aus. Ist er ausgewachsen, hat der Uhu praktisch keinen Fressfeind. Hüten müssen sich Jungvögel aber vor Füchsen oder Mardern, für die sie eine Delikatesse sind. Haupttodesursache für Uhus sind die Strommasten der menschlichen Zivilisation, denen sich das Tier arglos nähert. Der Uhu *(Bubo bubo)* ist die größte Eulenart der Erde; seine Flügelspannweite kann bis zu 1,70 Meter betragen, wobei das Weibchen deutlich größer als das Männchen ist. Auffällig sind seine großen bernsteinfarbenen Augen, die ihm das schmeichelhafte Attribut der »weisen Eule« eingebracht haben.

Biosphärenreservat Oberlausitzer Heide- und Teichlandschaft

Biosphärenreservatszentrum
Warthaer Dorfstraße 29,
OT Wartha, 02694 Malschwitz
Tel. 035932/36 50
www.biosphaerenreservat-
oberlausitz.de
poststelle.sbs-broht@smul.
sachsen.de

Erlen sind die typischen Bäume der Wälder der Oberlausitz.

Ein Mosaik glitzernder Wasserflächen, dazwischen ausgedehnte Auen- und Bruchwälder sowie karge, weite Heidelandschaften – so präsentiert sich die Oberlausitz zwischen Hoyerswerda, Bautzen und Niesky. Die ersten Teiche wurden hier schon im 13. Jahrhundert von slawischen Siedlern angelegt, da das nährstoffarme Urstromtal landwirtschaftlich nicht viel abwarf. Heute findet man hier die teichreichste Gegend Deutschlands. Viele Flächen dazwischen verstepppten durch landwirtschaftliche Übernut-

zung, sodass sich große Heideflächen ausbreiteten. Heute macht gerade dieser stete Wechsel zwischen Gewässern, Feuchtwiesen und Auwäldern mit trockenen Heide- und Dünenflächen sowohl den ökologischen Wert wie auch den landschaftlichen Reiz dieser Region aus. Dank der nährstoffarmen Böden finden sich über 1200 Tier- und Pflanzenarten, die auf der Roten Liste stehen, weil sie auf den über-

düngten Böden anderswo nicht existieren können, etwa Sandstrohblume und Moorveilchen, Glockenheide, Sumpfporst, Sonnentau und Moosbeeren sowie verschiedene Wildbienen, Grab- und Wegwespen, Feldgrillen, Wasserkäfer, Laub- und Moorfrösche, Rotbauchunken, Kammmolche, viele Tagfalter und über 50 Libellenarten. Ebenfalls charakteristisch sind Seeadler, Kranich und Storch sowie Fischotter.

Highlights Zu den schönsten Gegenden gehören die Guttauer Teiche. Hier durchquert man eine Wasserlandschaft, in der oft nur schmale Wege die Teiche trennen. Wald und Heide findet man vor allem östlich des Olbasees Richtung Mücka.

Outdoor-Aktivitäten Die flache, weitläufige Gegend lässt sich am besten mit dem Rad erkunden. Es gibt zahlreiche Themenwege wie den »Frosch-«

Kammmolche sind in der Sumpflandschaft heimisch.

oder den »Spreeradweg«. Auch Wanderer finden interessante Routen. Während die Teiche das Refugium der Angler sind, laden geflutete Kohle- und Kiesgruben in und um das Biosphärenreservat zum Schwimmen ein. Im Olbasee ist es möglich, nach Bergbaurelikten wie Loren und Stolleneingängen zu tauchen.

Anreise/Unterkunft Wer mit Fahrrad und Bahn unterwegs ist, kann an der Linie Hoyers-

werda-Niesky bzw. in Bautzen seine Tour starten. Unterkünfte finden sich im Biosphärenreservat vor allem zwischen Guttau und dem Olbasee, wo es auch einen Campingplatz gibt. Ansonsten bietet sich Bautzen als Ausgangspunkt für Touren an. Unterkünfte findet man auf www. urlaubsregion-oberlausitz.de.

Die Ringelnatter liebt die Sümpfe der Oberlausitz und ist völlig ungefährlich.

+ TIPP + TIPP + TIPP +

↗ **Naturerlebnispfad** Ein 8 Kilometer langer Wanderweg führt von Guttau durch die Guttauer Teichlandschaft zum Olbasee und wieder zurück. 30 Stationen laden vor allem Kinder zum Spielen, Schauen, Riechen und Fühlen ein und vermitteln dabei spannendes Naturwissen, Informationen unter www.biosphaerenreservat-oberlausitz.de/de/naturerlebnispfad_guttau.

↗ **Auf den Spuren des Seeadlers** Der 88 Kilometer lange »Seeadler-Rundweg« führt Fahrradfahrer durch das Herz des Biosphärenreservates. Man passiert sowohl ausgedehnte Heide- wie Teichlandschaften, aber auch viele malerische Orte. Dazu kommen 13 Stationen mit Informationstafeln über die Gegend. Ein Faltblatt mit ausführlichen Informationen,

inklussive der Zubringerfahrradwege von allen großen Orten rundherum gibt es im Biosphärenreservatszentrum in Wartha oder als Download unter www.biosphaerenreservat-oberlausitz.de

↗ **Baden in der »Adria«** Der See bei Großdubrau am Rande des Biosphärenreservats verdankt seinen Namen der ungewöhnlichen blauen Farbe, die vom ehemaligen Kaolinabbau herrührt. Es gibt dort ein Strandbad und einen Campingplatz. Informationen unter www.blaueadria.de.

↗ **Info-Zentrum** Informationen über die Heide- und Teichlandschaft bekommt man im »Haus der 1000 Teiche«. Angeschlossen ist auch ein Wassererlebnisgelände für Kinder. Es ist täglich außer Montag geöffnet und befindet sich in Wartha in der Dorfstraße 29, Tel. 035932/36 50, www.haus-der-tausend-teiche.de.

Die historische Land-
schaft Eichsfeld besticht
durch idyllische Dörfer,
die eingebettet zwi-
schen sanften Hügeln
liegen.

Thüringen

Der Freistaat Thüringen – im Uhrzeigersinn umgeben von Niedersachsen im Norden, dann Sachsen-Anhalt, Sachsen, Bayern und Hessen – liegt in der Mitte Deutschlands und wird wegen seines Waldreichtums das »Grüne Herz Deutschlands« genannt. Mittelgebirge begrenzen das zentrale Thüringer Becken. Den gesamten Süden dominiert der Thüringer Wald.

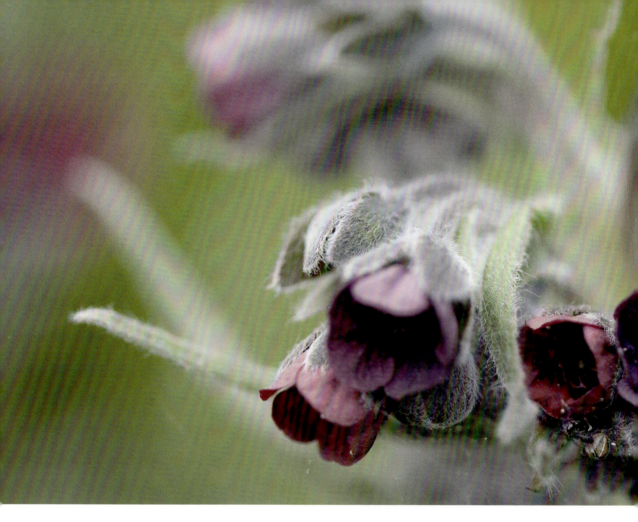

Naturpark Südharz

*Südharzer Tourismusverband
e.V., Bahnhofsplatz 3a,
99734 Nordhausen
Tel. 03631/90 21 54
www.naturpark-suedharz.de
info@naturpark-suedharz.de*

Auf einem Gebiet von 267 Quadratkilometern vereinen sich im Naturpark Südharz gleich zwei Naturräume. Zum einen die südlichen Randhöhen des Harzes, in denen Buchenwälder, Blumenwiesen sowie ein steter Wechsel aus felsigen Klippen und Tallandschaften zu finden sind, und zum anderen die dem Gebirge vorgelegene Südharzer Karstlandschaft. Seit dem Jahr 1964 gilt die Region als Naturpark und konnte seither eine artenreiche Flora und Fauna erhalten. Hier blühen einheimische Orchideen wie das Knabenkraut, und zu den Tieren, die sich im Südharz wohlfühlen, gehören neben Uhu, Schwarzstorch, Sieben-

Von vielen Hügeln durchzogen zeigt sich der Südharz.

schläfer, Haselmaus und Feuersalamander auch andere bedrohte Arten. So konnten Wildkatzen und Luchse in der Region wieder heimisch werden, und auch die seltene Mopsfledermaus sucht sich im Südharzer Wald ein sicheres Plätzchen für den Winter.

Highlights Der »Kelle-Erdfall« bei Appenrode zeigt, welch beeindruckenden Kulissen durch Erosion entstehen können. Die-

ser malerische Erdfall und seine Grotte sind für Besucher begehbar. Vor allem im Sommer bringt das kühle Nass eine willkommene Abkühlung, und in den Wintermonaten beeindruckt das Heer aus Eis-Stalagmiten.

Outdoor-Aktivitäten Das sogenannte Grüne Band ist einen Besuch wert. Dieser Wanderweg führt auf rund 100 Kilometern entlang der ehemaligen

innerdeutschen Grenze. Gestartet wird diese fußläufige Zeitreise in Zorge-Aue bei Ellrich. Von hier aus führt der Kolonnenweg hinauf in die Berge. Bald passiert man die berühmte »Zwei-Länder-Eiche« und gelangt dann auf den Ehrenberg, der mit 635 Metern die höchste Erhebung des Naturparks ist.

Anreise/Unterkunft Wer mit dem Auto von Leipzig/Halle oder Göttingen kommt, erreicht den Naturpark über die Südharz-Autobahn A38. Aus dem Süden führen die Bundesstraßen B4 und B81 in die Region. Das touristische Übernachtungsangebot ist so vielfältig wie der Naturpark selbst. Unterkunft: Hotel »Am Kloster« Ilfeld, www.harzhotel-kloster.de; Kaffeemühle Hamma (Ferienwohnungen), www.kaffeemuehle-hamma.de.

Nicht nur die Hundszunge (großes Bild) blüht hier auf den Wiesen, sondern auch einige Orchideenarten (rechts).

+ TIPP + TIPP + TIPP +

↗ **Taucherparadies** Tauchfreunde müssen nicht in die Ferne reisen, um tolle Unterwasser-Erlebnisse zu entdecken. Vor Nordhausen befindet sich eine Seenplatte, die – für hiesige Verhältnisse – extrem klare Sichtverhältnisse bietet. Teilweise werden Sichtweiten von bis zu zehn Metern erreicht. Für alle Abenteurer wurden in der Wasserwelt vor Jahren einige Schiffswracks versenkt, die heute betaucht werden können. Mehr Infos zu den Seen und Tauchkursen gibt es unter www.tauchen-nordhausen.de.

↗ **Zwei-Länder-Eiche** Dieser Baum, in zwei Stämme geteilt, die aber aus einer Wurzel wachsen, ist ein Kuriosum. Die Zwei-Länder-Eiche befindet sich genau auf der Grenze von Thüringen zu Niedersachsen und ist wohl einer der symbolträchtigsten Bäume überhaupt. Zu Zeiten der innerdeutschen Trennung gehörte der Baum halb zu Ost- und halb zu Westdeutschland. Noch heute ist die alte Eiche ein beliebter Anlaufpunkt für Wanderer.

↗ **Schmalspurbahnen** Sie dampfen, sie tuten, und sie sind nicht zu bremsen: Die historischen Harzer Schmalspurzüge verbinden Nostalgie und Natur. Gleich mehrere Routen führen durch die Städte und malerischen Landschaften. Die beliebteste Strecke ist aber wohl noch immer die, die auf den Brocken führt. Die steilen Meter bergauf lassen sich mit der alten Lok bequem meistern. Oben angelangt, genießt man die Aussicht und fährt anschließend entweder wieder mit dem Zug retour – oder nimmt selbst die Beine in die Hand. Bergab geht es sich schließlich leichter. Mehr Infos zu den Bahnstrecken und Zeiten unter www.hsb-wr.de.

Naturpark Eichsfeld-Hainich-Werratal

Naturpark Eichsfeld-Hainich-Werratal, Dorfstraße 40, 37318 Fürstenhagen
Tel. 036083/46 63
www.naturpark-ehw.de
poststelle.ehw@nnl.thueringen.de

Der Park setzt sich aus drei unterschiedlichen Naturregionen zusammen, umfasst eine Fläche von 870 Quadratkilometern und ist fast zu 50 Prozent bewaldet. Der Naturpark ist mit seiner Gründung im Jahr 2012 noch relativ jung. Aber deshalb keineswegs weniger attraktiv: Vor allem seltene Schmetterlingsarten und eine Vielzahl an Lurchen, aber auch Uhus und die extrem scheuen Wildkatzen finden in der Region ein Zuhause.

Eichsfeld

Satte Streuobstwiesen, trockene Kalkmagerrasen und blü-

Die malerische Allee aus Schwedischen Mehlbeeren bei Kefferhausen im Eichsfeld

hende Wacholderheiden, die 1540 Quadratkilometer große Region Eichsfeld im nordwestlichen Thüringen ist ein buntes Landschaftsmosaik, das nicht nur bei Wanderern, sondern bei mehr als 100 geschützten Brutvogelarten beliebt ist. Für das Landschaftsbild prägend sind vor allem die hier zahlreich vorkommenden Muschelkalkpla-

teaus und die blühenden Teppiche aus Buschwindröschen und wilden Märzenbechern in den Frühlingsmonaten.

Hainich

Er wird wegen seiner Buchenwälder auch der »Urwald der Region« genannt. Der Hainich gilt mit seiner Größe von 130

Quadratkilometern als einer der größten geschlossenen und naturnahen Buchenwälder Europas. Einen märchenhaften Charakter bekommt er dadurch, dass vielerorts umgefallenes Totholz von urigen Moosen, Flechten und Pilzen bewachsen ist. Der Baumbestand im südlichen Teil des Hainich wurde zum Nationalpark erklärt.

Werratal

Der Wechsel von Auenlandschaften und steilen Felsen bietet nicht nur dem menschlichen Auge einiges an Abwechslung, sondern auch den tierischen und pflanzlichen Bewohnern des Werratals. So ist an den Uferbereichen der Werra, aber auch in den vielen kleinen Nischen der Felswände eine große Anzahl seltener Vögel anzutreffen. Neben dem Uhu kann man Falken beobachten. Da die kargen Felswände Wärme speichern, wachsen hier sogar seltene Orchideen.

Highlights Wildkatzen sind nicht nur sehr seltene, sondern vor allem besonders scheue Tiere. Um dennoch die Möglichkeit zu bekommen, die Samtpfoten zu beobachten, gibt es in Hütscheroda das bundesweit einzige Wildkatzendorf. Die Besucher werden hier über das Verhalten der Tiere aufgeklärt und können sich anschließend auf einen Aussichts-

turm begeben, um die Vierbeiner erspähen zu können.

Outdoor-Aktivitäten Ob mit einem kleinen Boot oder einem Kanu, der Werralauf zwischen Creuzburg und Treffurt zeigt sich von seiner malerischen Seite, egal, womit man ihn erkundet. Die Wassertour führt nicht nur durch wild bewachsene Uferregionen, sondern auch an gut erhaltenen, mittelalterlichen Bauten vorbei.

Anreise/Unterkunft Eingerahmt von den Autobahnen A4 und A38 ist der Naturpark bequem mit dem Auto zu erreichen. Und auch in touristischer Hinsicht gibt es eine Vielzahl Übernachtungsmöglichkeiten. Unterkunft: Klausenhof Bornhagen, www.klausenhof.de; Waldhotel »Klostermühle« Effelder, www.waldhotel-klostermuehle.de.

Großes Bild: Blick vom Mommelstein ins Werratal; rechts: Paddeln auf der Werra.

+ TIPP + TIPP + TIPP +

↗ **Pilgerweg** Durch den Naturpark führt eine Teilstrecke des Pilgerwegs, der die ehemaligen Zisterzienserklöster Loccum und Volkenroda miteinander verbindet. Insgesamt umfasst der Weg eine Strecke von rund 300 Kilometern; eine Teilstrecke von 20 Kilometern führt durch die Region. Sehenswert sind entlang der Strecke nicht nur die Natur, sondern auch die vielen gut erhaltenen Klöster.

↗ **Bärenpark Worbis** Bären gehören zwar nicht mehr zu den frei lebenden Tieren der Region, bewundern kann man sie vor Ort aber dennoch. Im Alternativen Bärenpark Worbis haben u.a. solche Bären eine neue Bleibe gefunden, die andernorts keine guten Lebensumstände erfahren haben. So sind hier vor allem Tanz- und Zirkusbä-

ren zu sehen. Als weiteres Wildtier-Highlight gibt es im Bärenpark auch ein Wolfsrudel zu beobachten (www.baerenpark.de).

↗ **Radfahren auf Schienen** Umweltfreundlich und abenteuerlich zugleich ist es, wenn man die Region mit der Fahrraddraisine erkundet. Die Tour beginnt am Bahnhof Lengenfeld unterm Stein und führt über die ehemalige Kanonenbahnstrecke durch die Landschaft und sogar durch einen Tunnel. Infos unter www.erlebnis-draisine.de.

Nationalpark Hainich

Nationalpark-Verwaltung
Hainich, Bei der Marktkirche 9,
99947 Bad Langensalza
Tel. 03603/390 70
www.nationalpark-hainich.de
nationalpark.hainich@nnl.
thueringen.de

Seit 1997 existiert dieser 13. Nationalpark Deutschlands, der der einzige Nationalpark Thüringens ist. Diese Auszeichnung gilt vor allem dem Schutz des Buchenwaldes, der übrigens das größte zusammenhängende Laubwaldgebiet Deutschlands bildet. Der im Westen Thüringens liegende Nationalpark umfasst dabei eine Fläche von 75 Quadratkilometern, die gesamte Waldfläche ist sogar mehr als doppelt so groß. Neben der hier dominierenden Buche sind in der Region auch andere Laubbäume wie Esche, Linde oder Ahorn zu finden. Bekannt ist der Nationalpark vor allem für

Auf dem nahrungsreichen Waldboden gedeihen auch viele farbenfrohe Blütenpflanzen.

seinen üppigen Pilzbestand sowie die zahlreichen Frühlingsblüher, die sich zu Jahresbeginn wie ein bunter Blütenteppich über den Waldboden legen. Besonders stolz ist man in der Region auch über die Artenvielfalt der Tierwelt. Allein 15 verschiedene Fledermaus- und mehr als 500 Käferarten sind hier zu finden. Das absolute Aushängeschild des Parks sind jedoch die scheuen und vor allem extrem selten ge-

wordenen Wildkatzen. Die wilden Samtpfoten sind zwar in der freien Natur leider kaum zu sehen; dafür können sie im »Wildkatzendorf« aus der Nähe bestaunt werden.

Highlights So nah ist man dem Himmel nur selten. Auf einer Höhe von 44 Metern führt der sogenannte Baumkronenpfad in zwei Etappen von 238 und 308 Metern zwischen den Baumkronen entlang. Mit etwas

Glück hat man hier nicht nur eine atemberaubende Sicht, sondern auch ein Treffen mit Fledermäusen oder Spechten.

Outdoor-Aktivitäten Passend zur märchenhaften Anmutung des Nationalparks führt der Erlebnispfad »Feensteig« durch die bekanntesten Erzählungen und schönsten Landschaften des Waldes. An 14 Stationen gilt es märchenhafte Aufgaben zu lösen und sich so in eine Welt der Feen und Kobolde entführen zu lassen.

Anreise/Unterkunft Die A4 und die A38 umschließen den Nationalpark und machen ihn daher aus allen Richtungen mit dem Auto gut erreichbar. Was das touristische Angebot angeht, arbeitet der Nationalpark mit insgesamt elf Partnerbetrieben zusammen. Diese Gastgeber stehen im engen Kontakt mit der Parkorganisation und sind daher immer über Besonderheiten und Neuigkeiten informiert, die natürlich gern an die Gäste weitergegeben werden (www.nationalpark-hainich. de/einsteigen/unterkunft-partner.html). Unterkunft: Gasthof und Herberge »Alter Bahnhof« Heyerode, www.alterbahnhof. net; Landpension »Minna« Herbsieben, Tel. 036041/322190.

Großes Bild: Im Hainich wird die Natur großteils sich selbst überlassen. Über den Baumkronenpfad (rechts) erhält man Eindrücke.

+ TIPP + TIPP + TIPP +

↗ Grünes Klassenzimmer
Da man nie auslernt, richtet sich das Angebot der sogenannten grünen Klassenzimmer nicht nur an Schulklassen, sondern auch an alle erwachsenen Besucher des Nationalparks. Auf insgesamt vier verschiedenen kurzen Wanderwegen (den vier Klassenzimmern) sind 19 Stationen aufgebaut, die einen Biologieunterricht der besonderen Art erlebbar machen. Erklärt werden die dortigen Lebensräume, ihre Bewohner und die Interaktion zwischen Mensch und Natur. Mehr Infos zu den Pfaden und Strecken gibt es unter www.nationalpark-hainich.de.

↗ Pilze, Pilze, Pilze Umgefallenes, vermodertes Totholz bietet den idealen Nährboden für Pilze aller Art. Und das kann man im Nationalpark

hautnah erleben. Nachgewiesen sind zwar »nur« 1646 verschiedene Pilzarten, Experten schätzen jedoch, dass mehr als 2000 tatsächlich vorhanden sind. Darunter sind 230 Arten, die auf der roten Liste stehen sowie 55 Arten, die in Thüringen noch vor wenigen Jahren gar nicht registriert worden sind.

↗ Junior-Ranger Ausgebildete Naturführer haben sich für den Nachwuchs im Natio-

nalpark etwas ganz Besonderes ausgedacht. Spezielle Führungen für Kids machen Naturkunde nicht nur für Kinder spannend und vor allem auch erlebbar. Selbst Eltern können dabei noch etwas lernen. Ob es darum geht, Bodenproben zu nehmen, Tiere zu beobachten oder Spuren zu lesen: Die Senior-Ranger erklären alles ganz genau. Infos über die Führungen kann man unter www.junior-ranger.de nachlesen.

Naturpark Thüringer Wald

Naturpark Thüringer Wald e.V.
Rennsteigstraße, OT Friedrichs-
höhe, 98678 Sachsenbrunn
Tel. 036704/709 90
www.naturpark-thueringer-
wald.de
verband@naturpark-thueringer-
wald.de

Rund um den Rennsteig zwischen Eisenach und Sonneberg liegt der Naturpark Thüringer Wald. Charakteristisch für die Landschaft dieses Kammgebirges sind die extremen Höhenunterschiede. Das enorme Gefälle zwischen Tal und Berggipfel zeigt sich vor allem im Herzen des Naturparks, beispielsweise im Tal des Schneetiegels. Zu den höchsten Erhebungen der Region zählen der Große Inselsberg, der Große Beerberg, der Schneekopf, der Große Finsterberg, der Ruppberg und der Kickelhahn. Die Waldgebiete des Parks werden vor allen durch verschiedene Buchenarten geprägt, die durch ihre üppigen Kronen und das dichte Blattwerk ideale Lebensbedingungen für eine Vielzahl von Vögeln schaffen. Auf einem Quadratmeter kommen daher bis zu 100 Brutvögel vor. Typisch für diese Buchenwälder ist der Waldlaubsänger. Daneben kommen aber auch Schwarzspecht, Raufußkauz und Hohltaube sowie verschiedene Fledermausarten vor. Kein Wunder, dass sich die Vögel hier so wohl fühlen: Da der überwiegende Teil der Waldbewohner aus Insekten besteht, ist schließlich immer ausreichend Nahrung zu finden. Über 208 verschiedene Insektenarten konnten auf dem Gebiet des Thüringer Waldes nachgewiesen werden.

Drei Gleichen

Die Burg Gleichen, die Mühlburg und die Wachsenburg thronen auf drei beieinanderliegenden Erhebungen im Landkreis Gotha und Ilm-Kreis. Dass dieses Trio den Namen »Drei Gleichen« trägt, obwohl alle Burgen unterschiedlich aussehen, liegt der Sage nach daran, dass sie nach einem Blitzeinschlag im Jahr 1231 alle in gleicher Weise gebrannt haben. Verschiedene Umbau- und Restaurierungsarbeiten haben ihren Erhalt gesichert und damit die natur- und kulturgeschichtlichen Monumente heute zu einem Besuchermagnet gemacht (www.drei-gleichen.de).

Drachenschlucht

Die Drachenschlucht bei Eisenach gilt als eines der bedeutendsten Geotope der Region und ist ein geologisches Naturdenkmal. Die schmale Klamm trägt ihren Namen wegen der sagenhaften Kämpfe zwischen Rittern und Drachen, die hier früher angeblich stattgefunden haben sollen. Die Schlucht ist

Großes Bild: Sonnenstrahlen durchdringen den Thüringer Wald; links: See im Naturpark.

etwa drei Kilometer lang, teilweise nur 86 Zentimeter breit und wird von imposanten Felsen umsäumt, ein beeindruckendes Erlebnis.

Inselsberg

Er ist mit rund 916 Metern der höchste Berg des Thüringer Waldes. Seine markante Spitze zählt nicht nur zu den Wahrzeichen der Region, sondern sie ist auch ein beliebter Anlaufpunkt für Wanderer. Auf dem Berg wurden nämlich Aussichtsplattformen errichtet, die einen Rundum-Panorama-Blick über das gesamte Areal zulassen. Früher verlief hier die Grenze zwischen Gotha und Hessen, weshalb es noch heute zwei Gaststätten auf dem Gipfel gibt.

Trusetal

Das Trusetal liegt am Südwesthang des Thüringer Waldes. Neben seinen dichten Buchen- und Nadelwäldern, die vor allem dem Rotwild ein geschütztes Rückzugsgebiet ermöglichen, ist die Gegend hauptsächlich für seinen beeindruckenden Wasserfall bekannt, der im Jahr 1865 künstlich angelegt wurde und eine Falltiefe

von rund 58 Metern hat. Für Besucher ist dieses Wasserschauspiel optimal erschlossen. Über 228 Stufen kann man am Fall entlang hinauf steigen.

Haseltal

Mitten im Herzen des Thüringer Waldes, in der Nähe des Wintersportortes Oberhof, liegt das malerische Haseltal. Vor allem in den Sommermonaten ist die Region für ihre blühenden Blumenwiesen bekannt. Vom Tal aus hat man eine gute Sicht auf die umliegenden Gipfel, die eine Höhe von bis zu 900 Metern erreichen. Die Nähe zum bekannten Wanderweg »Rennsteig« macht die Region vor allem für aktive Naturfreunde zu einem beliebten Anlaufpunkt.

Highlights Das Wahrzeichen der Region thront über der Stadt Eisenach, ist mehr als 900 Jahre alt und auf jeden Fall einen Besuch wert: In der geschichtsträchtigen Wartburg werden heute standesamtliche Trauungen vollzogen und Feste gefeiert. Aber auch Führungen für historisch Interessierte finden regelmäßig statt. Seit mehr als zehn Jahren zählt die Wartburg als »ein hervorragendes Denk-

mal der feudalen Epoche in Mitteleuropa« zum Welterbe.

Outdoor-Aktivitäten Der Begriff Rennsteig wird hier nicht nur als Synonym für einen Wanderweg unter vielen anderen, sondern als Bezeichnung des einzigen Originals verstanden. Der »Rennsteig« im Thüringer Wald ist vielleicht der bekannteste Wanderweg der Republik. Entweder erwandert man sich

allein die 170 Kilometer lange Strecke oder schließt sich einer organisierten Tour an (www. rennsteig.de).

Anreise/Unterkunft Während die A4 parallel zum Naturpark liegt, führt die A71 sogar

mitten durch das Gebiet hindurch, was für eine gute Erreichbarkeit mit dem Auto sorgt. Und auch das Angebot an Unterkünften lässt keine Wünsche offen. Ob man einen Wellness-Urlaub oder eine Campingreise plant: Im Thüringer Wald ist alles möglich. Unterkunft: Landhaus Hotel Romantik, www. landhaus-hotel-romantik.de; Pension Rennsteigblick, www. pension-rennsteigblick.de.

Linke Seite: Der Wasserfall im Trusetal ist ein beliebtes Wanderziel im Thüringer Wald und auch einen Abstecher vom Rennsteig wert. Besonders in den Morgenstunden bietet sich die Gelegenheit, Rothirsche zu beobachten (oben).

+ TIPP + TIPP + TIPP +

⬈ **Veste Heldburg** Wegen ihrer landschaftlichen Dominanz ist sie auch als »fränkische Leuchte« bekannt. Die Veste Heldburg ist ein Schloss, wie man es sonst nur aus Märchen kennt. Leider wurden bei einem Brand im Jahr 1982 große Schäden angerichtet. Seit etwa zehn Jahren sind die Renovierungs- und Restaurierungsarbeiten im Gange. Für Besucher steht die Anlage dennoch ganzjährig zur Verfügung.

⬈ **Sommerrodelbahn** Rodelfans brauchen hier keinen Schnee, um sitzend den Berg herabzusausen. Die Sommerrodelbahn Saalburg bietet eine kurvenreiche Strecke, auf der die ganze Familie Spaß an der Geschwindigkeit findet. Mehr Infos zum Standort und den

Öffnungszeiten gibt es unter www.saalburg.de/sr.htm.

⬈ **Glitzernde Höhle** Man fühlt sich, als wäre man in einem Zimmer voller Diamanten. In der Marienglashöhle glitzern bis zu knapp einem Meter große, klare Kristalle und warten darauf, besichtigt zu werden. Besucher gelangen über einen 100 Meter langen Eingangsstollen in diese natürlich entstandene Grotte, in der neben den funkelnden Steinen auch ein echter Höhlensee für staunende Bewunderung sorgt. Neben Führungen finden in der Höhle hin und wieder auch Konzerte statt, die von der besonderen Akustik der Grotte profitieren. Informationen zur Höhle und deren Besuch unter www.marienglashoehle.de.

Neben der Marienglashöhle ist auch die Höhle am Großen Hermannstein am Goethe-Wanderweg sehenswert.

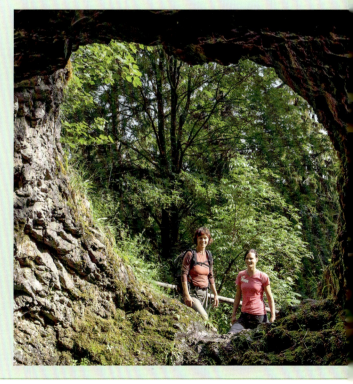

Das Motiv des röhrenden Hirsches gehört zur deutschen Zeitgeschichte: Jahrzehntelang prangte das Tier an Wohnzimmerwänden, auf Kaffeeservicen oder als Porzellanfigur auf dem Sideboard. Ende des 19. Jahrhunderts kam das Motiv bei den Malern der Romantik in Mode und blieb bis in die 1960er-Jahre im Trend. Dargestellt ist fast ausschließlich der Rothirsch *(Cervus elaphus elaphus)*, eine der größten Hirscharten der Welt, dessen Böcke ein besonders imposantes Geweih ausbilden. Die Acht-, Zehn- oder gar Zwölfender gelten auch heute noch als beliebte Jagdtrophäe. Das Tier, das ursprünglich offene Steppen bevorzugte, nun aber vor allem in Wäldern lebt, schließt sich nach Geschlechtern getrennt in Rudeln zusammen. Nur zur Brunftzeit tritt nach erbitterten Kämpfen unter den Männchen der Platzhirsch als Sieger hervor, der dann ein sogenanntes Kahlwildrudel aus Weibchen und Jungtieren für sich gewinnt. Nach erfolgreicher Fortpflanzung schließt sich der Bock dann wieder einer Gruppe Männchen an. Die Hirschkühe bringen im Frühjahr ein, selten auch zwei Junge zur Welt. Das Kalb ist mit seinen weißen Flecken im Fellkleid gut getarnt. Das Muttertier entfernt sich von ihm nur in Windrichtung, um immer seine Witterung aufnehmen zu können.

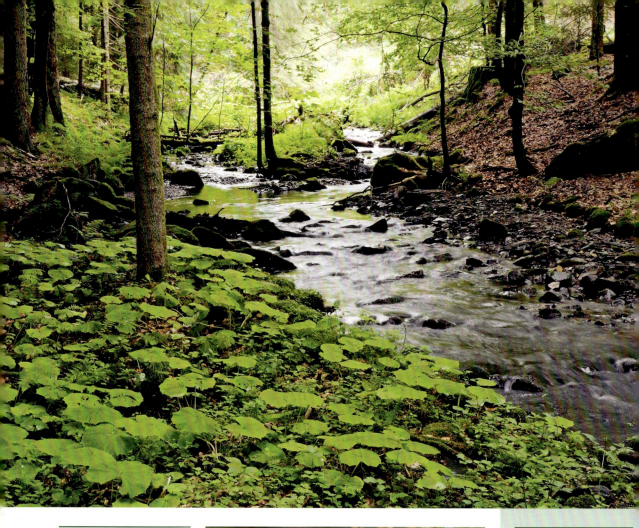

Biosphärenreservat Vessertal

UNESCO-Biosphärenreservat
Vessertal-Thüringer Wald,
Waldstraße 1, 98711 Schmiede-
feld am Rennsteig
Tel. 036782/66 60
www.biosphaerenreservat-
vessertal.de
poststelle.vessertal@nnl.
thueringen.de

Die drei höchsten Berge des Thüringer Waldes, der Große Beerberg, der Schneekopf und der Große Finsterberg, sind das landschaftliche Gegenstück zu den tiefen Tälern der Region. Das Biosphärenreservat Vessertal liegt in den Kreisen Hildburghausen und Ilm-Kreis und ist für seine Höhenunterschiede, aber auch für seine dichte Bewaldung bekannt. Fast 90 Prozent der rund 170 Quadratkilometer großen Fläche ist bewaldet; Fichten sind dabei die häufigste Baumart. Neben dem Waldbestand konnten sich einige Hoch-

moore und Bergwiesen durchsetzen. Die Region ist nicht nur ein Wandergebiet, sondern vor allem auch Heimat für geschützte Tierarten wie den Feuersalamander oder das Birkhuhn. Die Anerkennung als Biosphärenreservat erfolgte durch die UNESCO, wobei in den Folgejahren noch zwei Gebietserweiterungen stattgefunden haben.

Outdoor-Aktivitäten Hirsche, Wildschweine und vielleicht sogar ein Birkhuhn lassen sich hier in freier Wildbahn beobachten – jedenfalls dann, wenn man weiß, wo man nach

den Tieren Ausschau halten muss. Wer neugierig ist, schließt sich einer Wildbeobachtungstour an, www.br-vessertal.de.

Anreise/Unterkunft Die Bundesstraße B4 führt mitten durch das Gebiet, während die A73 westlich daran vorbeiführt. Über beide Straßen ist die Region für die Anreise mit dem Auto erschlossen. Unterkunft: Café & Pension »Im Kurpark«, www.pension-kurpark.de; Hotel Gastinger, www.hotel-gastinger.de.

Feuersalamander (oben) und Knabenkraut (rechts).

↗ **Klimaweg** Auf sechs Kilometern kann man das Wetter verstehen lernen. Der Rundweg am Rand von Geraberg erklärt auf Infotafeln sämtliche Wetterphänomene der Region. Ein Highlight der Tour ist das größte Flüssigkeitsausdehnungsthermometer der Welt!

↗ **Tierpark Suhl** Auf einer Fläche von 120 000 Quadratmetern lassen sich mehr als 100 verschiedene Tierarten beobachten. Viele davon sind vom Aussterben bedroht. Der Tierpark hat es sich zur Aufgabe gemacht, vor allem diesen geschützten Arten ein Refugium zum Fortbestand zu geben. Neben den Haus- und Wildtierrassen der Region sind auch international beheimatete Vierbeiner zu bestaunen (www.tierpark-suhl.eu).

Naturpark Thüringer Schiefergebirge/ Obere Saale

Naturpark Thüringer Schiefergebirge/Obere Saale
Wurzbacher Straße 16
07338 Leutenberg
Tel. 036734/230 90
www.thueringer-schiefergebirge-obere-saale.de
poststelle.schiefergebirge@nnl.thueringen.de

Auf 800 Quadratkilometern Fläche erstreckt sich der Naturpark Thüringer Schiefergebirge/Obere Saale mit einer bunten Vielfalt an Landschaften. So finden sich im Süden der Region Berge, die eine Höhe von 900 Metern erreichen. Dieser stark bewaldete Teil steht in deutlichem Kontrast zu den tiefen Tälern mit zahlreichen Bächen, die auch als das »Blaue Band« der Region bekannt sind. Der Fluss Saale fließt hier hindurch. Zwischen

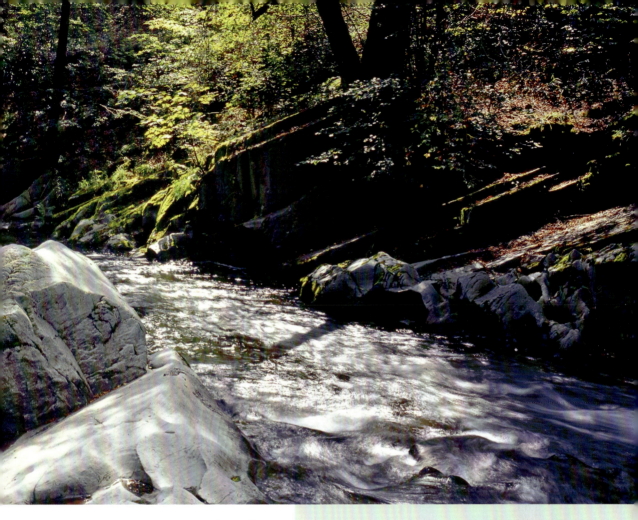

den Orten Probstzella, Lehesten und Ludwigsstadt liegt außerdem ein altes Schieferbergbaugebiet, in dem noch heute Dach- und Wandschiefer abgebaut wird. Wie prägend der Bergbau für die Region war und ist, erkennt man daran, dass hier fast jedes Haus mit Schiefer gedeckt ist. In der Nähe der zwei Saale-Stauseen sind außerdem seltene Tierarten wie die Wasseramsel und der Feuersalamander heimisch.

Highlights Es steht unter Denkmalschutz und ist das Wahrzeichen von Plothen: Das Pfahlhaus am Hausteich ist nicht nur wegen seiner altertümlichen Bauweise nett anzusehen, auch in seinem Inneren hat es etwas zu bieten. Ein Museum für Teich- und Fischwirtschaft wartet hier darauf, von Besuchern erkundet zu werden.

Outdoor-Aktivitäten Der Naturlehrpfad »Land der Tausend Teiche« führt durch die Wasserlandschaft der Region

und informiert über Vogelarten, Amphibien und Libellen, die hier leben. Außerdem erfährt man einiges über die Natur- und Kulturgeschichte des Gebietes.

Anreise/Unterkunft Die Bundesstraße B90 führt durch den Naturpark, aber auch gute Anreisemöglichkeiten mit dem Fernbus sind gegeben. Auskunft über die Busverbindungen bekommt man unter www.fahrtenfuchs.de. Auch touristisch hat der Naturpark viel zu bieten: Von Ferienwohnanlagen über Hotels bis hin zu Eco-Campingplätzen ist alles zu finden. Unterkunft: Aparthotel am Rennsteig, www.am-rennsteig.de; Waldhotel Mellestollen, www.mellestollen.de.

Großes Bild: Schwarzatal mit Fluss Schwarza bei Bad Blankenburg. **Links:** Neben dem Schieferlehrpfad kann man auch im Schaubergwerk »Feengrotten« in Saalfeld erleben, wie das Gestein abgebaut wurde.

+ TIPP + TIPP + TIPP +

↗ **Schieferlehrpfad** Er ist als »blaues Gold« bekannt: Schiefer ist ein wesentlicher Industriezweig im Naturpark und auch prägend für das landschaftliche Erscheinungsbild der Region. Wer mehr über Abbau, Verarbeitung und Entstehung des blauen Goldes wissen will, kann das auf aktive Weise erfahren: Der Schieferlehrpfad enthält auf unterschiedlichen Rundwegen zwischen drei und acht Kilometern Länge insgesamt 30 Informationstafeln. Starten kann man die Wanderung in den Orten Probstzella, Lehesten, Ludwigsstadt und Gräfenthal.

↗ **Wasser marsch!** Im »Land der tausend Teiche« rund um das sehenswerte Örtchen Plothen, gibt es unzählige Freizeitmöglichkeiten für Wassersportfans. Ob man

Kanu oder Wasserski fahren möchte, Paddeln oder Tauchen, hier ist für jede Wasserratte etwas dabei. Infos über die Wassersportmöglichkeiten gibt es unter www.thueringer-wald.com.

↗ **Pilzerlebnispfad** Der humose, stark verwilderte Waldboden macht die Region zu einem Paradies für Pilze. Wer mehr über diese teils schmackhaften, mitunter aber auch giftigen Gewächse lernen will, ist auf dem Pilzlehrpfad genau richtig. Zwischen Gräfenwarth und der Wettera-Brücke gibt es hier auf 4,5 Kilometern Länge zahlreiche Infotafeln, die Auskunft über die Pilze der örtlichen Wälder geben. Immer wieder passiert man dabei tolle Aussichtsplätze, die einen Panoramablick über das Gebiet zulassen. Durch die steilen Anstiege ist der Pfad jedoch nicht unbedingt für Kinderwägen oder Rollstühle geeignet.

Auf dem Rothaarsteig im Rothaargebirge trifft man auf die Felsformation der Bruchhauser Steine.

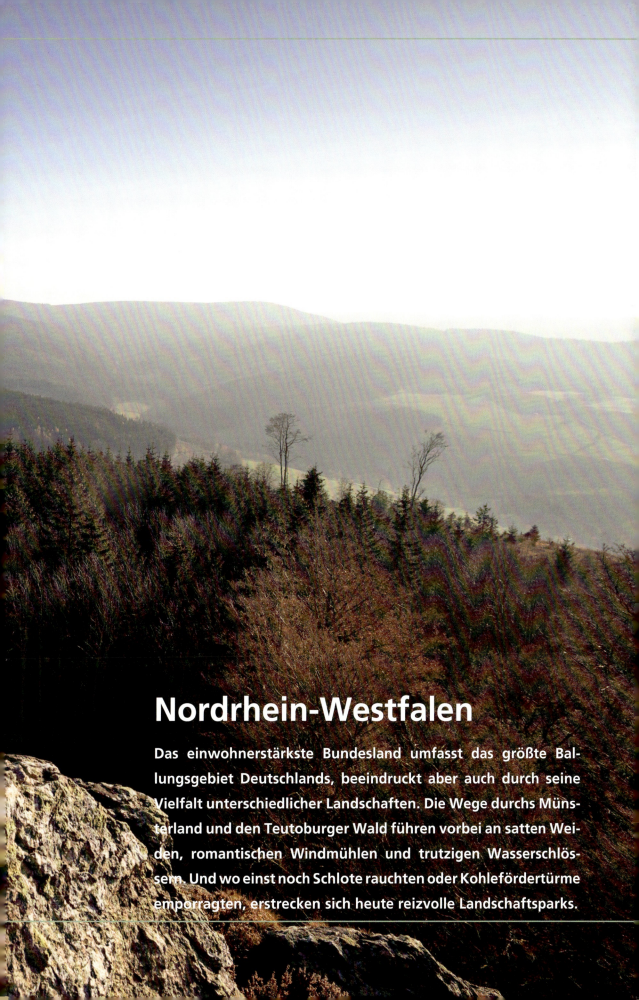

Nordrhein-Westfalen

Das einwohnerstärkste Bundesland umfasst das größte Ballungsgebiet Deutschlands, beeindruckt aber auch durch seine Vielfalt unterschiedlicher Landschaften. Die Wege durchs Münsterland und den Teutoburger Wald führen vorbei an satten Weiden, romantischen Windmühlen und trutzigen Wasserschlössern. Und wo einst noch Schlote rauchten oder Kohlefördertürme emporragten, erstrecken sich heute reizvolle Landschaftsparks.

Naturpark Teutoburger Wald/ Eggegebirge

*Naturpark Teutoburger Wald/
Eggegebirge
Felix-Fechenbach-Straße 5
32756 Detmold
Tel. 05231/62 79 44
www.naturpark-teutoburger-
wald.de
info@naturpark-teutoburger-
wald.de*

Mit einer Fläche von 2711 Quadratkilometern bildet er das grüne Herz Nordrhein-Westfalens und ist einer der größten Naturparks Deutschlands. Da der Naturpark Teutoburger Wald / Eggegebirge zu mehr als 60 Prozent bewaldet ist, kommt ihm zudem eine wichtige ökologische Ausgleichsfunktion in der Region zu. Prägend für sein Erscheinungsbild sind Buchenwälder. Von Waldmeister- über Waldgersten- bis hin zu Orchideenbuchenwäldern bietet der Boden der Regi-

on für fast jede Buchenart gute Bedingungen. Am westlichen Rand des Naturparks sind außerdem einige Moorvorkommen zu finden, die wegen ihrer Seltenheit unter einem besonderen Schutz stehen und daher nicht vollständig für Besucher erschlossen sind. Besucher schätzen diese grüne Erholungsregion auch wegen ihrer vielen Sehenswürdigkeiten. Immerhin gibt es hier rund 1000 eingetragene Naturdenkmäler, von denen vor allem das Silberbachtal, die Hardehauser Klippen sowie der nördlichste Vulkan Deutschlands bei Sandebeck sehenswert sind. Darüber hinaus ist das Gebiet des Naturparks als »Heilgarten Deutschlands« bekannt. Der Grund für diese Bezeichnung ist die bundesweit einmalige Dichte an natürlichen Heilmitteln, ebenso wie Sole, Moor und kalten sowie warmen Heilquellen. Eine Vielzahl von Luft- und Kneippkurorten liegt vor allem am Rande des Teutoburger Walds.

Externsteine

»Man mag sich drehen und wenden, wie man will, man findet sich wie in einem magischen Kreis gefangen…«, schrieb bereits Goethe über die 13 grauen Sandsteinfelsen, die nahe Horn-Bad Meinberg in einer Reihe stehend bis zu 38 Meter hoch in den Himmel ragen. Bei diesem Naturdenkmal handelt es sich um eine steil aus dem Boden ragende Felsgruppe, die die herausragende Sehenswürdigkeit des umliegenden Naturparks ist. Die Felsen bestehen aus hartem Osning-Sandstein, der in der unteren Kreidezeit entstand und vor etwa 70 Millionen Jahren durch Verwerfungen in der Erdkruste steil aufgefaltet wurde. Durch Erosion wurde das weichere Gestein mit der Zeit abgetragen, so dass die härteren Felsen freigelegt wurden. Der Name »Externsteine« leitet sich wohl von der Vogelart Elster ab, die sich hier zu früheren Zeiten massenhaft tummelte.

Highlights Ein absolutes Muss für Naturfreunde ist die »blaue Blume von Blankenrode«. Im Naturschutzgebiet Bleikuhle ist nämlich eine weltweite Einzigartigkeit zu sehen: das Galmeiveilchen, das von den Botanikern als Viola guestphalica bezeichnet wird und nur an diesem exklusiven Standort, der Bleikuhle, zu Hause ist. Diese Senke trägt ihren Namen übrigens deshalb, weil der Boden Reste von Schwermetallen enthält und daher für gewöhnliche Pflanzenarten giftig ist.

Outdoor-Aktivitäten In der Region sind seit dem Jahr 2006 rund 26 ausgebildete Naturparkführer im Einsatz. Sie bieten ein breites Exkursionsprogramm an, welches die Besucher mit Natur, Landschaft, Kultur und Geschichte des Teutoburger Waldes, der Senne und des Eggegebirges vertraut machen soll. Die Touren sind auf verschiedene Altersgruppen und Mobilitätsansprüche abgestimmt. Mehr Infos zu den Touren unter www.naturparkfuehrer.org.

Anreise/Unterkunft Ein besonderer Service der Region ist der Naturparkbus. Viele Sehenswürdigkeiten des Kreises Lippe sind durch diesen Bus verbunden. Wer in der Region eine besonders exklusive Übernachtungsmöglichkeit sucht, ist im »Gräflichen Park Hotel & Spa« bestens aufgehoben. Seit über 225 Jahren ist dieses historische Haus im Besitz der Grafen von Oeynhausen-Sierstorpff. Infos unter www.graeflicher-park.de. Wer einen Aktivurlaub im Einklang mit der Natur verbringen möchte, sollte den Naturcampingplatz Elisabethsee, Tel. 05221/334 11, www.camping-elisabethsee.de, ansteuern.

Großes Bild: Gewitterwolken ziehen sich über einem Getreidefeld im Eggegebirge zusammen. Rechts: Hermannsweg im Teutoburger Wald.

↗ **Wisentgehege Harde-hausen** Wenn man das Tram-peln der schweren Hufe am Vi-brieren des Bodens spürt, kann man schon Angst bekommen – muss man aber nicht. Der euro-päische Bison, der Wisent, ist friedlich. Im Wisentgehege Hardenhausen kann man sich davon selbst einen Eindruck

verschaffen. Auf einer Flächen-größe von knapp einem Quad-ratkilometer mit urwaldähnli-chen Mischwäldern sowie Wiesen und Freiflächen werden die braunen Riesen gehalten und gezüchtet. Pferdefreunde können überdies eine Zucht-gruppe von etwa fünfzehn bis zwanzig Tarpanen bewundern. Diese Wildpferdeart ist typisch für die Region, doch gegen Ende des 19. Jahrhunderts lei-der ausgestorben. Durch eine

Rückkreuzung mit anderen ur-sprünglichen Pferderassen wird nun versucht, den Wildpferde-charme dieser Tiere wieder auf-leben zu lassen. Überdies gibt es ein Schwarzwildgatter, in dem Wildschweine und weißes Rotwild beobachtet werden können.

↗ **Eiche Borlinghausen** Sie ist der älteste und größte bota-nische Zeitzeuge Nordrhein-Westfalens und für viele Besu-

cher ein andächtiger Ort der Ruhe. Die alte Eiche von Bor-linghausen soll der Sage nach vor mehr als 1000 Jahren von Karl dem Großen gepflanzt wor-den sein. Die im Volksmund auch als »dicke Eiche« bekann-te Stieleiche ist durch Verlust des Kernholzes inzwischen in zwei Schäfte geteilt, die von Ei-senstäben und Mauerwerk zu-sammengehalten werden. Ihr Stammumfang beträgt unglaub-liche 11 Meter, womit dieses

Naturdenkmal mit Abstand der stärkste und vermutlich älteste Baum Westfalens ist.

↗ **Vulkan Desenberg** Er ist untypisch für den Norden und gerade deshalb eine solche Besonderheit. Der Vulkan Desenberg ragt nordöstlich von Warburg mit einer Höhe von 150 Metern aus der Warburger Bördelandschaft. Seinen Gipfel schmückt die Burgruine Desenburg. Obwohl der Desenberg optisch aussieht wie der Prototyp eines Vulkanes, kam es nie zum Ausbruch. Der Schlot aus Basalt ist nämlich derart eng, dass die Magmamassen erkaltet sind, ehe sie die Spitze erreicht haben. Heute ist der Vulkan ein beliebter Aussichtspunkt.

Beide Abbildungen: Bizarr geformt sind die Externsteine im Teutoburger Wald, die sich in der Wiembecke spiegeln.

Naturpark Arnsberger Wald

Naturpark Arnsberger Wald
Hoher Weg 1–3
59494 Soest
Tel. 02921/300
www.naturpark-arnsberger-
wald.de
arnsberger-wald@kreis-soest.de

Der Naturpark Arnsberger Wald wurde im Jahr 1961 zum Zwecke der Holzwirtschaft, aber auch als Erholungsgebiet gegründet und umfasst eine Fläche von insgesamt 482 Quadratkilometern. Im Norden wird das Gebiet durch die Möhne und im Süden durch die Ruhr begrenzt. Die höchsten Berge des Gebiets ragen zwischen 400 und 600 Metern in die Höhe und sind im Plackwald, an der Wasserscheide zwischen Ruhr und Möhne, zu finden. Die Region ist vor allem bekannt dafür, dass sie den größten Rotwildbestand in der Bundesrepublik hat. Eine abso-

Eine alte Buche trotzt seit vielen Jahrhunderten Wind und Wetter.

lute Besonderheit ist eine kleine asiatische Hirschart, das Sikawild. Den Tieren, die durch ihr hellbraunes Haarkleid mit den zahlreichen weißen Flecken auf dem Rücken wie ein typisches »Bambi« aussehen und leicht zu erkennen sind, gelang vor einigen Jahrzehnten der Ausbruch aus einem

Gehege und die Ausbreitung in die freie Natur dieser Region. Ein besonders tierreiches Gebiet ist auch der Möhnesee mit seinen ausgewiesenen Vogelschutzgebieten. Vor allem in den Wintermonaten zählt er zu den vogelreichsten Gewässern des Landes, das viele Tiere zum Überwintern aufsuchen.

Lürwald

Dieses Waldgebiet steht unter Naturschutz und beherbergt zahlreiche seltene Vogelarten, wie den Schwarzstorch, den Mittelspecht oder den Kolkraben. Auf einer Fläche von 1618 Hektar liegt der Lürwald in der Grafschaft Arnsberg und dem

Herzogtum Westfalen. Das heute als »Lürwald« bekannte Gebiet hat mit dem ursprünglichen Lürwald nichts mehr zu tun. Das früher fast drei Mal so große Waldgebiet zählte zum heutigen Arnsberger Wald, befand sich in Adelsbesitz und wurde durch zahlreiche Besitzwechsel stetig kleiner.

Highlights 204 Stufen führen in dem Wahrzeichen der »Sauerland Waldroute« in die Höhe und zu einem Ausblick, der alle Baumwipfel unter sich lässt. Der Lörmecketurm ist aber nicht nur wegen seines Panoramablicks, sondern auch wegen seiner Bauweise die Besonderheit der Region. Die offene Turmkonstruktion ohne Verkleidung ist aus 144 gekreuzten Douglasienbalken zusammengesetzt, die in heimischen Wäldern gefällt wurden.

Outdoor-Aktivitäten Auf 240 Kilometern und in 16 Etappen führt die »Sauerland Waldroute« alle wanderfreudigen Naturliebhaber durch die drei Naturparke Arnsberger Wald, Homert und Diemelsee. Der Hauptweg ist mit Schildern gekennzeichnet, die auch kürzere Rundstrecken markieren. Mehr Infos unter www.sauerlandwaldroute.de.

Anreise/Unterkunft Der Naturpark Arnsberger Wald ist über die Autobahnen A44 im nördlichen Bereich und durch die A46 im südlichen Bereich auf direktem Wege zu erreichen. Für aktive Urlauber gibt es in der Region vier Hotels, die mit dem Prädikat »wanderfreundlich« ausgezeichnet wurden. Dazu gehören u.a. das Landhotel & Gasthof Cramer, Tel. 02902/98 80, www.landhotel-cramer.de und das Forsthaus Wiesmann, Tel. 02924/97 41 74, www.forsthaus-wiesmann.de.

Bilder oben: Eichen gehören zu den charakteristischen Bäumen im Arnsberger Wald, Rothirsche zu den häufigsten Bewohnern.

+ TIPP + TIPP + TIPP +

↗ **Wildpark an der Bilsteinhöhle** Die Fütterung der Luchse ist ein ganz besonderes Erlebnis des Wildparks an der Bilsteinhöhle, aber deshalb nicht das einzig Sehenswerte in diesem Freigehege. Seine Lage rund um die Bilsteinhöhle und die riesigen Felsformationen sind vor allem für Landschaftsliebhaber eine echte Augenweide. Tierfreunde freuen sich hingegen über die Beobachtung von Dam-, Sika-, Schwarz- und Rotwild sowie Füchsen, Waschbären und Luchsen in deren natürlichem Lebensraum. Besonders interessant ist der Besuch im Frühjahr, wenn kleine Frischlinge und Sikawildkälber durch das Gelänge toben. Mit etwas Futter, das man im Park kaufen kann, lassen sich die Tiere sogar anlocken (www.bilsteintal.de).

↗ **Bilsteinhöhle** Bereits seit dem Jahr 1888 lockt dieses Wahrzeichen der Region Schaulustige in sein Inneres. Die Bilsteinhöhle ist mit ihren knapp 400 Metern begehbarer Wege nur ein kleiner Teil des gesamten Bilstein-Höhlensystems, aber deshalb nicht minder sehenswert. Das Höhlen-Highlight ist dabei der aktive Höhlenbach, der die untere Etage des Höhlensystems durchfließt und damit die Höhle täglich ein klein wenig weiter auswäscht.

↗ **Klangwald** Was knarrt, knackt und knistert da? Die Geräusche des Waldes macht der »Klangwald« am Möhnesee erleb- und erkundbar. Dahinter verbirgt sich ein 3,5 Kilometer langer Rundwanderweg, der insgesamt zehn Stationen mit Klangkunstobjekten bereithält. An diesen Gebilden werden durch die eigenen Bewegungen oder durch den Wind typische Forstgeräusche erzeugt.

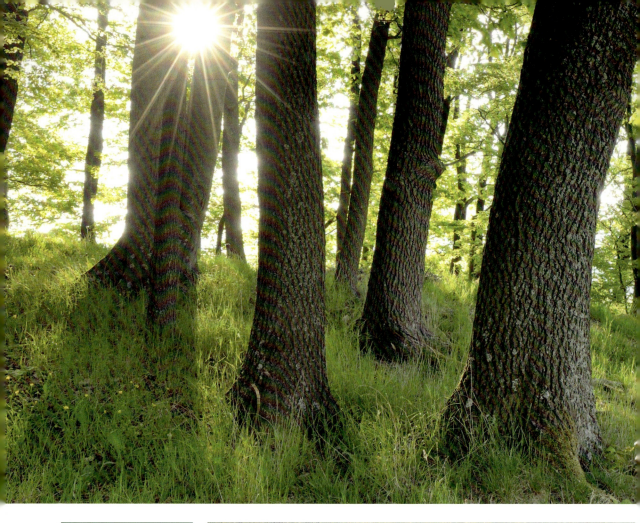

Naturpark Diemelsee

Naturpark Diemelsee
Waldecker Straße 12
34580 Willingen
Tel. 05632/40 11 64
www.naturpark-diemelsee.de
info@naturpark-diemelsee.de

Es sind die höchsten Berge des Sauerlandes, die man hier zu sehen bekommt. Der Naturpark Diemelsee erstreckt sich vom äußersten Nordwesten Hessens ins angrenzende Nordrhein-Westfalen hinein. Die höchsten Erhebungen der Region sind der Langenberg und der Hegekopf, beide erreichen eine Höhe von 843 Metern. Als Teil des Rothaargebirges, das auch als »Hochsauerland« bekannt ist, zeigt sich der Park zum großen Teil mit farbenprächtigen Laubgehölzen bewaldet, darin hin und wieder verstreut liegen Felder und Weideland, Blumenwiesen und Hochheiden. In der Mitte dieser grünen Lunge liegt der

Bunt blühen Löwenzahn und Wiesenschaumkraut auf den Wiesen des Naturparks.

Namensgeber der Region, der Diemelsee. Typisch für das Naturschutzgebiet ist der stete Wechsel von Überflutungen und Trockenfallen, was vor allem für Wasservögel ideale Lebens- und Brutbedingungen ermöglicht.

Zu den bekanntesten gefiederten Bewohnern der Region gehören Blässhühner, Stockenten, Teichhühner, Reiherenten, Gänsesäger und sogar Haubentaucher. Zu den ebenfalls geflügelten und viel bestaunten Anwohnern zählen 81 Schmetterlings- und neun Libellenarten. Die bekanntesten darunter sind der Kaisermantel, der Mädesüß-Perlmuttfalter und der Große Schillerfalter.

Highlights Für alle schwindelfreien Wasserfreunde ist die Diemelseesperre sicher der Höhepunkt des Naturparkbesuchs. Die Mauer des Diemel-

sees wurde im Zweiten Weltkrieg aus rund 72 000 Kubikmetern Bruchsteinen erbaut. Der Speicherraum des Sees umfasst ganze 19,9 Millionen Kubikmeter.

Outdoor-Aktivitäten Anglerherzen schlagen höher. Große Aale, Hechte mit mehr als 20 Pfund, 10-Pfünder-Zander oder 4-Pfünder-Barsche sind nur eine kleine Auswahl an Fischen, die der Diemelsee zu bieten hat. Angeln ist von allen Uferbereichen aus möglich und auch der Einsatz von E-Motoren ist erlaubt. Im Winter findet auf dem See sogar Eisangeln statt – eine gewisse Eisdecke natürlich vorausgesetzt.

Anreise/Unterkunft Die Autobahn A7 und die A44 sind aus den meisten Regionen der direkteste Weg in Richtung Diemelsee. In der Region stehen zahlreiche Ferienwohnungen, Hotels und Campingplätze zur Verfügung, die übersichtlich auf der Homepage www.diemelsee.de aufgelistet und beschrieben sind. Unterkunft: Landhaus Bornemann, Tel. 05633/396, www.landhausbornemann.de; Seehotel Sonnengruß, Tel. 02991/963 60, www.hotelsonnengruss.de.

Großes Bild: An den Ufern des Diemelsees erstrecken sich zum Teil hübsche Waldflächen, in deren Schatten man die Stille genießen kann. Rechts: Bootsverleih am Diemelsee.

+ TIPP + TIPP + TIPP +

↗ **Kanutouren auf dem Diemelsee** Ob man gemütliche Runden auf dem ruhigen Diemelsee drehen möchte oder lieber das sportliche Erlebnis auf einer Naturwildwasserstrecke sucht, beides ist im Naturpark Diemelsee möglich. Denn wirklich jeder Kanu-Fan findet hier die passende Tour. Bootsrutschen, Biegungen, viel Strömung und sogar einige Stromschnellen sind auf den Strecken geboten; natürlich ebenso wie ein wunderschönes Landschaftspanorama. Mehr Infos unter www.kombinatour.de.

↗ **Goldgräberlaune** Wer auf Gold stoßen will, sollte den Lehrpfad »Goldspur Eisenberg« begehen. Hier wird an insgesamt 18 Stationen die Geschichte des Goldbergbaus am Eisenberg veranschau-

licht. Der Lehrpfad ist dabei in zwei Teilstrecken unterteilt, die insgesamt auf 3,3 Kilometern durch Goldhausen zur Burgruine Eisenberg auf den 562 Meter hohen Gipfel des Eisenbergs führen.

↗ **Aussicht von ganz oben** Er ist der Wächter des Eisenbergs und ein Anlaufpunkt für alle, die die Weitsicht lieben.

Der Georg-Viktor-Turm, der zum Ende des 20. Jahrhunderts errichtet wurde, bietet mit seiner Höhe von 22,5 Metern einen malerischen Panoramablick ins Sauerland sowie auf die Ederberge, den Habichtswald und auf die Stadt Korbach. Von Mai bis Oktober ist die Aussichtsplattform täglich von 9 Uhr bis 18 Uhr geöffnet.

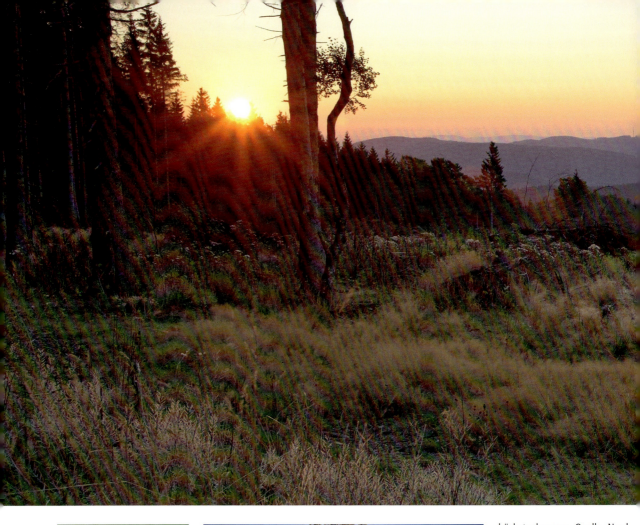

Naturpark Rothaargebirge

Zweckverband Naturpark
Rothaargebirge
Am Rothaarsteig 1
59929 Brilon
Tel. 02961/94 32 23
www.naturpark-rothaargebirge.de
naturparke@hochsauerland-
kreis.de

Der Naturpark Rothaargebirge liegt im südöstlichen Teil Nordrhein-Westfalens und wurde im Jahr 1963 eingerichtet. Seinen Namen verdankt der Naturpark dem Rothaargebirge, das sich dem Astengebirge in südwestlicher Richtung anschließt. Die Gesamtfläche dieses Naherholungsgebiets beträgt 1355 Quadratkilometer und liegt in den Kreisen Olpe, Hochsauerland und überwiegend im Kreis Siegen-Wittgenstein. Das Rothaargebirge ist Quellgebiet der Flüsse Eder, Sieg und Lahn und darüber hinaus Wasserscheide zwischen Rhein und Weser. Die

842 Meter hoch ragt der Kahle Asten auf.

markantesten Erhebungen sind der Dreiherrenstein und der Gillerberg im Bereich Hilchenbach sowie im Westen in der Nähe der Stadt Kreuztal der Kindelsberg und die Martinshardt. Aus kulturhistorischer Sicht ist diese Region vor allem wegen ihrer Vielzahl an Burgen, Schlössern und Turmruinen interessant. Die bekanntesten hiervon sind das Kloster Grafschaft sowie die Schlösser in Bad Berleburg und Bad Laasphe.

Kahler Asten

Wenn über dem Tal die Wolken hängen, ist es nicht selten, dass hoch oben auf dem Gipfel des Kahlen Asten die Sonne scheint. Mit einer Höhe von rund 842 Metern ist er der dritthöchste Berg des Rothaargebirges. Über den Berg verläuft die Rhein-Weser-Wasserscheide und im Bereich des Gipfels entspringt die Lenne. Mit einer Höhenlage von 820 Metern zählt sie zur

höchstgelegenen Quelle Nordwestdeutschlands. Die Zwergstrauchheide, die hier zu bewundern ist, ist ein Überbleibsel der letzten Eiszeit.

Bruchhauser Steine

Die vier Felsen, die sich oberhalb von Bruchhausen auf dem 727 Meter hohen Istenberg befinden, überragen die Baumkronen und spitzen wie kleine Zipfelmützen zwischen ihnen hindurch. Die Brauchhauser Felsen mit den Namen Bornstein, Goldstein, Feldstein und Ravenstein sind aber nicht nur bei Besuchern beliebt, sondern ein wichtiger Lebensraum wild wachsender Blütenpflanzen, Flechten und Moose sowie der Brutplatz seltener Vogelarten wie zum Beispiel des Wanderfalken.

Weitere Highlights Die »Könige der Wälder« sind zurück: Im Rahmen eines Artenschutzprojektes wurde eine Herde Wisente im Rothaargebirge ausgewildert. Nachdem die Ureinwohner der Region fast ausgestorben waren, sorgen sie mit ihrer Rückkehr nun für eine ganz besondere Überraschung: ein kleines Kalb ist in der Wildherde zur Welt gekommen.

Outdoor-Aktivitäten »Frauen wandern anders«: Unter diesem Motto werden am Rothaarsteig spezielle Wandertouren für das weibliche Geschlecht angeboten. Die Wanderungen sind mehr auf die malerische Kulisse der Natur bedacht als auf sportliche Höchstleistungen. Infos unter Tel. 02733/28 81 17.

Anreise/Unterkunft Die Nähe zu den Ballungszentren von Rheinland und Ruhrgebiet bringt eine gute Verkehrsanbindung über die A4 und A45 mit sich. Unterkunft: Hotel-Pension Haus Erna, www.haus-erna.de; Hotel Jagdhof Glashütte, www.jagdhof-glashuette.de.

Großes Bild: Liebliche Morgenstimmung im Frühherbst auf dem Kahlen Asten.

+ TIPP + TIPP + TIPP +

↗ **Kräuterwanderungen** Dass gegen jedes Wehwehchen ein Kraut gewachsen ist, beweist das Rothaargebirge. Vom Frühjahr bis zum Herbst wächst hier eine Vielzahl heilsamer Kräuter, die für den Laien nicht immer leicht zu entdecken sind. Wer mehr über die blühenden Heilmittel und deren Verwendung in Küche und Hausapotheke erfahren will, sollte sich unbedingt einer Kräuterwanderung anschließen. Auf diesen geführten Touren lernt man alles über das Aussehen und die wichtigsten Merkmale zur richtigen Bestimmung, um Verwechslungen mit ähnlichen Pflanzen zu vermeiden. Die Wanderungen erfolgen unter der Leitung von ausgebildeten Wildkräuter- und Heilpflanzenpädagogen. Sie führen entlang des Rothaarsteigs, dauern in der Re-

gel zwei Stunden und kosten ab 10 Euro pro Person. Mehr Informationen finden sich unter www.wildkraeuterpaedagogik.de.

↗ **CO_2-Waldlehrpfad** Seit Ende des Jahres 2013 lädt der deutschlandweit erste CO_2-Waldlehrpfad am Rothaarsteig bei Dillenburg zum Lernen und Staunen ein. Auf der Tour sind 18 interaktive Schautafeln und Demonstrationsobjekte, die die Zusammenhänge zwischen Klimawandel, Kohlendioxid, Wald und Holznutzung erklären und darüber hinaus aufzeigen, wie man im persönlichen Umfeld Treibhausgasemissionen reduzieren kann.

↗ **Nachts im Wald** Wer traut sich nachts in den dunklen Wald? Unter der richtigen Anleitung kann das ab sofort die ganze Familie ganz ungefährdet unternehmen. Geführte, ganzjährige Nachttouren durch die Wanderwelt Witt-

genstein zeigen die Natur zu einer Tageszeit, wie man es sonst nur aus Dokumentarfilmen kennt. Da der Mond allein nicht hell genug scheint, sind Taschen- oder Stirnlampen unbedingt erforderlich. Auch festes Schuhwerk sollte bei der Tour dabei sein, da einige Passagen der Wegführung steinig und uneben sind. Das Erlebnis und die Eindrücke, die man im dunklen Wald gewinnt, sind aber unvergesslich! Infos unter www.wanderwelt-wittgenstein.de.

↗ **Schuhe aus!** Der tolle Barfußpfad in Langewiese am Rothaarsteig führt Besucher ohne Schuhe über Waldboden und Holzhackschnitzel sowie durch erfrischende Kneipp-Wassertretbecken. Der Pfad ist dabei aber nicht nur ein Erlebnis für die Sinne, sondern auch etwas für wissensdurstige Köpfe, da zahlreiche Infostationen spannende Details über die Region erklären (www.langewiese.de).

Obwohl sie heute als »Könige der Wälder« gelten, bevorzugten sie ursprünglich andere natürliche Lebensräume: Wisente hielten sich einst in lichten Wäldern und Heiden auf, wo sie feste Reviere mit fixen Aufenthaltsorten bezogen. Aufgrund der intensiven Nachstellungen durch Jäger haben sie sich heute in dichte Wälder zurückgezogen. In Deutschland leben sie fast ausschließlich in großzügigen Wildgehegen. Ein Wisent besitzt bis zu drei Meter Kopf-Rumpf-Länge und wiegt bis zu 900 Kilogramm; Kühe sind erheblich kleiner und leichter, ein Kalb kann aber schon bei der Geburt 20 Kilogramm auf die Waage bringen. Der Wisent *(Bison bonasus)* ist nach dem Aussterben des Waldwildpferdes das größte frei lebende Landsäugetier Europas. Um die enge genetische Situation der weltweit 3000 Tiere zu verbessern, verteilen

Naturschützer gelegentlich Zuchttiere auf andere Gebiete. Im April 2013 wurde eine Herde Wisente im nordrhein-westfälischen Rothaargebirge ausgewildert. Hier wurden noch im selben Jahr die ersten beiden Wisentkälber in freier Wildbahn in Deutschland seit über 200 Jahren geboren. An den heißesten Sommertagen treten Wisente nur zögernd aus dem Schatten des Waldes heraus. Sie äsen dann meist bei Nacht, grasen auf Lichtungen und rupfen Kräuter und – am liebsten – Knospen von Erlen. Von den nordamerikanischen Bisons unterscheiden sich die Wisente vor allem durch eine kürzere Behaarung.

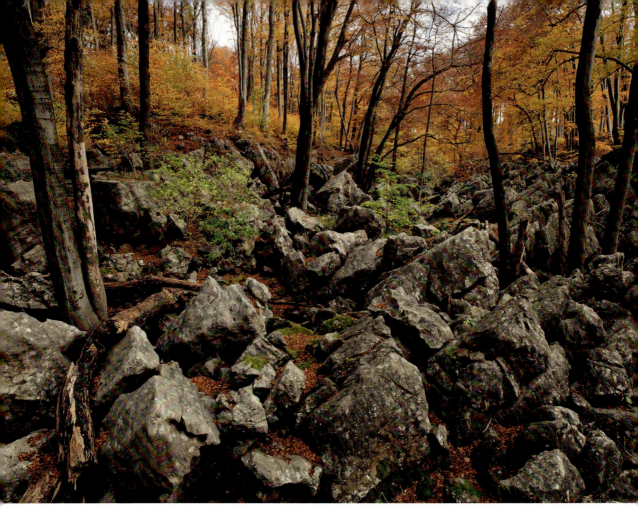

Naturpark Homert

Zweckverband Naturpark Homert, Am Rothaarsteig 1, 59929 Brilon
Tel. 02961/94 32 23
www.naturpark-homert.de
naturparke@hochsauerland-kreis.de

Der 656 Meter hohe Homert ist der Namensgeber dieses Naturparks. Er ist die höchste Erhebung des insgesamt etwa 550 Quadratkilometer großen Gebietes, das 1965 als Naturpark ausgewiesen wurde. Die grüne Oase liegt zwischen dem Lennetal im Südwesten und dem Ruhrtalgebiet im Nordosten. Noch vor einigen Jahrhunderten war die Fläche nahezu vollständig bewaldet. Massive Rodungen haben dazu geführt, dass der Wald heute um fast die Hälfte gewichen ist. Dennoch besteht kein Grund zu Sorge. Mit immerhin 56 Prozent Bewaldung ist der Naturpark für moderne Verhältnisse noch immer

ein waldreiches Gebiet. Die Besucher erwartet ein Mosaik aus Ackerflächen, Heidelandschaften, Flusstälern, Klippen und Felsen. Die größten Gewässer sind der Sorpesee und die Hennetalsperre, in deren Uferbereichen seltene Wasservogelarten wie der Haubentaucher Brutmöglichkeiten finden.

Hönnetal

Auf einer Höhe von 437 Metern entspringt die Hönnequelle und

fließt fast 34 Kilometer weit, bis sie in die Ruhr bei Fröndenberg mündet. Die Landschaft dazwischen bildet das Hönnetal. Die steilen Kalksteinwände machen das Gebiet für Kletterer zu einer Attraktion. Aber auch Landschaftsfreunde lieben die Region. Bekannt ist die Felskulisse der »Sieben Jungfrauen«. Der Sage nach handelt es sich hierbei um Jungfrauen, die um die Gunst eines Ritters warben und durch einen bösen Fluch schließlich versteinert worden sind.

Hemer Felsenmeer

Entstanden ist diese Naturschönheit durch die sogenannte Verkarstung und den Einsturz von Höhlen unter dem Gebiet – wobei der Mensch an diesem Vorfall nicht ganz unbeteiligt ist. Seit dem 8. Jahrhundert wurde hier Eisenerz abgebaut und die Region so buchstäblich untergraben. Die entstandene Felslandschaft wird heute von einem dichten Buchenwald überzogen, der seltenen Tier- und Pflanzenarten einen optimalen Lebensraum bietet.

Highlights Für alle Hobby-Höhlenforscher ist die Heinrichshöhle im Hemeraner Stadtteil Sundwig einen Besuch wert. Diese Tropfsteinhöhle zeigt Abgründe, die mehr als 20 Meter tief sind. Insgesamt erreicht das Höhlensystem eine Länge von über drei Kilometern. Für Besucher ist die Höhle auf einer Länge von 300 Metern ausgebaut. Bekannt ist sie vor allem für einen einzigartigen archäologi-

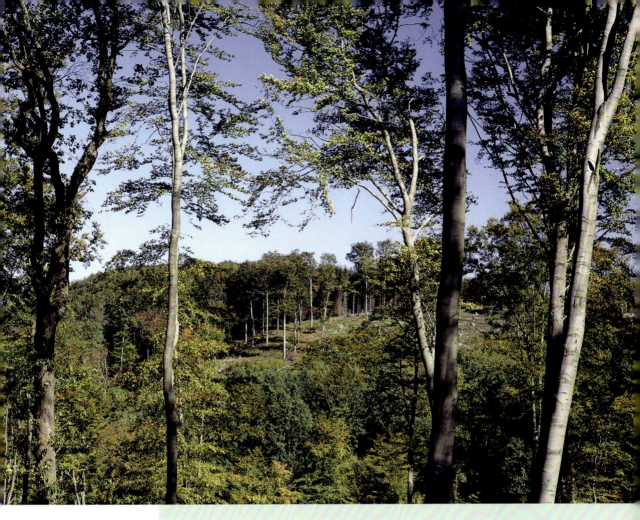

schen Fund: ein vollständig erhaltenes, etwa 150 000 Jahre altes Skelett eines Höhlenbären.

Outdoor-Aktivitäten Der Naturpark Homert gilt als Eldorado für Höhlenbegeisterte. Auch die größte offene Kulturhöhle in Europa, die Balver Höhle, ist hier zu finden. Ihr Eingangsportal misst 11 Meter in der Höhe und 18 Meter in der Breite. In etwa 90 Metern Tiefe gibt es eine Halle, in der 2000 Menschen Platz finden. Dieser Raum wird für Lehrveranstaltungen und Konzerte genutzt. Ein Besuch lohnt sich allein schon wegen der Akustik (www. balver-hoehle.de).

Anreise/Unterkunft Da der Park unweit der Ballungsgebiete Dortmund und Köln liegt, ist er verkehrsgünstig gut erschlossen. Die Autobahn A46 ist der direkteste Weg. Unterkunft: Hotel Woiler Hof, www. woiler-hof.de; Waldhotel Klaholz Brilon, www.waldhotel-klaholz.de.

+ TIPP + TIPP + TIPP +

↗ **Luisenhütte** Am Rande des Naturparks wartet ein Überbleibsel vergangener Tage auf seine Besucher. In Balve-Wocklum ist eine mit Wasserkraft und Holzkohle betriebene Hochofenanlage erhalten geblieben. Hier kann man ein komplettes Hüttenensemble mit Eisengießerei besichtigen. Eine solch umfangreiche Hüttenbesichtigung ist in Deutschland einmalig. Im Jahr 2004 wurde die Luisenhütte zum Denkmal von nationaler Bedeutung erklärt und über die Dauer von zwei Jahren aufwendig restauriert. Heute bietet die Hütte als Erlebnismuseum einen Familienausflug zum Mitmachen. Auf dem Möllerboden heben die Besucher Schubkarren an, die mit Eisenerz, Holzkohle und Kalkstein beladen sind. An der offenen Ofenbrust wird der Abstich des Roheisens mit einer Lichtinszenierung simuliert. Im Gebläsehaus kann man ein Wasserrad mit den Kolbengebläsen und die Gebläse-Dampfmaschine selbst in Gang setzen.

↗ **Kyrill-Wald** Im Jahr 2007 tobte der Orkan »Kyrill« über das Sauerland und richtete auch im Naturpark Homert gewaltige Schäden an. Seit diesem Vorfall erinnert der sogenannte Kyrill-Wald am Sorpesee an dieses Naturereignis. Ein Gebiet von etwa 30 000 Quadratmetern wurde nach dem Sturm sich selbst überlassen. Es fanden weder Aufräumarbeiten noch Neupflanzungen statt. Vielmehr soll so gezeigt werden, wie es ein Wald schafft, sich selbst zu regenerieren. Um die Zerstörung und die Regeneration genau beobachten zu können, wurden eine behindertengerechte Aussichtsplattform und Hinweistafeln aufgebaut. Da es untersagt ist, dieses Naturdenkmal als solches zu betreten, führt ein Wanderweg um das Gebiet herum.

↗ **Wanderung zum Schloss Melschede** Wie im Märchen liegt das denkmalgeschützte Schloss Melschede inmitten einer unberührten Landschaft und lädt seine Besucher zum Träumen ein. Leider ist dieses Denkmal nicht für Besuche geöffnet, dafür finden aber regelmäßig Konzerte und Lesungen statt, zu denen Besuchern die Pforten geöffnet werden. Auch für private Feste ist das alte Gemäuer zu mieten. Mehr Informationen unter Tel. 02935/13 28 oder www.schloss-melschede.de.

Linke Seite oben: Herbstlich zeigt sich der Laubwald im Hemer Felsenmeer. Linke Seite unten: Der Stausee an der Hennetalsperre ist Heimat einiger Brutvögel. Oben: Auch heute noch sind die Sturmschäden durch den Orkan »Kyrill« im Jahr 2007 im Naturpark sichtbar.

Naturpark Ebbegebirge

Zweckverband Naturpark Ebbegebirge, Westfälische Straße 75, 57462 Olpe
Tel. 02761/812 80
www.naturpark-ebbegebirge.de
info@naturpark-ebbegebirge.de

Auf 777 Quadratkilometern umfasst der Naturpark den größten Teil des südwestlichen Sauerlands. Mit dem Bau der Biggetalsperre gilt das Gebiet seit 1964 als Naturpark. Naturliebhaber schätzen diese Region für ihr Zusammenspiel zwischen Wald und Wasser. So entspringen hier nicht nur unzählige Quellen, sondern es gibt überdies auch neun Talsperren, die die Wasserversorgung der Ballungsräume im Ruhrgebiet sichern. Besonders stolz ist man in dem Landstrich auf die Artenvielfalt, die im Naturpark – trotz der nahe gelegenen Bergbauindustrie – erhalten werden konnte. Einen Beitrag dazu leisteten

Schöne Naturerlebnisse unweit der Ballungsgebiete verspricht das Ebbegebirge.

auch die ansässigen Waldbesitzer mit einer Erhöhung des Laubholzanteils. Naturnahe Mischwälder sind ökologisch stabiler als reine Fichtenwälder. Und das spürt man auch: In kaum einer anderen Region trifft man auf derart viele Uhus, Schwarzstörche, Wasseramseln und Feuersalamander.

Hohe Bracht

Die Hohe Bracht ist ein Berg des Südsauerländer Berglands, der einen gleichnamigen Aussichtsturm beherbergt. Die Erhebung erreicht eine Höhe von rund 588 Metern und hat zwei Kuppen, die etwa 345 Meter voneinander entfernt liegen. Die Aus-

sichtsplattform bietet einen Panoramablick über große Teile des Sauerlandes. Man schaut von dort hinab nach Bilstein und Altenhundem, hinüber zum Ebbegebirge, zum Lennegebirge, zu den Saalhauser Bergen und zum Rothaargebirge. Die Hohe Bracht umfasst zudem ein Landschaftsschutzgebiet.

Biggesee

Der Biggesee liegt im Herzen des Naturparks Ebbegebirge und erstreckt sich auf rund 8,76 Quadratkilometern. Er wurde von den Jahren 1956 bis 1965 vor allem als Wasserspeicher des Ruhrgebiets angelegt. Damals mussten etwa 2550 Menschen in die extra neu erbauten Ortschaften Neu-Listernohl, Sondern-Hanemicke und Eichhagen umgesiedelt werden. Auch wurden 4,4 Kilometer Bundesstraße, 14,8 Kilometer Landstraße, 18,2 Kilometer Kreis- und Gemeindestraßen sowie 31 Kilometer Radwege für dieses Projekt neu errichtet.

Highlights Auf der Nordhelle, der höchsten Erhebung der Region, bietet der Robert-Kolb-Turm seinen Besuchern einen unvergleichlichen Ausblick. Auf einer Höhe von 663 Metern hat man einen Rundum-Ausblick. Im Jahr 2010 wurde nicht nur der Turm umfassend renoviert, sondern in Richtung Norden auch eine breite Aussichtsschneise angelegt.

Outdoor-Aktivitäten Einen der größten deutschen Hoch- und Waldseilgärten findet man in Attendorn. Hier warten auf schwindelfreie Naturfreunde fast 1,7 Kilometer Klettersteige, die dem Besucher vier verschiedene Höhen erschließen. Durch die Baumwipfel gelangt man dabei auf fast 25 Meter über den Boden. Außerdem gibt es eine Kletterwand, an der Bergsteiger den Aufstieg am steilen Felsen üben können (www.kletterpark-repetal.de).

Anreise/Unterkunft In der Nähe der Ballungszentren des Ruhrgebiets gelegen, führen die schnellsten Routen über die A4 und die A45. Auch im Hinblick auf die Übernachtungsangebote ist die Region vielfältig. Unterkunft: Feriencamping Biggesee-Vier Jahreszeiten, www.biggesee.com; Haus Nethegau Bad Driburg, www.hausnethegau.de.

+ TIPP + TIPP + TIPP +

↗ **Den Jäger der Nacht beobachten** Die vielen Höhlen der Region sind an sich schon eine Attraktion, diese herausragende Bedeutung wird ihnen allerdings von ihren kleinen Bewohnern streitig gemacht: In fast allen Höhlen sind nämlich seltene und streng geschützte Fledermausarten wie das Große Mausohr oder die Bartfledermaus zu finden. Die kleinen Tierchen hängen entweder frei unter der Decke oder verstecken sich in kleinen Spalten. In den Sommermonaten können die Fledermäuse auch außerhalb der Höhlen angetroffen werden. Für solche Beobachtungen lohnt sich vor allem ein Abendspaziergang entlang der Talsperren, wo Wasser- und Zwergfledermäuse auf Insektenjagd gehen und in großer Zahl durch die Lüfte schwirren.

↗ **Wendener Hütte** Wer sich nicht nur für die Natur, sondern auch für die Industrie der Region interessiert, kann die älteste noch erhaltene Holzkohle-Hochofenanlage Westeuropas, das Museum Wendener Hütte, besuchen. Zwischen April und November sind hier Besichtigungen möglich. Sogar traditionelle Schmiedevorführungen im alten Hammerwerk werden den Besuchern geboten. Ein 3,5 Kilometer langer Museumswanderweg erläutert die technischen, kulturhistorischen und ökologischen Zusammenhänge zwischen der Hütte und ihrer Umgebung (www.museum-wendener-huette.de).

Großes Bild: Auf dem beliebten Biggesee bei Attendorn verkehren auch Ausflugsdampfer, die zu gemütlichen Schiffstouren einladen. Eine Tauchschule weist in die Unterwasserwelt des Stausees ein.

Naturpark Bergisches Land

*Zweckverband Naturpark Bergisches Land, Moltkestraße 34, 51643 Gummersbach
Tel. 02261/88 69 09
www.naturparkbergischesland.de
naturpark@bergischesland.de*

Der Naturpark Bergisches Land liegt zwischen der Köln-Siegburger Bucht, den Ausläufern des Sauerlandes, dem Westerwald im Süden und dem Städteband Wuppertal-Remscheid-Solingen. Anders als der Name vermuten lässt, ist das Landschaftsbild nicht von spitzen Gipfeln oder Schluchten geprägt. Vielmehr herrschen sanfte Höhenzüge vor, die bewaldet sind und wie in weichen Wogen die Landschaft durchziehen. Um den ökologischen Wert noch weiter auszubauen, soll der Anteil von Laubhölzern in den nächsten Jahren stetig verstärkt werden. Beheimatet sind hier seltene Tierarten wie der Feuersalamander, die Wasseramsel oder der Uhu. Die zahlreichen Niederschläge im Bergischen Land machten die Region schon früh für die Nutzung von Wasserkraft und die Anfänge der Industrialisierung interessant. 16 Wasserspeicher sind hier entstanden. Von den zahlreichen Aussichtstürmen sind diese beliebten Sehenswürdigkeiten im Park gut zu überblicken. Zur malerischen Kulisse der Region trägt neben der Natur insbesondere der hiesige Baustil bei. Fachwerk und dunkle Dächer bilden gemeinsam mit dem Weiß der Fenster- und Türlaibungen sowie den grünen Fensterläden Heimatfilmambiente.

Highlights Das Bergische Land ist unter Wanderern ein Geheimtipp. Mit dem »Bergischen Weg« und dem «Bergischen Panoramasteig« gibt es gleich zwei Fernwanderwege in der Region. Neu sind überdies die verschiedenen Themenwege, die »Bergischen Streifzüge«, die historische, naturkundliche, technische wie literarische Themen erlebbar machen.

Outdoor-Aktivitäten Milch ist in der Region ein wichtiges Gut. Und zwar nicht nur für die Bauern, sondern auch für die Gestaltung der Landschaft. Durch die großen Weideflächen treten Mensch, Nutztier und Natur in eine unmittelbare Interaktion. Zu diesem Thema wurde extra ein Milchwanderweg konzipiert. Mit einer Länge von 4,2 Kilometern startet er in Wipperfürth und führt entlang an acht Info-Stationen. Und natürlich geht es an Weiden vorbei, auf denen die fleißigen Milchproduzenten gestreichelt werden können (www.kuhlturlandschaft.de).

Anreise/Unterkunft Die Autobahnen A1, A3, A4 und A45 führen direkt in die Region. Man hat sich auf eine große Besucherzahl eingestellt und hält ein breites Angebot an Hotels, Campingplätzen und Ferienwohnungen bereit. Unterkunft: Hotel Dürscheider Hof, www.duerscheiderhof.de; Landhotel Napoleon Wipperfürth, www.landhotel-napoleon.de.

Großes Bild: Sanft gewellte Hügel, auf denen Landwirtschaft betrieben wird, prägen das Bergische Land. Die Stechpalme (kleines Bild) nimmt in den Wäldern immer mehr zu.

+ TIPP + TIPP + TIPP +

↗ **Ausflugstipp: Altenberger Dom** Seine Bezeichnung »Bergischer Dom« trägt dieser Prachtbau wohl deshalb, weil er der größte gotische Bau der Region – sogar ganz Deutschlands – ist. Der Altenberger Dom ist die Kirche der ehemaligen Zisterzienserabtei Altenberg und heute Pfarrkirche der katholischen Pfarrgemeinde St. Mariä Himmelfahrt in Altenberg. Nach französischem Vorbild wurde diese Gottesstätte in den Jahren 1259 bis 1379 als turmlose Querschiff-Basilika mit Chorumgang und Kapellenkranz erbaut. Ein Brand zerstörte große Teile der Kirche. Der Wiederaufbau erfolgte in den Jahren 1833 bis 1847. In jüngster Zeit kam es zu aufwendigen Renovierungsarbeiten, sodass der Dom heute wieder erstrahlt.

↗ **Aussicht von Schloss Burg** Auf geht es zu einer Reise ins Mittelalter mit Ritterspielen und dem alltäglichen Leben auf einer prächtigen Burganlage. Der ehemalige Stammsitz der Grafen und Herzöge von Burg präsentiert mit seinem Museumsbetrieb und der einmaligen Kulisse die größte rekonstruierte Burganlage Nordrhein-Westfalens sowie Erlebnisse für Mittelalterfans. Landschaftsliebhaber kommen ebenfalls auf ihre Kosten. Unvergleichlich ist beispielsweise die Aussicht über die Täler und Höhen des Bergischen Landes von der Schlossterrasse aus. Ein sehenswertes Naturschauspiel ist auch die sogenannte Kaiserlinde. Der majestätische Baum ist mit einem Alter von 250 Jahren der älteste Bewohner des Schlosses und steht direkt im Pfarrgarten (www.schlossburg.de).

↗ **Bergisches Freilichtmuseum** Hier ist noch alles wie früher. In Lindlar kann man in den Alltag der bergischen Landbevölkerung des 19. und 20. Jahrhunderts eintauchen. Auf einer Fläche von 250 000 Quadratmetern wurden Häuser, Höfe und Werkstätten errichtet, in denen das altertümliche Leben tobt und zum Mitmachen einlädt, www.bergisches-freilichtmuseum.lvr.de.

Naturpark Hohe Mark-Westmünsterland

Naturpark Hohe Mark-Westmünsterland e.V.
Hagenwiese 40, 46348 Raesfeld
Tel. 02865-609113
www.hohemark-westmuenster-land.de
info@hohemark-westmuenster-land.de

Dort, wo das Münsterland, das Rheinland und das Ruhrgebiet aufeinandertreffen, liegt einer der größten Naturparks Nordrhein-Westfalens. Seit dem Jahr 1964 trägt die Region dieses Prädikat. Der Park Hohe Mark-Westmünsterland hat auf 1040 Quadratkilometern ein besonders abwechslungsreiches Szenario an Landschaften zu bieten. Von blühenden Heiden über dichte Wälder bis hin zu kleinen Erhebungen, Seen und Flüssen gleicht der Park fast einer Postkartenkulisse. Die teils abgetorften Hochmoore »Weißes Venn« bei Haltern und »Schwarzes Venn« bei Heiden dienen heute teilweise als Truppenübungsgelände, aber auch als Naturschutzgebiete. Das Landschaftsbild dominiert vor allem der Fluss Lippe. Er durchströmt das Gebiet mit einer Vielzahl enger Windungen und formt eine malerische Auenlandschaft. Kulturhistorisch bedeutsam ist vor allem die hohe Dichte an Wasserschlössern und Burgen, deren Geschichte sich ins 18. Jahrhundert zurückverfolgen lässt. Die meisten dieser Kulturstätten sind noch gut erhalten oder restauriert und laden ihre Besucher zu einer Reise in die Vergangenheit ein.

Merfelder Bruch

Als »Stadt der Wildpferde« ist Dülmen im ganzen Land bekannt. Denn einige Kilometer westlich vor den Toren der Stadt liegt im Merfelder Bruch, einem weitläufigen Moor- und Heidegebiet, das einzige Wildpferdegestüt Europas. Das Gebiet umfasste ursprünglich eine Fläche von rund 40 Quadratkilometern, die großteils von Wildpferdebahnen geprägt war. Im 19. Jahrhundert kam es durch die Erweiterung der Siedlungen zur Vertreibung der Wildpferde. Einzig der Merfelder Bruch ist für sie als Lebensraum erhalten geblieben. Bis heute kann man die Tiere hier entweder in freier Natur oder beim Wildpferdefang am letzten Samstag im Mai beobachten.

Highlights Es ist ein echtes Märchenschloss, mit kleinen Türmen, großen Sälen, Prachtgärten, Nebengebäuden und der Sage nach sogar inklusive Schlossgespenst. Das Wasserschloss Burg Anholt aus dem 12. Jahrhundert ist das größte Wasserschloss des Münsterlandes und ein Muss für alle Besucher der Region. In der Anlage sind Schlossführungen möglich, zudem wurden ein Museum und eine exklusive Hotelanlage eröffnet. Mehr Informationen unter www.wasserburg-anholt.de.

Outdoor-Aktivitäten Malerische Natur, mächtige Schlösser und unzählige Museen erwarten Radfahrer auf der längsten Tour durch die Naturpark-Region. Auf 280 Kilometern führt die »Naturpark-Hohe Mark-Route« an den wichtigsten Sehenswürdigkeiten, die man hier besichtigt haben muss, vorbei.

Anreise/Unterkunft Von Ost nach West verläuft die B58 von Lüdinghausen über Haltern am See nach Wesel. In Nord-Süd-Richtung verlaufen einige Eisenbahnstrecken sowie die Bundesautobahnen A3, A31 und A43. Natürlich ist die malerisch schöne Region auch auf Tourismus eingestellt. Unterkunft: Berghotel Hohe Mark, www.berghotel-hohemark.de; Pension Kühler, www.pension-kuehler.de.

Großes Bild: Wildpferde im Merfelder Bruch. Linke Seite: Heidschnucken und Eichenallee in der Hohen Mark.

+ TIPP + TIPP + TIPP +

↗ **Sandbruch** Eine Besonderheit der Region sind die sogenannten Halterner Sande. Darunter versteht man kreidezeitliche Quarzsande, auf denen die gesamte Hügellandschaft der Region ruht. Im Sandbruch nahe Reken sind diese Erdschichten mit ihrem ganz besonderen Phänomen des »Wüstenlacks« gut zu sehen. Hier kann man bestaunen, was sonst nur in großen Wüsten geschieht: Ist das Material nämlich der Sonne zugewandt, verdampft das zuvor eingefallene Regenwasser und lässt die gelösten Eisenverbindungen der Quarzsande an der Oberfläche des Materials als schwarze, sichtbare Schicht zurück.

↗ **Wassermühle** Die alte Wassermühle Sythen arbeitete ehemals als Korn- und Ölmühle. Heute wird das Wasserrad von einem aufgestauten Arm des Halterner Mühlenbachs gespeist und treibt damit ein Wasserkraftwerk an, von dem das Stromnetz der Region profitiert. Bei 1600 Litern Wasser pro Stunde entstehen 23 Kilowatt Strom. Die Mühle ist aber vor allem wegen ihrer altertümlichen Schönheit beliebt. Jeden Donnerstag können sich die Besucher bei Führungen davon überzeugen.

↗ **Hoch hinaus** Im Herzen des Naturparks in Haltern am See können Besucher in den Himmel – oder jedenfalls über die Gipfel des üppigen Buchenwaldes – klettern. Im Kletterwald Haltern stehen insgesamt elf Parcours (davon zwei Kinderparcours) mit 117 Elementen zur Verfügung. Darunter findet man auch einen Partner-Parcours, bei dem das Klettern zu zweit nicht nur erwünscht, sondern erforderlich ist, um weiterzukommen (www.kletterwald-haltern.de).

Naturpark Maas-Schwalm-Nette

Naturpark Maas-Schwalm-Nette, Godsweerderstraat 2, NL-6041 GH Roermond
Tel. 0031/475/38 64 80
www.naturpark-msn.de
silke.weich@grenspark-msn.nl

Als internationaler Naturpark umfasst der Naturpark Maas-Schwalm-Nette in Deutschland und den Niederlanden insgesamt rund 100 Quadratkilometer Naturschutz- und Vogelschutzgebiete. Von sehr feuchten und nährstoffreichen bis hin zu extrem trockenen, sandigen und nährstoffarmen Böden sind hier die unterschiedlichsten Bodenverhältnisse zu finden. Der Park wurde im Jahr 2002 gegründet und trägt seinen Namen wegen der Flüsse Maas, Schwalm und Nette. Das hohe Wasseraufkommen des Gebiets macht es zu einem Mühlen-Eldorado. Allein an der Schwalm liegen 25 Wassermüh-

len – die zahlreichen Mühlen, die sich an den Nebenbächen und anderen Wasserläufen befinden, sind darin noch nicht enthalten. Fälschlicherweise wird der Naturpark oft dem Naturpark Schwalm-Nette gleichgestellt, der jedoch bereits im Jahr 1986 gegründet wurde und inzwischen in den Naturpark Maas-Schwalm-Nette integriert ist. Das Areal bietet optimale Lebensbedingungen für selten gewordene Tierarten wie den Eisvogel, das Blaukehlchen, den Pirol, Bachforellen, Barben oder Biberratten (Nutria). Auch das Pflanzenreich besticht durch eine Vielfalt. Wasserhahnenfuß oder Gabelstrauch sind hier keine Seltenheit.

Krickenbecker Seen

Die Seen Hinsbecker Bruch, Glabbacher Bruch, Poelvenn und Schrolik sind vier durch Abtorfung entstandene Krickenbecker Seen im Nettetal. Ihre Namenszusätze »-Bruch« und »-Venn« deuten auf ihren Ur-

sprung als Niedermoor hin. Diese Ausflugsziele sind heute ein Lebensraum für seltene Tiere wie den Haubentaucher und Graureiher. Kleiner Tipp: Vom Turm auf den Hinsbecker Höhen aus hat man einen sagenhaften Blick auf die im Sommer von Seerosen bedeckten Seen.

Highlights Wegberg ist die Stadt der Mühlen. Mehr als 20 dieser historischen Kraftwerke liegen im Gebiet um die Stadt, 14 Mühlen an Bachläufen und Weihern sind zu besichtigen, bei neun Exemplaren ist das Mühlrad sogar noch vorhanden.

Anreise/Unterkunft Über die Autobahn A61 führt der direkte Weg in den Naturpark. Unterkunft: Hotel Haus am Rieth, Tel. 02153/801 00, www. hotel-haus-am-rieth.de; Pension Klaashof, Tel. 02153/49 84, www.pension-klaashof.de.

Auch Fasane gehören zur vielfältigen Vogelwelt des Naturparks.

+ TIPP + TIPP + TIPP

↗ **Lokfahren** Ehemals war die Bahnstrecke der Geilenkirchener Kreisbahn stolze 38 Kilometer lang. Heute erhalten sind davon leider nur noch 5,5 Kilometer. Doch auch die kurze Strecke macht das Lok-Erlebnis zu einem bleibenden Eindruck für Besucher. Die historischen Schmalspurlokomotiven fahren an jedem Sonn- und Feiertag von Ostern bis Ende September durch die malerische Landschaft. Wer nach der gemütlichen Fahrt noch immer nicht genug hat, kann in der großen Museumshalle in Schierwildenrath die Zuggeschichte früherer Zeiten bewundern und vor allem selbst begehen. Teilweise sind hier originalgetreu sanierte Züge und Waggons zum Betreten ausgestellt.

Auenlandschaften am Niederrhein

Naturforum Bislicher Insel,
Bislicher Insel 11, 46509 Xanten
Tel. 02801/98 82 30
www.naturforum-bislicher-insel.de
naturforumbislicherinsel@
rvr-online.de

Eine besondere Auenlandschaft unweit von Xanten am Niederrhein ist die Bislicher Insel. Sie zählt zu den letzten Auenlandschaften Deutschlands und ist daher auf einer Fläche von fast neun Quadratkilometern unter Naturschutz gestellt. Deshalb dürfen sich Besucher nur auf den markierten Wegen und einigen Ausguckhütten aufhalten, welche ein Panorama auf die renaturierten Kiesgruben und den Altrhein mit seinen Schlammufern ermöglichen. Bei Hochwasser werden weite Teile des Gebietes überflutet. Fischarten wie Steinbeißer, Groppe, Flussneunauge und Bitterling leben hier. Aber auch an Land gibt es allerlei seltene Tierarten zu bewundern. Im Winter kann man bis zu 25 000 arktische Wildgänse beobachten, die hier Station machen. Wer etwas Glück hat, kann darüber hinaus auch auf einen Silberreiher oder sogar einen Biber treffen.

Highlights Die Gebäude des Eyländer Hofs wurden zu einem Informationszentrum umgebaut, das sich mitten im Naturschutzgebiet Bislicher Insel befindet. Neben interessanten Ausstellungen bietet das Forum auch einen Rundweg durch die geschützten Landschaften und sogar geführte Exkursionen an, bei denen alles Wissenswerte über die Hochwasserregionen erfahren werden kann.

Outdoor-Aktivitäten Seltene Pflanzenarten entdecken, Vögel beim Nisten beobachten oder die landschaftlich schönsten Ecken der Region finden? Das ist vor allem als Ortsunkundiger nicht immer auf eigene Faust möglich. Wer die Natur dennoch hautnah erleben möchte, schließt sich einer geführten Tour an. Unter verschiedenen Schwerpunkten werden beispielsweise vom »Niederrheinführer« geführte

Exkursionen angeboten. Infos und Anmeldung unter www.niederrheinfuehrer.de.

Anreise/Unterkunft Parallel zum Auengebiet führen die Autobahnen A3 und A57, die gemeinsam mit dem Netz der Bundesstraßen B8, B57 und B58 für eine gute Erreichbarkeit sorgen. Die Region ist zudem reich an Übernachtungsmöglichkeiten. Unterkunft: Schloss Gnadenthal Kleve, www.gnadenthal.de; Gaststätte & Pension Peters Kevelaer, www.gaststaette-pension-peters.de.

Pappeln, grasende Kühe, kleine Teiche mit Schilfufern und knorrige Weiden bestimmen das Bild der Auenlandschaften am Niederrhein (Bildleiste links). Entspannt geht es beim Paddeln auf der Niers zu (oben, bei Vinkrath).

225

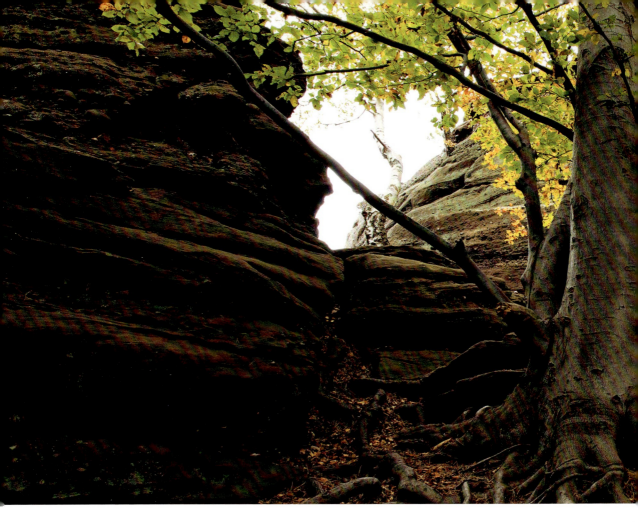

Nationalpark Eifel

Nationalparkforstamt Eifel
Urftseestraße 34
53937 Schleiden-Gemünd
Tel. 02444/951 00
www.nationalpark-eifel.de
info@nationalpark-eifel.de

Er liegt nur 65 Kilometer vom Ballungsraum Köln entfernt und bietet ein Wildnis-Erlebnis der ganz ursprünglichen Art. Im Nationalpark Eifel wird die Natur seit dem Jahr 2004 auf einer Fläche von 110 Quadratkilometern komplett sich selbst überlassen; ebenso wie es in den Nationalparks weltweit die Regel ist. Diese Maßnahme hat sich bezahlt gemacht: Im 14. Nationalpark Deutschlands leben inzwischen mehr als 1.600 bedrohte Tier- und Pflanzenarten. Darunter findet man Exemplare wie den Biber, Luchse, Wildkatzen und Uhus. Und auch was die Vegetation angeht, ist das Gebiet äußerst abwechslungsreich: Die großen

Blick über den malerischen Rur-Stausee bei Sonnenuntergang

Waldgebiete werden durch Wiesen, Moore, Heiden, Felsen, Bäche und Seen zu einem bunten Garten Eden, in dem die Idylle nur durch ein Relikt der Vergangenheit gestört wird. Nahe der Staumauer der Urfttalsperre existieren Glasminenfelder aus dem Zweiten Weltkrieg, deren Räumung nahezu unmöglich ist. Dieses Gebiet wird daher wohl auf ewig für die Öffentlichkeit gesperrt bleiben.

Rur-Stausee

Seine Ausmaße sind gigantisch: Der Rur-Stausee liegt in den Kreisen Aachen und Düren am Kermeter und erreicht bei vollem Wasserstand eine Länge von 10,6 Kilometern, eine Gesamtfläche von 7,83 Quadratkilometern und ein Stauvolumen von 203,2 Kubikmetern. Mit diesen Abmessungen zählt der See zu den größten Talsperren Deutschlands. Die drei Inseln

sind bei Besuchern beliebt, da man sie bei niedrigem Wasserstand auch zu Fuß erreichen kann und sie sogar über einen Badestrand verfügen.

Highlights Als »Garten Eden« wird das Kloster Maria Laach nicht umsonst bezeichnet. Es liegt direkt am größten Vulkansee der Region, dem Laacher See, und verzaubert seine Gäste mit einem romantischen Klostergarten.

Auch Maikäfer kennen Frühlingsgefühle.

Outdoor-Aktivitäten Sie haben nicht nur ein Auge für seltene Tier- und Pflanzenarten, sondern überdies auch einen Sinn für lustige Anekdoten: Die Park-Ranger bieten lehrreiche Führungen durch das gesamte Gebiet an. Infos unter www.nationalpark-eifel.de.

Anreise/Unterkunft Der Regionalverkehr Köln stellt eigene Buslinien bereit, die in das Gebiet des Nationalparks füh-

ren (www.rvk.de). Die Eifel-Region ist reich an touristischen Angeboten. Ob man Arrangements, Wanderurlaube oder einen Tagungsaufenthalt sucht: Eine Übersicht der Möglichkeiten findet man unter www.eifel.info. Unterkunft: Hotel Theis-Mühle, www.theismuehle.de; Landhaus Bad Bertrich, www.landhaus-bad-bertrich.de.

Großes Bild: Buche auf Sandsteinfelsen bei Nideggen.

+ TIPP + TIPP + TIPP +

↗ **Spirituelles Wandern** Auf dem Schöpfungspfad in Einruhr-Hirschrott wandert man nicht auf sich allein gestellt. Der etwa drei Kilometer lange Weg will einen spirituellen Zugang zur Natur schaffen, indem er zehn Infostationen mit nachdenkenswerten biblischen und literarischen Texten an die Hand gibt. Am Ende des Weges wartet der »Weg zur Mitte«, ein begehbares Labyrinth, auf die Ankömmlinge.

↗ **Durch die Wildnis** Der Wildnis-Trail ist ein Fernwanderweg von 85 Kilometern, der einmal quer durch das Schutzgebiet führt. Auf vier vorgesehenen Tagesetappen geht es von Monschau-Höfen im Süden bis zur nördlichen Spitze bei Hürtgenwald-Zerkall. Auf der Homepage des Nationalparks können sämtli-

che Infos, Filme, GPS-Daten und Bilder von diesem Wanderweg eingesehen werden. Sogar Arrangements mit Übernachtungsmöglichkeiten sind online buchbar (www.nationalpark-eifel.de).

↗ **Nationalpark-Tore** Insgesamt fünf »Tore« hat der Nationalpark Eifel zu bieten. Diese Häuser sind nicht nur ideale Ausgangspunkte für Wanderungen, sondern auch lehrreiche Informationszentren. Auf kleinen Modellen kann man sich einen Überblick über Tourrouten verschaffen, in Filmen etwas über die Parkbewohner lernen oder viel weiteres Wissenswertes und Details der hiesigen Wildnis erfahren. Natürlich stehen auch die Mitarbeiter persönlich für Tipps und Fragen zur Verfügung. Ein Überblick über die Standorte, Inhalte und Öffnungszeiten der Zentren gibt es unter www.nationalpark-eifel.de.

Naturpark
Hohes Venn-Eifel

Verein Naturpark Nordeifel e.V.
im Deutsch-Belgischen Naturpark
Hohes Venn-Eifel, Bahnhofstra-
ße 16, 53947 Nettersheim
Tel. 02486/91 11 17
www.naturpark-eifel.de
info@naturpark-eifel.de

Totholz ragt aus der Moorlandschaft des Hohen Venn.

Dieser Naturpark umfasst eine Fläche von 2700 Quadratkilometern, die jedoch nicht allein auf deutschem Gebiet liegt. Auch Teile von Belgien gehören zum Naturpark Hohes Venn-Eifel. Besonders stolz ist man im Park auf die gut erhaltenen Hochmoore der Region. Überhaupt ist die Gegend wegen ihrer überdurchschnittlich hohen Niederschläge sehr wasserreich. Insgesamt gibt es hier 15 Talsperren, die zusammen ein Wasservolumen von 350 Millionen Kubikmeter fassen. Daneben hat der Naturpark aber auch bewaldete Flächen, die Berghöhen der Hocheifel und

die Ausläufer der Vulkaneifel zu bieten. Nicht nur Naturfreunde, sondern auch Geschichtsinteressierte dürfen sich in dieser grünen Lunge wohlfühlen. Denn immer wieder trifft man hier auf Zeugen der Vergangenheit, wie Höhlen aus der Steinzeit, römische Bauten (z. B. eine gigantische Wasserleitung) und mehr als 100 Burgen, Schlösser und Klöster. Wahrzeichen und gleichzeitig ganzer Stolz des Naturparks ist das Birkhuhn. Es

gehört zu der Familie der Fasane und ist in der Bundesrepublik äußerst selten geworden. Wer etwas Glück hat kann seine zischenden Balzrufe vor allem in den Frühlingsmonaten im Naturpark Hohes Venn-Eifel hören.

Highlights Im Monschauer Heckenland kann noch heute die Kreativität der früheren Einwohner bewundert werden, mit welchen Tricks sie sich und

ihre Felder vor den eisigen Winden der Region geschützt haben. Die Häuser und Höfe haben vielfach tief gezogene Dächer, die bis auf den Boden reichen. Typisch für die Landschaft sind zudem dichte und extrem hohe Buchenhecken, die Felder und Häuser wie Schutzschilde umschließen.

Outdoor-Aktivitäten Wer sich in der Natur bewegen und zudem viel von ihr sehen will, kann gleich zwei Fliegen mit einer Klappe schlagen. In diesem Fall wandert man nämlich am besten zu einer der Panorama-Plattformen des Naturparks, von denen aus man einen tollen Blick über die Landschaft bekommt. Die genauen Standpunkte dieser Aussichtpunkte sind online hinterlegt unter www.eifel-blicke.de.

Anreise/Unterkunft Nur etwa eine Autostunde liegt der Naturpark von Aachen entfernt. Aber auch die Anbindung an das öffentliche Verkehrsnetz ist gut. Die Abfahrtsorte und -zeiten von Bus und Bahn sind unter folgenden Homepages ersichtlich: www.busse-und-bahnen.nrw.de sowie www.oleftalbahn.de. Unterkunft: Hotel-Restaurant Haus Tiefenbach, Tel. 0032/80/64 73 06, www.haus-tiefenbach.be; Hotel du Lac, Tel. 0032/80/447414, www.hoteldulac.be.

Großes Bild: Abendstimmung legt sich über das Hohe Venn.

+ TIPP + TIPP + TIPP +

↗ **Bildliche Erinnerungen** Die Landschaftsbilder, die in der freien Natur des Naturparks Hohes Venn-Eifel entdeckt werden können, sind malerisch. Kein Wunder, dass die meisten Besucher sie nicht nur in ihren Erinnerungen, sondern vor allem auch mit ihrer Kamera festhalten wollen. Kein Problem: Wer die schönsten Motive der Region und vielleicht auch ein paar Tipps zum richtigen Umgang mit Auslöser und Objektiv sucht, schließt sich einer geführten Foto-Tour an. Nähere Infos über Termine und Kosten dieses Angebots findet man online unter www.niederrhein-foto.de.

↗ **Blühende Hecken** Das Vennvorland ist als Hecken-Region bekannt. Hier dienen die Hecken allerdings nicht wie andernorts als Wind-

Holzstege führen über das Hochmoorgebiet des Hohen Venn.

schutz, sondern als Abgrenzung der Viehweiden, hübsch anzusehen sind die vielen Weißdornhecken vor allem in der Blütezeit im Frühjahr. Bei der Weidebepflanzung greift man übrigens zu Weißdornhecken, weil sie anders als Buchenhecken von den Vierbeinern unangetastet bleiben.

↗ **Burg Reuland** Als größte Burgruine der Region ist sie zu einem echten Wahrzeichen

geworden. Die Burg Reuland ist im gleichnamigen Örtchen zu finden und wurde im mittelalterlichen Stil restauriert, um ihren Besuchern so viel Authentizität wie möglich zu bieten. Und wer ohnehin schon vor Ort ist, nutzt den Besuch gleich noch für eine Besichtigung der ebenfalls sehenswerten St. Stephanus Kirche, in der die Familiengruft der Adelsfamilie Pallandt erhalten ist.

Die Felsformation im Pfälzerwald ist als »Teufelstisch« bekannt.

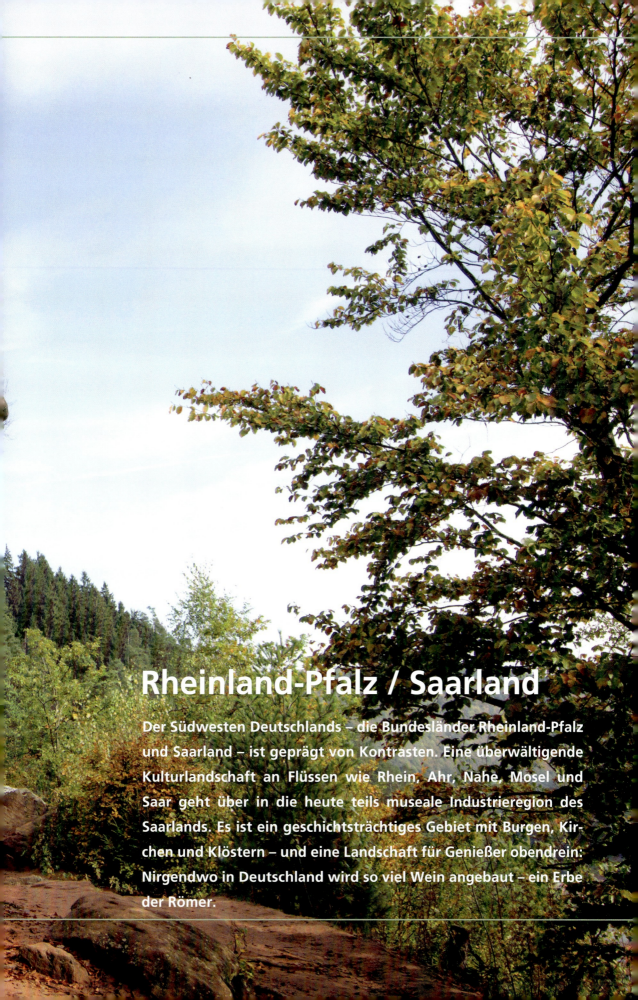

Rheinland-Pfalz / Saarland

Der Südwesten Deutschlands – die Bundesländer Rheinland-Pfalz und Saarland – ist geprägt von Kontrasten. Eine überwältigende Kulturlandschaft an Flüssen wie Rhein, Ahr, Nahe, Mosel und Saar geht über in die heute teils museale Industrieregion des Saarlands. Es ist ein geschichtsträchtiges Gebiet mit Burgen, Kirchen und Klöstern – und eine Landschaft für Genießer obendrein: Nirgendwo in Deutschland wird so viel Wein angebaut – ein Erbe der Römer.

Naturpark Vulkaneifel

Natur- und Geopark Vulkaneifel GmbH, Mainzer Straße 25, 54550 Daun
Tel. 06592/93 32 03
www.geopark-vulkaneifel.de
geopark@vulkaneifel.de

Am 31. Mai 2010 wurde der Naturpark Vulkaneifel aus der Taufe gehoben. Er ist damit der achte Naturpark von Rheinland-Pfalz und rund 980 Quadratkilometer groß. Der vulkanische Ursprung ist das große Plus der Region. Er hat typische Kegel, Maare, erkaltete Lava und Mineralwasserquellen hinterlassen. Im ganzen Land gibt es keinen Ort, an dem solche geologischen Spuren in dieser Dichte zu finden sind. Noch vor rund 11 000 Jahren waren die Vulkane aktiv. Aus erdgeschichtlicher Sicht handelt es sich also um eine sehr junge Landschaft. Doch nicht nur die geologische Seite ist höchst interessant und sehenswert, auch die Natur ist es. Unvergleichlich präsentiert sich die Gegend beispielsweise im Frühjahr, wenn wilde Narzissen weite Wiesen in leuchtendes Gelb tauchen. Ebenfalls zu erwähnen ist das Vogelschutzgebiet Sangweiher im Herzen des Naturparks.

Gemündener Maar

Das Gemündener Maar gehört zu den acht verbliebenen Maarseen der Vulkaneifel. Ein Maar ist eine meist runde oder auch ovale Mulde, die durch eine gewaltige Explosion und das gleichzeitige Einsacken von Gestein entsteht. Am Rand sammelt sich häufig Material, das tief aus der Erde stammt. Grund- und Regenwasser haben aus den Mulden Seen gemacht, von denen die meisten inzwischen allerdings ausgetrocknet sind. Nicht so das Gemündener Maar mit seinem tiefblauen Wasser. Es ist 38 Meter tief, ein Naturfreibad lädt zum Schwimmen ein.

Weinfelder Maar

Rund zwei Kilometer von der Stadt Daun entfernt liegt das mit 51 Meter tiefste der drei Dauner Maare, das Weinfelder Maar. Schwimmen ist hier nicht erlaubt, dafür laden Stille, saubere Luft und knorrige Bäume zu Spaziergängen ein. Den Ort Weinfeld gibt es nicht mehr, die Pest hat ihn einst seiner Bewohner beraubt. Nur noch eine Kapelle mit einem Friedhof am Ufer des Maares erinnert an das Dorf und gibt dem Gewässer den Beinamen Totenmaar.

Schalkenmehrener Maar

Das dritte der Dauner Maare ist mit etwa 550 Metern Durchmesser das größte. Und das, obwohl ein Teil des ursprünglichen Doppelmaars von Asche bedeckt zu einem Moor wurde. In dem verbliebenen Maarsee kann man baden oder Wassersport betreiben. Im Winter ist es ein Paradies für Schlitt-

schuhläufer. Empfehlenswert ist ein Spaziergang zum Mäuseberg. Von dort kann man alle drei Dauner Maare, die zu den sogenannten Augen der Eifel gehören, gut sehen.

Pulvermaar

Mit 72 Metern Tiefe ist das Pulvermaar der tiefste Maarsee der Vulkaneifel. Und er hat auch eine stattliche Größe von 700 Metern Durchmesser. Schwimmen darf man trotzdem nur im Naturbad am östlichen Ufer. In den restlichen, meist von hohen Buchen bewachsenen Uferzonen sollen seltene Libellen und bedrohte Vögel Schutz finden. Besonders gut lässt sich die Natur bei einem 2,3 Kilometer langen Spaziergang um das nahezu kreisrunde Gewässer genießen.

Holzmaar

Im südlichen Bereich des Naturparks liegt das Holzmaar, das eine Besonderheit aufweist. Ein

kleiner Bach, an dem früher eine Holzmühle stand, gibt ihm nämlich einen Wasserzu- und -ablauf. Auf keinen Fall sollte man sich den Rundweg zum Hetschenmärchen entgehen lassen. Es handelt sich um das kleinste Maar weltweit. Unterwegs erfährt man Interessantes über die Entstehung der Landschaft, auch ein sumpfiges Trockenmaar liegt auf dem Weg.

Meerfelder Maar

Unweit der Stadt Manderscheid liegt eins von Deutschlands wichtigsten Geotopen. Knapp 200 Meter tief ist der Trichter des größten Maarkessels der Vulkaneifel. Darin liegt der Maarsee, dessen Uferbereich von wunderschönen Seerosen und auch Schwertlilien bewachsen ist. Eine Besonderheit sind die in der nahen Umgebung liegenden Gesteinsbrocken aus Olivin, die vor Tausenden von Jahren aus dem Inneren des Vulkans geschleudert wurden.

Outdoor-Aktivitäten Von Daun im Herzen des Naturparks startet der knapp 28 Kilometer lange »7-Maare-Weg«. Durch ihn verbunden sind nicht nur mehrere Maare und Vulkankegel, sondern der Besucher bekommt außerdem Hoch- und Niedermoore zu sehen und kann das Vulkanhaus in Strohn besuchen. Kartenmaterial beim Landesamt für Vermessung und Geobasisinformation, Koblenz, Tel. 0261/49 20.

Anreise/Unterkunft Anreise über die A1 oder A48, per Bahn zum Beispiel nach Gerolstein. Unterkunft: Naturcamping Manderscheid, Tel. 06572/921 10, www.naturcamping-vulkaneifel.de; Wohlfühlhotel Michels, Tel. 06592/92 80, www.landgasthof-michels.de.

Das Schalkenmehrener Maar (großes Bild und linke Seite oben) hat noch ein Nebenmaar, das im Moor aufgegangen ist. Linke Seite unten: Pulvermaar bei Gillenfeld.

↗ Landschaftstherapeutischer Park Römerkessel
Wenn Menschen keinen Kontakt mehr zur Natur haben, treten vermehrt Erkrankungen auf. Pflanzen können helfen, einer solchen Entwicklung vorzubeugen. Der im Mai 2012 eröffnete Landschaftstherapeutische Park in Bad Bertrich am Rand des Naturparks ist auf dieses Ziel abgestimmt. Den Erholungssuchenden erwarten ein Lava- und ein Bewegungsgarten (www.bad-bertrich.de).

↗ Birresborner Eishöhlen
Seit 1938 stehen die Mühlsteinhöhlen etwas außerhalb von Birresborn unter Denkmalschutz. Hier hat man früher den Eifelbasaltschlacken in harter Arbeit Mühlsteine abgetrotzt. Den Beinamen Eishöhlen haben sie, weil es hier im Winter große Eiszapfen zu bestaunen gibt. Dann sind allerdings nur vier der fünf Höhlen geöffnet. Die andere dient Fledermäusen als Rückzugsort.

↗ Krimi-Wanderungen Eifel-Krimis haben eine große Fangemeinde. Wer Lust hat, kann sogar auf zwei Eifelkrimi-Wanderungen gehen. Dabei entdeckt man nicht nur Schauplätze literarischer Verbrechen, sondern auch Sehenswertes der Umgebung. So zum Beispiel den Wasserfall Dreimühlen. Mehrere Bäche fließen an diesem Naturdenkmal zusammen und fallen über von Laubmoosen bewachsenes Kalksintergestein hinab.

↗ Mineralquellen-Radweg
Die Vulkaneifel ist berühmt für ihr Mineralwasser. Auf einem 31 Kilometer langen Radwanderweg kann man einige Quel-

len erkunden. Auch Maare und Tuffgestein liegen auf der Strecke, die auch für Personen mit nicht sehr ausgeprägter Kondition gut zu schaffen ist. Die Route führt auf Rad- oder Wirtschaftswegen ohne Autoverkehr von Ahrdorf nach Daun (www.eifel.info/mineralquellen-route.htm).

↗ **Adler- und Wolfspark** Zu Füßen einer Burgruine aus dem zwölften Jahrhundert liegt der Adler- und Wolfspark Kasselburg. Einmal im Monat gibt es eine Burgführung, einmal jährlich Ritterspiele für Kinder. Aber die Stars sind natürlich die Greifvögel und das größte Wolfsrudel, das in Westeuropa beheimatet ist (www.adlerwolfspark.de).

Oben: Luftbild des Weinfelder Maars bei Nebel im Herbst; links: Angler sind auf dem Meerfelder Maar unterwegs.

Deutsch-Luxemburgischer Naturpark

Zweckverband Naturpark Südeifel, Auf Omesen 2, 54666 Irrel
Tel. 06525/792 06
www.naturpark-suedeifel.de
www.deutsch-luxemburgischer-naturpark.info
info@naturpark-suedeifel.de

Schon im April 1964 gründeten Luxemburg und Deutschland einen gemeinsamen Naturpark, den ersten seiner Art in Westeuropa, der eine Staatsgrenze überschritt. Insgesamt bringt er es auf rund 790 Quadratkilometer, von denen 432 Quadratkilometer in Rheinland-Pfalz liegen. Tiefe Flusstäler mit teilweise spektakulären Schluchten, dann wieder weite Wiesen, auf denen Obstbäume gedeihen, oder dichte Wälder, Feuchtwiesen, Niedermoore und Heide. Dazu kommen idyllische Dörfer mit malerischen Gässchen. Das macht den Reiz des Parks aus – nicht nur für die Menschen. Pflanzen und Tiere, deren Lebensräume immer knapper werden, finden hier hervorragende Bedingungen vor. So kann das geschulte Auge beispielsweise 32 Orchideenarten entdecken. Eisvogel, Wasseramsel, Schwarzstorch und Haselhuhn leben hier. Auch etwa 500 Schmetterlingsarten sind für den Naturpark nachgewiesen. Wildbienen, vielerorts in arger Bedrängnis, summen hier in großer Zahl durch die Lüfte. Nicht zu vergessen auch die Wildkatze, für die der Naturpark ein ideales Rückzugsgebiet ist. Festungen und Burgen erinnern an die Zeit der Römer und Kelten. Ein gut ausgebautes Rad- und Wanderwegenetz sorgt dafür, dass der Besucher die gesamte Vielfalt ohne großen Aufwand genießen kann.

Prümtal

Zwischen Waxweiler und Biersdorf fließt die Prüm. Ihr Tal ist sehr artenreich, weshalb es besonderen Schutz genießt. Bei Echtershausen liegt das Naturschutzgebiet Urprümschleife. Hier sollen Feuchtwiesen und Niedermoore erhalten werden,

damit sich Heuschrecken, Schmetterlinge und seltene Vogelarten weiterhin wohlfühlen. Wer die Gegend erwandern will, sollte sich für die Stausee-Prümtal-Route entscheiden, die zum Stausee Bitburg führt.

Teufelsschlucht

Das Ferschweiler Plateau ist eine Hochfläche aus Sandstein, die sich über 4 × 8 Kilometer erstreckt. Als die letzte Eiszeit zu Ende ging, führten die starken Temperaturschwankungen zu Erdrutschen und Felsabbrüchen. Bei einem solchen Ereignis entstand ein 28 Meter tiefer Spalt, der heute Teufelsschlucht genannt wird. Ein Naturparkzentrum in Ernzen informiert über die Entstehung, auch eine Wanderung um das Plateau herum ist möglich.

Sauertal

Die Sauer fließt durch eine intakte Natur mit reichlich Mischwald. Folgt man ihr durch ihr Tal, stößt man immer wieder auf hübsche Dörfer. In das nahe gelegene Elsaß ist es nur einen Katzensprung. Vor allem Radfahrer kommen hier voll auf ihre Kosten. So zum Beispiel auf einer ehemaligen Bahntrasse, die zum Radweg umfunktioniert wurde. Darauf kann man vom Bahnhof Ettelbrück in Luxemburg zur Mündung der Sauer bei Wasserbillig fahren.

Kleine Luxemburgische Schweiz

Im Nordosten von Luxemburg liegt eine Gegend, die das Gefühl vermittelt, man habe sich in einen Märchenwald verlaufen. Kleine Wasserfälle plätschern zwischen von Moos bewachsenen Sandsteinfelsen. Darüber spannen mächtige Bäume ihr grünes Dach. Das Müllerthal ist ein Magnet für Wanderer, Radfahrer und Kulturinteressierte. Auch Kletterer kommen auf ihre Kosten, zum Beispiel an der schroffen Wanterbaach in Berdorf.

Weitere Highlights Um zu verstehen, wie die faszinierende Landschaft entstanden ist, sollte man das Devonium in Waxweiler besuchen. Das

hübsch angelegte Museum ist auch für Kinder spannend (www.devonium.de). Auch nicht verpassen sollte man die zwischen Irrel und Prümzurlay gelegenen Irreler Wasserfälle. Sie sind ähnlich entstanden wie die Teufelsschlucht, nämlich durch Abrutschen bzw. Abbrechen von Sandsteinblöcken.

Outdoor-Aktivitäten Im Naturpark sind zahlreiche Reiterhöfe und Reitwege zu finden. Man kann eine Liste verschiedener Stationen einsehen und seine individuellen Routen planen. Neben dem Urlaub auf eigene Faust sind auch geführte Ritte und Leihpferde im An-

gebot. Informationen unter www.eifelzupferd.de.

Anreise/Unterkunft Anreise über die A1, A60 oder A64, per Bahn nach Bitburg, Trier oder Luxemburg.
Unterkunft: Landgasthaus Hinkelshof (Zimmer oder Heuherberge), Tel. 06566/930 46, www.hinkelshof.de; Hôtel Bel-Air, Echternach, Tel. 00352/72 93 83, www.hotel-belair.lu.

**Bildleiste von oben nach unten: Buntsandsteinformationen in der Teufelsschlucht; Stromschnellen der Prüm bei Irrel; junge Turmfalken.
Rechte Seite: Sandsteinfelsen.**

↗ **Mountainbiken im Naturpark Our** Wer gern in die Pedale tritt, kann sich in Luxemburg richtig austoben. Dort warten anspruchsvolle Mountainbike-Strecken. Etwa 22 Kilometer vom Busbahnhof Vianden über Walsdorf und Bivels zurück nach Vianden, auf denen mehr als 700 Höhenmeter zu schaffen sind. Einfacher geht es im Norden an der deutschen Grenze zu. Die Rundtour vom Lieler Campingplatz ist nur zwölf Kilometer lang und erstreckt sich über gut 300 Höhenmeter.

↗ **Deutsch-Luxemburgischer Felsenweg** Der Felsenweg ist ein Wanderweg für Fortgeschrittene. Er besteht aus verschiedenen Rundwegen. Eine 30 Kilometer lange Strecke führt von Ralingen über Olk entlang der Sauer über Wintersdorf, Born, Moersdorf und dann auf luxemburgischer Seite nach Norden über Rosport zurück nach Ralingen. 919 Höhenmeter sind auf dieser recht schwierigen Route zu überwinden, für die man zwei Tage einplanen sollte. Dafür gibt es reichlich Belohnung: großartige Blicke in das Sauertal, spektakuläre Schluchten und das Schloss Tudor in Rosport, ehemalige Residenz des Erfinders der Bleibatterie, samt Mitmach-Museum. Weitere Infos unter www.naturwanderpark.eu.

↗ **Hochseilgarten** Unweit der Urprümschleife können Mutige im Hochseilgarten des Dorint Hotels Bitburg ausprobieren, ob sie schwindelfrei sind. In bis zu elf Metern Höhe wird balanciert und geklettert (www.hotel-eifel-bitburg.dorint.com).

An einigen Abschnitten der Sauer kann man Kajak fahren (oben). Rechts: Kleine Luxemburgische Schweiz.

Naturpark Rhein-Westerwald

Naturpark Rhein-Westerwald e.V., Dierdorfer Straße 62, 56564 Neuwied
Tel. 02631/956 60 36
www.naturpark-rhein-wester-wald.de
info@naturpark-rhein-wester-wald.de

Oberhalb von Koblenz liegt der 1962 gegründete, rund 446 Quadratkilometer große Naturpark. Er gehört zum Rheinischen Schiefergebirge und erstreckt sich im Norden von Unkel nach Flammersfeld und im Süden von Neuwied nach Bendorf und darüber hinaus. Hier findet man Ton-, Silit- und Sandstein oder auch Basalt, der in Steinbrüchen abgebaut wurde. Die Landschaft des Parks vereint den Reiz vieler kleiner Bachläufe mit dem der beiden großen Flusstäler von Rhein und Wied. Dazu gesellen sich zum Teil steile Weinhänge sowie sanft wellige Bergkuppen.

Nahezu die Hälfte der gesamten Fläche ist bewaldet. Zeugen früher Besiedelung, darunter Klöster, Burgen und nicht zuletzt der berühmte Limes, komplettieren die perfekte Urlaubsregion. Die Kombination aus Tälern und Hochflächen, aus Feuchtgebieten und schroffem Fels sowie schattigem Wald machen den Naturpark Rhein-Westerwald zu einem wichtigen Lebensraum vieler Pflanzen und Tiere. Waldohreule, Uhu und Wanderfalke sind hier ebenso zu Hause wie der Grünspecht oder der Gartenrotschwanz. Die Insektenwelt hat einige seltene Schmetterlinge und den eindrucksvollen Hirschkäfer zu bieten. Unter den größeren Tieren sind vor allem Dachs und Rotwild zu nennen. Auf gut ausgebauten Rad- und Wanderwegen kann man nach ihnen Ausschau halten.

Nistertal

Am Tal der Großen Nister liegt die Gemeinde Nistertal, die vor allem für zwei Dinge berühmt ist: den nahe gelegenen Erlebnispark Stöffel und unzählige Wandermöglichkeiten. Der Erlebnispark ist in einer ehemaligen Bergbauanlage entstanden und sowohl für Freunde von Industriekultur als auch für Fossilienfans interessant (www.stoeffelpark.de). Wanderer finden am Bahnhof Beschilderungen zu sechs verschiedenen Wegen. Nistertal ist außerdem Teil des Westerwaldsteigs.

Highlights Die Rhein-Westerwald-Region ist bekannt für ihre Burgruinen. Viele sind idyllisch gelegen und laden zu einem ausgedehnten Spaziergang ein. So etwa die Burgruine Reichenstein bei Puderbach, die bereits im zwölften Jahrhundert erwähnt wurde. Von der noch älteren Burg Hammerstein oberhalb von Leutesdorf sind nur noch Teile vorhanden. Dennoch lohnt ein Besuch.

Outdoor-Aktivitäten Der Westerwaldsteig ist ein Muss. Vom hessischen Herborn führt

er über 235 Kilometer nach Westen und endet im Naturpark Rhein-Westerwald. Dort kann man natürlich auch starten. Oder man entscheidet sich für eine Rundtour wie den Wiedtaler Höhenpfad. Die knapp 18 Kilometer lange Strecke ist sowohl technisch als auch sportlich anspruchsvoll. Start und Ziel ist das Wiedtalbad in Hausen/Wied. Es gibt geführte Wanderungen. Informationen dazu unter Tel. 02602/30 01 19.

Anreise/Unterkunft Anreise über die A3 oder A61, per Bahn zum Beispiel nach Neuwied oder Bad Hönningen. Unterkunft: Camping und Ferienpark Bürder, www.camping-zumstillenwinkel.de; Vita Balance Hotel Waldbreitbach, , www.vita-balance-hotel.de.

Großes Bild: Für Pilzsammler ist der Westerwald ein Paradies. Linke Seite: Druidenstein bei Herkersdorf; Bogenbrücke im Nistertal.

+ TIPP + TIPP + TIPP +

↗ **Geysir Andernach** An der Grenze des Naturparks in Andernach wartet ein geologisches Phänomen, der höchste Kaltwasser-Geysir der Welt. Er liegt in einem Naturschutzgebiet auf der Halbinsel Namedyer Werth. Mit dem Schiff geht es ein Stückchen den Rhein entlang. Vorher sollte ein Besuch im spannenden Geysir-Erlebniszentrum nicht fehlen (www.geysir-andernach.de).

↗ **Langlauf** Reich bewaldete Gebiete laden im Winter auch zum Langlauf ein. Gleich drei Loipen, eine leichte und zwei mittelschwere, starten in Breitscheid am Flugplatz. Mehr bei der Touristeninfo unter Tel. 02777/91 33 21.

↗ **Rodeln** Neben Langlauf ist das Rodeln vor allem für Kinder ein großer Spaß. Schö-

ne Hänge dafür findet man im Rengsdorfer Land.

↗ **Gleitschirm- und Drachenfliegen** Das Rheintal und der Naturpark sind aus der Luft doppelt reizvoll anzusehen. Erfahrene Flieger und Gleiter können sich von verschiedenen Startplätzen aus in die Luft erheben. Auch Schnupperkurse und Tandemflüge sind möglich (www.dgc-siebengebirge.de).

↗ **Limes** Der berühmte Limes markiert einen Teil der Grenze des einstigen Römischen Reiches. 75 Kilometer davon verliefen durch das heutige Rheinland-Pfalz. In Rheinbrohl kann man Geschichte hautnah erleben. Dort steht ein nachgebauter Römerturm. Nicht weit davon liegt die Römerwelt, ein Erlebnismuseum mit großzügigem Außenbereich, Backhaus und nachempfundenen Soldatenunterkünften (www.roemer-welt.de).

Naturpark Nassau

*Zweckverband Naturpark
Nassau, Bachgasse 4,
56377 Nassau
Tel. 02604/43 68
www.naturparknassau.de
info@naturparknassau.de*

Der 590 Quadratkilometer große Naturpark liegt im Rheinischen Mittelgebirge. Die höchste Erhebung ist die Montabaurer
Höhe mit dem Köppel, der es
auf stolze 546 Meter bringt. Das
seit 1979 geschützte Gebiet ist
von unterschiedlichen klimatischen Bedingungen geprägt.
Die Flusstäler von Rhein und
Lahn sind eher mild und trocken. In höheren Lagen ist es
dagegen kühler und es gibt
mehr Niederschläge. Entsprechend unterschiedlich und vielfältig ist die Natur. Buchen-,
Buchenmisch- und Eichenwälder sowie Erlenbrüche sind hier
zu finden. Auch verschiedenste
Orchideen, der Blutstorchschna-
bel oder auch die Astlose Grasli-

lie gedeihen vielerorts hervorragend. Mindestens ebenso
beeindruckend ist die Vogelwelt. Schätzungsweise 100
Brutvogelarten sind zu entdecken, darunter der Eisvogel oder
der Wanderfalke. Hinzu kommen 35 Libellen-, 39 Heuschre-
cken- und 15 Fledermausarten.

Lahntal

Das Lahntal verläuft in ost-
westlicher Richtung mitten
durch den Naturpark Nassau.
57 Kilometer liegen in Rheinland-Pfalz. Seine hübschen
Fachwerkbauten, Schlösser und
Burgen haben ihm den Ruf eingebracht, eines der roman-
tischsten Flusstäler Deutschlands zu sein. Am besten
erkundet man es zu Wasser,
beispielsweise per Kanu. Zahlreiche Ein- und Ausstiegsstellen
sowie Rast- und natürlich Über-
nachtungsplätze sind vorhanden (www.daslahntal.de).

Highlights Höhenzüge und
tiefe Schluchten sind typisch für

den Naturpark Nassau. Sie sind bestens durch Wanderwege erschlossen, die den Besucher an Orte mit traumhaften Ausblicken führen. Ein Beispiel ist die 26,5 Kilometer lange Vier-Täler-Tour. Diese anspruchsvolle Wanderung verbindet vier der schönsten Täler der Umgebung von Nassau: das Lahntal, das Gelbach-, das Dörsbach- und das Mühlbachtal. Deutlich kürzer und einfacher ist der etwa neun Kilometer lange Limesrundwanderweg. Mehr Informationen: www.nassau-touristik.de.

Outdoor-Aktivitäten Eine Kanutour auf der Lahn lässt sich mühelos auf eigene Faust unternehmen. Natürlich sind auch komplett organisierte Fahrten mit Begleitung möglich, sogar mit anschließender Übernachtung im Tipi-Dorf. Mehr bei www.outdoor-zentrum-lahntal.de.

Anreise/Unterkunft Anreise über die A3 oder A48, per Bahn zum Beispiel nach Nassau oder Montabaur. Unterkunft: Campingpark Lahnbogen, Tel.

02621/83 09, www.camping-lahnbogen.de; Hotel Lahnromantik, Nassau, Tel. 02604/953 10, www.lahnromantik.de.

Besonders Hobby-Ornithologen haben im Naturpark ihre wahre Freude. Neben den häufiger anzutreffenden Rotkehlchen, Feldsperlingen und Grünfinken (kleine Bilder von links nach rechts) ziehen hier auch Waldkauze ihre Jungen groß (großes Bild). Linke Seite: Die Lahn zwischen Laurenburg und Obernhof.

+ TIPP + TIPP + TIPP

↗ **Mit dem Mountainbike** Auf zwei Rädern kommt man weiter. In der Region kann man sich vielerorts ein Fahrrad, ein Mountainbike oder auch ein E-Bike leihen. Eine bereits ausgearbeitete »Drei-Flüsse-Tour« gibt es bei »Burg & Bike« gleich mit dazu. Tel. 02621/408 38, www.burg-bike.de.

↗ **Lahnschifffahrt** Einen besonderen Teil des Naturparks vom Wasser aus genießen, ganz ohne Anstrengung, das geht bei einer gemütlichen Schifffahrt – viele Informationen inklusive. Neben Touren auf der Lahn kann man auch auf Rhein und Mosel schippern. Informationen zum Beispiel über Personenschifffahrt Lahnstolz, Tel. 02603/43 76, www.lahnstolz.de.

Naturpark Saar-Hunsrück

Naturpark Saar-Hunsrück e.V.
Trierer Staße 51
54411 Hermeskeil
Tel. 06503/921 40
www.naturpark.org
info@naturpark.org

2055 Quadratkilometer groß ist der 1980 gegründete Naturpark Saar-Hunsrück. Die Hälfte dieser Fläche ist von Wald bedeckt. Schon die Lage macht den Park zu etwas Besonderem. Er erstreckt sich nicht nur über die Bundesländer Saarland und Rheinland-Pfalz, sondern bildet im Dreiländereck Deutschland, Frankreich und Luxemburg gewissermaßen das Zentrum von Europa. Bestechend ist die Vielfalt der Landschaft. Märchenhafte Felsformationen stehen Hangmooren und -brüchen gegenüber, der höchste Berg von Rheinland-Pfalz, der 816 Meter hohe Erbeskopf, gehört ebenso dazu wie Weinberge und tiefe

Die Ehrbachklamm im Hunsrück ist ein beliebtes Ausflugsziel der Region.

Flusstäler. Man findet Kalk- und Sandsteinhänge. Nicht weniger eindrucksvoll ist der Reichtum der Tier- und Pflanzenwelt. Waldhyazinthe, Arnika und einige seltene Orchideenarten erfreuen das Auge. Bekassine und Haselhuhn sind heimisch, ebenso das Braunkehlchen, der Raufuß- und der Steinkauz. Über die Wiesen und durch die Wälder huschen Fuchs, Dachs und Marder. Es gibt Schwarz- und Rotwild, auch Fledermäuse. Eine

besondere Bewohnerin ist die Wildkatze, die sonst nicht mehr häufig anzutreffen ist. Nicht zuletzt findet man hier einige Nattern- sowie verschiedene Eidechsenarten und auch den Feuersalamander, diverse Krötenarten, Teich- und Kammmolch, die vor allem in den Tälern leben.

Highlights Wenn es in diesem Naturpark ein dominierendes Thema gibt, dann sind es die

Wälder. Mitten hindurch führt die sogenannte Eichenlaubstraße. Wer zu Fuß oder mit dem Rad die kompletten 110 Kilometer oder einen Teil davon erlebt, wird hier und da noch Eichenniederwald sehen, der der Route zu ihrem Namen verholfen hat. Ebenfalls erwähnenswert sind die Eichenlaubwirte, die zu einer Rast einladen. Die Strecke verläuft von Perl im Westen nach Freisen-Oberkirchen im Osten.

Outdoor-Aktivitäten Der Naturpark bietet zu jeder Jahreszeit Vergnügung an der frischen Luft. Im Winter locken Langlaufloipen ebenso wie präparierte Abfahrten und Rodelstrecken. Auch Natureisbahnen für Schlittschuhläufer sind vorhanden, zum Beispiel eine 3500 Quadratmeter große Anlage in Kell am See und eine kleinere im Wintersportzentrum Erbeskopf.

Anreise/Unterkunft Anreise über A1, A62 oder A64, per Bahn beispielsweise nach Saarburg.
Unterkunft: Campingplatz Sensweiler-Mühle (auch Ferienwohnungen), Tel. 06781/32 53, www.sensweiler-muehle.de; Hochwälder Wohlfühlhotel, Losheim, Tel. 06872/969 20, www.hochwaelder-wohlfuehlhotel.de.

Großes Bild: Den besten Blick auf die Saarschleife bei Mettlach hat man von der Cloef aus, einem hohen Felsen.

+ TIPP + TIPP + TIPP +

↗ **Hochseilgärten** Gleich mehrere Hochseilgärten hat der Naturpark Saar-Hunsrück zu bieten. Einer liegt direkt an der höchsten Erhebung, dem Erbeskopf, ein anderer am Wild- und Wanderpark Weiskirchen. Geboten werden jeweils unterschiedliche Parcours mit verschiedenen Schwierigkeitsstufen, teilweise in beeindruckender Höhe, inmitten eines natürlichen Waldstückes (www.highlive.org).

↗ **Gartenkultur** Das Projekt »Gärten ohne Grenzen« bezieht Teile des Naturparks mit ein. Vom Kräuter- über den Stauden- bis hin zum Rosengarten ist alles dabei. Neben der Besichtigung stehen unterschiedliche Veranstaltungen auf dem Programm. So darf man manchmal in einer der traumhaften Anlagen unter freiem Himmel übernachten (www.gaerten-ohne-grenzen.de).

↗ **Rollstuhlwanderweg** Auch Menschen mit eingeschränkter Mobilität wollen die Natur in aller Ruhe und an der frischen Luft genießen. Viele Naturparks sind darauf eingestellt. In Beckingen gibt es sogar einen speziellen Rollstuhlwanderweg. Drei Kilometer schlängelt er sich vom barrierefreien Parkplatz durch den Beckinger Wald.

↗ **Nordic-Walking-Park** Das flotte Gehen mit Stöcken spricht viele Muskelgruppen an und ist gut für Gesundheit und Fitness. Umso schöner wenn der Sportler ganz nebenbei auch noch herrliche Aussichten genießen kann wie an der Saarschleife. Fünf eigens ausgeschilderte Routen für verschiedene Ansprüche, von 4 bis 11 Kilometern Länge beginnen in Mettlach-Orscholz. Informationen bei Saarschleife Touristik, Tel. 06864/83 34, www.tourist-info.mettlach.de.

↗ **Wildfreigehege Wildenburg** Es ist immer wieder ein Erlebnis, wilde Tiere zu beobachten. Im Freigehege Wildenburg sind es Luchs, Marder, Iltis und Waschbär. Hinzu kommen Rot-, Dam-, Muffel-, Steinwild sowie Uhu und Bussard, Pfau und Fasan. Für Kinder gibt es Spielplätze und einen Streichelzoo. Besonders beliebt ist das Wildkatzenzentrum. Hier findet man auch die Naturpark-Informationsstelle (www.wildfreigehege-wildenburg.de).

↗ **Reitferien** Gemeinsam mit Pferden macht es noch mehr Spaß, die Natur zu erleben. Für Kinder werden Reitferien auf Islandpferden angeboten (www.hof-ruwerbach.de). Freizeit- und Westernreiten steht beim Eichenlaubhof auf dem Programm, Tel. 06876/15 18.

Auch wenn sie äußerlich wie eine etwas muskulösere Variante der Hauskatze wirken mag, so ist die Wildkatze kein zahmes Wesen, das sich als Haustier dem Menschen unterordnet. Und die Wildkatze *(Felis silvestris silvestris)* ist – entgegen der Hauskatze, die von der ägyptischen Falbkatze abstammt – eine echte Europäerin. Schon seit über 300 000 Jahren durchstreift sie die Wälder des alten Kontinents auf der Suche nach ihrer begehrten Jagdbeute, vornehmlich nach Mäusen. Der Mensch bekommt das scheue Tier nur selten zu Gesicht, am ehesten leider als Verkehrsopfer neben einer Landstraße. In Deutschland gibt es vor allem in Rheinland-Pfalz, Hessen und Thüringen noch einige Rückzugsgebiete in Wäldern wie dem Pfälzerwald und dem Hainich. Aber auch hier ist die Katze in ihrem Überleben gefährdet. Etliche Auswilderungs- und Naturschutzprojekte bemühen sich um eine Sicherung der Lebensräume und des Bestandes. Über Jahrhunderte hielt man die Katze irrtümlich für einen gefährlichen Räuber, der auch Kälber angreift, und machte Jagd auf sie. Die geschickten Tiere, die wieselflink auf Bäume klettern, um Nester auszurauben, leben meist als Einzelgänger, paaren sich aber auch schon einmal mit streunenden Hauskatzen.

Biosphärenreservat Bliesgau

*Biosphärenzweckverband
Bliesgau, Paradeplatz 4,
66440 Blieskastel
Tel. 06842/96 00 90
www.biosphaere-bliesgau.eu
info@biosphaere-bliesgau.eu*

Im Südosten des Saarlands an der Grenze zu Frankreich liegt das 361,5 Quadratkilometer große, herrliche Biosphärenreservat Bliesgau. Knapp die Hälfte ist ausgewiesenes Landschaftsschutzgebiet. Charakteristisch sind Buchenwälder, Streuobstwiesen und die Auenlandschaft des kleinen Flusses Blies. Hinzu kommen Eichen-Hainbuchenwälder, Wiesen und Kalk-Halbtrockenrasen. Rund die Hälfte aller in Deutschland heimischen Orchideenarten sind hier auf engstem Raum zu finden. Auch der vom Aussterben bedrohte Steinkauz wird im Reservat so häufig gesichtet wie an kaum einem anderen Ort.

Eine Besonderheit der Region ist die hohe Bevölkerungsdichte. Viele hübsche Städte bieten dem Urlauber jede Menge Abwechslung, bergen aber auch Gefahren für die umliegende Natur. Dieses Zusammenspiel zu erforschen und negativen Entwicklungen entgegenzuwirken, ist eine Hauptaufgabe der Reservatsleitung.

Highlights Während einer Bliesgau-Rundfahrt mit süßer Verführung lernt man ein Schwerpunktthema des Biosphärenreservats näher kennen, die Streuobstwiesen. In der drei Stunden dauernden Tour ist ein Besuch beim Imker eingeschlossen. Mehr bei der Tourismus-Zentrale Saarland, Tel. 0681/92 72 00.

Outdoor-Aktivitäten Die Südroute des Pfälzer Jakobswegs verläuft mitten durch das Biosphärenreservat. Eine 31 Kilometer lange Etappe beginnt in Kirrberg und führt den Wanderer über Schwarzenacker und Lautzkirchen nach Blieskastel

und weiter über Mittelbach nach Hornbach, zahlreiche nette Sehenswürdigkeiten inklusive. Auch per Kanu lässt sich die Region umweltverträglich und mit viel Spaß erkunden. Es gibt ein- oder zweitägige Touren. Geübt wird im Niederwürzbacher Weiher, bevor es auf die Blies geht. Informationen bei www.saarpfalz-touristik.de.

Anreise/Unterkunft Anreise über die A6 oder A8, per Bahn beispielsweise nach Homburg oder St. Ingbert. Unterkunft: Ferienwohnung LandArt, Mandelbachtal, Tel. 06893/15 33, www.ferienwohnung-landart.de; Annahof, Blieskastel-Niederwürzbach, Tel. 06842/960 20, www.annahof.de.

Im Bliesgau (links: Blick auf Blickweiler) gedeihen viele Orchideenarten, darunter Männliches Knabenkraut, Hummel-Ragwurz, Helm-Knabenkraut, Stendelwurz, Waldhyazinthe und Geflecktes Knabenkraut (von links nach rechts).

+ TIPP + TIPP + TIPP +

↗ **7-Weiher-Tour** Eine gemütliche Tagestour für Radfahrer ist diese Tour. Los geht es auf dem Stiefelparkplatz St. Ingbert-Sengscheid. Die Route mit geringen Steigungen ist gekennzeichnet. Man folgt dem grünen Frosch auf blauem Schild.

↗ **Buntsandsteinhöhle** An der Grenze des Biosphärenreservats liegen die größten Buntsandsteinhöhlen von ganz Europa, die sich über viele Kilometer und zwölf Stockwerke erstrecken. Einige Etagen der durch den Abbau des Gesteins entstandenen Hallen und Gänge sind bei Führungen zu besichtigen. Anmeldung unter Tel. 06841/20 64.

↗ **Orchideenblüte** 30 Orchideenarten wachsen auf einem geschützten Gebiet in der

Gemeinde Gersheim. Wer im Mai oder Juni in der Gegend ist, sollte sich auf keinen Fall eine Führung entgehen lassen, denn dann stehen die seltenen Pflanzen in voller Blüte. Termine und Anmeldung unter Tel. 06843/80 13 02.

↗ **Römermuseum** Die Römer waren im Bliesgau ansässig und trieben dort Handel. In Schwarzenacker kann man eine Zeitreise unternehmen und durch eine römische Siedlung spazieren. Straßen und Gebäude wurden ausgegraben und teilweise restauriert (www.roemermuseum-schwarzenacker.de).

↗ **Burgwanderung** Einen großartigen Blick auf das Biosphärenreservat hat man von der über 1000 Jahre alten Kirkeler Burg. Ein Spaziergang an den Burgmauern entlang lohnt sich. Es gibt hier auch Veranstaltungen wie etwa einen Mittelalterflohmarkt (www.kirkeler-burg.de).

Naturpark Pfälzerwald

Naturpark Pfälzerwald
Franz-Hartmann-Straße 9
67466 Lambrecht
Tel. 06325/955 20
www.pfaelzerwald.de
info@pfaelzerwald.de

Schon 1959 wurde der Naturpark Pfälzerwald aus der Taufe gehoben. Seit 1998 bildet er mit den französischen Nordvogesen, an die er grenzt, das UNESCO-Biosphärenreservat Pfälzerwald-Nordvogesen. Der deutsche Teil umfasst rund 1790 Quadratkilometer, wovon drei Viertel von Wald bedeckt sind – es handelt sich um das größte zusammenhängende Waldstück Deutschlands. Vor allem Mischwälder mit hohem Kiefernanteil bestimmen das Bild. Im östlichen Bereich des Parks sind Kastanienwälder zu finden, eine absolute Seltenheit. Generell ist das Gebiet ein umfangreicher Wasserspeicher und

Das milde Klima der Region begünstigt den Weinanbau.

Sauerstoffproduzent. Typisch für die Mittelgebirgsregion ist neben dem überwiegend rötlichen Buntsandstein eine hohe Zahl tiefer Flusstäler. Das milde, beinahe mediterrane Klima ist ideal für den Weinanbau. Kein Wunder, dass ein Teil des Naturparks von der Deutschen Weinstraße durchzogen wird. Luchs und Wildkatze sind in der Region zu Hause. Der Wanderfalke

dreht seine Runden, auch Eisvogel, Wasseramsel und Bergbachstelze fühlen sich hier rundum wohl. Das gilt auch für menschliche Besucher, auf die beispielsweise ein extrem umfangreiches und gut gepflegtes Wegenetz wartet. Ergänzt wird das Ganze durch ein spannendes kulturelles Angebot. Burgen sind zu besichtigen, hübsche Städte laden zum Bummeln ein.

Deutsche Weinstraße

Etwa 85 Kilometer lang ist die Route der Deutschen Weinstraße. Sie führt von der französischen Grenze durch Deutschlands zweitgrößtes Weinbaugebiet nach Bockenheim. Wer erwartet, hier nur Weinreben zu sehen, täuscht sich. Ein Besuch lohnt sich besonders im Frühjahr, wenn die Mandeln blühen.

Morgennebel steigt über dem Lautertal auf.

Auch Feigen, Kiwis, Pinien und selbst Bananen gedeihen hier. Klima und Vegetation haben der Region den Namen »Toskana Deutschlands« eingebracht.

Kalmit

Die höchste Erhebung im Pfälzerwald ist der etwas über 672 Meter hohe Große Kalmit. Drei schmale Straßen führen hinauf, die allen voran Rennradfahrer anziehen. Der Aufstieg zum Gipfel ist sowohl mit dem Rad als auch zu Fuß – selbst an heißen Tagen – machbar, da der Wald angenehmen Schatten spendet. Aus dem Ort Maikammer führt ein steiler Wanderweg hinauf. Oben angekommen belohnt ein spektakulärer Blick vom Freisitz für die Anstrengung.

Lautertal

Die Lauter ist ein Nebenfluss des Rheins und heißt im Bereich des Naturparks Wieslauter. Zusammen mit drei weiteren Flüssen bildet sie das Entwässerungssystem des Pfälzerwaldes. Wer einen Teil des Naturparks erwandern möchte, kann sich das Lautertal vornehmen. Von der Quelle im Zentrum des Parks geht es vorbei an der Ruine der Burg Gräfenstein aus dem frühen 13. Jahrhundert. Überhaupt ist die Region um die Wieslauter reich an Burgen.

Trifels

In 494 Metern Höhe auf dem Sonnenberg liegt die Burg Trifels, die als Kulturgut geschützt ist. Sie gilt als liebste Burg von Kaiser Barbarossa (1122 bis 1190). Der englische König Richard Löwenherz (1157–1199) wird sie weniger in sein Herz geschlossen haben. Er saß dort in Kerkerhaft. Außer im Dezember ist die Burg täglich zu besichtigen. Es werden Führungen angeboten. Von Mai bis Oktober findet ein Schauspiel um die Geschichte von Richard Löwenherz statt.

Großes Bild: Die Anlage der Reichsburg Trifels bei Annweiler schmiegt sich harmonisch in die Hügellandschaft des südlichen Pfälzerwaldes ein.

Dahner Felsenland

Das Dahner Felsenland ist ein Paradies für Wanderer und Kletterer. 16 Burgen bzw. deren Überreste gibt es dort zu sehen. Manche der Buntsandsteinfelsen haben nicht nur poetische Namen – etwa Teufelsstich oder Jungfernsprung –, sondern sind auch Inhalt von Sagen. Einige davon lassen sich auf dem 90 Kilometer langen Felsenland-Sagenweg erkunden. Ebenfalls sehenswert ist das Besucherbergwerk Nothweiler. Infos unter www.dahner-felsenland.de.

Drachenfels

Obwohl nur noch eine Ruine von der einst stolzen Burg Drachenfels geblieben ist, lohnt sich ein Besuch. Sie thront südlich von Busenberg auf einer 367 Meter hohen Erhebung. Ihre Ursprünge sind nicht vollständig bekannt, gehen aber mindestens auf das 12. Jahrhundert zurück. Der Aufstieg ist leicht. Oben warten neben Tür-

Die Ruine der Burg Altdahn liegt hoch oberhalb des Wasgaus.

men und Mauern Felsenkammern sowie ein in den Sandstein geritzter Drache. Höhepunkt ist der Ausblick über die Sandsteinfelsen des Dahner Felsenlandes.

Wasgau

Etwa die südliche Hälfte des Naturparks Pfälzerwald sowie der nördliche Teil der Vogesen fast bis nach Saverne gehört zum Wasgau. Die höchste Erhebung ist der 581 Meter hohe Große Wintersberg. Im gesamten Gebiet kann man bizarre

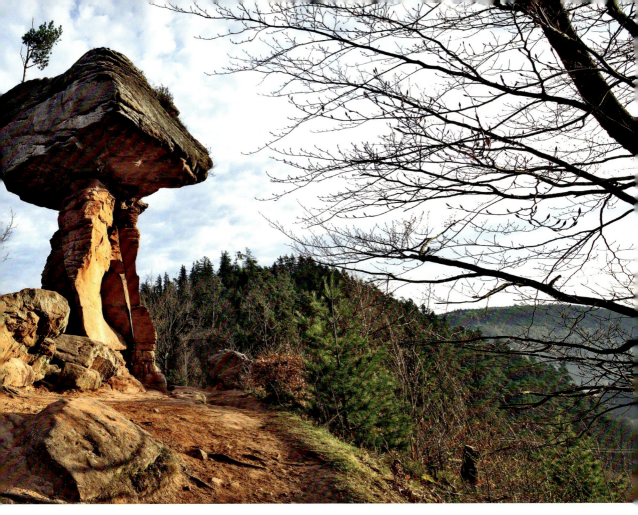

Sandsteinformationen und Burgen bewundern. Trifels und Drachenfels gehören dazu. Auch hübsche Weiher, Bäche und Quellen sind weitverbreitet. Die kann man während der Wasgau-Seen-Tour entdecken. Infos unter Tel. 06391/919 62 22.

Weitere Highlights Eine perfekte Sicht auf die Gipfel und Wälder des Naturparks Pfälzerwald bekommt man vom Luitpoldturm. Der 30 Meter hohe Turm steht auf dem 607 Meter hohen Weißenberg. 1909 wurde das Bauwerk offiziell eröffnet. Auf der Aussichtsplattform gibt es Hinweise auf Sehenswertes in der Umgebung.

Outdoor-Aktivitäten Das Wasgau ist eine der besten Regionen zum Klettern. Vor allem zwischen Annweiler, Pirmasens und Weißenburg im Elsaß findet man geeignete Felswände und solitäre Sandsteintürme. Da der Stein weich ist und es hier schwierige Formationen gibt, sollte man Kletter-Erfah-

rung mitbringen. Anfänger können erste Versuche in der Landauer Kletterhalle unternehmen (www.fitzrocks.de). Weniger Adrenalin, dafür mehr Entspannung verspricht die Wanderregion Pfälzerwald. Ein besonderer Service sind die zahlreichen ehrenamtlich bewirtschafteten Hütten, die zu einer Rast einladen. Oft werden dort nicht nur Erfrischungen und Stärkungen, sondern auch gemeinsame Wanderungen und Übernachtungsmöglichkeiten angeboten. Mehr unter www.pwv.de.

Wo sich Schotter- oder Sandwege durch Mittelgebirge schlängeln, fühlen sich Mountainbike-Fahrer meist sehr wohl. Das gilt auch für diesen Naturpark. Da seltene Pflanzen und Tiere nicht beschädigt oder gestört werden dürfen, müssen Radler auf den Wegen bleiben. Ausnahmen gibt es im Mountainbikepark Pfälzerwald, der neben fünf ausgeschilderten Routen für verschiedenste Ansprüche auch besondere Angebote bereithält.

Zum Beispiel die »Abdampf-tour«, die Radfahren mit der von einer Dampflok gezogenen Kuckucksbahn kombiniert. Auch ein Technik-Parcours und Fahrtechnikkurse dürfen nicht fehlen (www.mountainbikepark-pfaelzerwald.de).

Anreise/Unterkunft Anreise über die A6 oder A65, per Bahn zum Beispiel nach Neustadt an der Weinstraße. Unterkunft:

KNAUS Campingpark Bad Dürkheim, Tel. 0 6322/613 56, www.knauscamp.de; Hotel Gutshof Ziegelhütte, Edenkoben, Tel. 06323/949 80, www.gutshof-ziegelhuette.de.

Großes Bild: Naturdenkmal Teufelstisch bei Hinterweidenthal. Kleine Bilder: Auch wenn er schön aussieht, sollte man den Fliegenpilz meiden und zum Steinpilz greifen.

⤢ Haus der Nachhaltigkeit Nachhaltigkeit ist zum Modewort geworden. Was dahinter steckt, kann man hervorragend im Haus der Nachhaltigkeit in Trippstadt erleben. Neben wechselnden Ausstellungen und Veranstaltungen, wie etwa Bogenbauseminaren, gibt es hier Kletterbäume, eine Klimastation, einen Garten mit einheimischen Pflanzen und die Streuobstwiese der Generationen (www.hdn-pfalz.de).

⤢ Biosphärenhaus Ein weiterer lohnender Anlaufpunkt für Groß und Klein ist das Biosphärenhaus in Fischbach. Eine interaktive Ausstellung bringt den Lebensraum Wald näher. Noch besser gelingt das mit dem 270 Meter langen Baumwipfelpfad. Der windet sich in einer Höhe von 18 bis 35 Metern zwischen den Kronen von Eichen, Buchen, Fichten und Kiefern entlang. Wer sich traut, kann auf Hängebrücken umsteigen oder auf der 40 Meter langen Rutsche wieder nach unten gelangen (www.biosphaerenhaus.de).

⤢ Kinderwagen-Wanderung Wenn man auch mal längere und anspruchsvolle Strecken bewältigen möchte, ist Wandern mit Kleinkindern vielerorts nahezu unmöglich. Im Dahner Felsenland gibt es elf Touren, die für Kinderwagen geeignet sind (www.dahner-felsenland.net).

⤢ Kräuterwanderung Während einer Kräuterwanderung lernt man die essbaren Kräuter der Region kennen, die am Wegesrand wachsen. Wem das nicht reicht, der kann auch lernen, mit Wildkräutern Köstliches zu kochen. Überlebenskurse im Wald und eine komplette Ausbildung in der Kräuterheilkunde werden ebenfalls angeboten (www.wildwiese.com).

⤢ Berittene Naturführer Die abwechslungsreiche Natur mit ihren sanften Hügeln und bizarren Felsen, mit weiten Waldgebieten und Weinhängen ist geradezu ideal, um sie auf einem Pferderücken zu erkunden. An einigen Reitstationen in der Pfalz stehen Naturführer zur Verfügung, die Ausritte mit Führungen verbinden. Von ihnen lernt man einiges über die Flora und Fauna der Region, über Kultur und Architektur (www.diepfalz-zupferd.de).

⤢ Weinlehrpfad Ein Gläschen Wein schmeckt noch besser, wenn man etwas über Anbau und Verarbeitung der Trauben weiß und wenn man mit den verschiedenen Aromen und Rebsorten vertraut ist. Rheinland-Pfalz ist Weinbaugebiet und hält mehrere Weinlehrpfade bereit. Zum Beispiel den über den Kalmitwingert. Der Weg ist 2,6 Kilometer lang und beginnt in Ilbesheim am Ortsausgang in Richtung Landau-Arzheim. Mehr beim Tourismusbüro Südliche Weinstraße, Tel. 06345/35 31.

⤢ Themenwandern Nicht nur Wein ist typisch für die Region, auch Edelkastanien und Mandeln sind es. Ihnen sind wunderschöne Themenwanderungen gewidmet. Der etwa 56 Kilometer lange Keschdeweg führt immer wieder durch Kastanienwälder. Man kann zwischen drei Varianten wählen (www.keschdeweg.de). In Maikammer startet der rund 50 Kilometer lange Pfälzer Mandelpfad. Eine rosa Mandelblüte im blauen Rahmen führt den Wanderer bis nach Bergzabern. Am schönsten ist die Route im März oder April während der Blütezeit (www.mandelbluete-pfalz.de).

⤢ Rietburgbahn Burgen sind das Wahrzeichen des Pfälzerwaldes. Meist liegen sie hoch über Tälern und Dörfern. Wie schön, wenn man bequem mit einer Sesselbahn hinaufgelangt und den Blick hinunter genießen kann (www.rietburg-bahn-edenkoben.de).

Neben dem Mountainbikepark und zahlreichen Orten für Felsenkletterer (siehe auch vorhergehende Seite) bietet der Pfälzerwald auch für weniger Abenteuerlustige viele Wanderwege und tolle Aussichten.

Urwald im Reinhards-
wald: Nahmen hier die
Märchen der Brüder
Grimm ihren Ausgang?

Hessen

In der Mitte Deutschlands liegend, grenzt Hessen an Nordrhein-Westfalen, Niedersachsen, Thüringen, Bayern, Baden-Württemberg und Rheinland-Pfalz. Geografisch geprägt wird das Bundesland durch zahlreiche Mittelgebirge sowie die Ebenen des Rhein-Main-Gebiets, die Wetterau und Teile der Oberrheinischen Tiefebene. Ganz im Westen sowie nach Norden schließen sich die »Hessischen Beckenlandschaften« an.

Naturpark Habichtswald

Naturparkzentrum Habichtswald, Auf dem Dörnberg 13, 34289 Zierenberg
Tel. 05606/53 32 66
www.naturpark-habichtswald.de
info@naturpark-habichtswald.de

Im Norden des Hessischen Berglandes liegt der 474 Quadratkilometer große Naturpark Habichtswald. Fast die Hälfte des Gebietes nehmen Waldflächen ein, in denen Buchen dominieren. Neben dem Wald sind es die verstreut liegenden Weiden, die sanft geschwungenen Hügel und die bizarren Basalt-Formationen, die die Landschaft prägen. Herausragend sind im wahrsten Sinne des Wortes der Hohe Gras (615 Meter) mit Sendeturm und die südlich davon liegende Langenberg mit 556 Metern. Der 1962 gegründete Park ermöglicht neben Naturerlebnissen auch einen Blick in die Geschichte des Mittelalters.

Zahlreiche Burgen und Befestigungsanlagen befinden sich im Wald und machen einen Spaziergang auch für Kinder zum Erlebnis. Dass oft nur noch Ruinen und Reste der Wallanlagen stehen, die zur Verteidigung der Handelswege und umliegenden Orte dienten, macht den Besuch nicht weniger spannend.

Highlights Eine besonders sehenswerte Burgruine im Habichtswald ist die Weidelsburg. Sie liegt bei Ippinghausen, einem Ortsteil von Wolfhagen, auf einem fast 500 Meter hohen Basaltkegel. Sie ist die größte Burgruine in Nordhessen. Dank umfangreicher Sanierungsmaßnahmen kann der südlich gelegene Burgturm heute als Aussichtsturm genutzt werden. In Schriften wird das Bauwerk bereits im zwölften Jahrhundert erwähnt. 1273 wurde die Burg zerstört und ca. 100 Jahre später wieder aufgebaut, bevor sie ab dem 16. Jahrhundert sich selbst überlassen blieb und zerfiel. Bis im

Jahr 1979 die Sanierung begann, lag die Burg im Dornröschenschlaf.

Outdoor-Aktivitäten Wer nicht nur wandern möchte, sondern sich auch für Kulturgeschichte und Archäologie interessiert, findet auf den Eco-Pfaden zahlreiche Hintergrundinformationen zur Region. Im Naturschutzgebiet liegen der Eco-Pfad »Kulturgeschichte Habichtswald« sowie der Pfad »Der Silbersee – Basalt im Habichtswald«.

Anreise/Unterkunft Anreise über die B7 und B44, mit der Bahn bis nach Kassel.
Unterkunft: Kinder-Märchenbauernhof Weidelshof, Tel. 05625/17 54, www.weidelshof.de; Schlosshotel Bad Wilhelmshöhe, Tel. 0561/308 80, www.schlosshotel-kassel.de.

Großes Bild: Sonnenstrahlen streifen über den Boden des dicht bewachsenen Habichtswaldes in Nordhessen.

+ TIPP + TIPP + TIPP

↗ **Wasserspiele** Im Sommer finden im Bergpark Wilhelmshöhe zweimal in der Woche die Wasserspiele statt. Dann stürzt das Wasser über die Kaskaden und den Wasserfall den Berg hinunter. Der enorme Wasserdruck, der dabei entsteht, lässt im Schlossteich die große Fontäne ihr Wasser bis zu 50 Meter in die Höhe schießen.

↗ **Löwenburg** Sehenswert im Park Wilhelmshöhe ist die Löwenburg. Was aussieht wie eine mittelalterliche Burganlage, entstand Ende des 18. Jahrhunderts und war als Lustschloss geplant. Die fürstlichen Wohnräume, die Kapelle und die Rüstkammer mit Exponaten aus dem 16. und 17. Jahrhundert können besichtigt werden.

UNESCO-Weltkulturerbe: Bergpark Wilhelmshöhe

Der Bergpark Wilhelmshöhe in Kassel gehört seit 2013 zum UNESCO-Weltkulturerbe. 2,4 Quadratkilometer Fläche machen ihn zum größten Bergpark in Europa. Die barocke Anlage wurde zu Beginn des 18. Jahrhunderts im Stil eines englischen Landschaftsgartens angelegt. Fürsten, Könige und Kaiser nutzten das im Park gelegene Schloss Wilhelmshöhe als Sommerresidenz. Neben dem Schloss beeindruckt der Park vor allem mit seinen Wasserkünsten, einem System aus Teichen, Wasserläufen und Wasserfällen, die eine riesige Fontäne speisen. Über die Landesgrenzen hinaus ist der »Herkules« bekannt, das Wahrzeichen der Stadt. Die 8,30 Meter hohe Statue steht auf einem achteckigen Bau mit einer pyramidenförmigen Spitze. Das Oktogon lässt sich besteigen. Von der Besucherplattform in fast 30 Metern Höhe hat man einen wunderbaren Blick auf die Kaskaden unterhalb des Denkmals, über die Parkanlage und über die Stadt Kassel.

Der 578 Meter hohe Hohe Dörnberg im Naturpark Habichtswald ist ein beliebter Startplatz bei Segelfliegern.

Reinhardswald

Forstamt Reinhardshagen
Obere Kasseler Straße 27
34359 Reinhardshagen
Tel. 05544/951 00
ForstamtReinhardshagen@forst.
hessen.de

Nordhessen ist Märchenland: Hier lebten die Gebrüder Grimm und sammelten ihre Märchen. Wer sich auf die Suche nach den märchenhaften Orten begeben möchte, wird im Reinhardswald, dem »Schatzhaus der europäischen Wälder«, fündig. Er liegt zwischen den Flüssen Weser, Fulda, Esse und Diemel und den Orten Bad Karlshafen und Hann. Münden. Das sehr ursprüngliche und kaum besiedelte Waldgebiet ist das größte

etwa der Reinhardswaldradweg oder der Märchenlandweg, führen zu den schönsten Stellen des Gebietes. Viele Touren sind im Wanderführer »Unterwegs im Reinhardswald« versammelt.

Outdoor-Aktivitäten Wem das Wandern zu beschaulich ist, der kann auf einer der sechs gut ausgeschilderten Nordic-Walking-Routen bei Bad Karlshafen einen Schritt zulegen. Die Touren sind unterschiedlich lang, landschaftlich schön gelegen und sehr abwechslungsreich. Markiert sind sie mit Routennummer, Schwierigkeitsgrad und Länge.

Anreise/Unterkunft Anreise über die A7 oder A44, mit der Bahn bis Kassel. Unterkunft: Dornröschenschloss Sababurg,

Deutschlands. In den Urwaldgebieten Sababurg und Wichmanessen lassen sich urtümliche Landschaft und Baumriesen bestaunen und beim Besuch des Dornröschenschlosses Sababurg oder des Rapunzelturms auf der Trendelburg werden Sagen und Märchengestalten lebendig. Zahlreiche gut ausgeschilderte Rad- und Wanderwege, wie

Tel. 05671/80 80, www.sababurg.de; Campingplatz Trendelburg, Tel. 05675/301, www.campingplatz-trendelburg.de.

Die perfekte Kulisse für deutsche Märchen: Der Reinhardswald war für die Brüder Grimm eine Fundgrube. Hier stießen sie auch auf das Schloss von Dornröschen.

Eine Enttäuschung vorweg: Walt Disneys beliebte Filmfigur »Bambi« mit seinen traurigen Rehaugen ist gar kein Reh, sondern ein Weißwedelhirsch. Diese in Nordamerika beheimatete Hirschart war den Trickfilmzeichnern nämlich viel vertrauter als das Europäische Reh *(Capreolus capreolus)*. Doch diese heimische Art der Trughirsche braucht sich nicht hinter seinen amerikanischen Verwandten zu verstecken.

Rehe haben sich fast über den gesamten europäischen Kontinent ausgebreitet und verbleiben meist in der Region, in der sie auch geboren wurden. Ihr Tagesablauf ist durch Äsungsphasen bestimmt, die etwa alle zwei Stunden stattfinden und zwei Stunden stattfinden und in denen das Reh die wenig gehaltvolle Nahrung aus Gräsern, Knospen und Trieben zu sich nimmt. In manchen Wäldern in Deutschland nehmen Rehe allerdings derart überhand, dass sie den Baumbestand nachhaltig schädigen. Deswegen sind erwachsene Tiere auch zu bestimmten Zeiten zur Jagd freigegeben. Ricken gebären in der Regel ein bis vier Kitze pro Jahr, die sie in den ersten Lebensmonaten säugen. Die Brunft der Böcke kann sich über Tage hinziehen. Heftige Kämpfe unter den Geschlechtsgenossen sind an der Tagesordnung, teils sogar mit tödlichem Ausgang.

Nationalpark Kellerwald-Edersee

Nationalpark Kellerwald-Edersee, Laustraße 8, 34537 Bad Wildungen Tel. 05621/75 24 90 www.nationalpark-kellerwald-edersee.de info@nationalpark-kellerwald-edersee.de

Der Nationalpark Kellerwald-Edersee liegt im Norden des gleichnamigen Naturparks und südlich des Edersees. Er wurde 2004 gegründet (Naturpark: 2001) und ist damit einer der jüngsten Nationalparks in Deutschland. Auf 57 Quadratkilometern finden sich neben einem ausgedehnten urwaldartigen Buchenwald, der Teil des UNESCO-Weltnaturerbes ist, weitere große Laubbaumbestände. Eichen, Ahorn, Ulmen und Linden wachsen hier ebenso wie zahlreiche seltene Blütenpflanzen. Auf einem Spaziergang über Hänge, durch

Buchen sind die vorwiegende Baumart im Kellerwald.

Wiesentäler und entlang der Bachläufe kann man Arnika, Pfingst- und Heidenelken, Teufelskralle und auch das Breitblättrige Knabenkraut entdecken. Etwas mehr Glück braucht es, um den seltenen und scheuen Schwarzstorch zu Gesicht zu bekommen. Er findet in der Kombination von tiefem Wald und fischreichen Gewässern gute Lebensbedingungen. Diese sind auch für mehr als 800 Käfer- und Schmetterlingsarten

sowie zahlreiche Fledermausarten ideal.

Hallohwald

Etwas außerhalb des Nationalparks in südöstlicher Richtung befindet sich bei Albertshausen ein uralter Hutewald. Die knapp 200 mächtigen Buchen, die knorrig und ausgehöhlt in den Himmel ragen, wurden mehrere Hundert Jahre als Weide für Schweine genutzt. Die

Tiere verbissen die Bäume derart, dass manche nur halbseitige Kronen und bizarr geformte Äste ausbilden konnten. Im Jahr 1985 wurde der Hutewald zum Naturdenkmal erklärt.

Edersee

An der Nordgrenze des Nationalparks liegt der Edersee, ein Stausee, der sich auf einer Länge von 27 Kilometern durch die waldreiche Landschaft erstreckt.

Die gigantische Staumauer ist ebenso sehenswert wie das Schloss Waldeck, das hoch über dem See thront und mit der Seilbahn bezwungen werden kann. Einmal im Jahr wird das Wasser abgelassen und Ruinen der gefluteten Orte kommen zum Vorschein, etwa die Brücke von Asel.

Highlights Der Urwaldsteig trägt seinen Namen nicht ohne Grund. Auf 68 Kilometern Länge führt er über Stock und Stein durch krüppelige und verwun-

schene Wälder, über Bachläufe und an tief eingekerbten Tälern entlang. Immer wieder gibt der Wald Blicke auf den Edersee frei (www.urwaldsteig-edersee.de).

Outdoor-Aktivitäten Der Edersee ist ein Eldorado für Wasserfreunde. Er lässt sich gut per Ausflugsschiff erkunden und wer selbst aktiv werden möchte, findet auf dem knapp 12 Quadratkilometer großen See zahlreiche Wassersportangebote oder nutzt eine der vielen Badebuchten für eine Erfrischung.

Anreise/Unterkunft Anreise über die A7 oder A44, mit der Bahn bis nach Bad Wildungen, Korbach oder Frankenberg. Unterkunft: Belvedere – Bio Hotel, www.belvedere-edersee.de; Jugendherberge Hohe Fahrt am Edersee, www.djh-hessen.de.

Der Rotmilan (kleines Bild) ist in den Wäldern des Nationalparks zu Hause. Großes Bild: Aufstieg zum Traddelkopf.

+ TIPP + TIPP + TIPP +

↗ **Urwald kennenlernen** Das Nationalparkzentrum informiert auf kurzweilige Art über die Lebensräume im »Urwald-Kellerwald«. Viele interaktive Exponate laden zum Ausprobieren ein und im 4-D-Kino sind alle Sinne gefordert.

↗ **Baumwipfelpfad** Wer einmal den Wald in seiner Vertikalen erwandern möchte, kann dies auf dem Baumwipfelpfad »TreeTopWalk« am südlichen Ende des Edersees tun. Stufenlos und mit geringer Steigung führt der Weg vom Waldboden aus bis über die Baumkronen hinauf und gewährt dabei Einblicke in den Lebensraum Baum und das Ökosystem Wald. Der Eichhörnchenpfad, der zum Baumwipfelpfad hinführt, stimmt mit Erlebnisstationen auf das Thema Wald ein.

↗ **Wildtierpark Edersee** Im Wildtierpark können Wolf, Luchs, Fischotter und Wisent beobachtet werden. Rot-, Dam- und Muffelwild bewegen sich im Park völlig frei. Die Greifenwarte veranstaltet Flugschauen, bei denen Gänsegeier, Uhu und Steinadler ihr Können zeigen. Der Wildtierpark liegt bei Hemfurth und ist mit öffentlichen Verkehrsmitteln – von der Sperrmauer aus auch zu Fuß – gut zu erreichen (www.wildtierpark-edersee.eu).

Naturpark Lahn-Dill-Bergland

Naturpark Lahn-Dill-Bergland
Herborner Strasse 1
35080 Bad Endbach
Tel. 02776/801 15
www.lahn-dill-bergland.de
info@lahn-dill-bergland.de

Im September 2007 wurde der Naturpark Lahn-Dill-Bergland gegründet. Das 874 Quadratkilometer große Gebiet liegt zwischen den namensgebenden Flüssen Lahn und Dill und grenzt an das Rothaargebirge, den Westerwald und den Taunus. Die Mittelgebirgslandschaft, die zu 56 Prozent aus Waldflächen besteht, ist von einem engmaschigen Netz an Wander- und Radwegen durchzogen. Die Wege führen je nach Route durch dichte Wälder, sanfte Kulturlandschaften oder romantische Fachwerkstädtchen. Zahlreiche Burgen und Schlösser geben einen Einblick in die Geschichte des Landes. Eine Zeit-

reise ganz anderer Art lässt sich im Besucherbergwerk Grube Fortuna und im Geopark erleben, wo Industrie- und Erdgeschichte ganz nah beieinanderliegen. Die Jahrmillionen alten Gesteinsschichten können in der Grube durchfahren, in Höhlen besichtigt und im Geopark erforscht werden.

Greifenstein

Die Burg Greifenstein liegt 441 Meter hoch und ist schon von Weitem sichtbar. Unverwechselbar sind ihre unterschiedlich gestalteten Doppeltürme. Von der großen Wehranlage, die erstmals 1160 erwähnt wurde, hat man einen weiten Blick über das Dilltal und die Gemeinde, der sie ihren Namen gab. Die ehemalige Residenz der Grafen zu Solms-Greifenstein beherbergt heute ein Museum und ein Restaurant (www.burg-greifenstein.de).

Highlights Eine Rundwanderung (12,4 Kilometer, ca. 3,5

268

meißelt wirken. Früher wurde die Koppe als Steinbruch genutzt, heute ist sie ein beliebtes Ausflugsziel.

Outdoor-Aktivitäten Freunde des Wintersports können bei entsprechender Wetterlage auf der Sackpfeife, dem 674 Meter hohen Hausberg von Biedenkopf, Ski fahren. Bei viel Schnee sind Abfahrten möglich, liegt hingegen nur eine dünne Schicht, kann man in den gespurten Loipen auf dem Plateau gut Skilanglauf betreiben.

Anreise/Unterkunft Anreise über die A45 nach Herborn, mit der Bahn ebenfalls bis Herborn oder Biedenkopf, Unterkunft: Forellenhof, Tel. 02776/914 20, www.biohotel-forellenhof.de; Pferdehof Peter Pfister & Schade (Ferienwohnungen), www.peterpfister-schade.de

Großes Bild: Bemooste Basaltsteine liegen an den Hängen von Greifenstein, in deren Nähe der Ulmbach fließt (links).

Stunden Gehzeit) auf dem Köhlerweg führt vom Schau-Kohlenmeiler am Ortsrand von Dreisbach mit mehreren Auf- und Abstiegen zur Kölschhauser Koppe und wieder zum Ausgangspunkt zurück. An dem imposanten Basaltkegel fallen vor allem die regelmäßigen Säulenformen auf, die wie ge-

+ TIPP + TIPP + TIPP +

↗ **Perfstausee** Lieber relaxen als wandern oder beides verbinden? Dann bietet sich ein Besuch am Perfstausee bei Biedenkopf an. Im Sommer kann hier gebadet werden, am Wochenende sogar unter Aufsicht der DLRG. Um den Stausee führt ein Spazierweg herum, der auch mit Kinderwagen gut zu befahren ist.

↗ **Grube Fortuna** An sehr heißen Tagen bietet sich ein Ausflug unter die Erde an. 150 Meter tief werden Besucher im Förderkorb in die stillgelegte Grube Fortuna hinuntergelassen, bevor es mit der Grubenbahn bis an die Abbaustelle geht. Dort kommen die alten Maschinen noch einmal zu Ehren, wenn mit ihnen gezeigt wird, wie der Erzabbau betrieben wurde. Wieder über Tage kann man im angegliederten Feld- und Grubenbahn-

museum mehr als 50 Schmalspur-Lokomotiven bestaunen (www.grube-fortuna.de).

↗ **Pferde und Reiten** Pferdeliebhaber und Reitbegeisterte finden im Naturpark ein großes Angebot an Wanderreitstationen, Reiterhöfen sowie Anbietern von Reiterferien. Wer nicht selbst reitet, aber trotzdem gern Pferdeluft schnuppert, kann dem Hessischen Landgestüt in Dillenburg einen Besuch abstatten.

↗ **Glockenmuseum** Neben den Rittersälen und den Kasematten ist es vor allem das Glockenmuseum mit seinen annähernd 100 Glocken, die den Aufstieg zur Höhenburg Greifenstein lohnen. Der Streifzug durch die tausendjährige deutsche Geschichte der Glocken und ihrer Herstellung ist auch hörbar. Glockenklänge aus aller Welt ertönen auf Knopfdruck und zahlreiche Glocken dürfen vor Ort ausprobiert werden.

Naturpark Taunus

Zweckverband »Naturpark Taunus«, Hohemarkstraße 192 61440 Oberursel Tel. 06171/97 90 70 www.naturpark-taunus.de info@naturpark-taunus.de

Nordwestlich von Frankfurt liegt der Naturpark Taunus, der ein beliebtes Naherholungsgebiet auch für die anderen angrenzenden Städte Bad Homburg und Wetzlar sowie die umliegenden Gemeinden darstellt. Er ist mit 1348 Quadratkilometern Fläche der zweitgrößte Naturpark Hessens. Die höchste Erhebung ist mit 881,5 Metern der Große Feldberg. Dieser ist im Sommer ein beliebtes Ausflugsziel für Wanderer und Mountainbiker, im Winter tummeln sich hier bei guter Schneelage Skifahrer und Rodler. Von der 40 Meter hohen Aussichtsplattform hat man einen weiten Blick über den Taunus, bei guter Fernsicht

kann man sogar die Höhenzüge von Odenwald, Spessart, Eifel und Rhön ausmachen. Während im Hochtaunus vor allem Nadelwälder die Hänge bedecken, dominieren im Hintertaunus Laubwälder. Charakteristisch für die Apfelwein-Region sind außerdem großflächige Streuobstwiesen.

Highlights Quer durch den Naturpark, von West nach Ost, verläuft der Limes, der seit 2005 zum UNESCO-Welterbe zählt. Der Grenzwall trennte das Römische Reich von Germanien. Er war mit Wachtürmen und Kastellen versehen, in denen römische Soldaten ihren Dienst taten. Auf dem Wanderweg Limeserlebnispfad von Glashütten nach Obermörlen kann man dem ehemaligen Grenzverlauf folgen. Auf der rund 33 Kilometer langen Strecke kommt man an den Überresten von mehreren Römerkastellen und Wachtürmen vorbei. Tafeln am Wanderweg liefern geschichtliche Hintergrundinformationen.

Roter Fingerhut blüht auf einer Waldlichtung im Taunus.

Outdoor-Aktivitäten Über 1000 Kilometer Wanderwege können auf eigene Faust oder unter fachkundiger Führung, z. B. durch die Ranger des Naturparks, begangen werden. Radfahren, Kanutouren auf der Lahn oder Ski-Langlauf in gespurten Loipen vervollständigen das reichhaltige Angebot.

Anreise/Unterkunft Anreise über die A3, A5 und A45, mit der Bahn nach Frankfurt, Bad

Homburg oder Wetzlar, Unterkunft: Hardtwald Hotel, www. hardtwald-hotel.de; Jugendherberge Bad Homburg, www.bad-homburg.jugendherberge.de.

Bei schönem Wetter ist die Sicht vom Großen Feldberg bei Niederreifenberg schier endlos (Bild ganz oben). Rechts: Auch am Walterstein der Lorsbacher Wand bei dem hübschen Mittelalterstädtchen Eppstein kann man klettern.

↗ Taunus-Informations-zentrum (TIZ) Im TIZ in Oberursel bekommen Besucher ausführliche Informationen zum Naturpark und können in der interaktiven Ausstellung ihr Wissen zu den Lebensräumen im Park testen und erweitern. Das TIZ ist Ausgangspunkt für Wanderungen und es können dort E-Bikes geliehen werden.

↗ Saalburg Die Saalburg am Limeserlebnispfad ist das einzige römische Kastell an der römischen Grenze, das vollständig rekonstruiert und wieder aufgebaut wurde. Es befindet sich an strategisch wichtiger Stelle an einem natürlichen Passeinschnitt. Aus einem Holzkastell mit 160 Grenzsoldaten entwickelte sich im Laufe der Jahre eine mächtige Anlage, in der mehr als 2000 Menschen lebten. Als der Limes aufgegeben wurde, zogen die Soldaten ab und das Kastell wurde zerstört. Im 19. Jahrhundert begann man mit der Rekonstruktion der Gebäude, die heute besichtigt werden können. Um die Anlage führt ein Rundwanderweg (2,4 Kilometer) mit Hinweistafeln, auf denen über die Denkmäler informiert wird (www.saalburg-museum.de).

↗ Eschbacher Klippen Lohnenswert ist ein Ausflug zu den Eschbacher Klippen. Kletterer können sich an dem 12 Meter hohen Quarzgestein-Felsen erproben. Verschiedene Touren mit Schwierigkeitsgraden von I–VII sind gesichert. Im Sommer finden hier Open-Air-Konzerte statt.

↗ Kubacher Kristallhöhle Diese Höhle ist einzigartig in Deutschland. Im 19. Jahrhundert entdeckten Bergleute dort eine Tropfsteinhöhle. Mit dem Ende des Bergbaus wurden die Stollen verfüllt und die Höhle geriet – wie auch ihre genaue Lage – in Vergessenheit. Als man sich in den 1970er-Jahren auf die Suche nach ihr begab, fand man stattdessen die Kristallhöhle mit den schönen Perltropfsteinen (www.kubacher-kristallhoehle.de).

Naturpark
Rhein-Taunus

Zweckverband Naturpark Rhein-Taunus, Veitenmühlweg 5,
65510 Idstein
Tel. 06126/43 79
www.naturpark-rhein-taunus.de
info@naturpark-rhein-taunus.de

Der Naturpark Rhein-Taunus liegt nördlich der Landeshauptstadt Wiesbaden und grenzt von Südwesten bis Nordosten direkt an das Stadtgebiet. Im Westen reicht er bis an den Rhein, der an dieser Stelle eine große Biegung macht, und im Osten bis nach Reichenbach. Gegründet wurde der Park bereits im Jahr 1968. Von den 808 Quadratkilometern Fläche, die der Park umfasst, sind ca. 60 Prozent bewaldet. Einen großen Raum nimmt dabei der Hinterlandswald ein, das größte zusammenhängende Waldgebiet Hessens. Während der Rhein nur den Rand des Parks streift, fließen Wisper und Aar über weite Strecken hin-

Am Flussufer bei Eltville kann man herrlich am Rhein spazieren.

durch. Ist das Tal der Wisper weitestgehend ursprünglich und wild, geht es im Aartal zwischen Wiesen und Feldern beschaulicher zu. Auf enge Schluchten muss man trotzdem nicht verzichten, denn auf vielen der gut ausgeschilderten Rad- und Wanderwege begegnet man steinernen Zeugen der Vergangenheit. Zahlreiche Klöster, Burgen und Kirchen wie auch der Limes, der Schutzwall der Römer vor den Germanen, laden

zum Entdecken und Erkunden ein. Besonders im Rheingau lassen sich diese Zeitreisen hervorragend mit einer Weinverkostung verbinden. Empfehlenswert sind Wanderungen durch die Weinberge hoch über dem Rhein oder auf den speziell angelegten Wein-Lehrpfaden.

Aartal

Die Aar entspringt bei Taunusstein, fließt auf ca. 50 Kilo-

metern durch den Taunus und mündet schließlich in die Lahn. Die zentrale Lage im Naturpark, die verhältnismäßig dünne Besiedlung sowie die zahlreichen Burgen, Kirchen und Ruinen machen Touren durch das Aartal so reizvoll. Der Aartal-Radweg verläuft auf einer Länge von 45 Kilometern von Diez bis nach Taunusstein. Bis Aarbergen-Michelbach ist er weitestgehend eben und dadurch auch für Kinder geeignet.

272

Rheingau

Der Rheingau ist untrennbar mit dem Riesling verbunden. Die Rebsorte wird auf 80 Prozent der Fläche angebaut und diese ist immerhin 30 Quadratkilometer groß. Der Rheingau ist damit eines der bedeutendsten Weinanbaugebiete in Deutschland. Die sanft gewellte Kulturlandschaft rechts des Rheins erstreckt sich von Walluf bis Lorchhausen. Landschaftsprägend sind neben den Weinstöcken die vielen bedeutenden Klöster, Schlösser und Burgen.

Highlights Der Hinterlandswald nimmt knapp ein Viertel der Naturparkfläche ein. Keine Autobahn und keine Landstraße stören die Ruhe des Waldes oder zerschneiden das Gebiet, sodass hier ein Rückzugsraum für Luchs, Wildkatze, Wildschaf oder den Kolkraben entstanden ist. Wanderer, die die Abgeschiedenheit mögen, finden hier abseits der breiten Forstwege einsame Pfade und nahezu menschenleeres Gebiet, sprich die pure Natur.

Outdoor-Aktivitäten Zahlreiche regionale und überregionale Rad- und Wanderwege wie die Europäischen Fernwanderwege 1 und 3 verlaufen im Naturpark, darunter viele Lehr- und Themenwege. Auf den Rheingauer-Riesling-Routen lassen sich die Wanderungen sogar mit einer Einkehr in die beliebten Straußwirtschaften verbinden.

Anreise/Unterkunft Anreise über die A3 und A66, mit der Bahn bis Idstein oder Wiesbaden. Unterkunft: Gästehaus Kloster Eberbach, Tel. 06723/99 32 00, www.klostereberbach.de; Jugendherberge Rüdesheim, Tel. 06722/27 11, www.ruedesheim.jugendherberge.de.

Großes Bild: Weinberge gehören fest zum Landschaftsbild des Rheingaus, hier bei Geisenheim.

+ TIPP + TIPP + TIPP +

↗ Aartalbahn Mit der Nassauischen Touristik-Bahn, der sogenannten Aaartalbahn, geht es dampfbetrieben von Wiesbaden-Dotzheim über Bad Schwalbach bis nach Hohenstein. Bis zu 34 Prozent Steigung bewältigt die Bahn auf ihrer Fahrt, damit gehört die Route zu den steilsten Eisenbahnstrecken in Deutschland. An jedem Haltepunkt kann zu- oder ausgestiegen werden, sodass sich Wandertouren gut mit der Bahnfahrt kombinieren lassen.

↗ Loreley-Besucherzentrum Die Ausstellung im Besucherzentrum informiert über die Geschichte der Rheinlandschaft und des Weinbaus und gibt Einblicke in Flora und Fauna. Wissenswertes über die Rheinschifffahrt und die Sagengestalt der Loreley runden das Bild ab (www.loreley-besucherzentrum.de).

↗ Kloster Eberbach Es ist eines der Wahrzeichen des Rheingaus: Das ehemalige Zisterzienserkloster wurde im 12. Jahrhundert gegründet und ist heute eine der am besten erhaltenen Klosteranlagen aus dem Mittelalter. Es war Drehort für »Der Name der Rose« und andere Filmproduktionen (www.kloster-eberbach.de).

↗ Rheingauer Gebückwanderweg »Rheingauer Gebück« ist der Name einer Grenze aus dem 12. Jahrhundert, die errichtet wurde, um den Rheingau vor Feinden zu schützen. Sie bestand nicht aus Wällen oder Palisaden, sondern aus Hainbuchen, deren Äste derart verflochten wurden, dass sie zu einer undurchdringlichen, lebendigen Mauer heranwuchsen. Der 49 Kilometer lange Wanderweg folgt dem alten Grenzverlauf.

UNESCO-Welterbe: Oberes Mittelrheintal

Im Jahr 2002 hat die UNESCO das Obere Mittelrheintal in die illustre Reihe der Welterbestätten aufgenommen. Das Gebiet beginnt bei Bingen und Rüdesheim und ist insgesamt 67 Flusskilometer lang. Über die Städtchen St. Goar und Lahnstein erstreckt es sich beiderseits des Rheins bis nach Koblenz. Auf dieser Strecke, die oftmals als der schönste Rheinabschnitt bezeichnet wird, schippern Ausflugsdampfer an zahllosen Burgen und Schlössern vorbei, die malerisch in den Weinbergen und hoch über dem Fluss thronen. Burg Rheinstein, Burg Reichenstein, Pfalzgrafenstein, Schönburg, die Festung Rheinfels, Marksburg oder Burg Stolzenfels sind nur einige davon. An den Flusslauf schmiegen sich mittelalterliche Städtchen mit kleinen Gassen und gemütlichen Schänken. Viele Mythen, Sagen und Legenden spielen in dieser geschichtsträchtigen Kulisse. Die bekannteste ist wohl die der Loreley, einer Nixe, die auf dem 132 Meter hohen gleichnamigen Felsen saß und die Schiffer mit ihrem Gesang ins Verderben lockte. Wer die Landschaft nicht vom Fluss aus betrachten möchte, kann die Perspektive wechseln und auf dem Rheinsteig, einem beliebten Wandersteig, den Flussbiegungen folgen. Bänke, Hütten und Pavillons entlang der Strecke laden zu einer Rast ein. Grandiose Ausblicke sind dabei immer inklusive. Nur selten ist die Sicht getrübt, denn die Region ist die wärmste in Deutschland und es regnet wenig: Ideale Bedingungen für Ausflüge aller Art. Ebenso großartig und immer nah an der Geschichte ist der »RheinBurgenWeg« auf der gegenüberliegenden Rheinseite. Er verläuft weitestgehend auf naturbelassenen Wegen und ist mit einem stilisierten roten R auf weißem Grund gekennzeichnet. Da auch die Zuwege eindeutig markiert sind, kann die Wanderung ganz nach Belieben an (fast) jedem Ort gestartet oder unterbrochen werden. Auch per Rad lässt sich das Welterbe erkunden. Links vom Rhein verläuft ein durchgängiger Radweg, auf der rechten Rheinseite sind einige Teilabschnitte noch in Arbeit. Mit den Rheinfähren ist ein Wechseln der Flussseiten bequem möglich.

Oben: Unter dem Namen Burg Neukatzenelnbogen ist sie kaum noch bekannt, so benannt nach dem Grafen, der sie 1371 erschuf. Der Volksmund hat »Burg Katz« daraus gemacht. Links: Auf einem Fels bei St. Goarshausen soll die Loreley gesessen haben.

Geo-Naturpark Bergstraße-Odenwald

Geo-Naturpark Bergstraße-Odenwald e.V.
Nibelungenstraße 41
64653 Lorsch
Tel. 06251/70 79 90
www.geo-naturpark.net
info@geo-naturpark.de

Der Geo-Naturpark Bergstraße-Odenwald liegt zwischen Rhein, Main und Neckar und umfasst ein Gebiet von mehr als 3500 Quadratkilometern. 1960 wurde er gegründet und im Jahr 2004 zum Geopark erklärt. Ausschlaggebend für die Ernennung war der geologische Reichtum des Gebietes, der geschützt, aber dennoch für die Öffentlichkeit zugänglich und erlebbar gemacht werden sollte. Das vielfältige Landschaftsbild mit Bergkuppen, Felsenmeeren und Hängen, dem dicht bewaldeten Odenwald mit seinen zahlreichen Quellbächen bis hin zu den Rheinebenen mit Streu-obstwiesen und Magerrasenflächen machen den Reiz dieses Naturparks aus. Für viele seltene Tier- und Pflanzenarten wie die Äskulapnatter ist er ein einzigartiger Lebensraum. Thematisch angelegte Geo-Pfade erschließen die Landschaft und führen den Besucher zu geologisch und kulturgeschichtlich interessanten Orten.

Felsenmeer bei Reichenbach

Der Sage nach entstand das Felsenmeer im Lautertal, weil sich zwei Riesen im Streit mit Felsbrocken bewarfen. Tatsache ist, dass sich hier ein Blick in 340 Millionen Jahre Erdgeschichte werfen lässt, also in jenen Zeitraum, in dem das Felsenmeer entstand. Im Verhältnis dazu wirkt die Epoche, als römische Steinmetze hier ihre Arbeit taten, wie eben erst vergangen. Die Riesensäule und der Pyramidenstein, die aus dieser Zeit stammen, sind – wie das gesamte Felsenmeer – zugänglich.

UNESCO-Welterbe: Grube Messel

Die Grube Messel bei Darmstadt entstand vor 47 Millionen Jahren durch eine gewaltige Explosion. Es bildete sich ein 300 bis 400 Meter tiefer Magmakrater, der sich anschließend mit Wasser füllte. Seine tiefen sauerstoffarmen Wasserschichten waren die Voraussetzung dafür, dass tote Tiere und abgestorbene Pflanzen gut erhalten blieben und sich in einer 130 Meter dicken Schicht als Sediment ablagerten. Die Grube Messel ist eine der bemerkenswertesten Fossilien-Fundstätten weltweit. Insekten, Urpferde, Vögel, Amphibien – die gesamte Tierwelt des Eozäns, der Zeit zwischen 57 und 36 Millionen Jahre vor Christus, ist im Ölschiefer der Grube konserviert. Daneben fanden sich Pflanzen in nie vermuteter Vielfalt, aus denen sich Rückschlüsse auf die damals vorherrschenden klimatischen Bedingungen ziehen lassen. Seit 1995 ist die Grube Teil des UNESCO-Welterbes.

Highlights Das Kloster Lorsch, eine 764 gegründete Benediktinerabtei, ist seit 1991 Weltkulturerbe der UNESCO. Eines der wenigen erhaltenen Baudenkmale aus der Karolingerzeit, die Königshalle, ist zu besichtigen (www.kloster-lorsch.de).

Outdoor-Aktivitäten Unzählige Wanderrouten wie die zu den ehemaligen Standorten von über 30 Wassermühlen im Mühltal sind im Geopark ausgeschildert. Die Routen sind als Flyer im Infozentrum und als Download unter www.geo-naturpark.net erhältlich. Mit über 4000 Höhenmetern, die zu bewältigen sind, ist der Fernwanderweg Nibelungensteig von Zwingenberg an der Bergstraße bis Freudenberg am Main eine lohnenswerte Herausforderung. Er ist mit dem Qualitätssiegel des Deutschen Wanderverbandes »Wanderbares Deutschland« ausgezeichnet. Mountainbiker finden 26 ausgeschilderte Rundtouren durch den Geopark.

Anreise/Unterkunft Anreise über die A5 und A67, per Bahn bis Heidelberg, Heppenheim oder Weinheim. Unterkunft: Ferienhof Schaffer, www.ferienhof-schaffer.de; Design-Hotel »die träumerei«, www.die-traeumerei.com.

Linke Seite oben: Der Blick vom Schloss Auerbach bei Bensheim geht über die Region der Bergstraße zur Starkenburg bei Heppenheim. Nicht minder idyllisch zeigt sich der Odenwald bei Michelstadt (links unten).

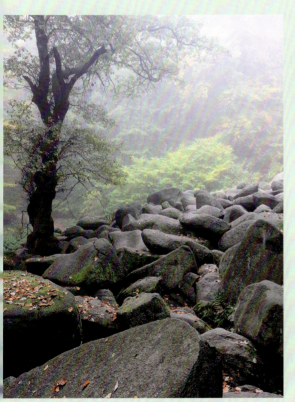

+ TIPP + TIPP + TIPP +

↗ **Felsenmeer-Informationszentrum (FIZ)** Das FIZ in Lautertal bietet Informationen rund um die Entstehung des Felsenmeeres sowie einen Einblick in das Leben und Arbeiten der römischen Steinmetze. Außerdem gibt es Interessantes über die Sehenswürdigkeiten im Geo-Naturpark, Führungen und Vorträge runden das Angebot ab.

↗ **Erbach** Das Städtchen lohnt einen Abstecher wegen seiner historischen Altstadt und des Schlosses. Es beherbergt die berühmten gräflichen Antiken- und Mittelaltersammlungen. Ebenfalls sehenswert ist das Deutsche Elfenbeinmuseum, das Exponate vom Mittelalter bis zum 20. Jahrhundert zeigt. Der Standort ist kein Zufall, denn Graf Franz I. zu Erbach-Erbach etablierte 1783 die Elfenbeinschnitzerei, und die Stadt entwickelte sich zu einem wichtigen europäischen Zentrum dieser Schnitzkunst.

↗ **Tropfsteinhöhle Eberstadt** Die Höhle wurde 1971 zufällig bei einer Sprengung entdeckt. Ein bis zwei Millionen Jahre, schätzen Experten, besteht die 600 Meter lange Höhle bereits. Der Weg vorbei an Tropfsteinen mit Namen wie Vesuv oder Haifischrachen ist ohne Stufen und auch mit Kinderwagen möglich (www.tropfsteinhoehle.eu).

↗ **Michelstadt** Der Ort besticht neben historisch bedeutenden Bauten wie der Einhardsbasilika mit dem Eulbacher Park, einem englischen Landschaftspark mit Jagdschloss, römischen Denkmälern und einem Wildtiergehege. Die Geo-Pfade »Kulturhistorischer Wanderweg Steinbach« und »Landschaft im Wandel« starten hier.

Links: Felsenmeer bei Reichenbach

Naturpark Hessische Rhön

*Naturpark Hessische Rhön
Groenhoff-Haus-Wasserkuppe
36129 Gersfeld
Tel. 06654/961 20
www.biosphaerenreservat-rhoen.de
vwst@brrhoen.de*

Östlich von Fulda liegt der 700 Quadratkilometer große Naturpark Hessische Rhön, der 1963 eingerichtet wurde. Die Mittelgebirgslandschaft Rhön erstreckt sich über die Landesgrenzen hinweg nach Bayern und Thüringen. Das gilt auch für das seit 1991 anerkannte Biosphärenreservat Rhön. Die unbewaldeten Kuppen und der damit verbundene freie Blick haben der Region den Beinamen »Land der weiten Fernen« eingebracht. Laubwälder gibt es dennoch, allerdings immer wieder unterbrochen von Grünland. Dieses wird mit Rhönschafen, einer alten Schafrasse, beweidet, damit die einzigartige Kulturlandschaft zuverlässig offen gehalten wird. Moore und Trockenbiotope sind weitere Lebensräume für seltene Pflanzen wie Orchideen und gefährdete Tierarten. In den Moorgebieten wächst Woll-

Blick von der Wasserkuppe über die Landschaft der Hessischen Rhön

gras, und Birkhühner wie Bekassinen nisten dort.

Wasserkuppe

Vom höchsten Punkt Hessens, der 950 Meter hohen Wasserkuppe, hat man einen wunderbaren Ausblick. Ihn kann man von einer Plattform genießen, die rund um das Radom, der letzten verbliebenen Radarkuppel auf dem Berg, verläuft. Die Wasserkuppe ist ein bei Sportfreunden sehr beliebtes Ziel. Hier treffen sich im Sommer Wanderer, Mountainbiker, Segel- und Modellflieger, im Winter kommen Ski- und Snowboarder, Snowkiter und Rodler auf den Berg.

Haunetal

Die Haune, ein Nebenfluss der Fulda, entspringt im Naturpark Hessische Rhön. Ihre Quelle bei Dietershausen am Giebelrain ist mit einer Tafel gekennzeichnet. Der Fluss mündet bei Bad Hersfeld in die Fulda. Da die Haune immer mal wieder über die Ufer trat, wurde eine Talsperre errichtet. Sie ging 1989 in Betrieb. Der so entstandene Haunestausee und die Flussauen sind ein beliebtes Naherholungsgebiet. Neben dem Fluss verläuft der Haune-Radweg.

Highlights Zwischen Wasserkuppe und Heidelstein liegt das Rote Moor. Es ist das zweit-größte Hochmoor der Rhön und eines der ältesten Naturschutzgebiete Hessens. Seit 1979 wird es renaturiert. Ein drei Kilometer langer Rundweg, der Moorlehrpfad, führt auf Bohlen durch europaweit einzigartige Karpatenbirkenwälder und am Moorweiher entlang. Wer möchte, kann sich auf Informationstafeln über das Moor, den Torfabbau und die Renaturierung sowie die Pflanzen- und Tierwelt informieren. Der Lehrpfad ist, bis auf den Aussichtsturm, auch für Rollstuhlfahrer und Kinderwagen geeignet. Von ihm aus kann man Bekassinen und Wiesenpieper, aber auch Fuchs und Marder beobachten.

Outdoor-Aktivitäten Am besten lässt sich der Naturpark auf einem der vielen Wander- und Radwege erkunden, die je nach Strecke auch mit dem Mountainbike oder mit Inlinern befahren werden können.

Anreise/Unterkunft Anreise über die A7, per Bahn bis Fulda. Unterkunft: Jugendherberge Oberbernhards, www.jugendherberge-oberbernhards.de; Land & Wellness Hotel »Lothar-Mai-Haus«, www.lothar-mai-haus.de.

Großes Bild: Der 705 Meter hohe Wachtküppel ist das Überbleibsel eines Vulkans und bietet tolle Fernsicht.

↗ **Der Hochrhöner** Dieser Wanderweg ist insgesamt 180 Kilometer lang und verläuft von Bad Kissingen bis Bad Salzungen. Im Gebiet der Hessischen Rhön führt er am Roten Moor, der Wasserkuppe und Milseburg vorbei. Die Strecke ist in verschiedene Etappen unterteilt, zu denen es beschriebene Verläufe sowie Entfernungsangaben gibt. Sie können unter www.rhoen.de herunter-

↗ **Wie ein Vogel** Die Wasserkuppe ist der Berg der Flieger. Die Geburtsstunde des Segelflugs wurde hier ebenso gefeiert wie andere bedeutende Ereignisse der Luftfahrtgeschichte, darunter der erste bemannte Raketenflug der Welt. So ist zu erklären, dass ausgerechnet hier 1987 ein Segelflugmuseum gebaut wurde. Auf 4000 Quadratmetern Fläche erfährt man alles Wissenswerte über die Geschichte dieser beliebten Sportart und kann neben Segelfliegern in Originalgröße auch deren kleine Geschwister, die

gende nach soll hier der Riese Mils vom Teufel unter Steinen begraben worden sein. Aus 835 Metern Höhe hat man eine fantastische Rundumsicht auf die Rhön und das Fuldaer Land. Den Gipfel zu besteigen lohnt aber auch wegen einer kleinen Wallfahrtskapelle und eines keltischen Ringwalls. Informationen dazu findet man auf dem archäologischen Lehrpfad, der einen Teil des Aufstiegs begleitet. Am Milseburg verläuft der 27 Kilometer lange Milseburg-Radweg, der auf 1172 Metern durch einen beleuchteten Tunnel

Küchentraktes sind zu sehen. Die Burgruine ist ganzjährig frei zugänglich.

↗ **Wildpark Gersfeld** Im Wildpark leben etwa 150 Tiere. Darunter sind alle europäischen Hochwildarten wie Rot- und Damwild, Rehe, Mufflons, Gämsen und Steinböcke. Wildschweine, Waschbären und Rotfüchse gibt es hier ebenso wie Fasane, Pfauen und Rebhühner. Die Gehege sind weitläufig und Besucher dürfen den Tieren Futter geben, das es im Park zu kaufen gibt.

geladen werden. Eine weitere schöne Wanderung führt rund um den malerischen Gukaisee und startet an der Wasserkuppe. Der Weg ist knapp über 20 Kilometer lang und in rund sieben Stunden Laufzeit zu bewältigen. Auch um die Milseburg verläuft ein Rundweg. Stationen der 17,5 Kilometer langen Strecke sind neben der Milseburg das Naturschutzgebiet Wacholderheide Oberbernhardser Höhe, Mambach- und Biebertal, Karwald und der 727 Meter hohe Stellberg.

Modellflugzeuge bestaunen. Mehr unter www.segelflugmuseum.de. Wer sich nach dem Besuch des Museums sportlich betätigen möchte, kann dies zum Beispiel im Kletterwald auf der Wasserkuppe tun. Acht unterschiedliche Parcours in verschiedenen Schwierigkeitsstufen reichen bis in eine Höhe von acht Metern.

↗ **Milseburg** Anders als der Name vielleicht vermuten lässt, ist die Milseburg kein Bauwerk, sondern ein Basaltberg. Der Le-

führt. Ist er gesperrt, kann er auf einer ausgewiesenen Strecke umfahren werden. Informationen gibt es unter www.milseburgradweg.de.

↗ **Burg Hauneck** Die Burg im Tal der Haune entstand wahrscheinlich im 14. Jahrhundert. Sie befindet sich auf der Kuppe des Stoppelsbergs. Von der Burganlage sind heute noch Teile der Ringmauer mit Torbögen und des Bergfrieds erhalten. Auch Überreste des Palas, von einem Saalbau sowie des

Im Naturpark Hessische Rhön lassen sich große und kleine Abenteuer erleben: Waghalsigere Gemüter versuchen sich an einem Segelflug oder erlernen das Gleitschirmfliegen (oben links und rechts). Für Familien wiederum bieten sich geführte Trekkingtouren mit Lamas an, die unter www.rhoenlamas.de gebucht werden können. Vogelliebhaber und Hobby-Ornithologen erfreuen sich dagegen am Anblick eines Rotkopfwürgers (rechte Seite).

Baden-Württemberg

Das »Ländle«, wie sich das erst 1952 aus den damaligen Bundesländern Baden, Württemberg-Baden und Württemberg-Hohenzol-
lern entstandene neue Bundesland Baden-Württemberg nennt, ist
in Wahrheit eher ein Riese von großer landschaftlicher Attraktion.
Die prägenden Landschaftsräume sind im Westen die Oberrheini-
sche Tiefebene mit den Randgebirgen Schwarzwald und Odenwald, im Zentrum die Schwäbische Alb und im Südosten Bodensee
und Alpenvorland.

Ein Dachs schleicht
durch das Dickicht des
Schwarzwalds.

Naturpark Schwäbisch-Fränkischer Wald

*Naturpark Schwäbisch-Fränkischer Wald e.V., Marktplatz 8, 71540 Murrhardt
Tel. 07192/21 38 88
www.naturpark-sfw.de
info@naturpark-sfw.de*

Im Nordosten von Baden-Württemberg liegt der Naturpark der Landeshauptstadt Stuttgart quasi zu Füßen. Das waldreiche Herz des Naturparks bilden die fünf Naturräume Welzheimer Wald im Süden, Murrhardter und Mainhardter Wald im Zentrum sowie Löwensteiner und Waldenburger Berge im Norden. Auf der grünen und hügeligen Fläche von 916 Quadratkilometern erstreckt sich eine Landschaft, die sowohl mit Feucht- und Streuobstwiesen als auch mit mystischen Grotten, schroffen Felsformationen und idyllischen Wasserfällen sowie dem Murrursprung auf-

warten kann. Auch Reste des größten archäologischen Kulturdenkmals Europas, des Limes, sind im Naturpark zu finden. Beeindruckend ist auch die sogenannte Große Platte, die in der Nähe von Oberneustetten liegt. Gefunden wurde diese etwa 300 Zentner schwere Platte im Jahr 1889. Es handelt sich um ein Stück Fels einer Sandstein-Ablagerung des Küstenmeeresbodens des Jura-Meeres.

Mainhardter Wald

Im Westen des Naturparks tut sich ein Wald-Schatz auf. Fast 50 Prozent der Fläche des Mainhardter Walds sind mit altem Baumbestand bewachsen. Der Wald war berüchtigt für seine Räuberbande, die hier Ende des 18. Jahrhunderts Handlungsreisenden auflauerte. Die Aussichtstürme auf den Erhebungen der Region ermöglichen einen Blick auf den geraden Verlauf der Limes-Mauer. Auf dem Limes-Lehrpfad kann man die Spuren der Römer

auch zu Fuß erkunden (www.mainhardt.de/index.php?id=122).

Löwensteiner Berge

In dieser Waldregion des Naturparks Schwäbisch-Fränkischer Wald sind Wadenmuskeln gefragt: Denn egal, ob man sich den beliebten Wandertouren oder den Radausflügen anschließt, fordert die bergige Landschaft mit Erhebungen bis zu 561 Metern die eine oder andere Anstrengung. Besonders informativ ist der Keuperweg, der dem Wanderer auf rund 3 Kilometern Länge die Geschichte des Schilfsandsteins nahebringt, der in der Region um Heilbronn gebrochen und in die ganze Welt exportiert wurde.

Welzheimer Wald

Dass eine Waldregion nicht nur einen Erholungswert für Wanderer, sondern vor allem auch für Schwimmer haben kann, beweist der Welzheimer Wald. Besonders der Ebnisee, der im

18. Jahrhundert angelegt wurde, um Holz auf dem Neckar zu flößen, ist bei Badegästen beliebt. Aber auch romantische Bachläufe hat der waldreiche Höhenzug zu bieten. Mit der aus Sandstein bestehenden Kesselgrotte findet man hier ein geologisches Naturdenkmal.

Highlights Ein besonderer Rundweg auf dem Gebiet des Schwäbischen Waldes ist der 37 Kilometer lange Mühlenwanderweg. Er führt an elf historischen, gut erhaltenen Mühlen vorbei, von denen einige bereits im Mittelalter erbaut wurden. Auf www.muehlenwanderweg.com findet man drei Etappen von 11 bis 16 Kilometern Länge.

Outdoor-Aktivitäten Im Rahmen des Programms »Naturpark aktiv« kann man sich den Wald an allen Sonn- und Feiertagen im Jahreslauf unter Anleitung von geschulten Naturparkführern erwandern. Aus rund 100 verschiedenen Thementouren vom »Rendezvous

Kleiner Wasserfall am Strümpfelbach

mit Bäumen« über die Suche nach Wildkräutern bis hin zur nächtlichen Fledermauswanderung kann man wählen und den Naturpark so unter einem ganz bestimmten Motto erkunden (www.naturpark-sfw.de/Naturpark-aktiv.1886.0.html).

Anreise/Unterkunft Der südliche und zentrale Naturpark ist mit zwei Zuglinien von Stuttgart aus erreichbar, in den nördlichen Naturpark gelangt man

mit dem Zug aus Heilbronn. Die Schwäbische Waldbahn, eine historische Dampflock, fährt an den Wochenenden von Schorndorf nach Welzheim. Unterkunft: Hotel Pension Vesperstube Waldblick, www.hotel-vesperstube-waldblick.de; Pension Vita Haus am Palmengarten, www.vita-pension.de.

Großes Bild: Im Murrhardter Wald hat die Natur einen kleinen Tümpel geschaffen.

+ TIPP + TIPP + TIPP +

↗ **Planetenweg** Von der Laufenmühle bis zur Sternwarte Welzheim können Sie nach den Sternen greifen. Auf dem 2 Kilometer langen Weg sind acht Stationen mit Informationen zu den einzelnen Planeten aufgebaut. Die Abstände der Stationen geben die Entfernung der Planeten zur Sonne wider. Die Sternenwarte Welzheim bietet bei klarem Abend- und Nachthimmel zudem Sternenführungen an. Auch in der Sternenwarte selbst lassen sich mit Teleskopen die Gestirne beobachten. Der nächtliche Wald bietet bessere klimatische und optische Voraussetzungen zum Sternegucken als unsere lichtdurchfluteten Städte (www.sternwarte-welzheim.de).

↗ **Pilzschule** In Durlangen erwartet Genussfreunde eine Pilzschule. Hier können An-

fänger lernen, welche Pilze des Waldes für den Verzehr und das Sammeln geeignet sind, aber auch Fortgeschrittene können sich über wissenswerte Details über Pilze in Vorträgen, Führungen und Seminaren informieren.

↗ **Naturpark-Rallye** Eine GPS-Schnitzeljagd für Groß und Klein. Drei Geocache-Rallyes in Murrhardt, Welzheim und Beilstein verbinden Naturschutz und Trendsport. Bei der Rallye zählt neben guter Orientierung auch Wissen. Es müssen Spuren gelesen und Quizfragen beantwortet werden. Wer kein eigenes GPS hat, kann sich im Kreismedienzentrum Rems-Murr-Kreis in Backnang und Waiblingen ein Gerät leihen. Übrigens: Diese spannende Outdoor-Aktivität eignet sich nicht nur für Familien, sondern auch für interessierte Schulklassen (www.schwaebischerwald.com/index.php?id=371).

Naturpark Schönbuch

Naturpark Schönbuch
Im Schloss, 72074 Tübingen
Tel. 07071/60 22 62
www.naturpark-schoenbuch.de
naturpark.schoenbuch@rpt.bwl.de

Er ist die grüne Lunge des mittleren Neckarraums und der älteste Naturpark des Landes Baden-Württemberg: der Naturpark Schönbuch. Das fast durchgängig von Wäldern durchzogene, 156 Quadratkilometer große Gebiet liegt südwestlich von Stuttgart, grenzt an das Tübinger Stadtgebiet und wurde im Jahr 1972 zum Naturpark erklärt. In früheren Zeiten ein Jagdrevier des Württemberger Adels, ist Schönbuch heute ein beliebtes Naherholungsgebiet. Seine Landschaft ist von naturnah bewirtschafteten Wäldern, feuchten Talwiesen und Bächen geprägt. Aber nicht nur der Mensch, sondern vor allem Tiere und Pflanzen fühlen sich hier heimisch. Dadurch, dass der Park straßenverkehrstechnisch kaum erschlossen ist, wurde er zu einem ungestörten Rückzugsgebiet all jener Tier- und Pflanzenarten, die in der Region ansonsten selten geworden sind. Neben Eisvögeln kann man hier mit etwas Glück auch Wasseramseln oder sogar

Im Herbst strahlt der Schönbuch in prächtigen Farben.

ein paar Steinkrebse beobachten. Eine Besonderheit des Schönbuchs ist auch sein alter Baumbestand. Vor allem Eichen, teilweise älter als 350 Jahre, sind hier zu finden. Die sogenannte Dicke Eiche im Lindach galt mit ihren mehr als 500 Jahren als der älteste Baum des Parks. Im Januar 2013 ist sie durch starke Winde gefallen, wird nun aber als Naturdenkmal erhalten.

Highlights Zu einem Spaziergang der besonderen Art laden die in ihrem Lauf weitgehend naturbelassenen Flüsse Goldersbach und Schaich ein. Sie sind der Lebensraum für viele Tierarten. Die andernorts geringe Chance, einen fischenden Eisvogel oder seltene Wasserbewohner wie Bachneunauge oder Mühlgroppe zu sehen, ist hier sehr groß.

Outdoor-Aktivitäten Den Besuchern des Naturparks stehen 560 Kilometer Wanderwege zur Verfügung, die nur zu einem geringen Teil asphaltiert sind. Hinzu kommen 38 Spielplätze, 84 Feuerstellen, 75 Schutzhütten und fünf Lehrpfade. Mülleimer sucht man im Waldgebiet übrigens vergebens. Wegen zu hoher Kosten wurden sämtliche Mülleimer abmontiert. Die Besucher werden gebeten, ihren Müll mitzunehmen und selbst zu entsorgen.

Anreise/Unterkunft Die Hauptverbindung in den Schönbuch ist die Bundesstraße 464, die im Osten durch den Schönbuch führt, sowie die Landesstraße 1208. Vom nördlich gelegenen Böblingen führt die Schönbuchbahn bis unmittelbar an den Rand des Naturparks.
Unterkunft: Hotel Schönbuch, Tel. 07127/97 50, www.hotel-schoenbuch.de; Pension Schönbuch, Tel. 07031/28 32 61, www.pension-schoenbuch.de.

Großes Bild: Neben Rothirschen leben vor allem zahlreiche Wildschweinverbände in den Eichenwäldern des Naturparks Schönbuch.

+ TIPP + TIPP + TIPP

↗ **Pilz-Paradies** Durch die besondere Zusammensetzung des Baumbestandes haben sich im Schönbuch Bodenverhältnisse entwickelt, die für Pilze ideal sind. Mehr als 800 verschiedene Arten wurden im Naturpark gezählt. Sogar der seltene Steinpilz findet hier gute Bedingungen. Sammler kommen voll auf ihre Kosten – und zwar das gesamte Jahr über. Selbst im tiefsten Winter sind noch Pilze wie der Samtfußrübling oder der Austernseidling zu finden.

Nationalpark Schwarzwald

Nationalpark Schwarzwald
Schwarzwaldhochstraße 2
77889 Seebach
Tel. 07449/91020
www.nordschwarzwald-
nationalpark.de
info@nlp.bwl.de

Der Naturpark Schwarzwald Nord/Mitte umfasst insgesamt eine Fläche von 3750 Quadratmetern und bildet damit das größte zusammenhängende Naturparkgebiet Deutschlands. Seit dem 3. Mai 2014 wurde im Gebiet des Naturparks der Nationalpark Schwarzwald eröffnet, der vor allem den Nordschwarzwald umfasst. Für das Erscheinungsbild des Parks typisch sind dichte Mischwälder mit den charakteristischen Weißtannen. Typisch für den Schwarzwald ist ein Nebeneinander von natur-belassener Landschaft und landwirtschaftlich genutzten Flächen. Allen menschlichen Eingriffen zum Trotz, zählt der Nationalpark Schwarzwald aber noch immer zu einem der am wenigsten zerschnittenen Waldgebieten Deutschlands. Bannwälder und Karseen aus der Eiszeit prägen das naturbelassene Areal. Eine Besonderheit dieser Region ist außerdem seine klimatische Vielseitigkeit, die sowohl mediterran anmutende Weingebiete, aber auch anspruchslose Heideflächen oder in den Höhenlagen sogar fast skandinavisch wirkende Gebirgsgegenden hervorbringt. Der Nationalpark Schwarzwald ist Heimat für Rehe, Hirsche, Wildschweine, aber auch selten gewordene Wildtiere wie der Kolkrabe, der Dreizehenspecht, der Sperlingskauz und der Auerhahn ist hier zu Hause, was ihn zum Symbolvogel des Schwarzwaldes machte.

Eyachtal

Das Herzstück des im Landkreis Calw gelegenen Eyachtals ist die Eyach. Dieser 18,5 Kilometer lange Fluss fließt zwischen Höfen und Neuenbürg und mündet in die Enz. Das Wasser der Eyach ist besonders klar und daher für die Beobachtung der vielen verschiedenen Fischarten ideal. Besonders häufig entdeckt man Forellen, Saiblinge und Karpfen, die man in den nahe gelegenen Fischzuchtstationen übrigens auch kaufen und zubereiten kann.

Keine atemberaubenden Attraktionen, sondern stille, verborgene Schönheiten kann man im Nördlichen und Mittleren Schwarzwald entdecken. Tagelang kann man hier durch dichte Wälder wandern und kommt dabei immer wieder an rauschenden Bächen voller Forellen vorbei.

Geroldsauer Wasserfall

Der Wasserfall des Grobbachs im Baden-Badener Stadtteil Geroldsau ist ein neun Meter hohes Naturdenkmal, das wegen seiner Einmaligkeit die besondere Schutzwürdigkeit der Deutschen Naturschutzbehörden genießt. Die Wasserqualität entspricht der höchsten Klasse »sehr gut«. Besonders sehenswert ist auch die umliegende Bepflanzung mit Rhododendron-Büschen, die sich vom Frühjahr bis in den Hochsommer in einer bunten Blütenpracht zeigt.

Bühlertal

Es ist ein blühendes, idyllisches Kleinod, das sich zwischen den Sandsteinhochwänden der rauen Keuperberge auftut und dem Besucher ein buntes Mosaik aus Äckern, Weiden, Wiesen und Streuobstflächen darbietet. Das Bühlertal ist ein breiter Talraum aus weichem Keupergestein und für viele

Naturfreunde im besten Sinne ein Ort zum Aufatmen. Das Bühlertal trägt nämlich das Prädikat »staatlich anerkannter Luftkurort«, das an Landschaften und Orte vergeben wird, deren Klima und Luft für die Gesundheit förderlich sind. Im gesamten Bühlertal kommen selten gewordene Biotoparten vor, die unter Naturschutz stehen. Eine ganz besondere Stimmung geht von den urigen Auenwäldern mit Erlen, Eschen und Weide aus. Eine malerische Naturromantik strahlen daneben auch die vereinzelten Felshöhlen und die aus Muschelkalk modellierten Felsen aus, die von einer üppigen Felsspaltenvegetation übersät sind.

Hohloher Moor

Der historische Hohlohturm ragt wie ein stiller Wächter auf dem nördlichen Gipfel des Berges Hohloh, blickt über die Regenmoore und Moorseen und lädt seine Besucher zum Mit-

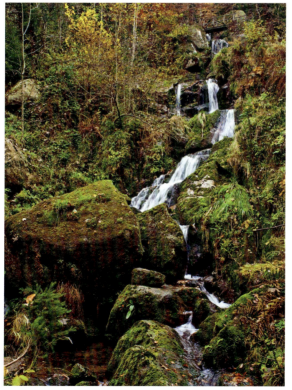

staunen und natürlich zum Erkunden ein. Der Turm wurde im Jahr 1897 mit einer Höhe von damals 22,20 Metern erbaut. Aufgrund des hohen Baumwuchses wurde er im Jahr 1968 um 6,40 Meter erhöht, sodass er heute 28,60 Meter in den Himmel ragt. Bei besonders guten Sichtverhältnissen kann man von hier aus sogar die Gipfel der Schweizer Alpen erkennen. Über Holzbohlenwege ist das feuchte Gebiet des großen Hohlohsees erschlossen. Wegen der massiven Eingriffe durch die Holzwirtschaft in den letzten Jahrhunderten musste beim Auslauf des Sees ein Damm gebaut werden, um die natürlichen Wasserverhältnisse nicht noch weiter zu gefährden. Für Besucher ist dieser Damm kaum sichtbar und im Landschaftsbild nicht störend.

Großes Bild: Hohlohsee im Hohloher Moor; linke Seite: Eyachtal und Geroldsauer Wasserfall; links: Gertelbachwasserfälle im Bühlertal.

Mummelsee

Eingegraben in den Südhang der Hornisgrinde, des höchsten Berges der Region, und umsäumt von einem Heer stolzer Nadelbäume, die das Ufer des Sees nur an einer Stelle aussparen und als flachen Einstieg zugänglich machen, präsentiert sich eine der urigsten Naturlandschaften des Schwarzwalds. Der Mummelsee ist der größte (30 000 Quadratmeter) und tiefste (17 Meter) der sieben Karseen der Region.

Schliffkopf

Offene Feuchtheiden in den Kammlagen, historische Rinderrassen und Schafherden sowie malerische Fernblicke prägen die Naturkulisse, die das 13,8 Quadratkilometer große und älteste Naturschutzgebiet der Region zu bieten hat. Der Schliffkopfgipfel ist der höchste Punkt eines Buntsandstein-Höhenzuges zwischen Hornisgrinde und Kniebis. Auch »lebende Über-

Das Hochmoor am Wildsee in der Nähe von Bad Wildbad

bleibsel« der letzten Eiszeit, wie den Dreizehenspecht, den Sperlingskauz oder die Alpine Gebirgsschrecke, findet man hier.

Allerheiligen-Wasserfälle

Die Wasserfälle bei der frühgotischen Klosterruine Allerheiligen gehören zu den höchsten und beliebtesten im Schwarzwald. Nur wenige Hundert Meter vom ehemaligen Kloster entfernt

stürzt der Lierbach über sieben Stufen in einem natürlichen Fall insgesamt 83 Meter in das Tal hinunter. Die steile Spalte wurde erst im Jahr 1840 erschlossen. Heute führen mehrere Brücken und Treppen durch die Schlucht, die die Natursehenswürdigkeit erlebbar machen.

Wildsee

In absoluter Abgeschiedenheit liegt der Wildsee in einem bis

zu 120 Meter tiefen würmeiszeitlichen Kar, umrankt von historischen Moränenwällen. Das Gewässer hat eine Fläche von 20 000 Quadratmetern und misst 11,50 Meter an seiner tiefsten Stelle. Einen guten Blick auf die fast runde Form des Sees bekommt man vom benachbarten Seekopf, der 100 Meter über dem Wildsee liegt. Umgeben ist er von einem Bannwald, der schon 1911 eingerichtet wurde.

Frühlingslandschaft am Huzenbacher See in der Nähe von Baiersbronn

Huzenbacher See

Von Mitte bis Ende Juli zeigt sich der Huzenbacher See in seinem gelben Sommerkleid. Ein dichter Teppich aus Teichrosen ist die bekannteste Attraktion, die der Karsee in der Nähe von Baiersbronn zu bieten hat. Für Naturfreunde nicht minder interessant ist das Seeufer. Es wurde 1985 für die Errichtung eines Wehrs angehoben. Durch die damit einhergehende Erhöhung des Wasserspiegels wurde das ufernahe Gelände überschwemmt und hat sich so zu einem Geflecht von Moosen, Wurzeln und Bäumen entwickelt, das einen Teil der Seeoberfläche einnimmt.

Hornisgrinde

Die Hornisgrinde ist mit 1163 Metern der höchste Berg des Nordschwarzwalds. Namensgeber ist vermutlich der lateinische Begriff »mons grinto«, was so viel wie »sumpfiger Kopf« bedeutet und einen Hinweis auf das Hochmoor der Region verbirgt. Das bis zu fünf Meter tiefe Moorgebiet bedeckt den südöstlichen Teil des Gipfels und wird auf ein Alter von 6000 Jahren geschätzt. Die umliegende Feuchtheide entstand dagegen erst im 15. Jahrhundert durch Rodung der Waldgebiete zur Erschließung von Weidefläche.

Weitere Highlights Im Sommer erfreuen sich viele Besucher an einem abkühlenden Naturerlebnis mit Köpfchen. Der Zeller Bachstieg ist ein Erlebnispfad von 1,6 Kilometern Länge, bei dem teilweise zu Fuß durch das kühle Nass des Bachs gewatet wird und an 17 Erlebnisstationen aufregende Natur-Sehenswürdigkeiten entdeckt werden können. Es wird erklärt, wie man die Wasserkraft des Baches zur Energiegewinnung nutzen kann, wie man nach Gold schürft, aber auch die Tiere des Wassers werden erkundet. Eine der Stationen hält sogar einen Horchstock bereit, mit dem man den Fischen bei ihrem Treiben zuhören kann. Denn auch Fische machen Geräusche. Der Einstieg in den Zeller Bachstieg ist am Sonnenparkplatz am Ortseingang von Zell am Harmers-

Großes Bild: Vom Schliffkopf eröffnet sich ein weiter Blick über die endlos erscheinenden Wälder des Schwarzwalds.

bach (Hauptstr. 5). Ziel ist der Fürstenberger Hof in Zell-Unterharmersbach.

Outdoor-Aktivitäten Ein Wandererlebnis für Schwindelfreie bekommt man in der Nähe der Ortschaft Ottenhöfen, die durch ihre neun teilweise noch funktionierenden Mühlen auch als Mühlendorf des Schwarzwalds bekannt ist. Auf einer Länge von 700 Metern wird mit-

ten im Wald aus einem Wanderweg ein alpiner Felsweg. Hierbei ist Körpereinsatz gefragt: von Kriechen bis Klettern werden alle Formen der alpinen Fortbewegung verlangt. Wer sich die Kletter-Herausforderung nicht zutraut, umgeht die Jahrtausende alte Felsformation über die ausgeschilderte Alternativroute durch den nahen Wald oder wandert auf der zwölf Kilometer langen Mühlen-

weg. Weitere Infos unter www.ottenhoefen-tourismus.de

Anreise/Unterkunft Die Anreise ist über eine Vielzahl von Autobahnen und Bundesstraßen möglich. Interessant für alle, die autofrei anreisen möchten, ist vor allem die gute Anbindung mit der Bahn und den öffentlichen Verkehrsmitteln, die für alle Schwarzwald-Touristen mit ermäßigten Tickets (z. B.

dem RIT-Ticket oder der Konus-Karte) gefördert wird. Informationen darüber findet man unter www.schwarzwald-tourismus. info. Unterkunft: Darmstädter Hütte, www.darmstaedter-huette.de; Winterhaldenhof, www.winterhaldenhof.de.

Rechte Seite und ganz unten: Zwischen den Bäumen hindurch stürzen die Allerheiligen-Wasserfälle in die Tiefe.

↗ **Naturpark-Scout** Eine Besonderheit der Region ist der sogenannte Naturpark-Scout. Auf der Homepage (www.naturparkscout.de) ermittelt dieses Online-Tool einen individuellen Tourenvorschlag, in dem alles inbegriffen ist, was das Herz von Naturfreunden begehrt (z. B. Höhenprofil, Länge und Gesamtanstieg). Aber auch die Beschaffenheit der Wege wird angezeigt und macht den Wanderer auf wichtige Sicherheitsvorkehrungen aufmerksam. Natürlich lassen sich auch Sehenswürdigkeiten und Beschreibungen der Landschaft in die Online-Routenplanung integrieren.

↗ **Winterparadies** Der Winter im Schwarzwald ist mit seinen durchschnittlich 100 Schneetagen in den Hochlagen ein Erlebnis der besonderen Art – und zwar nicht nur für Naturfreunde, die Tierspuren im Schnee lesen und die Winterlandschaft genießen wollen, sondern vor allem auch für Sportler. Gespurte Loipen für Langläufer und Biathleten sowie Schneeschuhwanderwege durchziehen breitflächig das Naturparkgebiet.

↗ **Naturpark zu Ross** Das große Naturspektrum kann man im Naturpark Schwarzwald Nord nicht nur zu Fuß, sondern auch hoch zu Ross erkunden. Beim Wanderreitprojekt »LEADER« wurde ein Naturerlebnisangebot geschaffen, bei dem sich insgesamt 29 Betriebe zu einem Netz von Wanderreitstationen zusammengeschlossen

haben. Sie bieten Übernachtungs- und Einkehrmöglichkeiten für Reiter und Pferd. Alle Betriebe liegen so dicht beieinander, dass sie mit einem Tagesritt bequem erreichbar sind. Mehr Informationen gibt es online unter www.wanderreiten-nordschwarzwald.de.

↗ **Kinzigtal-Radweg** Die Natur ist für jeden da. Nach diesem Motto wurden im Naturpark Schwarzwald Nord barrierefreie Strecken und Erlebnispfade geschaffen, die allen Besuchern – ob Groß oder Klein, mit Handicap oder ohne – die Schönheit der Natur zugänglich machen sollen. Eine dieser Touren ist der Kinzigtal-Radweg. Er führt von Freudenstadt durchs Kinzigtal nach Offenburg und ist mit einem Fahrrad mit Anhänger, einem Handbike oder sogar einem Elektro-Rollstuhl gut zu bewältigen. Im Internet unter www.naturparkschwarzwald.de/sport-erlebnis/barrierefrei kann man alle Informationen über Länge, Höhenunterschiede und die Tauglichkeit des Weges für die verschiedenen Fortbewegungsmittel finden, sodass man perfekt auf das Naturerlebnis vorbereitet ist.

↗ **Naturgenuss** Naturerlebnisse im Naturpark Schwarzwald Nord kann man nicht nur sehen und erleben, sondern auch schmecken. Ob Käse, Honig, saisonales Obst oder Fleisch- und Wurstspezialitäten: Die Produzenten der Region haben für Genussfreunde viele natürliche und ursprüngliche Köstlichkeiten zu bieten. Teilweise laden die Produktionsstätten und Bauernhöfe sogar zu Verkostungen oder Füh-

rungen ein. Termine und Adressen entnimmt man der Onlinedatenbank auf www.naturparkschwarzwald.de/regional/regionalvermarkter.

↗ **Luchs-Erlebnispfad** Luchse sind in Deutschland selten geworden und daher eine ganz besondere Attraktion des Naturparks Schwarzwald Nord. Ein spezieller Luchs-Pfad von ca. vier Kilometern Länge lädt zur Erkundung der scheuen Tiere ein. Wer besonders viel Glück hat, entdeckt auf der drei- bis vierstündigen Route sogar ein Wildtier. Alle anderen lernen je-

denfalls eine Menge über die Vierbeiner. Die beliebtesten Attraktionen der 24 Erkundungsstationen sind Fernrohre mit Blick auf mögliche Beutetiere, ein Schleichparcours, eine Hörstation mit Tierstimmen sowie eine Weit- und Hochsprunganlage. Der Kurs ist das ganze Jahr über geöffnet und kostenfrei. Nur bei extremen, winterlichen Bedingungen ist der Besuch des Pfades aus Sicherheitsgründen verboten. Der Luchspfad liegt im Stadtwald Baden-Baden. Startpunkt ist der Parkplatz an der Schwarzwaldhochstraße (B 500) am Hotel Plättig.

Wildschweine sind auf dem Vormarsch. In manchen Bundesländern gehen sie bis in die Vorortbereiche der Städte, weil dort der Abschuss problematisch ist. In der Landwirtschaft werden die Schwarzkittel ungern gesehen, weil sie erheblichen Flurschaden anrichten können. Selbst wo Wildschweine bejagt werden, lernen sie schnell, wann keine Gefahr droht. Der wilde Vorfahr des Hausschweins zeichnet sich durch eine lang gestreckte Schnauze und eine üppige schwärzliche Borstenbehaarung aus, die am Rücken zu einer steifen Mähne heranwächst. Ganz anders sehen junge Wildschweine, Frischlinge, mit ihrer hellgelblichen und braunen Streifenzeichnung aus. Die Bache kann im Frühjahr bis zu einem Dutzend Jungtiere werfen, die sie sehr liebevoll versorgt. Für Wildschweine existiert eine eigene

Terminologie, die aus dem hohen waidmännischen Interesse herrührt: Auf die »Frischlinge« folgen »Überläufer«, dann »Bache« oder »Keiler«, der zum »Basse«, »hauenden Schwein« oder »Haupt-schwein« heranwächst. Die Rauschzeit fällt in den Winter – die Keiler entwickeln zuvor ein seitliches knorplig-schwartiges Bindegewebsschild, das bei den Kämpfen um die Weibchen schützt.

Naturpark Schwarz-
wald Mitte/Nord

Naturpark Schwarzwald Mitte/
Nord e. V., Naturpark-Haus
auf dem Ruhestein
Schwarzwaldhochstraße 2
77889 Seebach
Tel. 07449/91 30 54
www.naturparkschwarzwald.de
info@naturparkschwarzwald.de

Nicht nur die Geologie und das
Klima, sondern vor allem auch

die Nutzung durch den Menschen haben die Landschaft
des Naturparks Schwarzwald
Mitte/Nord geprägt. So präsentiert sich die Region heute als
bunter Wechsel von Naturlandschaft und kultivierter Agrar-
landschaft. Tiefe Täler, Felsen,
Bäche, Nutztierherden und
Streuobstwiesen bestimmen
das Landschaftsbild ebenso
wie eiszeitliche Moore, Karseen und Grinden. Namensgebend für den Schwarzwald sind
die sehr dunkel erscheinenden

Mischwälder, die rund zwei
Drittel der Fläche ausmachen.
Seit Gründung des Naturparks
Schwarzwald Mitte/Nord bis
Ende des Jahres 2010 wurden
rund 600 Naturschutzprojekte
mit Fördermitteln des Landes,
der Lotterie Glücksspirale und
der EU unterstützt. Ziel ist neben dem Erhalt der Natur sowie Artenschutz auch der Aus-
bau touristischer Attraktionen,
wie beschilderten Wanderwegen, barrierefreien Strecken
und Mountainbike-Touren.

Burgbach-Wasserfälle

Ihr Rauschen und Plätschern
kann man schon aus der Ferne
hören: Die Burgbach-Wasserfälle sind ein Naturerlebnis für
Augen und Ohren. Sie liegen
ganz in der Nähe von Bad Rip-
poldsau-Schapbach und zählen
zu den höchsten frei fallenden
Wasserfällen in Deutschland.
Die Gesamthöhe dieses geologischen Naturdenkmals beträgt
32 Meter, die freie Fallhöhe 15
Meter. Die Fallstufe hat sich

aus verkieseltem Sandstein gebildet, der über verwitternden Graniten liegt.

Elztal

Von Waldkirch aus erstreckt sich das Elztal über eine Länge von 20 Kilometern in nordöstlicher Richtung. In Prechtal, einem Ortsteil von Elzach, führen der Fluss Elz und das Elztal dann gen Süden und ziehen sich als bewaldetes Tal in einer Länge von zehn Kilometern fort

bis zum Rohrhardsberg. Hier findet man auch die Quelle der Elz. Sehenswert ist vor allem der Siebenfelsen, ein meterhohes Steingebilde, das aus sieben übereinander liegenden Felsen besteht.

Großes Bild: Unter lautem Tosen stürzen sich die 32 Meter hohen Burgbach-Wasserfälle über mehrere Stufen hinunter. Gemächlicher geht es am Bach im oberen Elztal zu (links).

Triberger Wasserfälle

Die Triberger Wasserfälle unterteilen sich in die oberen Fälle mit drei Hauptstufen, einen steilen Sturzbachabschnitt und schließlich die siebenstufigen Hauptfälle. Schön ist der Anblick auch in den Abendstunden, da die Wasserfälle bis 22 Uhr beleuchtet sind. Es gibt wohl nur eine weitere Attraktion, die dieser Naturkulisse die Show zu stehlen vermag: die vielen Eichhörnchen, die rund um die Wasserfälle leben und inzwischen so sehr an Menschen gewöhnt sind, dass sie sich sogar von Hand füttern lassen.

Schwenninger Moos

Das inzwischen unter Schutz gestellte Moorgebiet Schwenninger Moos blickt auf eine nacheiszeitliche Entstehungsgeschichte zurück, die sich weit über zehntausend Jahre erstreckt. Etwa 12 000 v. Chr. befand sich hier ein großer See, der durch Schmelzwasser der Eiszeit entstanden ist und allmählich vermoorte. In der Neuzeit, etwa bis zur Mitte der 1950er-Jahre, wurde das Gebiet zum Abbau von Torf genutzt. Heute wird versucht, durch Sperrenbau in den zu dieser Zeit entstandenen Gräben, die immer stärker voranschreitende Verwaldung zurückzudrängen, um so eine Renaturierung zu erreichen.

Outdoor-Aktivitäten Wer den Naturpark Schwarzwald Mitte erkunden will, kann dies unter Anleitung eines Naturpark-Profis tun. Speziell geschulte Guides bieten über das ganze Jahr verteilt Führungen an, bei denen die Teilnehmer zu einem bestimmten Thema oder Gebiet spannende Infos erfahren. Egal ob man etwas über die Beobachtung von Vögeln, die verschiedenen Moossorten oder die Wildblumen lernen möchte: Für jeden Natur-Interessierten ist ein passendes Themengebiet dabei. Termine und Themen der Touren findet man unter www.naturparkschwarzwald.de/shop_service/downloads.

Anreise/Unterkunft Eine praktische und günstige Möglichkeit der Anreise bieten die öffentlichen Verkehrsmittel, mit denen man als Tourist preiswert anreisen kann. Mehr Informationen darüber findet man online unter: www.schwarzwald-tourismus.info.

Auf dieser Homepage findet man auch eine Übersicht der zahlreichen Übernachtungsmöglichkeiten.
Unterkunft: Schornhof Oberwolfach, Tel. 07834/94 64, www.schornhof.com; Schätzlemühle (Ferienwohnungen), Tel. 07641/933 44 92, www.schaetzle-muehle.de.

Oben: Im Moorgebiet des Schwenniger Moos hat der Neckar seine Quelle, von hier aus wächst der Bach, bis er im Flachland zu einem breiten Fluss anschwillt. **Rechte Seite:** Triberge Wasserfälle.

+ TIPP + TIPP + TIPP +

↗ **Naturpark-Wirte** Die Naturpark-Wirte sind ein Zusammenschluss von Gastronomen aus dem Naturpark Schwarzwald Mitte. Ihr Motto heißt: »Schmeck den Schwarzwald«. Alle Wirte bieten ganzjährig mindestens drei Gerichte an, deren Hauptzutaten aus dem Naturpark stammen. Prämisse ist außerdem, dass in den Gerichten keine Waren zum Einsatz kommen, die der Philosophie des Naturparks widersprechen (z. B. Erdbeeren im Winter). Die regionalen Spezialitäten wie das Schwarzwald-Brot, Wurst, Eier, Käse und Honig, können als Ausflugserinnerung übrigens auch daheim genossen werden. Regelmäßige Naturpark-Märkte mit regionalen Erzeugnissen laden zum Bummeln und Kaufen ein. Neben Verkaufständen bieten die Märkte auch Unterhaltungsprogramme, bei denen nicht nur die kleinen Besucher staunen können. Welche Wirte teilnehmen und wann und wo Märkte stattfinden, findet man online unter www.naturparkschwarzwald.de/regional/naturpark-wirtegemeinschaft.

↗ **Zum Kugeln** »Zorbing« nennt sich der Trendsport und die wohl abenteuerlichste Art, einen Hang hinunterzugelangen. Wer sich traut, steigt dabei ins Innere einer riesigen Plastikkugel und lässt sich mit ihr eine ausgebaute Strecke am Hang hinunterkugeln. Der sogenannte Zorb rollt und hüpft mit einer Geschwindigkeit von fast 30 Stundenkilometern. Keine Sorge: Das Kugeln ist aufgrund der Stabilität des Zorbs absolut ungefährlich. Mehr Infos gibt es unter www.myzorbing.de.

↗ **Naturcamp** Zum Naturschutzzentrum Ruhestein an der Schwarzwaldhochstraße/B500 gehört eine Erlebnis-Waldfläche mit Naturcamp. Auf circa 300 000 Quadratmetern haben große und kleine Besucher die Möglichkeit, das Gebiet zu durchwandern, Schlafunterkünfte aus Zweigen zu bauen, Feuerholz zu hacken und danach sogar ein offenes Lagerfeuer zu entzünden. Jeder Gast erhält einen »Erlebnisrucksack« mit nützlichen Dingen für das Abenteuer in der freien Natur. Wer nicht allein auf Erkundungstour gehen will, kann sich den Führungen des Naturschutzzentrums anschließen und Erstaunliches über essbare Wildpflanzen, Fledermäuse oder den Sternenhimmel erfahren. Mehr Infos gibt es online unter www.naturschutz.landbw.de.

↗ **Schwarzwald zu Floß** Früher war die Flößerei einer der wichtigsten Wirtschaftszweige der Region. Baumstämme wurden durch Flößer über die Flüsse des Schwarzwaldes zum Rhein und weiter bis nach Amsterdam transportiert. Wer die Flößerei heute hautnah erleben will, kann dies auf dem zwölf Kilometer langen »Flößerpfad« zwischen Lossburg und Alpirsbach tun und den Flößer Johann mit seinem Sohn auf einer Floßfahrt begleiten. Mehr Infos: Tel. 07446/95 04 60 oder www.floesserpfad.de.

Naturpark Südschwarzwald

Naturpark Südschwarzwald e.V.,
Haus der Natur
Dr.-Pilet-Spur 4
79868 Feldberg
Tel. 07676/93 36 10
www.naturpark-suedschwarz-
wald.de
info@naturpark-suedschwarz-
wald.de

Er ist groß und hoch, der Naturpark Südschwarzwald. Das Gebiet dieses Parks erstreckt sich von Elzach und Triberg im Norden bis zum südlichen Waldshut-Tiengen und Lörrach. Im Westen ist die Vorbergzone bis Freiburg und Emmendingen ins Gebiet einbezogen, nach Osten dehnt es sich bis Donaueschingen und Villingen-Schwenningen auf der Baar-Hochebene aus. Die enorme Größe von 3700 Quadratkilo-

metern lässt den Südschwarzwald zum zweitgrößten Naturpark der Bundesrepublik werden. Und auch an Höhenlagen fehlt es hier nicht. So sind die drei größten Erhebungen des Schwarzwaldes, der Feldberg, das Herzogenhorn und der Belchen, hier zu finden. Dadurch, dass sich unterschiedliche Klimabereiche durch das Gebiet ziehen und auch die Gesteinsuntergründe enorm variieren, hat sich im Süd-

schwarzwald ein extrem hoher Artenreichtum an Tieren und Pflanzen ausbreiten können.

Glottertal

Spätestens seit der Fernsehserie »Die Schwarzwaldklinik« ist das Glottertal wohl bundesweit bekannt. Bunte Streuobstwiesen und die höchstgelegenen Weinberge Deutschlands, dunkle Mischwälder, Felsen und beeindruckende Ausblicke:

Die hiesige Landschaft ist quasi urtypisch für den Schwarzwald und daher zur Prachtkulisse des TV-Formats geworden. Mit nur rund 14 Kilometern Entfernung zur Universitätsstadt Freiburg ist das Glottertal übrigens

Zu den Kaskaden des »Gletschermühle« genannten Wasserfalls (links) gelangt man auf einer abwechslungsreichen Wanderung von Todtmoos aus.

auch ein beliebtes Wochenendausflugsziel der Einheimischen.

Schauinsland

Er erreicht eine Höhe von 1284 Metern und ist der Hausberg von Freiburg im Breisgau: der Schauinsland. Bei günstigen Wetterlagen ist hier ein Ausblick bis in die Alpen möglich. Ein Streitpunkt in der Region waren die Windkraftanlagen, die 2003 errichtet wurden. Aus Gründen des Naturschutzes wurden diese allerdings nicht direkt auf dem Gipfel errichtet, sondern darunter auf einer Höhe von ca. 1000 Metern. Auch die Rotorblätter erreichen nicht die Höhe des Gipfels, sodass die Aussicht weiterhin ungestört ist.

Obermünstertal

Die Region Obermünstertal besteht aus mehreren Seitentälern und erstreckt sich von Staufen im Breisgau in Richtung Belchen, über den Ortsteil Stohren in Richtung des Berges Schauinsland. Malerisch ist das Tal vor allem durch die Vielzahl seiner noch erhaltenen historischen Schwarzwaldhöfe, die teilweise sogar Führungen und einen Blick hinter die Kulissen anbieten.

Der Wasserfall in der Ravennaschlucht stürzt über mehrere Stufen hinunter.

Ravennaschlucht

Die Ravennaschlucht ist etwa vier Kilometer lang, führt vom Höllental zur Gemeinde Breitnau und beeindruckt nicht nur durch den tosenden Wasserfluss. Vor allem der 30 Meter hohe Hügel Galgenbühl, der sich am Eingang der Ravennabrücke erhebt, ist die absolute Attraktion der Schlucht. Hier befand sich früher ein Galgen, der auch als solcher für Hinrichtungen benutzt wurde. Heute findet man an dieser Stelle einen mit Holzschindeln gedeckten Pavillon.

Herbstliches Laub bedeckt den Wanderweg, der auf den Feldberg führt.

Jostal

Das Jostal, das seinen Namen von einer dem heiligen Jodocus gewidmeten Kapelle hat, ist eine Streusiedlung im Hochschwarzwald, die mit ihren fünf Zuflüssen Schildwende, Siedelbach, Eckbach, Bruckbach und Einsiedel eine schöne Tallandschaft bildet. Seit jeher lebt die Region von Ackerbau und Viehzucht, was noch heute die Landschaft prägt und einen sehr aufgeräumten und kultivierten Eindruck im Vergleich zur Urigkeit der stärker bewaldeten Schwarzwaldregionen erweckt.

Feldsee und Feldberg

Hier treffen zwei Giganten des Schwarzwaldes aufeinander: Der Feldsee in der Nähe der Gemeinde Feldberg ist der größte Karsee (97 500 Quadratmeter) im Schwarzwald und liegt zu Füßen des größten Bergs der Region, dem Feldberg (1439 Meter). Der fast kreisrunde See mit einer Tiefe von bis zu 32 Metern ist durch die Gletscherschmelze der letzten Eiszeit entstanden und von bis zu 300 Meter hohen Steilwänden eingefasst. Inzwischen herrscht im Feldsee ein generelles Badeverbot, um den Schutz eines seltenen Unterwasserfarns, der in geringer Tiefe gedeiht und in Deutschland außer im Feldsee nur noch im Titisee vorkommt, zu gewährleisten. Auch das Erklettern der angrenzenden Felsen ist aus Gründen des Naturschutzes streng verboten. Die Schönheit des dunklen Sees lässt sich aber auch anders genießen – beispielsweise bei einer Wanderung auf dem gut ausgebauten Seerundweg.

Großes Bild: Weit und wild ist der Südschwarzwald immer noch, auch wenn er längst touristisch voll erschlossen ist. Die Aussichten sind einfach einmalig.

Bäume spiegeln sich in der Wasseroberfläche des Feldsees, der unterhalb des Feldbergs liegt.

Schluchsee

Ursprünglich hatte der Schluchsee eine Länge von drei Kilometern. Er ist in der letzten Eiszeit bei der Vergletscherung des Feldberggebiets entstanden. Später kam es zu der Errichtung einer Talsperre. So wurde der Wasserspiegel in den Jahren 1929 bis 1932 um 30 Meter angehoben und es entstand der heutige Stausee mit seiner Länge von 7,5 Kilometern und einer Breite von bis zu 1,5 Kilometern. Der Touristenmagnet dient auch als Pumpspeicherkraftwerk.

Bernauer Hochtal

Das Hochtal hat eine Länge von acht Kilometern, ist nach Süden

Bewaldete Hügel bis zum Horizont: die Aussicht vom Belchen über den Südschwarzwald.

hin offen und liegt südlich des Feldbergs im Herzen des Naturparks Südschwarzwald im Landkreis Waldshut. Landschaftlich besticht es vor allem durch seine Vielfalt. Tiefe Täler mit idyllischen Hofkulissen sind ebenso zu entdecken wie Gipfel mit Panorama-Ausblick auf einer Höhe von bis zu 1415 Metern. Der anerkannte Schwarzwald-Luftkurort Bernau gilt übrigens auch als beliebter Wintersportort und ist eine der Hochburgen im Schlittenhundesport.

Der Sonnenaufgang taucht das Bernauer Hochtal in feurige Farben.

Belchen

Der Belchen zählt mit 1414 Metern zu einer der höchsten Erhebungen des Schwarzwalds.

Aufgrund der einzigartigen und seltenen Flora und Fauna wurde das Gebiet bereits im Jahr 1949 unter Naturschutz gestellt. Zu Beginn der 1990er-

Jahre wurde dieses Schutzgebiet noch erweitert. Heute umfasst es eine Fläche von rund 16 Quadratkilometern. Vor allem in den Hochlagen

kann man seltene Schmetterlings-, Käfer- und Vogelarten bewundern. Neben dem Wanderfalken findet man hier auch das Haselhuhn und die Singdrossel. Und auch im Pflanzenreich sind Seltenheiten, wie die Gebirgsrose oder der Schweizer Löwenzahn, zu bestaunen.

Eggenertal

Warum man das Eggenertal auch das »Tal der Blüten« oder »Kirschblütental« nennt, sollte jeder am besten selbst erleben. Ab Mitte April verwandelt sich die Landschaft in ein Meer aus Kirschblüten und bietet ein un-

Großes Bild: Der malerische Schluchsee dient als Speicher für ein Kraftwerk.

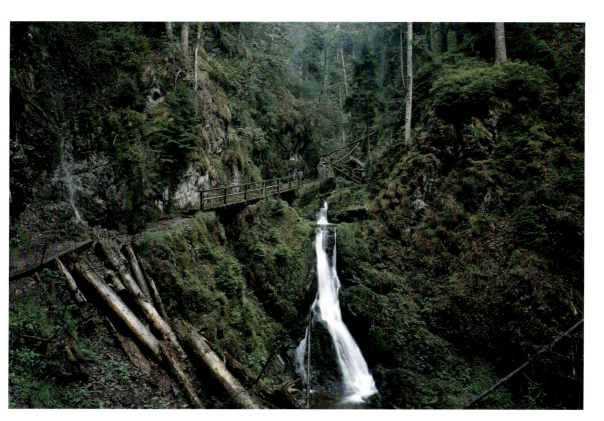

vergleichliches Panorama für Wanderer. Probieren kann man die Früchte übrigens schon wenig später; etwa Mitte Juni. Blumenfreunde kommen nicht nur zur Zeit der Kirschblüte, sondern auch zu jeder anderen Jahreszeit beim Anblick der unzähligen Blütenpflanzen auf ihre Kosten. Geheimtipp: Auf www.eggenertal.de wird wöchentlich veröffentlicht, welche Blumen gerade blühen und unter Tel. 07635/824 96 49 kann man die voraussichtliche Blütezeit der Kirschbäume erfahren.

Albtal

Es wird von seinem Namensgeber, dem Fluss Alb, durchflossen und gilt als beliebte Ferienregion zwischen Bad Herrenalb, Ettlingen und Karlsruhe. Die weitgehend unangetastete Naturentwicklung der letzten Jahrhunderte hat hier eine malerische Fluss-, Wiesen- und Tallandschaft entstehen lassen. Neben den geschützten Biotopen sind aber auch Überbleibsel aus Menschenhand, wie beispielsweise die historische Klosterstraße in Bad Herrenalb, die Klosterruine in Frauenalb oder der historische Stadtkern in Ettlingen, beliebte Attraktionen.

Wutachschlucht

Sie trägt nicht umsonst den Spitznamen »größter Canyon in Deutschland«. Die Wutachschlucht ist ein geschütztes Wildflusstal, in dem urwüchsige Wälder, steile Felsen, rauschende Wassermassen und klare Quellen aufeinander treffen. Perfekt wird die Romantik dieser malerischen Kulisse zudem noch durch die über 500 verschiedenen Schmetterlingsarten. Wer etwas Glück hat, kann hier sogar einen Eisvogel in seinem natürlichen Umfeld beobachten.

Weitere Highlights Der Südschwarzwald zählt zu einem der wasserreichsten Gebiete der Region. Die meisten Flüsse im Naturpark sind so naturnah erhalten, dass hier Tier- und Pflanzenarten überleben konnten, die andernorts bereits ausgestorben sind. Es ist daher ein Muss für jeden Naturliebhaber, einen der letzten großen Wildflüsse Mitteleuropas, die Wutach, zu besuchen. Mit etwas Geduld und Glück kann man hier auf Stein- und Dohlenkrebse treffen. Aber auch die Groppe und das seltene Bachneunauge sind hier beheimatet,

ebenso wie seit einigen Jahren wieder laichende Atlantische Lachse, Flussneunaugen und Meerforellen. Besonders stolz sind die Einheimischen natürlich darauf, dass sich auch immer mehr Biber im Naturpark sehen lassen.

Outdoor-Aktivitäten Im urigen Naturpark konnten sich viele Tier- und Pflanzenarten durchsetzen, die man außerhalb der Alpen sonst nirgendwo in Deutschland findet. So kann man mit etwas Glück die Badische Quellschnecke, die Käferart Präger Dammläufer, Gämsen, das Auerhuhn, den Dreizehenspecht oder Luchse beobachten. Wer weniger Glück in freier Wildbahn hat, kommt bei der Beobachtung der Tiere in einem der zahlreichen Wildgehege auf seine Kosten, zum Beispiel im Schwarzwaldzoo in Waldkirch (www.schwarzwaldzoo.de). Einen guten Überblick über die verschiedenen Tierstationen findet man im Internet unter www.naturpark-suedschwarzwald.de/natur/seltene-arten.

Anreise/Unterkunft Viele Besucher bevorzugen eine Anreise mit öffentlichen Verkehrs-

mitteln zum Naturpark Südschwarzwald nicht nur wegen der Umweltfreundlichkeit und Stressfreiheit dieser Reisemöglichkeit, sondern auch wegen der günstigen Kosten. Für Bahnreisende steht das RIT-Schwarzwald-Ticket zur Verfügung (www.schwarzwald-tourismus.info/Service/RIT-Schwarzwald-Ticket). Eine weitere umweltschonende Anreise ist der Fernbustransfer. Über sämtliche Busverbindungen kann man sich online unter www.fahrtenfuchs.de informieren. Innerhalb der Ferienregion ist die Nutzung von Bus und Bahn übrigens kostenlos – vorausgesetzt man ist im Besitz der KONUS-Karte. Wichtige Informationen hierzu stehen im Internet zur Verfügung (www.konus-schwarzwald.info).
Unterkunft: Pension Jägerhof Bernau, 07675/727, www.schwarzwald-jaegerhof.de; Hotel Waldeck Feldberg, Tel. 07655/910 30, www.hotelwaldeck.com.

Entlang der Wutach führt ein schöner Wanderweg. Auch ihre Nebenschluchten, im Bild oben die Lotenbachklamm, sind abwechslungsreich. Linke Seite: Wasserfall im Albtal.

+ TIPP + TIPP + TIPP +

⤤ **Entdeckung auf zwei Rädern** Wer den Schwarzwald von all seinen Seiten kennenlernen will, tut dies am besten auf zwei Rädern und auf dem Südschwarzwald-Radweg. Die Tour startet in Hinterzarten auf 885 Metern Höhe. Von hier aus geht es bergab in Richtung Titisee. Man fährt an urigen Höfen und Moorlandschaften vorbei. Weiter geht es am Hochrhein, wo mittelalterliche Städte an der deutsch-schweizerischen Grenze auf Erkundung warten. Nach einem Abstecher ins französische Huningue am Rande des ältesten Naturschutzgebietes im Elsass, der »Petite Camargue«, radelt man zurück ins deutsche Markgräflerland mit seinen Weinbergen und Kurorten, bis schließlich das mediterrane Flair der Freiburger Altstadt zu einer Pause einlädt. Die letzte Etappe der Tour führt am Flusslauf der Dreisam entlang und endet nach einer kurzen Zugstrecke schließlich wieder am Ausgangspunkt der Tour. Der Rundweg hat insgesamt eine Länge von 240 Kilometern und umfasst drei bis vier Tagesetappen. Die blütenreichste Reisezeit ist zwischen Mai und Oktober. Da die Wege überwiegend asphaltiert bzw. gut ausgebaut sind und keine höheren Steigungen bereithalten, ist die Strecke für die gesamte Familie befahrbar.

⤤ **Südschwarzwald aus der Vogelperspektive** Für schwindelfreie Naturfreunde ist der Baumkronenweg in Waldkirch wohl die schönste Attraktion des Südschwarzwalds. Er besteht aus einer 200 Meter langen Holz-Stahlkonstruktion, die an vier Aussichtstürmen einen spektakulären Ausblick ermöglicht. In einer Höhe von 23 Metern schwebt man praktisch inmitten der Baumkronen und beobachtet Flora und Fauna aus der Sicht der Vögel. Dass sich der Baumkronenweg für wirklich alle Waldliebhaber eignet, verdankt er seiner Barrierefreiheit. Der Weg ist mit einer durchschnittlichen Steigung von sechs bis zehn Prozent auch für Rollstuhlfahrer gut zu befahren (www.baumkronenweg-waldkirch.de).

⤤ **Waldhaus** Seit dem Jahr 2008 gibt es in Freiburg das Bildungs-, Informations- und Kompetenzzentrum zu den Themen Wald und Nachhaltigkeit, das sogenannte Waldhaus. Neben Kinder- und Schulführungen richtet sich ein spezielles Bildungsangebot auch an Senioren sowie natürlich auch an alle anderen interessierten Naturfans. Wissenswertes über den Naturraum Wald gibt es hier nicht nur in der Theorie, sondern auch in der Praxis zu erfahren. So kann in der Grünholzwerkstatt beispielsweise der handwerkliche Umgang mit Holz gelernt werden. In den Forschungsräumen kann man überdies dem Leben im Waldboden oder in der Baumrinde auf die Spur kommen. Weitere Informationen sowie das Jahresprogramm findet man im Internet unter www.waldhaus-freiburg.de.

⤤ **Alles Käse** Unter dem Namen »Käseroute« ist ein kulinarischer Reiseweg bekannt, der zu verschiedenen Käsereien im Südschwarzwald führt. Diese Höfe lassen die Tradition der Käseherstellung im Südschwarzwald wieder aufleben. Noch im Mittelalter wurden auf den hiesigen Höfen vielerlei Käsesorten hergestellt. Durch die Käseherstellung war es den Bauern möglich, auf den meist abgelegenen Höfen die Milch des aus dem Südschwarzwald stammenden Vorderländer-Rindshaltbar zu machen. Diese Tradition wird heute wieder zum Leben erweckt. Schwarzwälder Käse ist daher nicht nur bei den Bauern, sondern vielerorts auch auf Wochenmärkten erhältlich. Wer die Käseroute selbst erkunden will, informiert sich am besten online unter www.naturpark-suedschwarzwald.de/essen-trinken/kaeseroute.

Per pedes oder per Fahrrad kann man den Südschwarzwald erkunden, etwa den Todtnauer Wasserfall (rechts) oder den Feldsee (oben).

Schwäbische Alb

Schwäbische Alb Tourismus-
verband e.V.
Marktplatz 1
72574 Bad Urach
Tel. 07125/94 81 06
www.schwaebischealb.de
info@schwaebischealb.de

Rau, karg und steinig zeigt sich die Schwäbische Alb in ihren Höhenlagen, doch je weiter man an den Fuß des knapp 200 Kilometer langen und ca. 40 Kilometer breiten Mittelgebirges kommt, desto artenreicher, bewachsener und bewohnter wird die Landschaft. Die üppigen Wacholderheiden und süd-exponierte Hang- und Felsflächen bieten einer Vielzahl verschiedener Schmetterlinge eine ideale Kulisse. Aber auch seltene Vögel bewohnen die Schwäbische Alb. Wer Glück hat, kann einen Uhu, Wanderfalken oder eine Schleireule beobachten. Das botanische Wahrzeichen der Region ist die Silberdistel. Aber auch verschiedene Enzianarten, einheimische Orchideen sowie Astern, die mehr als 50 Zentimeter hoch wachsen, erfreuen das Auge des aufmerksamen Wanderers. Vor allem im Frühling ist die Schwäbische Alb für ihre »blühenden Teppiche« bekannt. Das Biosphärengebiet

Schwäbische Alb zählt übrigens durch die Anerkennung der UNESCO zum Kreis der nur 621 Biosphärenreservate weltweit. Hierbei geht es nicht allein um klassischen Umweltschutz, sondern auch die Belange der dort lebenden Menschen stehen im Vordergrund. Landschaftsschutz steht dabei ebenso im Zentrum der Förderung wie die nachhaltige Nutzung der Natur zu wirtschaftlichen Zwecken.

Uracher Wasserfall

Es ist ein tosendes Spektakel, wenn bis zu 240 Liter Wasser pro Sekunde aus 37 Metern Höhe über eine Tuffsteinkante ins Tal stürzen. Der Wasserfall in Bad Urach ist nicht umsonst eine der bekanntesten Naturattraktionen der Region und gleich aus mehreren Perspektiven zu bewundern. Von unten kann man die Wassermassen auf sich zustürzen sehen, man kann aber auch die steilen Stufen an der Seite des Falls hinaufklettern und oben angelangt auf einer Brücke über dem Wasserfall stehen und hinabblicken.

Blautopfhöhle

Höhlen und Tunnel sind typisch für die Schwäbische Alb. Eine der schönsten Grotten ist die

Blautopfhöhle in Blaubeuren. Ihr türkises Wasser bietet Besuchern eine Kulisse, wie man sie sonst nur aus dem Fernsehen kennt. Erst in den 1950er-Jahren gelang es Tauchern, auf den Grund der bis zu 22 Meter tiefen und knapp 5 Kilometer langen Höhle vorzudringen. Für Besucher bieten die begehbaren Passagen der Blautopfhöhle einen Anblick zum Staunen.

Hier sieht man Tropfsteine, die mehr als 20 Meter lang sein können.

Linke Seite: Die Wassermassen des Uracher Wasserfalls stürzen steil den Fels hinab. Oben: Bei Hechingen geht der Blick über Wiesen auf Burg Hohenzollern. Unten: Ein Siebenschläger nascht in einem Pflaumenbaum.

Beurener Heide

Es ist ein kleines, idyllisches Naturschutzgebiet in der Nähe des Weilers Beuren bei Hechingen. Die Beurener Heide liegt geschützt am Südwesthang des Dreifürstensteins. Alte Sagen erzählen, dass hier drei Fürsten an einem Tisch sitzen konnten, ohne ihr eigenes Territorium verlassen zu müssen. Heute ist die Heide ein beliebtes Ausflugsgebiet, das vor allem durch ihr blühendes Kernstück, die Wacholderheide, für bleibende Eindrücke sorgt.

Blick über die Karstlandschaft zum Zeugenberg Ipf bei Bopfingen

Weitere Highlights Eintauchen in zwei Millionen Jahre Geschichte – in der Bärenhöhle in der Nähe von Sonnenbühl-Erpfingen ist das möglich. Diese Tropfsteinhöhle ist auf über 250 Metern begehbar. Zu bestaunen gibt es hier neben den meterlangen Tropfsteinen, teilweise in bunten Farben, auch Hinterlassenschaften urzeitlicher Einwohner, die in der Höhle Zu-

flucht gesucht haben. Steinklingen, Schmuck, bronzezeitliche Gefäße, römische Kelche, Pfeilspitzen und Pestleichen, die teilweise älter als 8000 Jahre sind, geben in der Bärenhöhle einen Einblick in die Vorzeit.

Outdoor-Aktivitäten Kurvige Wege und anspruchsvolle Anstiege sind eine wahre Her-

ausforderung für alle Radfahr- und Mountainbike-Fans. Doch auch Radler, die nicht so viel Lust auf schweißtreibendes Treten haben, sind in der Ferienregion Schwäbische Alb richtig. Sie satteln einfach auf sogenannte E-Bikes um. Dies sind Räder, die mit Elektromotoren ausgestattet sind und die Tretleistung ihres Fahrers auf

Wunsch unterstützen. Mit solchen Fahrhilfen wird die Radtour zu einem Ausflug für Jung und Alt. Infos zum Verleih von E-Bikes und taugliche Strecken gibt es unter www.schwaebischealb.de/Aktiv/E-Bike-Pedelec.

Anreise/Unterkunft Da die Region Schwäbische Alb vor allem für ihre vielfältigen Radrouten bekannt ist, haben sich die Tourismusverbände für Radfreunde besondere Urlaubsmöglichkeiten ausgedacht. Spezielle »Bett & Bike«-Arrangements geben Radlern eine ausgeklügelte Tourplanung mit entsprechenden Übernachtungsmöglichkeiten und vergünstigten Raststationen an die Hand. Auch alle anderen Urlauber kommen in der Region auf ihre Kosten. So gibt es neben klassischen Hotels Campingangebote, Ferienwohnungen und – für alle, die es rustikal mögen – auch Ferien auf dem Bauernhof. Weitere Infos und eine Übersicht zu den Unterkünften der Region findet man online auf www.schwaebischealb.de.

Großes Bild: Die Beurener Heide bietet eine abwechslungsreiche Landschaft mit Wäldern, Mooren und sanften Hügeln, in der viele Tier- und Pflanzenarten ein Zuhause finden.

+ TIPP + TIPP + TIPP +

↗ **Am Wasser entlang** Der Donauberglandweg ist einer von rund 60 Qualitätswanderwegen der Region Schwäbische Alb. Er zählt zu den beliebtesten Wanderwegen in Deutschland. Die Route ist in vier Tagesetappen von je 15 Kilometern eingeteilt. Die Strecken verlaufen größtenteils unmittelbar auf Flusspfaden und naturnahen Wegen und erstrecken sich über die höchsten Berge der Region, tiefe Täler, Ruinen, Burgen und Schlösser. Der häufige Wechsel zwischen Steigungen und Abstiegen setzt eine gesunde Kondition voraus.

↗ **Übernachten wie im Abenteuerroman** Mit engen Dreimannzelten geben sich Campingtouristen auf der Schwäbischen Alb längst nicht mehr zufrieden. Für sie sollen die Schlafgemächer aufregender sein. Das Hofgut Hopfengut in Münsingen hat darauf reagiert. Vom indianischen Tipi über altertümliche Schäfer- oder Heidewagen, bis hin zu Tuareg-Zelten oder Jurten bietet dieser Urlaubshof sämtliche Übernachtungsmöglichkeiten, die das Abenteurerherz begehrt. Die Ferienanlage bietet auch gewöhnliche Stell- und Zeltplätze an, spannender ist aber in jedem Fall eine Übernachtung in diesen außergewöhnlichen Unterkünften (www.hofgut-hopfenburg.de).

↗ **Abenteuer in den Bäumen** Im Abenteuerpark Schloss Lichtenstein ist der Name Programm: Abenteuer gibt es hier bei Klettererlebnissen für Groß und Klein zu erleben. Direkt neben dem Schloss sind neun verschiedene Parcours für Mutige und Kletterfreunde errichtet, de-

ren Begehung neben einer soliden Fitness nur eine Einweisung und die Absicherung durch eine ausleihbare Ausrüstung voraussetzt. Die verschiedenen Schwierigkeitsstufen der Kletterparcours machen der ganzen Familie das Mitklettern möglich (www.abenteuerpark-schloss-lichtenstein.de).

↗ **Mit Volldampf voraus** Auf der Bahnstrecke zwischen Amstetten und Gerstetten fährt eine historische Attraktion, eine Tenderlock aus dem Jahr 1921, die Eisenbahnwagen mit offenen Plattformen, einen Speisewagen und einen Packwagen für Fahrräder hinter sich herzieht. Auf der Strecke von rund 20 Kilometern muss der Dampfzug enge Kurven und einen Anstieg von 25 Prozent meistern, während seine Gäste die malerische Landschaft genießen können (www.uef-lokalbahn.de).

Naturpark
Obere Donau

Naturpark Obere Donau e.V.
Wolterstraße 16
88631 Beuron
Tel. 07466/928 00
www.naturpark-obere-donau.de
kontakt@naturpark-obere-donau.de

Es hat Jahrtausende gedauert, bis sich die Donau zwischen Immendingen und Ertingen ihr tiefes Bett durch das Juragestein gegraben hat, das heute das Herzstück des Naturparks Obere Donau, den Donaudurchbruch, bildet. Auf einer Länge von 80 Kilometern zieht sich die Donau durch das insgesamt 1350 Quadratkilometer große Gebiet, das seit dem Jahr 1980 als Schutzgebiet ausgewiesen ist. Im Zeitalter der Römer wurde der hiesige Flussabschnitt nach dem keltisch-romanischen Flussgott »Danuvius« genannt. So entstand auch der Name »Donau«. Die Region ist heute eine Kultur-

landschaft, die ihren Besuchern neben Burgen und Palästen auch seltene Natur-Kulissen zu bieten hat. Bekannt sind vor allem der Donaudurchbruch und die Donauversinkung. Auch der malerische Ausblick vom Aussichtpunkt Knopfmacherfelsen ist ein Muss für Naturfreunde. Und wer etwas Glück hat, entdeckt auf seiner Wanderung vielleicht einen Uhu, Gämsen, Luchse und sogar Biber.

Highlights Man nennt ihn den »Grand Canyon-Blick« – und das nicht ohne Grund: Der Eichfelsen ist einer der spektakulärsten Aussichtspunkte im Donautal. Von hier aus hat man den Blick zur Burg Wildenstein, über den markanten Korbfelsen zum Schloss Werenwag, außerdem zum Schaufelsen, zum Fachfelsen und zum Bandfelsen.

Outdoor-Aktivitäten Natur erleben, ohne ihr zu schaden, unter diesem Motto entstand 1997 der Irndorfer Felsengarten. Die Anlage soll den Besuchern die Möglichkeit geben, Formen von Felsenvegetation kennenzulernen ohne dabei die sensible Pflanzendecke betreten zu müssen. Die Felsen hier sind ehemalige Kalk-Schwammriffe und stammen aus einer Zeit vor 150 Millionen Jahren, als Süddeutschland von einem flachen Meer bedeckt war. Die Felsen sind der Lebensraum besonderer Pflanzenarten wie beispielsweise der Steppenheide.

Anreise/Unterkunft Outdoor-Fans freuen sich vor allem über die große Auswahl an Campingplätzen in der Region. Eine der neuesten Unterkünfte ist der Campingplatz Ablacher Seen. Das Wiesengelände liegt direkt an einem Baggersee. Bade- und Angelmöglichkeiten sind hier ebenso gegeben wie ein Wildpark in der Nähe (www.ablacherseencamping.de).

Großes Bild und links: das Durchbruchstal der oberen Donau; rechts: Türkenbund und Frauenschuh.

+ TIPP + TIPP + TIPP +

↗ **Wie im wilden Westen** Wenn man die Ranger bei ihrer Arbeit zu Pferd begleitet, an einem der Wanderausritte teilnimmt, mit Pfeil und Bogen schießt oder ein uriges BBQ genießt, vergisst man schnell, dass man sich in Baden-Württemberg befindet. Auf der »Middle Mountain Ranch« ticken die Uhren noch anders. Dieser amerikanisch anmutende Bauernhof liegt auf 1000 Metern Höhe auf dem Heuberg und bietet seinen Gästen das absolute Wild-West-Feeling. Man kann übernachten oder auch als Tagesgast an dem Geschehen auf der Ranch teilnehmen (www.middlemountainranch.de).

↗ **Wie anno dazumal** Man schreitet durch einen altertümlichen Ortskern, begegnet Hirten, die eine kleine Schweineherde durchs Dorf treiben und schaut alten Handwerkern bei ihrer Arbeit zu: Im Freilichtmuseum Neuhausen ist alles noch wie zu alten Zeiten. Neben Vorführungen werden auch Veranstaltungen angeboten, die zum Mitmachen einladen. In der, einem historischen Wirtshaus nachempfundenen, Museumsgaststätte kann man urig einkehren (www.freilichtmuseum-neuhausen.de).

↗ **Erleben und lernen** Wer die Natur nicht nur bestaunen, sondern auch verstehen will, ist auf dem Naturlehrpfad »Geißenhölzle« genau richtig. Auf dem neu angelegten Pfad warten allerlei informative Stationen. Neben 150 verschiedenen Illustrationen gibt es ein Bienenhotel, einen Insektenturm, ein Waldbett und eine Hummelstation zu sehen. Natürlich liegt der Pfad auch selbst inmitten der blühenden Attraktionen, die die heimische Natur zu bieten hat.

Bodensee

*Internationale Bodensee
Tourismus GmbH, Hafen-
straße 6, 78462 Konstanz
Tel. 07531/90 94 90
www.bodensee.eu
info@bodensee.eu*

Blick auf Sipplingen am Überlinger See, einem Teil des Obersees vom Bodensee

Dass ihn manche liebevoll als »Deutschlands größte Badewanne« bezeichnen, hat gleich zwei Gründe: Der Bodensee ist mit einem Wasservolumen von ca. 48,5 Kubikmetern der größte See des Landes, zum anderen ist er der größte Trinkwasserspeicher in ganz Mitteleuropa und versorgt weite Teile von Baden-Württemberg mit seinem Bodenseewasser. Der See liegt auf dem Gebiet der Bundesländer Baden-Württemberg und Bayern sowie auf dem Gebiet Österreichs und der Schweiz. Die Maße des Gewässers sind enorm. Er hat eine Länge von 63 Kilometern und eine Breite von 14 Kilometern. Das entspricht einer Fläche von 536 Quadratkilometern und

einem Umfang von 273 Kilometern, wovon 173 Kilometer des Ufers zu Deutschland gehören, 72 Kilometer liegen auf Schweizer Boden und 28 Kilometer werden zu Österreich gezählt. An der tiefsten Stelle misst der Bodensee 254 Meter. Die gigantische Größe des Sees hat zur Folge, dass man das gegenüberliegende Ufer nicht sehen kann. Der Grund dafür ist aber nicht unbedingt die Entfernung, sondern die Erdkrümmung. Die

Krümmung des Wasserspiegels des Sees beträgt in seiner Länge stolze 42 Meter, sodass die gegenüberliegenden Ufer dahinter verschwinden.

Untersee

Einheimische sprechen vom Untersee als dem »Bodensee in konzentrierter Form«, da die Region Untersee zwar klein und überschaubar ist, aber dennoch alle Vorzüge ihres großen Bru-

ders zu bieten hat. Sie ist Teil der Grenze zwischen Deutschland und der Schweiz. Naturfreunde finden hier zahlreiche naturbelassene Ufer, Inseln und Halbinseln, Buchten und kleine Anhöhen, auf denen Burgen, alte Klöster und Schlösser thronen. Die Region ist durch ihr mildes Klima und ihre Naturschutzgebiete Wollmatinger Ried, Mettnau und Mindelsee ein hoch frequentierter Rast- und Überwinterungsort für 400 Vogelar

Die kleine Bartmeise lebt in den Schilfgebieten am Bodenseeufer.

ten. Ein besonderes Highlight für Naturfreunde ist die Marienschlucht. Sie hat etwa eine Höhe von 100 Metern und ist teilweise nur einen Meter breit. Der Einstieg wurde erst jüngst aufwendig saniert, sodass jeder die Schlucht erklimmen und den Blick genießen kann.

Mettnau

Mit einer Länge von 3,5 Kilometern und einer Breite von 800 Metern ragt die Halbinsel Mettnau friedlich aus dem westlichen Teil des Bodensees. Ihr größter Teil (ca. 1,4 Quadratkilometer) wurde zum Naturschutzgebiet erklärt. Den Ausschlag dafür gaben vor allem verschiedene Wasservogelarten, die die Region als Brutgebiet nutzen. Die Mettnauspitze, der äußerste Zipfel der Halbinsel, ist in der Zeit zwischen 15. April und 31. August für Wanderer und Besucher komplett gesperrt, um die Brut und Aufzucht der Vögel nicht zu stören.

Reichenau

Bereits die Anreise ist eine Attraktion. Wenn man die lange Pappelallee, die die Insel Reichenau mit dem Festland verbindet, passiert, fühlt man sich in der Zeit zurückversetzt. Hinter den majestätischen Bäumen tut sich der Blick auf die Mauern des Klosters Reichenau auf, das auf der Insel bereits seit dem Jahr 724 residiert und zu ihrem Wahrzeichen wurde. Insgesamt drei historische Kirchen schmücken die Insel, die seit 2000 zum UNESCO Weltkulturerbe gehört. Mit einer Fläche von 4,3 Quadratkilometern ist Reichenau die größte der drei Bodenseeinseln. Naturfreunde finden auf ihr das Naturschutzgebiet Wollmatinger Ried, das dem Naturschutzbund NABU als Beobachtungsplattform für knapp 300 verschiedene Vogelarten dient. Für aufmerksame Besucher gibt es jede Menge zu beobachten: die Nistplätze der inzwischen kaum noch scheuen Vögel verteilen sich über die gesamte Insel.

Großes Bild: Wer zum ersten Mal an den Bodensee fährt, hält sich meist an die Höhepunkte: die Blumeninsel Mainau oder die Unteruhldinger Pfahlbauten. Mit dazu gehört auch unbedingt ein Besuch der Insel Reichenau.

Mainau

Die Blumeninsel Mainau ist wohl der bunteste Fleck des Bodensees. Das Eiland gleicht einer riesigen Parkanlage, in deren Mitte das Barockschloss, in dem die gräfliche Familie Bernadotte lebt, thront. Das milde Klima des Bodensees macht dieses blühende Kleinod zu einem Paradies – sogar für mediterrane Pflanzen. So wachsen auf der Mainau Palmen und Orchideen. Neben Spaziergängen über die 45 000 Quadratmeter große Insel laden im Park Attraktionen, wie das größte deutsche Schmetterlingshaus, ein Palmenhaus, die Orchideenschau, eine Rosenpromenade und ein italienischer Rosengarten sowie die Schlossterrasse, ein Kräutergarten, der Schwedenturm mit Weinberg, aber auch schöne Uferwege und der Ufergarten mit Aussichtspunkten zum Staunen ein. Die gräfliche Familie will in dieser gepflegten Anlage den Besuchern zeigen,

An den Ufern der Reichenau hat sich ein Schwan eingenistet.

wie artenreich die Natur sein kann, wenn man sie schützt.

Weitere Highlights Wer den Bodensee wirklich kennenlernen möchte, kann dies auf dem Bodensee-Rundweg tun. Dieser Pfad ist rund 250 Kilometer lang und führt einmal um den gesamten See herum. Durch die blauen Wegmarkierungen ist der Strecke leicht zu folgen. Ein Verlaufen ist kaum möglich. Leider können nicht

alle Ufergebiete betreten werden, sodass das Wasser nicht immer sichtbar ist. Doch auch die uferfernen Teilstrecken bieten bodenseetypische Sehenswürdigkeiten. Infotafeln entlang des Sees informieren über die jeweiligen Attraktionen. Die Länge des Wanderwegs setzt voraus, dass man sich mehrere Tage Zeit nimmt und die Reise mit Übernachtungsmöglichkeiten und Raststationen plant.

Outdoor-Aktivitäten Die »Corvus Natur- und Wildnisschule« bringt Groß und Klein die Natur näher. In den verschiedenen Kursen, Seminaren und Feriencamps werden die Lehren alter Naturvölker vermittelt. Was zunächst nach trockener Theorie klingt, ist in Wirklichkeit ein Naturerlebnis hautnah. Spurenlesen steht ebenso auf dem Lehrplan wie Tierbeobachtungen, Laborforschungen oder der Bau einer Höhle und das Entzünden eines Lagerfeuers. Übrigens: Das Programm ist keineswegs nur für Kinder und Jugendliche gedacht. Es gibt Extrakurse für Erwachsene. Auch ein reiner Frauenkurs steht auf dem Programm (www.corvus-bodensee.de).

Anreise/Unterkunft Über die A81 (aus Stuttgart) und die A96 (aus München) gelangt man mit dem Auto aus Deutschland an den Bodensee, aus Österreich über die A12 sowie den Pfändertunnel und aus der Schweiz über die A3 und A7. Per Bahn erreicht man den See auf ebenso vielfache Weise, besonders preiswert sind die in Baden-Württemberg angebotenen Kombi-Angebote (»Baden-Württemberg-Ticket« etc.) oder die RIT-Fahrkarte, bei deren Benutzung aber mindestens eine Übernachtung in der Bodenseeregion erfolgen muss. Unterkunft: Campingplatz Sandseele auf der Insel Reichenau, Tel. 07534/73 84, www. sandseele.de. Eine Übersicht über die vielen Ferienwohnungen, Hotels und Privatzimmer findet man auf www.bodenseeferien.de.

Großes Bild: Tulpenpracht im Frühling auf der Blumeninsel Mainau. Auch das Schloss und die Kirche auf der Mainau sind stets von üppig blühenden Blumen umgeben. Weitere Highlights der Blumeninsel sind das Arboretum, der italienische Rosengarten, die Zitrussammlung und das Schmetterlinghaus.

+ TIPP + TIPP + TIPP +

↗ **Pfahlbauten Unteruhldingen** Sie schweben über dem Wasser und sind das Highlight vieler Bodenseetouristen: Die 23 Pfahlbauten, die zwischen Überlingen und Meersburg über dem Wasserspiegel erbaut wurden. Seit fast hundert Jahren sind diese rekonstruierten Häuser ein Wahrzeichen der Region und agieren heute als Freilichtmuseum, in dem das Leben der Steinzeitmenschen dargestellt wird. Seit dem Jahr 2011 sind die Bauten sogar zum UNESCO Weltkulturerbe erklärt worden. Kleiner Tipp für alle Wasserfreunde: Wer sich ein Tretboot mietet, kann die »schwimmenden« Häuser auch vom Wasser aus erkunden (www.pfahlbauten.de).

↗ **Rheinfall** Wenn 700 Kubikmeter Wasser in einer Sekunde in die Tiefe fallen, muss man das gesehen haben. Der Rheinfall in der Nähe von Schaffhausen ist mit einer Breite von 150 Metern und einer Höhe von 23 Metern einer der größten Wasserfälle Europas. Eine Aussichtsplattform an der Seite des Falls gibt Gästen einen atemberaubenden Blick auf dieses Naturspektakel (www.rheinfall.ch).

↗ **Raddampfer »Hohentwiel«** Sie ist ein Original vom Bodensee und heute sogar in zahlreichen Hollywood-Filmen (unter anderem auch in James-Bond-Filmen) zu sehen: Die »Hohentwiel« ist das letzte Schiff der Königlich Württembergischen Bodenseeflotte. Im Jahr 1913 wurde sie erstmals in den Dienst gestellt und schippert noch heute über ihren Heimatsee. Heute wird sie für Rundfahrten benutzt, aber auch spezielle Erlebnisfahrten mit Musik und Tanz werden immer wieder angeboten. Mehr Infos zum Erlebnis mit diesem alten Raddampfer gibt es online unter www.hohentwiel.com.

↗ **Freilichtmuseum Neuhausen** Hier hat man vielleicht keine Berge versetzt, aber dafür ganze Häuser: Im Freilichtmuseum Neuhausen wurden 24 historische Gebäude aus Baden-Württemberg zusammengetragen und zu einem Museumsdorf vereint. Neben einem Tagelöhnerhaus, einem Bauernhaus, einer Dorfschmiede und einer Schule sind hier auch ein altes Rathaus und sogar eine Kirche zu finden, zwischen denen man herrlich spazieren gehen kann. Und auch das Leben im Museumsdorf spielt sich so ab, wie es früher gewesen ist. Wer mag, kann alten Handwerkern bei ihrer Arbeit zusehen oder sich an zahlreichen Informationstafeln über den altertümlichen Alltag informieren. Mehr Infos gibt es online unter freilichtmuseum-neuhausen.de.

Trettachspitze, Mädele-
gabel, Hochfrottspitze
und Bockkarkopf
spiegeln sich in einem
Bergsee in den Allgäuer
Alpen.

Bayern

Der Freistaat weist Landschaftbilder auf, wie man sie sonst in Deutschland nicht findet – von Flusslandschaften wie an Main und Donau bis zum alpinen Hochgebirge wie bei Garmisch-Partenkirchen oder Berchtesgaden. Bayern, das flächengrößte Land Deutschlands, ist nördlich des Donautals Mittelgebirgsland, südlich davon erstreckt sich das meist hügelige Alpenvorland hin zu den Alpen.

Naturpark
Bayerische Rhön

Naturpark & Biosphärenreservat
Bayerische Rhön e.V.
Oberwaldbehrunger Str. 4
97656 Oberelsbach
Tel. 09774/91 02 50
www.naturpark-rhoen.de
info@nbr-rhoen.de

Der Naturpark ist 1250 Quadratkilometer groß und liegt an der Grenze Bayerns zu Hessen und Thüringen. 700 Quadratkilometer sind seit 1991 der bayerische Teil des Biosphärenreservats Rhön. Basaltformationen zeugen im Park noch heute von der Entstehung der Landschaft, die auf Vulkanausbrüche zurückgeht. Natürlich hat die Gegend nicht nur Stein zu bieten. Vielerorts grünt und blüht es. So gibt es in ganz Deutschland beispielsweise kein anderes Gebiet, in dem mehr Borstgrasrasen zu finden ist. Diese Weiden gehören zu den Magerrasen und zeichnen sich durch die Kombination von Borstgras mit wenigen anderen Arten aus wie etwa Arnika, Glockenblume oder Blaubeere. Auch Moore, darunter das bedeutendste Hochmoor Mitteleuropas, sowie Streuobstwiesen gehören zum Park. Nicht zu vergessen das Plateau Hohe Rhön. Gut ausgebaute Wander- und Radwege machen es dem Besucher leicht, die Natur auf eigene Faust zu erobern.

Rotes und
Schwarzes Moor

Das Schwarze Moor ist mit mehr als einem halben Quadratkilometer das größte Hochmoor der Rhön. Es liegt 770 bis 782 Meter hoch. Auf der Straße zwischen Fladungen und Bischofsheim erreicht man das Informationszentrum hierzu. Gegenüber führt ein 2,7 Kilometer langer Bohlenweg durch das Moor. Ebenfalls sehenswert ist das Rote Moor, mit über drei Quadratkilometern das größte Moor der Rhön. Es steht nach intensi-

vem Torfabbau seit 1979 unter Naturschutz.

Fränkische Saale

An der südlichen Grenze des Naturparks fließt die Fränkische Saale. Sie ist 136 Kilometer lang und ein ruhiges Fließgewässer, das zum Baden einlädt. Ihr gemäßigtes Temperament macht sie auch zum idealen Revier für Wasserwanderer, sowohl für Anfänger als auch für Familien mit kleinen Kindern. Unterwegs gibt es immer etwas zu sehen, seien es Vögel oder Kleintiere und das faszinierende Wurzelwerk der Weiden. Auch die Mühlen am Ufer sind besonders reizvoll.

Weitere Highlights Die typischen sechskantigen Basaltsäulen lassen sich gut am Gangolfsberg betrachten. Man erreicht ihn von Oberelsbach aus. Neben einer Basaltwand, deren Form an Bienenwaben erinnert, befindet sich hier der sogenannte Teufelskeller. Die

Naturhöhle ist durch das Abstürzen mehrerer gewaltiger Basaltbrocken entstanden.

Outdoor-Aktivitäten Von Gemünden bis Bad Neustadt kann man die Fränkische Saale mit dem Kanu befahren. Zahlreiche Start- und Übernachtungsmöglichkeiten sind ebenso vorhanden wie Bootsverleihe. Wer Lust hat, kann ein Komplettpaket buchen, das Kultur oder Kulinarisches beinhaltet. Wie nebenbei bekommt man eine Einführung in den Umgang mit dem Kanu oder verbessert seine bereits vorhandene Technik (www.uferblick.de).

Anreise/Unterkunft Anreise über die A7 oder A71, per Bahn nach Gemünden. Unterkunft: Der Hofbauer (Ferienwohnungen), Modlos, www.der-hofbauer.de; Bio-Hotel Sturm, Mellrichstadt, www.hotel-sturm.com.

Oben: Pilsterfelsen bei Kothen, ein mächtiger Basaltfelsen.

↗ **Urwald-Lehrpfad** In den Schwarzen Bergen zwischen Bad Brückenau und Bad Neustadt liegt der »Lösershag«. Nicht nur seine Basaltfelsen machen den 765 Meter hohen Berg sehenswert. Vor allem sein Wald, den man schon seit Generationen sich selbst überlassen hat, ist ein Anziehungspunkt. In dem Urwald kann man über 200 Jahre alte Bäume sehen. Info-Tafeln verraten unterwegs Spannendes über die Geologie sowie Flora und Fauna. Vom Parkplatz am Ende der Straße »Am Lösershag« in Oberbach geht es los. Die Runde dauert etwa zwei Stunden. Informationen erhält man im Haus der Schwarzen Berge, Tel. 09749/91220 (www.naturpark-rhoen.de/Infozentren/Haus-der-Schwarzen-Berge).

↗ **Schneeschuhwanderung** Im Winter hat die Bayerische Rhön einen ganz besonderen

Reiz. Das gilt auch für das benachbarte Hessen mit der berühmten Wasserkuppe. Während einer zwei- oder dreitägigen Tour lassen sich beide Gebiete mit Schneeschuhen erwandern, Gepäcktransport, Material und Verpflegung inklusive. Das Ganze wird von erfahrenen Wanderführern begleitet. Nähere Informationen erhält man im Rhön-Info-Zentrum, Tel. 06654/91 83 40.

↗ **Radfernweg** 260 Kilometer können mit dem Rad ganz schön lang werden. Nicht so auf dem Radfernweg »Vom Main zur Rhön«. Dieser läuft nämlich überwiegend in Flusstälern entlang und hält kaum Steigungen bereit. Dafür darf man sich auf Burgen und Schlösser sowie viele andere Sehenswürdigkeiten freuen. Grün-weiße Wegweiser sorgen für Orientierung, Bahnstrecken sind oft in der Nähe, sodass man auch einmal eine Etappe überspringen kann. Informationen bekommt man im Haus der Schwarzen Berge, Tel.

09749/912 20 (www.naturpark-rhoen.de/Infozentren/Haus-der-Schwarzen-Berge).

↗ **Ballonfahrt** Fliegen zu können ist ein alter Menschheitstraum. Beim Ballonfahren wird er zumindest ein kleines bisschen wahr. In der Bayerischen Rhön gibt es eine ganze Reihe von Startplätzen. Wenn auch noch Wind und Wetter mitspielen, kann das stille Abenteuer beginnen (www.ballonteam-rhoen.de).

↗ **Freilandmuseum Fladungen** Hier kann man durch ein altes fränkisches Dorf streifen und einiges über Handwerk oder Arbeitstiere erfahren. Schatz der Anlage ist das Rhön-Zügle, eine historische Eisenbahn, die zwischen Mellrichstadt und Fladungen verkehrt (www.freilandmuseum-fladungen.de.)

Ganz oben: Kanupaddler vergnügen sich auf der Fränkischen Saale. Oben: Wollkopf-Kratzdistel.

Naturpark
Bayerischer Spessart

Naturpark Spessart e.V.
Frankfurter Straße 4
97737 Gemünden a. Main
Tel. 09351/60 34 46
www.naturpark-spessart.de
info@naturpark-spessart.de

Der Naturpark Bayerischer Spessart trägt seit 2007 die Auszeichnung Qualitäts-Naturpark. Mit 1710 Quadratkilometern macht der bayerische Teil des Naturparks Spessart den deutlich größten Bereich aus. Weitere 730 Quadratkilometer liegen im Bundesland Hessen. Faszinierend sind die endlos scheinenden Waldgebiete, vor allem Laubmischwälder kommen vor. Man kann im Naturpark sehr hohe, bis zu 400 Jahre alte Eichen finden. Hinzu kommen grüne Wiesen und natürlich die Täler des Mains und der Sinn (einem Nebenfluss der Fränkischen Saale). Große Städte oder Ballungszentren gruppieren sich um den Park herum. Deshalb steht eine hervorragende Infrastruktur an Straßen und Wegen zur Verfügung, um die Region komfortabel kennenzulernen. Auch das Klima ist ideal, um sich viel in der Natur aufzuhalten. Weder sind die Sommer besonders heiß noch die Winter extrem kalt.

Highlights Gewaltige, bis zu 40 Meter hohe Eichen, die viele Generationen überdauert haben, sind das Highlight im Park. Drei Routen, auf denen man sich ihnen nähern kann, liegen in der Nähe von Weibersbrunn. Übrigens sind es nicht nur die Bäume, die den besonderen Reiz ausmachen, sondern es ist genau dieser Lebensraum, in dem Vögel und Insekten, seltene Pflanzen und Pilzarten hier optimale Bedingungen vorfinden. Start ist der Parkplatz nahe der A3 beim Jagdschloss Luitpoldhöhe (www.naturpark-spessart.de/wandern/naturerlebnis/baumriesen.php).

Outdoor-Aktivitäten Das Klima und die intakte Natur begeistern vor allem Wanderer. Mitten durch den Naturpark führt der 111 Kilometer lange Eselsweg. Seinen Namen verdankt er seiner Geschichte. Auf ihm transportierten einst Esel Salz von einem Ort zum anderen. Informationen findet man beim Büro für Touristik, Schlüchtern, Tel. 06661/853 61.

Anreise/Unterkunft Anreise über die A3, per Bahn bei- spielsweise nach Aschaffenburg oder Wertheim. Unterkunft: Ferienhof Obere Mühle, Fellen, Tel. 09356/13 63, www.reiterhof-oberemuehle.de; Hotel Franziskushöhe, Lohr am Main, Tel. 09352/60 40, www.franziskushoehe.de.

Ob Mufflons (oben), Waschbär oder Luchse (rechte Seite): Die Tierwelt im Spessart ist vielfältig. Mächtige uralte Eichen oder hohe Buchen (großes Bild) bieten ihnen Schutz.

+ TIPP + TIPP + TIPP +

↗ **WaldWichtelWeg** Seit Juni 2010 lädt der »Wald-WichtelWeg« am Dillberg Familien mit Kindern ein, den heimischen Wald mit viel Spaß kennenzulernen. Mehrere Stationen machen den Spaziergang zur Expedition (www.waldwichtelweg.de).

↗ **Naturpark-Infozentrum** Ein Besuch im Informationszentrum in Gemünden lohnt sich auf jeden Fall. Die Ausstellung macht den Gast mit Pflanzen und Tieren der Gegend vertraut. So nah kommt man Fledermaus, Biber und Luchs sonst nicht. Öffnungszeiten erfährt man unter Tel. 09351/60 34 22.

↗ **Pompejaneum** Im Schlossgarten von Aschaffenburg gibt es eine Villa im römischen Stil, die Mitte des 19. Jahrhunderts errichtet und nach dem Zweiten Weltkrieg restauriert wurde. König Ludwig I. (1786 bis 1868) ließ sie als Besichtigungsobjekt erbauen. Inzwischen ist ein Museum mit römischen Kunstgegenständen hinzugekommen (www.schloesser.bayern.de).

↗ **Henneburg** Auch Schlösser und Burgen gehören zum Naturpark. Eine der schönsten Ruinen ist die Henneburg. Im 12. Jahrhundert wurde mit dem Bau begonnen. Einige der Überreste können besichtigt werden. Führungen unter Tel. 09392/97 60 15.

↗ **Radfahren** Der 49 Kilometer lange Elsavatal-Radrundweg von Haibach über Sulzbach, Aschaffenburg und Volkersbrunn hält nur wenig Steigungen, dafür aber viele schöne Aussichten bereit. Meist ist man auf Radwegen, manchmal auch auf Schotter unterwegs. In Heimbuchenthal lohnt das Radmuseum (www.radmuseum.de).

Naturpark Haßberge

Naturpark Haßberge e. V.
Am Herrenhof 1
97437 Haßfurt
Tel. 09521/272 24
www.naturpark-hassberge.de
info@naturpark-hassberge.de

Nordwestlich von Bamberg liegt der von Mittelgebirgsrücken geprägte Naturpark Haßberge. Über die Hälfte der 804 Quadratkilometer sind von Wäldern bedeckt, darunter Eichen-Hainbuchenwälder sowie Erlen- und Eschenforst. Auch Kulturlandschaften gehören zu dem jungen fränkischen Park, beispielsweise Weinberge und Streuobstwiesen. Sowohl die Rot- als auch die Weißweine aus der Region genießen einen guten Ruf, ebenso der heimische Apfelsaft. Im milden Klima der Täler gedeihen Orchideen und Wollgras, in einigen Bächen sind Steinkrebse zu finden, die sich nur in sehr sauberen Gewässern wohlfühlen.

Auch Reh-, Rot- und Schwarzwild ist hier zu Hause, ebenso wie die Wildkatze und der Sperlingskauz. Obwohl er recht klein ist, vereinen sich im Naturpark Haßberge Kultur und Natur auf engstem Raum. Über 20 Burgen und Schlösser trotzen der Zeit, Kirchen laden zur Besichtigung ein.

Highlights Auf dem »Abt-Degen-Steig« erfährt man viel über Wein. Startmöglichkeiten sind in Steinbach, Ziegelanger oder in Zeil bei der Zufahrt zum Zeiler Käppele (www.naturpark-hassberge.de/39.html).

Anreise/Unterkunft Anreise über die A70, A71 oder A73, per Bahn nach Bamberg. Unterkunft: Pfadfinderzentrum und Zeltplatz Baunach, Gasthof Frankenstuben, Ebern, www.gasthof-frankenstuben.de.

Die Schmetterlingsart Kaisermantel (großes Bild) ist in der Naturlandschaft ebenso beheimatet wie der Sperlingskauz (kleines Bild).

+ TIPP + TIPP + TIPP

↗ **Lamatrekking** Lamas und Kamele in Bayern? Im Naturpark Haßberge sind sie kein seltener Anblick und man kann mit ihnen wandern. Die freundlichen Tiere tragen das Gepäck und verbreiten eine ausgesprochen angenehme Atmosphäre. Auch Kamele gibt es, auf denen man sogar reiten kann (www.hassberglama.de).

↗ **Grenzgänger** Auf dem gleichnamigen Wanderweg kann man im wahrsten Sinne des Wortes zum Grenzgänger werden. In Trappstadt geht es los auf den zehn Kilometer langen Rundweg, der Blicke über die ehemalige Grenze zur DDR nach Thüringen bietet. Aktiv-Stationen sorgen für Abwechslung. Infos bei der Touristinformation Haßberge, Tel. 09523/503 37 10.

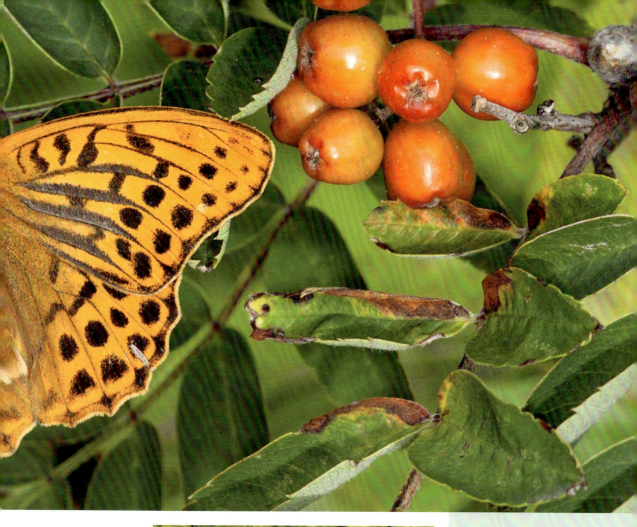

Naturpark Steigerwald

Tourismusverband Steigerwald,
Naturpark Steigerwald
Hauptstraße 1
91443 Scheinfeld
Tel. 09162/124 24
www.steigerwald-info.de
info@steigerwald-info.de

Im nördlichen Bayern, mitten im Herzen Frankens, liegt der 1280 Quadratkilometer große Naturpark Steigerwald. Es ist ein liebliches Mittelgebirge, eingebettet zwischen den Flüssen Main und Aisch und den Städten Bamberg, Nürnberg, Rothenburg ob der Tauber und Würzburg. 675 Quadratkilometer davon sind Landschaftsschutzgebiet. Besonders eindrucksvoll sind die Buchenwälder mit hochgewachsenen, um die 200 Jahre alten Exemplaren. Neben Rehen sind hier Wildschweine heimisch. In der Luft sieht man den Schwarzspecht, das Waldkäuzchen und die vielerorts bereits

ausgestorbene Hohltaube. Auch eine Reihe von schützenswerten Greifvögeln hat hier ihre Horste, beispielsweise der Mäusebussard und der Rote Milan. Ergänzt wird die Natur von mittelalterlichen Städtchen. Und natürlich vom guten Frankenwein sowie der vielfältigen Bierproduktion. In der Umgebung gibt es über 300 Brauereien.

Highlights Die Geschichte der Region wird im Fränkischen Freilandmuseum hautnah erlebbar. Mehr als 100 Häuser

laden zu einer spannenden Zeitreise ein (www.freilandmuseum.de).

Anreise/Unterkunft Anreise über die A3, A6 oder A7, per Bahn nach Nürnberg. Unterkunft: Campinginsel Bamberg, www.campinginsel.de; Hotel National, Bamberg, www.hotel-national-bamberg.com.

Klatschmohn blüht auf den Wiesen, die zwischen den Buchenwäldern des Naturparks liegen.

+ TIPP + TIPP + TIPP

↗ **Wanderreiten** Der waldige Naturpark mit seinem ausgebauten Wegenetz und den mäßigen Steigungen eignet sich ideal für einen Urlaub zu Pferd. Bei Pferdeverleih oder Tourenplanung hilft www.wanderreiten-franken.de.

↗ **Steigerwald-Panoramaweg** Dieser Wanderweg führt auf 160 Kilometern durch den Naturpark von Bad Windsheim nach Bamberg. Ein grünes S auf weißem Grund führt zu Sehenswürdigkeiten und Aussichtspunkten (www.steigerwald-panoramaweg.de).

↗ **Nordic Walking** Wer es sportlich mag, ist in Scheinfeld gut aufgehoben. Im Nordic-Walking-Park gibt es Routen von 4 bis 16 Kilometern Länge (www.scheinfeld.de/tourismus/freizeitangebote).

Naturpark Fränkische Schweiz-Veldensteiner Forst

Naturpark Fränkische
Schweiz-Veldensteiner Forst
Forchheimer Str. 1
91278 Pottenstein
Tel. 09243/708 16
www.naturparkinfo.de
info@fsvf.de

Mehr als stolze 2300 Quadratkilometer umfasst der Naturpark und ist damit nicht nur der zweitgrößte in Bayern, sondern auch einer der größten deutschen Naturparks überhaupt. Und es geht gleich mit Superla-

tiven weiter, denn nirgends außerhalb der Alpen hat Bayern so
viele Biotope und Geotope auf
engstem Raum zu bieten. Auch
seine beeindruckende Zahl von
über 1000 Höhlen kann sich sehen lassen. Dichte Wälder prägen den Veldensteiner Forst, vor
allem sind hier Fichten und Kiefern zu finden. Aber auch Flusstäler bestimmen die Region
maßgeblich. Ein Teil des Main-
tals, das Bett der Wiesent sowie
das Pegnitztal liegen auf dem
Gebiet des Naturparks sowie
die bizarren Felsformationen
des Mittelgebirgsrückens. Im
Frühjahr und Sommer blühen
Orchideen, Lilien, Veilchen und
Anemonen. Mehr als 5000 Kilo-

meter bestens markierter Wanderwege führen zu Grotten,
durch Auen und Wälder und
sorgen für immer wieder atemberaubende Aussichten. Wem
der Sinn zwischendurch nach
Stadtleben und Kultur steht, der
hat mit Nürnberg, Bayreuth,
Bamberg, Erlangen und Coburg,
den fünf Städten rund um das
Parkgebiet, gute Auswahlmög-
lichkeiten. Hinzu kommt eine
große Zahl hübscher kleiner
Orte, darunter nicht wenige
Luftkurorte und Heilbäder.

Staffelberg

Wahrzeichen, Krone Frankens,
Hausberg von Bad Staffelstein:

Der 539 Meter hohe Staffelberg
trägt viele Namen. Sein Hochplateau, das sich gut verteidigen ließ, war schon in vorchrist-
licher Zeit besiedelt, wie
Ausgrabungen beweisen. Der
Staffelberg-Lehrpfad, markiert
durch ein Schneckenhaus, beginnt am Ortsausgang Staffelstein gegenüber dem Friedhof.
Auf dem Plateau sind die Nach-
bildung einer spätkeltischen
Burgmauer sowie die Adelgun-
diskapelle zu entdecken.

Aufseßtal

Wer das Tal der Aufseß kennenlernen möchte, sollte sich
zu Fuß oder per Rad auf den

Weg machen. Autoverkehr gibt
es hier kaum, was den Reiz dieses Gebietes ausmacht. Der
Aufseßtalweg zwischen Doos
und Draisendorf, gekennzeichnet durch ein orangefarbenes
Kreuz auf weißem Grund, führt
ohne Steigungen hindurch. Das
Tal ist bekannt für seine Forel-
lenzucht und der Ort Aufseß für
seine Brauereien. Man sagt
ihm die größte Brauereidichte
weltweit nach. Hier startet und
endet der 13,5 Kilometer lange
Brauereiweg.

**Kaum mehr als 650 Meter ragt
die Fränkische Alb auf. Oben:
Blick vom Staffelberg; links:
malerisches Aufseßtal.**

Wiesenttal

Im Herzen der Fränkischen Schweiz liegt das Wiesenttal und der gleichnamige Markt, zur Marktgemeinde gehören unter anderem die beiden ältesten Luftkurorte der Umgebung, Streitberg und Muggendorf. Man könnte die kleine Region als Extrakt der Höhepunkte des Naturparks bezeichnen. Hier findet der Besucher auf übersichtlicher Fläche zahlreiche Sehenswürdigkeiten. Dazu gehört der sogenannte Druidenhain, ein Waldstück im Esbach. Die Formen und die Lage der dortigen Jurafelsen verleihen dem Ort etwas Mystisches. Neben den Ruinen Streitburg und Neideck ist die Binghöhle einer der größten Anziehungspunkte. Sie genießt den Ruf, zu den herrlichsten Tropfsteinhöhlen von ganz Deutschland zu gehören (www.binghoehle.de). Sehr interessant ist der Geologische Erlebnispfad. Der 3,6 Kilometer lange Rundweg führt zu typischen Gesteinsformationen, Höhlen, einem Wasserfall und Versteinerungen.

Walberla

Eigentlich heißt der Tafelberg östlich von Forchheim Ehrenbürg. Seine beiden Gipfel sind der 512 Meter hohe Walberla und der 532 Meter hohe Rodenstein. Die Einheimischen nennen das gesamte Massiv aber einfach das Walberla. Schon die Kelten haben sichtbare Spuren hinterlassen. Ein Aufstieg lohnt sich vor allem wegen des großartigen Weitblicks über die Flusstäler, besonders im Frühjahr, wenn die Kirschbäume blühen.

Highlights Der Naturpark ist bekannt für seine Höhlen. Gleich vier davon kann man während der fünf Kilometer langen Höhlenwanderung rund um Muggendorf erkunden. Zuerst steht die Oswaldhöhle auf dem Programm, die den Muggendorfern im Dreißigjährigen Krieg Schutz bot. Die Wundershöhle hat enge Passagen, die man teilweise nur kriechend bewältigen kann. Auch die Witzenhöhle ist sehr anspruchsvoll. Zum Schluss belohnt die gut begehbare Rosenmüllershöhle für alle Anstrengungen. Taschenlampe und feste Schuhe sind Pflicht. Näheres erfährt man bei der Touristinformation Muggendorf, Tel. 09196/92 99 31.

Outdoor-Aktivitäten Klettern ist der dominierende Sport im Naturpark. Kein Wunder, gibt es doch mehr als 5000 verschiedene Routen jeder Schwierigkeitsstufe. Für Einsteiger stehen Kletterparks und spezielle Kurse zur Verfügung. Bekannte Reviere sind: Auerbach, Königstein, Hersbrucker Alb, Weiße Wand und Eibenwände. Schnupperkurse, Ausbildung und Kletter-Wochenenden findet man beispielsweise unter www.klettersucht.de.

Anreise/Unterkunft Anreise über die A9 oder A73, per Bahn zum Beispiel nach Forchheim. Unterkunft: Feriencampingplatz Bärenschlucht, www.baerenschlucht-camping.de; Hotel Goldner Stern, Muggendorf, www.goldner-stern.de.

Großes Bild: Vom Kletterrevier Röthelfels geht der Blick auf Alten- und Wiesenttal. Rechts: Dichter Buchenwald umsteht den Röthelfels.

Wind und Wetter haben bei Neudorf ein natürliches Felsentor geschaffen.

↗ Informationszentrum Ein Aufenthalt im Naturpark beginnt am besten im Informationszentrum im Bahnhof von Muggendorf. Hier kann man sich über Tiere und Pflanzen, über Burgen und Höhlen informieren und Anregungen für den Urlaub sammeln. Von April bis Oktober ist es täglich geöffnet.

↗ Erzweg Der Erzweg im Zentrum Bayerns ist rund 200 Kilometer lang. Sein Name kommt nicht von ungefähr, denn schon vor Hunderten von Jahren wurde hier Erz abgebaut und zu Eisen verarbeitet. Ein rotes Kreuz auf weißem Grund leitet den Wanderer von Pegnitz nach Kastl. Außer der Hauptroute gibt es zauberhafte Schlaufenwege, die man sich nicht entgehen lassen sollte. Ein bisschen trittsicher sollte man allerdings schon sein, um die teilweise schmalen Felsgra-

te zu bewältigen. Es geht über Hügel und durch Täler, auch Burgruinen, das Kloster von Michelfeld und mittelalterliche Ortschaften liegen auf dem Weg (www.erzweg.de).

↗ Sophienhöhle Unweit der Burg Rabenstein befindet sich eine der spektakulärsten Tropfsteinhöhlen überhaupt. Nicht nur ihre frühe Entdeckung und ihre Größe haben sie berühmt gemacht, sondern auch ihre Schönheit ist außergewöhnlich. Selten sieht man so faszinierende Farben und Formen, die besonders mit Beleuchtung und musikalischer Untermalung zur Geltung kommen. Auch die hier gefundenen und zusammengesetzten Skelette eiszeitlicher Säugetiere, wie etwa das eines Höhlenbären, sind Publikumsmagnete (www.burg-rabenstein.de).

↗ Paddeln Wer Lust hat, den Naturpark mit dem Kajak kennenzulernen, ist im Wiesenttal genau richtig. Von Doos geht es

nach Streitberg oder Muggendorf. Unterwegs sorgen kleine Stromschnellen für zusätzlichen Spaß. Miet-Kajaks und einen Shuttle-Service sowie komplette Arrangements mit Barbecue und weiteren Programmpunkten findet man beispielsweise bei www.kajak-mietservice.de.

↗ Museumsbahn Ebermannstadt-Behringersmühle Immer sonntags verkehren historische Dampfzüge zwischen Ebermannstadt und Behringersmühle. Hinzu kommen reizvolle Sonderfahrten, teilweise mit Kleinkunst an Bord. Da die Strecke im schönsten Wander- und Obstanbaugebiet liegt, bietet sich zumindest eine Fahrt in Kombination mit einem längeren Spaziergang an (www.dfs.ebermannstadt.de).

↗ Skiken Skiken ist ein Sport, der nahezu alle Muskelgruppen beansprucht. Statt Langlaufski hat man kleine Bretter mit je zwei Rädern unter den Füßen, Stöcke gibt es dazu. Wer sich

darin versuchen oder verbessern will, ist im Skike-Zentrum Muggendorf bestens aufgehoben (www.like2skike-franken.de).

↗ Abenteuerpark Betzenstein Es ist ein besonderes Erlebnis, über Seile, Netze, Brücken und Baumstämme immer höher hinauf in Richtung Baumkronen zu klettern. Im Abenteuerpark Betzenstein stehen dafür elf Parcours mit unterschiedlichen Anforderungen zur Verfügung. Das Gelände mit tollem Blick auf die Stadt Betzenstein ist felsig und extrem natürlich. Besondere Herausforderungen sind Fahrten mit einem Rad oder Schlitten in sieben bzw. zehn Metern Höhe. Informationen findet man unter www.abenteuerpark-betzenstein.de.

↗ Kräuterführung Im Naturpark Fränkische Schweiz wachsen Kräuter, die nicht nur schmackhaft sind, sondern auch gegen so manches Zipperlein helfen. Mehrere Kräuterpädagoginnen, die sich in der Region sehr gut auskennen, bieten Führungen an. Zum Beispiel Christa Heinze, Tel. 09245/578; Elisabeth Fröhlich, Tel. 09542/76 20 oder unter www.fraenkische-schweiz.com/info/gaestefuehrer/kraeuterpaedagogen.html.

↗ **Fliegenfischen** Freunde des Fliegenfischens behaupten, es handle sich um eine geradezu meditative Tätigkeit. Sicher ist, dass es in der herrlichen Natur der Fränkischen Schweiz garantiert für Erholung sorgt. Fischereikarten für die Wiesent und Kurse im Fliegenbinden und in der Wurftechnik gibt es zum Beispiel bei www.fliegenfischerschule-hammermuehle.de.

↗ **Burg Waischenfeld** Ein Besuch der um 1100 erbauten Burg ist ein toller Ausflug, gerade für Familien. Man kann sich dort im Schwertkampf oder Axtwerfen probieren oder in der Schenke ein Rittermahl genießen. Im Burghof und um die Burg herum wartet ein Mär-

chenpfad mit Fragen, die von den kleinen Besuchern beantwortet werden sollen. Dafür gibt es anschließend eine Belohnung (www.burg-waischenfeld.de).

↗ **Therapeutische Wanderung** Ein weißer Äskulapstab auf einem roten Herz ist das Symbol des Therapeutischen Wanderwegs durch das Pitztal und den Leienfelser Wald. Das Besondere an diesem 5,8 Kilometer langen Pfad ist seine kontrollierte Steigung und die 30 Ruhebänke. Damit eignet er sich besonders gut für Menschen mit leichten Herz-Kreislauf-Problemen, da er ihnen ein sehr sanftes Training in wunderschöner Natur ermöglicht. Touristinformation Obertrubach, Tel. 09245/98 80.

Großes Bild: Mit dem Kajak geht es in raschem Tempo durch das Wiesenttal. Klettern wird in der Fränkischen Schweiz großgeschrieben (links, siehe auch S. 334).

Naturpark Frankenwald

Naturpark Frankenwald e.V.
Güterstraße 18
96317 Kronach
Tel. 09261/67 82 42
www.naturpark-frankenwald.de
naturpark.frankenwald@lra-kc.
bayern.de

Im nördlichen Oberfranken, an der Grenze zum Thüringer Wald und zum Fichtelgebirge, liegt der Naturpark Frankenwald. Er erstreckt sich über 1023 Quadratkilometer, über die Hälfte davon gehört den Bäumen. Wo sich früher Tannen und Rotbuchen abgewechselt haben, stehen heute vor allem Fichten. In den Flusstälern erwarten den Besucher Wiesen und Auen, an die sich reich bewachsene Hänge anschließen. Und dann sind da noch die Hochplateaus, von denen aus man weit blicken kann. Dass in der Gegend viel Schiefer vorhanden ist und auch genutzt wird, kann man gut an den Dächern in vielen Dörfern sehen. Holz spielt seit jeher für die Wirtschaft der Region eine wichtige Rolle. Das spiegelt sich in Sägemühlen und der Flößertradition wider. Tannen wurden zu Wasser über weite Strecken transportiert und verkauft. Der Gegensatz zwischen intaktem Wald und den Spuren intensiver Rodung, zwischen malerischen Felsen und Bergbau, ist vielerorts heute noch sichtbar.

Wilde Rodach

Die Wilde Rodach ist ein über 20 Kilometer langer Nebenfluss der Rodach. Sie ist bekannt für ihre Sägemühlen und natürlich für ihre Flößerei-Geschichte. Heute bieten die Gemeinden im Oberen Rodachtal Floßfahrten als Urlauberspaß an. Rund 20 Personen teilen sich ein Floß. Mit nassen Füßen muss man immer rechnen. Touristinformation Wallenfels, Tel. 09262/945 21. Parallel zur Wilden Rodach verläuft ein 26 Kilometer langer Wanderweg.

Höllental und Steinbachtal

Die Selbitz hat sich bei Bad Steben und dem Ort Hölle ein 170 Meter tiefes Bett in das Vulkangestein gefressen. So ist das Höllental an der Grenze zu Thüringen entstanden. Sein Wahrzeichen ist ein lebensgroßer hölzerner Hirsch. Einen großartigen Blick darauf hat man vom Aussichtspunkt »König David«. Östlich von Hirschfeld befindet sich das unter Naturschutz stehende Steinbachtal mit seinen Auen und den extensiv bewirtschafteten Wiesen.

Highlights Weite Waldgebiete und seine abgeschiedene Lage zeichnen den Naturpark aus. Eine Kombination daraus bietet die 40 Kilometer lange Radstrecke »durch den idyllischen Franken(ur)wald«. Es geht dabei durch Schieferabbaugebiete und Urwald mit Gemeiner Esche, Rotbuche und Bergahorn. Infos bei Frankenwald-Tourismus, Tel. 09261/60 15 17.

Das einzige Besucherbergwerk des Naturparks ist der Friedrich-Wilhelm-Stollen. Neben Führungen wird für Kinder Edelstein-Buddeln angeboten (www.friedrich-wilhelm-stollen.de).

Outdoor-Aktivitäten Mit Höhen von 800 Metern und weiten Tälern eignet sich der Frankenwald besonders für den Wintersport. Loipen gibt es bei Bad Steben, Issigau oder Kupferberg. Alpin-Fans sollten die Abfahrt am Döbraberg probieren, die als eine der schwierigsten des nördlichen Bayerns gilt.

Anreise/Unterkunft Anreise über die A9 oder A70, per Bahn zum Beispiel nach Lichtenfels-Hof. Unterkunft: Ferienhof Barnickel, Kronach, www.ferienhof-barnickel.de; Relexa Hotel, Bad Steben, www.relexa-hotel-bad-steben.de.

Großes Bild: Morgendlicher Nebel steigt über der Saale auf. Rechts: Floßfahrt auf der Wilden Rodach.

+ TIPP + TIPP + TIPP +

⊿ **Flößereimuseum** Die Flößerei hat die Region sowohl in ihrem Erscheinungsbild als auch wirtschaftlich stark geprägt. Das Flößereimuseum in Unterrodach zeigt anschaulich die Entwicklung der Region und vermittelt Floßfahrten.

⊿ **Naturerlebnis Nordhalben** Neben einem Naturbadeteich, einem Sportbecken und einer Wasserrutsche gibt es ein Beachvolleyballfeld und ein Piratenschiff zum Klettern und Toben. Das große Schwimmbad kommt ohne Chemie und ohne von fossilen Brennstoffen betriebene Heizung aus.

⊿ **Sommerrodelbahn** Bei Kronach wartet der Fröschbrunna-Coaster auf große und kleine Gäste. Mit dem Lift geht es auf 250 Meter hinauf und dann im Bob allein oder zu zweit abwärts (www.froeschbrunna.de).

⊿ **Frankenweg** Wanderer finden auf dem Frankenweg die unterschiedlichsten Routen. Zum Beispiel die von Bad Steben durch das Höllental und auf die höchste Erhebung, den 794 Meter messenden Döbraberg. Endstation dieser Etappe ist Kulmbach mit seinem Wahrzeichen, der Plassenburg. Eine Bierverkostung oder eine Brauereiführung ist in der heimlichen Bierhauptstadt Deutschlands beinahe ein Muss. Informationen zum Frankenweg erhält man bei Frankenwald-Tourismus, Tel. 09261/60 15 17 oder unter www.frankenweg.de.

⊿ **Bad Steben** Das Staatsbad Bad Steben ist das höchst gelegene seiner Art in Bayern. Hier wirken Moor, Mineralquellen und die gute Mittelgebirgsluft perfekt zusammen. Die Therme ist nicht nur für Erholungssuchende geeignet, die etwas für ihre Gesundheit tun wollen.

Dank großer Liegewiese und Strömungskanal kommen auch Kinder auf ihre Kosten.

⊿ **Kutschfahrt** Gemütlich mit zwei PS durch den Frankenwald. Bei einer Kutschfahrt kann man die Natur in aller Ruhe und bequem an sich vorüberziehen lassen. Zwischendurch gibt es eine kleine Stärkung. Angeboten wird das Ganze im Waldpark Leitschtal, Tel. 09262/15 38.

Naturpark
Fichtelgebirge

Naturpark Fichtelgebirge e.V.
Jean-Paul-Straße 9
95632 Wunsiedel
Tel. 09232/804 23
www.naturpark-fichtelgebirge.org
info@naturpark-fichtelgebirge.org

Im Grenzgebiet von Sachsen, Bayern und Tschechien liegt der 1020 Quadratkilometer umspannende Naturpark Fichtelgebirge. Der gesamte Gebirgsrücken gehört ebenso zum Gelände wie der höchste Berg Frankens, der 1052 Meter hohe Schneeberg. Da ist es nicht überraschend, dass Felsen eins der beherrschenden Themen der Region sind. Eindrucksvolle Steinblöcke thronen neben schlanken hohen Türmen, beide überwiegend aus Granit. Die Natur kommt nicht zu kurz. Das Fichtelgebirge ist eine waldreiche Region. Auch Moore sind hier zu finden. Eger und Röslau sowie kleine Nebenflüsschen

plätschern fröhlich vor sich hin. Auf den Felsen gedeihen seltene Flechten und Moose. In waldigen Höhen sprießen Arnika und Bärwurz, ebenfalls in ihrem Vorkommen bereits eingeschränkt. Auch ein Blick auf die Tierwelt des Parks lohnt sich. Das Auerhuhn hat hier sein Revier, das so ziemlich einzige außerhalb der Alpen. Biber, Fischotter und Eisvogel sind im Park ebenfalls heimisch.

Egertal

Die Quelle der Eger liegt auf über 750 Metern am Schneeberg. Von dort fließt sie 316 Kilometer bis zur Elbe, in die sie mündet. Die Naturpark-Info in Weißenstadt ist ein guter Start für eine Tour durch das Egertal. Der Fluss bewältigt enge Passagen wie den Thus mit seinem Wasserfall. Dann wieder kann sich sein Bett ausbreiten. Trotz Elektrizitätswerken, die von Naturschützern kritisiert wurden, kann man hier Kormorane und Graureiher beobachten.

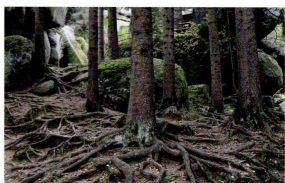

Ochsenkopf

Mit 1024 Metern ist der Ochsenkopf die zweithöchste Erhebung im Fichtelgebirge – und ein kleines Freizeitparadies. Zwei Seilbahnen führen hinauf. Oben erwarten den Besucher Loipen und Alpin-Abfahrten. Auch eine Sommerrodelbahn gibt es, die mit zehn Kurven und 140 Metern Höhenunterschied für viel Spaß sorgt. Wer sich sportlich betätigen will, kann die beschilderten Mountainbike-Wege nutzen. Sogar die Mitnahme des Rades in der Süd-Seilbahn ist möglich.

Luisenburg

Johann Wolfgang von Goethe erkannte als Erster, dass die Granitblöcke des Fichtelgebirges nicht das Produkt einer Naturkatastrophe, sondern durch Verwitterung entstanden sind. Das eindrucksvollste dieser Granitmeere ist das Felsenlabyrinth Luisenburg. Ein Rundweg durch schmale Schluchten und zu Aussichtspunkten erschließt das geologische Gebiet mit seinen 300 Millionen Jahre alten Felsen. Informationen unter Felsenlabyrinth Luisenburg, Tel. 09232/56 73 oder unter www.wunsiedel.de/tourismus/felsenlabyrinth-luisenburg.

Highlights Granitfelsen sind die Stars der Region. Viele von ihnen sind als Naturdenkmal geschützt. Trotzdem sind einige durch Treppen erschlossen, sodass man sie erklimmen und den Ausblick von oben genießen kann, ohne dabei Schaden anzurichten. Ein Beispiel ist der Weißmainfels am östlichen Hang des Ochsenkopfs. Man erreicht ihn über den Wanderweg vom Seehausparkplatz oder den Goetheweg zum Gipfel. Zwischen Schneeberg und Ochsenkopf befindet sich der künstlich angelegte Fichtelsee. Man kann darin schwimmen, die Liegewiese nutzen oder mit dem Tretboot darüberfahren. Unbedingt empfehlenswert ist ein Spazier-

gang durch das Naturwaldreservat Fichtelseemoor. Zwar ist das einstige Moor durch Torfabbau ausgebeutet worden, dennoch sind typische Moorpflanzen erhalten geblieben.

Outdoor-Aktivitäten Eine Schneeschuhwanderung erfordert ein wenig Kondition. Dafür kann man sich auch auf tief verschneiten Wegen relativ einfach fortbewegen. Geführte Touren und Materialverleih – auch für Ski und Snowboard – findet man zum Beispiel bei www.brauns-skialm.de.

Anreise/Unterkunft Anreise über die A9 oder A93, per Bahn nach Marktredwitz. Unterkunft: Campingplatz Weißenstadt, www.campingplatz-weissenstadt.de; Hotel Kaiseralm, Bischofsgrün, www.kaiseralm.de.

Großes Bild: Der Wanderweg auf den Ochsenkopf führt durch einen dichten Wald. Links: Felsenlabyrinth Luisenburg.

+ TIPP + TIPP + TIPP +

↗ **Freilandmuseum Grassemann** In Warmensteinbach ist in einem typischen Einfirsthof aus dem 17. Jahrhundert ein Museum untergebracht, das die Lebensweise der Menschen vor Hunderten Jahren zeigt. Besucher erfahren einiges über die Holzwirtschaft und den Bergbau. Draußen gibt es einen Rundweg mit 17 informativen Stationen, Tel. 09277/61 05.

↗ **Schausteinbruch Häuselloh** Die Granitsteinbrüche waren ungeliebte Eingriffe in die Natur, schweißtreibende Arbeitsplätze, aber auch Wirtschaftsmotor. Sie sind untrennbar mit der Geschichte der Region verbunden. Eine Vorstellung davon, wie der Betrieb in einem Steinbruch ausgesehen hat, bekommt man in Häuselloh. Die dortige Anlage kann dank eines Ver-

eins besichtigt werden. Informationen erhält man unter www.enklselb.com.

↗ **Kanutouren** Das Fichtelgebirge ist eine Hauptwasserscheide. Wagen Sie eine Kanutour, Naab oder Weißer Main laden zu Ausflügen ein. Mal fließt das Wasser ruhig dahin, dann wieder müssen Stromschnellen gemeistert werden. Informationen findet man zum Beispiel bei Burg Hohenberg, Tel. 09233/772 60.

↗ **Hohlwege** Charakteristisch für die Region sind tief liegende Wege, die durch wiederholtes Befahren über Jahre entstanden sind. Die Natur nutzt diese Einschnitte, hier gedeihen Hecken aus Weißdorn, Holunder oder Heckenrose, die Vögeln Schutz bieten. Menschen nutzten die Hohlwege, um Vorratskeller anzulegen. Dort quartieren sich heute Fledermäuse ein. Ein schönes Beispiel ist die Hohe Gasse Dörflas/Marktredwitz.

Naturpark Nördlicher Oberpfälzer Wald

Naturpark Nördlicher
Oberpfälzer Wald e.V.
Stadtplatz 38
92660 Neustadt a. d. Waldnaab
Tel. 09602/79 31 00
www.naturpark-now.de
info@naturpark-now.de

Vorwiegend Fichten, Kiefern und Buchen bedecken beinahe die Hälfte des 1380 Quadratkilometer umfassenden Naturparks. Dieser schmiegt sich an die Grenze zu Tschechien und ist das südlichste Gebiet Bayerns, das aufgrund von vulkanischer Aktivität entstanden ist. Die für die Region typischen Basaltkegel sind sichtbare Zeugen davon. Neben Felsen und Forst prägt auch Wasser die Landschaft, etwa die Täler von Lerau und Waldnaab, und im Westen des Parks findet man eine ausgedehnte Teichlandschaft. Viele der Teiche

wurden von Mönchen und Nonnen angelegt, die darin Fische für ihre Klöster züchteten. In den Feuchtzonen fühlen sich Orchideen wohl. Bei Wampenhof gibt es eine Wacholderheidenzone, sonst herrschen blumenreiche Wiesen vor, die gern von Schmetterlingen und Hummeln besucht werden. Burgruinen und gute Freizeitangebote runden das Naturparkerlebnis ab.

Lerautal

Die Quelle der Lerau entspringt am Fahrenberg. Von dort aus schlängelt sie sich über starkes Gefälle an wild verstreut liegenden Granitblöcken vorbei durch ihr Tal bei Leuchtenberg und durch die Wolfslohklamm. Eine Besonderheit ist die helle Farbe und Feinkörnigkeit des Leuchtenberger Granits. Von der B22 den Abzweig vor dem Parkplatz Sargmühle nehmen. Die Wanderung ist ausgeschildert, die Pfade sind zum Teil nicht befestigt.

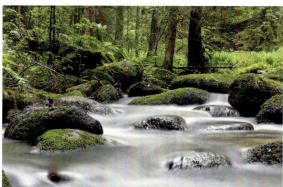

Waldnaabtal

Das Tal der Waldnaab ist zwischen Windischeschenbach und Falkenberg Naturschutzgebiet. Kilometerlang hat sich der Fluss tief in den Granit geschnitten. Felsen im Fluss, zum Beispiel an der Gletschermühle, laden zum Klettern ein und haben so manche Überraschung parat, wie etwa runde Löcher, die von Wasserstrudeln in den Stein gearbeitet wurden. Ausgeschilderte Wanderwege sind überall

vorhanden, an der Gaststätte Blockhütte startet beispielsweise der Uferweg. Gutes Schuhwerk ist dabei erforderlich.

Doost

Bereits seit 1937 ist der Doost Naturschutzgebiet und damit das älteste seiner Art in der Oberpfalz. Es liegt sechs Kilometer nordöstlich der Stadt Weiden. Stellenweise plätschert zwischen den stark verwitterten Granitfelsen ein Bach, der jedoch meist vom Gestein verborgen bleibt. Sichtbar dagegen sind Farne, Moose und Flechten, die hier prächtig gedeihen. Man kann den Doost auf Wanderungen, teilweise über Holzbohlen, erkunden.

Highlights An wenigen anderen Stellen wird Erdgeschichte so sichtbar wie in Vulkanregionen. Im Naturpark Nördlicher Oberpfälzer Wald gibt es einige Ecken, für die das besonders zutrifft. Dazu gehört der Hohe Parkstein, der schon den Naturforscher Alexander von Humboldt begeisterte. Man sollte den Besuch im Museum starten, in dem ein Vulkanausbruch simuliert wird. Auch der Felsenkeller mit vielen Gesteinseinschlüssen lohnt sich. Höhepunkt ist die Basaltwand (www.vulkanerlebnis-parkstein.de). Ungefähr 2500 Teiche vereint die Tirschenreuther Teichpfanne. Ein Teil davon gehört zum Naturschutzgebiet Waldnaabaue. Ein Besuch hier sollte auf keinen Fall ausgelassen werden. Be-

sonders im Oktober dreht sich hier alles um den Fischfang.

Outdoor-Aktivitäten Für die Naturparkland-Radtour braucht man einige Kraft in den Beinen, denn es gilt, rund 860 Höhenmeter zu überwinden. Die 66 Kilometer lange Strecke beginnt am Marktbrunnen von Floß. Von dort aus geht es über Flossenbürg, Georgenberg, Pleystein und Albersrieth zurück nach Floß (www.naturparkland.de/radurlaub/radwege-und-radtouren/naturparkland-radtour).

Anreise/Unterkunft Anreise über die A6 oder A93, per Bahn nach Weiden. Unterkunft: Ferienwohnungen Frey, Tännesberg, Tel. 09655/912 25, www.pension-frey.de; Klassik Hotel am Tor, Weiden, Tel. 0961/474 70, www.klassikhotel.de.

Kleine Bäche und mit Moos bewachsene Steine prägen das Bild des Waldnaabtals (großes Bild) ebenso wie das des Lerautals (links).

+ TIPP + TIPP + TIPP +

↗ **Obstlehrpfad** Von Tännesberg nach Kößing verläuft Bayerns längster Obstlehrpfad. Sieben Kilometer ist er lang und führt an über 1000 Obstbäumen vorbei, meist alte Sorten, die traditionell in der Region zu Hause sind. Während der Wanderung kann man Äpfel und Kirschen, Zwetschgen und Birnen probieren (www.taennesberg.de oder Tourismusbüro Tännesberg, Tel. 09655/920 00).

↗ **PleySteinpfad** Die Stadt Pleystein hat einen ganz besonderen Anziehungspunkt, den Steinpfad im Ortsteil G'steinach. Dort sind verschiedene Felsbrocken der Gegend zu bewundern, darunter auch unterschiedliche Granitarten wie beispielsweise blauer Granit. Unangefochtener König ist aber der 38 Meter hohe Kreuzberg aus Quarz. Neben

Rauch- und Milchquarz besteht er aus Rosenquarz. Tourismusbüro Pleystein, Tel. 09654/92 22 33.

↗ **Wild- und Vogelpark** Auf rund 800 Metern liegt im Städtchen Eslarn ein kleiner Wildtierpark. Neben Rot-, Schwarz- und Damwild gibt es Ziegen und Hängebauchschweine. Unmittelbar am Kurpark des Ortes liegt außerdem ein Vogelpark mit einem Ententeich und mehreren Volieren mit Singvögeln und einheimischen Wildvögeln wie dem Auerhuhn. Tourismusbüro Eslarn, Tel. 09653/92 07 35.

↗ **Pferdeschlitten** Ein besonders romantisches Erlebnis ist die Fahrt mit einem von Pferden gezogenen Schlitten durch die tief verschneite Winterlandschaft. Im Naturpark ist das an vielen Orten möglich, etwa in Flossenbürg, Tel. 09603/920 60 oder über das Landhotel Kastanienhof, Georgenberg, Tel. 09658/229.

Naturpark Oberer Bayerischer Wald

Naturpark Oberer Bayerischer Wald, Rachelstraße 6, 93413 Cham
Tel. 09971/783 94
www.naturpark-obw.de
info@naturpark-obw.de

Rund um den Bayerischen Wald gibt es mehrere Naturparks und auch einen Nationalpark. Der Naturpark Oberer Bayerischer Wald zählt mit einer Fläche von 1738 Quadratkilometern zu den größten Bayerns. Nicht ganz die Hälfte seines Gebiets steht unter Naturschutz und ist in zwölf Bereiche aufgeteilt. Der Keulenbärlapp, eine Pflanze auf der Roten Liste, gedeiht hier prächtig, ebenso wie der seltene Krause Rollfarn. Mit 1293 Metern gehört der Große Osser zu den höchsten Bergen der Region. Er liegt direkt an der Grenze zu Tschechien und bildet mit seinem Bruder, dem Kleinen Osser, zwei Höcker, die weithin sichtbaren Wahrzeichen des Parks. Die Kombination aus Wäldern, Bergen, Tälern und einigen Seen sorgt im Sommer und im Winter für perfekte Freizeitmöglichkeiten. Kilometerlange Wander- und Radwege stehen zur Verfügung, außerdem ein 120 Kilometer langer Wasserwanderweg auf dem Regen. Hinzu kommen Alpin-Abfahrten und Loipen in den höheren Lagen.

Kleiner Arber und Kleiner Arbersee

Der Kleine Arber ist 1384 Meter hoch und damit der höchste Berg im Bereich Oberer Bayerischer Wald. Zu seinen Füßen liegt das Naturschutzgebiet Kleiner Arbersee, eine wahrhaft märchenhafte Landschaft. Im See liegen drei Inseln aus Moor und Torf. Diese schwimmenden Inseln waren einmal ohne feste Verbindung zum Grund des Gewässers, eine ist es noch heute und wechselt

Der Regen fließt durch teils unberührte Naturschutzgebiete inmitten des Naturparks.

ihre Position. Auf den Inseln gedeihen Sonnentau und Rosmarinheide. Ein Rundweg führt über Bohlen und Holzstegen rund um den See.

Regental

Der Regen ist der längste Fluss in der Oberpfalz. Im Bereich des sogenannten Landes der Regenbogen zwischen Pösing und Cham bilden seine Auen ein Naturschutzgebiet, das für seinen besonderen Vogelreichtum bekannt ist. Stark bedrohte Arten, von Schilfrohrsänger bis Uferschnepfe, brüten hier. Außerdem dient das Gebiet vielen Zugvögeln als wichtiger Rastplatz. Weiter westlich bei Kirchenrohrbach liegt das Schutzgebiet Regentalhänge mit seinen eindrucksvollen Eichen-Hainbuchen-Wäldern.

Outdoor-Aktivitäten Ein bisschen Balance und ein wenig Übung, schon kann man mit dem Segway die Gegend erkunden. Auch Steigungen und unbefestigte Wegstrecken sind mit dem zweirädrigen Gefährt, das nur mit Gewichtsverlagerung gesteuert wird, keine unüberwindbaren Hürden. Einen Wendekreis gibt es praktisch nicht, man kann auf der Stelle drehen. Touren werden im Landkreis Cham vom Energie- und Umweltzentrum Ostbayern angeboten (Tel. 09971/ 996 62 79).

Anreise/Unterkunft Anreise über die A3 oder A93, per Bahn beispielsweise nach Bad Kötzting, Cham, Roding oder Pösing. Unterkunft: Ferienwohnungen Klöpflhof, Neukirchen, Tel. 09947/16 76, www. kloepflhof.de; Gesundheits- und Wellnesshotel Pusl, Stamsried, Tel. 09466/326, www.hotel-pusl.de.

Großes Bild: Blick von der 1062 Meter hohen Hindenburgkanzel über die Region Lamer Winkel. Linke Seite: Rieslochfälle.

+ TIPP + TIPP + TIPP +

⤢ Umweltzentrum In Arnschwang liegt direkt am Fluss Chamb das Umweltzentrum Mensch und Natur. Inmitten nahezu unberührtem Grün können Groß und Klein jede Menge Interessantes erfahren und vor allem viel Spaß haben. Zum Beispiel auf dem Eisvogelsteig. Mit Wathosen geht es durch den Lebensraum von Fischotter, Ringelnatter und natürlich Eisvogel. Mit etwas Glück kann man Biber und Weißstorch sehen. Ebenfalls einen Besuch wert ist die gläserne Imkerei (www.lbvcham.de).

⤢ Kanutouren Wenigstens eine kleine Strecke sollte man im Kanu auf dem Regen unterwegs sein. In aller Stille kommt man dabei der Heimat von vielen Wasservögeln und Bibern nahe. Empfehlenswert ist beispielsweise die Strecke zwischen Roding und Reichenbach, die allerdings auch kleine Herausforderungen wie Wehre bereithält. Kanuverleih und komplette Touren zum Beispiel bei Regental-Kanu, Tel. 09436/27 40.

⤢ Bayerwald-Tierpark Im Ort Lohberg am Großen Arber befindet sich der Bayerwald-Tierpark, wo man die heimischen Tiere des Bayerischen Waldes in ihrer natürlichen Umgebung beobachten kann (www.bayerwald-tierpark.de). Wer nach dem 1,5 Kilometer langen Rundweg Appetit verspürt, kann seine Brotzeit im Lohberger Gasthof »Zur Post« in Gesellschaft von Eichhörnchen, Rothörnchen und Baumstreifenhörnchen einnehmen, die dort gezüchtet werden (www.zur-post-lohberg.de).

⤢ Westernreiten Reiterferien sind für Kinder und Jugendliche das Größte. Im Naturpark Oberer Bayerischer Wald ist alles vorhanden, was gelungene Ferien auf dem Rücken von Pferden ausmacht. Obendrein kann man sich einmal im Westernreiten versuchen (www.pleasure-ranch.com).

⤢ Zellertaler Skulpturen-Radweg Etwas über 30 Kilometer lang ist der Radweg durch das hübsche Zellertal. Zu den Naturschönheiten der Berge und Bäume gesellen sich 40 Holzskulpturen, die unterwegs in aller Ruhe betrachtet werden können. Die meiste Zeit kann man gemütlich dahinradeln, an manchen Stellen warten allerdings auch kräftige, wenn auch kurze Steigungen. Der Startort ist Bad Kötzting (Tourist-Information, Tel. 09941/60 21 50).

⤢ Drachenhöhle Ein großer Spaß für Kinder mit leichtem Gänsehauteffekt ist der Besuch in der Further Drachenhöhle. Bereits seit Anfang des 20. Jahrhunderts tritt ein Drache bei den Festspielen der Stadt auf. Aktuell ist ein stattliches bewegliches Exemplar dabei, das von April bis Oktober in seiner Höhle besucht werden darf (www.furtherdrache.de).

⤢ Nordic Walking Auch auf Fitness mit zwei Stöcken ist man im Naturpark eingestellt. Zum Beispiel in der Mittelalter-Stadt Furth im Wald. Im AOK-Nordic-Walking-Park stehen acht Rundwege mit unterschiedlichen Anforderungen zur Auswahl. Mehr bei der Tourist-Information unter Tel. 09973/509 80.

⤢ Winterfreuden Nahe der tschechischen Grenze liegt das Skizentrum Voithenberg, das neben einem Übungshang und einer familientauglichen Abfahrt auch einen Steilhang vorzuweisen hat. Außerdem bietet das Zentrum Schneeschuhwanderungen und Skikurse an. Eine Rodelbahn, Loipen, eine Sprungschanze für Snowboard-Fans und eine gemütliche Hütte runden das Angebot ab. Tourist-Information Furth im Wald, Tel. 09973/509 80.

Neubäuer See Der rund einen halben Quadratkilometer große Neubäuer See ist mit dem Pkw gut zu erreichen und bietet einen Campingplatz, ein Strandbad und einen kleinen Hafen. Man kann sich ein Boot mieten, surfen oder segeln lernen. Wen es nicht ins Wasser zieht, der kann auf einem vier Kilometer langen Pfad um den See spazieren oder radeln.

Freizeitbad Action und Wellness findet man in der »Freizeitwelle« in Rötz. Das Hallen- und Freibad bietet neben mehreren Becken auch Spielmöglichkeiten unter freiem Himmel wie Beachvolleyball, Schach oder Boccia. Ein Riesentrampolin erfreut nicht nur Kinder, und eine Sauna sorgt für Entspannung. Preise und Öffnungszeiten: Tel. 09976/571.

Natur-Art-Parks Arrach Der Luftkurort Arrach macht es seinen Besuchern leicht, Sehenswürdigkeiten zu entdecken. Dafür hat man den Natur-Art-Parks geschaffen. Am Seepark geht es los. Liebevoll gestaltete Hinweistafeln führen zum Naturschutzgebiet Arracher Moor. Dort warten ein Info-Pavillon und ein Holzbohlenweg führt durch das Moor. Weiter geht's zum Energiepark Gut Kleß, zu einer Kunstsattlerei und zum Mineralienmuseum. Außerdem liegen ein Bayerwald-Handwerksmuseum, eine Bärwurzerei und das Arracher Glastor auf dem Weg (Tourist-Information, Tel. 09943/10 35).

Der Kleine Arbersee mit seinen schwimmenden Inseln (beide Abbildungen).

Naturpark Bayerischer Wald

Naturpark Bayerischer Wald e.V., Info-Zentrum 3, 94227 Zwiesel
Tel. 09922/80 24 80
www.naturpark-bayer-wald.de
naturpark-bayer-wald@t-online.de

Direkt an den südlichen Rand des Naturparks Oberer Bayerischer Wald grenzt der Naturpark Bayerischer Wald. Er erstreckt sich über 2780 Quadratkilometer. Der bereits 1967 gegründete Park ist nicht nur einer der größten, sondern auch einer der ältesten Deutschlands. Der höchste Berg in dem zur Hälfte bewaldeten Areal ist der Große Arber. Außer den Hochflächen gehört das Tal der Donau zu seinen beliebtesten Anziehungspunkten. Eine Sache sollte im Zusammenhang mit diesem Naturpark unbedingt erwähnt werden: Dies ist der unglaubliche Reichtum an Tieren und Pflanzen, die anderenorts gar nicht mehr oder nur noch extrem selten zu finden sind. So beispielsweise der Luchs, dessen Ansiedelung mit einem speziellen Projekt unterstützt wird. Unter den schützenswerten Pflanzen, die sich im Park heimisch fühlen, sind Ungarischer Enzian und Hollunderorchis.

Großer Arber und Großer Arbersee

Der 1455,5 Meter hohe Große Arber ist nicht nur der höchste Berg des Naturparks, sondern auch des gesamten bayerisch-böhmischen Mittelgebirges. Man kann ihn mit einer Bergbahn erklimmen, oben zwischen Bergkiefern und Bergfichten spazieren gehen, die vier Gipfel erkunden und im Winter das Skigebiet nutzen. Kälte, Niederschlag und häufig auftretender Ostwind sorgen dann für ein Naturphänomen: Bäume und Sträucher werden von eigenwillig gezackten Eiskrusten bedeckt. An einer Flanke des Berges auf über 900 Metern Höhe liegt der Große Arbersee, ein Relikt der Eiszeit. Seine spektakuläre Lage am steil aufragenden Gipfel und der ihn umgebende ursprüngliche Baum-

bestand haben ihn zu einer der Hauptsehenswürdigkeiten des Bayerischen Waldes gemacht. Und das nicht nur für den Menschen. Auch Tiere und Pflanzen fühlen sich hier wohl, weshalb das Gelände unter Naturschutz steht. Ein Seerundweg mit Info-Tafeln führt hindurch.

Höllbach

Das Höllbachtal ist Naturschutzgebiet. Der einst wilde Bach schlängelt sich durch Granitfelsen, auf denen seltene Moose und Flechten leben. Das Ursprüngliche des Biotops ist eingeschränkt, seit das Gewässer zur Energiegewinnung teilweise umgeleitet wird.

Steinklamm

An der Grenze zum Nationalpark Bayerischer Wald liegt die Steinklamm. Drei Wege führen durch die Schlucht der Großen Ohe mit ihren vom Wasser glatt geschliffenen Felsbrocken. Sie sind von Mai bis Oktober begehbar.

Buchberger Leite

Zwei Bäche vereinigen sich hier zur Wolfsteiner Ohe. Die unter Naturschutz stehende Buchberger Leite ist eine wildromantische Schlucht. Empfehlenswert ist der acht Kilometer lange Erlebniswanderweg »Mensch und Natur«, der auf eigene Faust oder mit einer ortskundigen Führung begangen werden kann. Infos unter Tel. 08551/58 81 50.

Dreisessel

Der 1312 Meter hohe Berg ist einer der spektakulärsten der Gegend, denn er erinnert tatsächlich an drei Sitzmöbel. Mehrere Wanderungen beginnen am Dreisessel-Parkplatz. Eine führt zum Dreisesselfelsen und weiter zum Hochstein, wo das Gipfelkreuz steht. Der Blick bis zu den Alpen ist sensationell. Ein Gasthof lädt zur Rast ein. Andere Routen führen zum Steinernen Meer, einer Ansammlung wild durcheinanderliegender mächtiger Felsen.

Weitere Highlights Der Pandurensteig ist gut 130 Kilometer lang, ein Wanderweg, der auch durch den Oberen Bayerischen

Wald verläuft. Er führt von Waldmünchen nach Passau. Ein schwarzer Krummsäbel ist das Symbol des nach den gleichnamigen Soldaten benannten Weges, an dem historisch interessante Stätten, Vogelschutzgebiete, Wälder und Steinbrüche liegen. Es werden Pauschalen oder Gepäcktransporte angeboten. Tourist-Information Waldmünchen, Tel. 09972/307 25.

Outdoor-Aktivitäten Mit lauffreudigen Huskys einen Tag zu verbringen, ist ein besonderes Erlebnis. Ein besonderes Highlight ist sicher eine Hundeschlittentour durch den verschneiten Bayerischen Wald,

aber auch Wanderungen oder einfach gemeinsame Zeit zum Kraulen machen richtig Spaß. Infos unter Huskyhof Reiß, Eppenschlag, www.husky-hof-reiss.de.

Anreise/Unterkunft Anreise über die A3, per Bahn nach Deggendorf oder Passau. Unterkunft: Haus Waldhof, Langdorf (Camping, Ferienwohnungen), www.urlaub-waldhof.de; Landhotel Sportalm, Tel. www.hotelsportalm.de.

Linke Seite: Wolken verhüllen den Blick vom Großen Arber. Bildleiste von oben nach unten: Höllbach, Steinklamm und Buchberger Leite.

+ TIPP + TIPP + TIPP +

↗ Infozentrum Grenzbahnhof Um sich einen Überblick über die gesamte Region zu verschaffen, startet man den Besuch am besten in einem der Naturpark-Zentren. Im Grenz-bahnhof Bayerisch Eisenstein bekommt man Tipps zu allen vier Parks der Region. Die Geschichte des ehemaligen Bahnhofs selbst ist darüber hinaus auch interessant (Infos: Tel. 09925/90 24 30).

↗ Wanderbahn Das Tal des Schwarzen Regen ist bestens geeignet, um sich in der freien Natur zu bewegen. Ob zu Fuß, mit dem Rad oder dem Kanu, viele schöne Strecken stehen zur Verfügung. Auf dem Streckenabschnitt zwischen Viechtach und Gotteszell gibt es sogar Unterstützung: Die Wanderbahn transportiert nämlich nicht nur Gäste, sondern auch deren Sportgerät (www.wanderbahn.org).

↗ Bullcart Mit diesem dreirädrigen Gefährten ohne Motor kann man furchtlos jeden geeigneten Hang hinabsausen. Mit einem Schlepplift geht es zum Startplatz hinauf und dann die rund 850 Meter lange Abfahrt über eine gemähte Wiese herunter. Mehr Infos im Berghotel Maibrunn, Tel. 09965/85 00.

↗ **Wildwasser Ilz** Ihr Moorwasser und die hier traditionell betriebene Perlenzucht hat der Ilz den Beinamen »Schwarze Perle« eingebracht. Heute ist der Fluss vor allem wegen sei-

ner wilden Passagen bei Kanufahrern sehr beliebt. Tourangebot bei www.team-outdoor. de. Kinder werden von der Goldsuche bei Perlesreut begeistert sein. Die Ausrüstung bringen Pferde, auf denen man auch reiten darf. Info bei der Tourist-Information, Tel. 08555/96 19 10.

↗ **Gabreta** Im Keltendorf Gabreta mit seinen originalgetreu nachgebauten Häusern kann man erahnen, wie der Alltag und das Leben unserer keltischen Vorfahren war. Auf dem Rundweg sieht man Töpferei, Weberei, Grabhügel und Kräutergarten (www.keltendorf.com).

Mystisch wirkt der Wald am Dreisesselberg mit seinen skurrilen Felsformationen. Der Dichter und Schriftsteller Adalbert Stifter fühlte sich wohl von dieser einzigartigen Atmosphäre inspiriert, da er den Berg in mehreren Erzählungen zu einem Schauplatz machte.

Wo in Europa noch wirklich ursprüngliche Regionen verblieben sind, haben Luchse überlebt oder wurden wieder angesiedelt. Es handelt sich um die westliche Gruppe des Eurasischen Luchses, dessen Vorkommen über den Kaukasus und die mittelasiatischen Gebirge bis Kamtschatka reicht. In Spanien kommt eine nah verwandte Art vor, der Pardelluchs, der intensiv gefleckt ist. Skandinavische Tiere können fast einfarbig sein, während in den Karpaten die Luchse eine stärkere Fleckenzeichnung tragen. Die langen Ohrpinsel, der Backenbart und der hochbeinige Gang kennzeichnen alle Luchse. In Deutschland wurde der Luchs schon im 18. Jahrhundert ausgerottet, aufgrund von Konkurrenzdenken, denn er braucht große Reviere und jagt nicht selten Rehe. Inzwischen wurden aber in vielen Gebieten, vom Harz bis zum Bayerischen Wald, wieder Luchse angesiedelt. Gute Bestände gibt es in Estland oder auf der Balkanhalbinsel. Die Hauptbeutetiere der Luchse sind Hasen, Mäuse, Eichhörnchen und Siebenschläfer sowie Vögel, von der am Boden brütenden Waldschnepfe bis zum Auerhuhn; sie reißen aber sogar Füchse. Im späten Frühjahr wirft die Luchsin zwei bis vier Junge, die sie in Felshöhlen oder unter den Wurzeln eines umgestürzten Baumes großzieht.

Nationalpark
Bayerischer Wald

Nationalparkverwaltung
Bayerischer Wald
Freyunger Straße 2
94481 Grafenau
Tel. 08552/960 00
www.nationalpark-bayerischer-
wald.de
poststelle@npv-bw.bayern.de

Im Oktober 1970 wurde der Nationalpark offiziell aus der Taufe gehoben. Er ist damit der erste und älteste in Deutschland. Seit 1997 hat er seine heutige Größe von rund 242 Quadratkilometern. Der Wald, bestehend vor allem aus Buchen und Fichten, ist das bestimmende Element des Parks. Ab dem Mittelalter begann die Bewirtschaftung bzw. Nutzung von Holz. Man rodete Flächen, um Klöster und später Siedlungen zu bauen. Auch für die Glashütten, die für die Region von Bedeutung waren, brauchte man Brennstoff. Glücklicherweise gab es so viele

Haushohe Buchen und Fichten dominieren den Bayerischen Wald im Nationalparkgebiet.

Bäume, dass der Bestand nicht gefährdet wurde. Allerdings wurden seit Anfang des 20. Jahrhunderts vor allem viele alte Baumriesen gefällt und durch Fichten, die besonders schnell wachsen, ersetzt. Mit Gründung des Nationalparks hat man dieser Entwicklung Einhalt geboten. Jetzt heißt es, die Natur weitestgehend sich selbst zu überlassen. Bär, Wolf und Luchs haben früher frei im Bayerischen Wald gelebt. Heute sind

sie nur noch in Freigehegen zu Hause, die kostenfrei besucht werden können. So kann man auch Wildschwein, Ur-Rind, Braunbär und Wildkatze in aller Ruhe beobachten. Auch ein Rotwildgelände gibt es. Das Wegenetz durch den gesamten Nationalpark ist bestens erschlossen. Sowohl Wanderer als auch Spaziergänger und Radfahrer finden gute Bedingungen. Und selbst Wintersportfreunde kommen auf ihre Kosten.

Rachelsee

Der See am 1453 Meter hohen Rachel, dem höchsten Berg im Nationalpark, ist nach der Eiszeit entstanden. Schmelzwasser sammelte sich auf über 1000 Metern Höhe. Die steil am See aufragende Felswand ist beeindruckend, das Areal des Sees, die Wand und die nahe Umgebung sind Naturschutzgebiet. Man kann nur zu Fuß zu dem über 13 Meter tie-

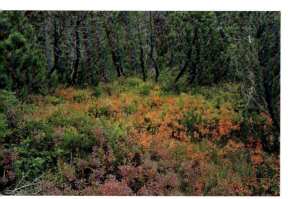

fen Gewässer gelangen, um das ein Urwaldlehrpfad herumführt. Informationen bei der Tourist-Information Spiegelau, Tel. 08553/96 00 17.

Lusen

Der Lusen (1373 Meter) ist ein Berg an der bayerisch-tschechischen Grenze. Sein Granitgipfel ist kahl. Wo einst Misch- und Fichtenwälder standen, klaffen heute große Lücken, weil der Borkenkäfer hier stark gewütet hat. Ganz allmählich bildet sich ein junger Wald. Verschiedene Wanderwege führen auf den Gipfel, von dem aus man einen großartigen Blick genießt. Gute Startmöglichkeiten sind die Parkplätze Lusen bei Waldhäuser oder Fredenbrücke.

Kleine Ohe

Der Gebirgsbach Kleine Ohe fließt über runde, grün bemooste Granitblöcke mitten durch einen Buchenwald. Er entspringt im Nationalpark

nördlich von Waldhäuser. Streng genommen endet er bereits bei Neuschönau am Rand des Nationalparks, denn von dort ab spricht man von der Grafenauer Ohe. Im Ort Grafenau wird der Bach aufgestaut und bietet als See eine Menge Möglichkeiten als Naherholungsgebiet. Im weiteren Verlauf vereinigt sich die Kleine mit der Großen Ohe zur Ilz.

Weitere Highlights Besucher des Nationalparks sollten sich auf keinen Fall die letzten deutschen Urwaldgebiete entgehen lassen. Direkt hinter dem Ort Zwieslerwaldhaus erstreckt sich der Urwald Mittelsteighütte. Hier findet man Weißrücken- und Dreizehenspecht, Rotbuche, Fichte und Weiß-Tanne sowie Pilze und Moose. Bei Bayerisch Eisenstein liegt ein

Großes Bild: Vom Gipfel des Lusen eröffnet sich eine herrliche Fernsicht. Links: Das Hochmoorgebiet Latschenfilz ist ein beliebtes Wanderziel.

weiterer Urwaldsteig. Über den Rundweg Waldmaus geht es zum Hochbergrundweg. Bei starkem Wind lieber nicht benutzen, da Totholz herabfallen kann. Tourist-Information unter Tel. 09925/94 03 16.

Outdoor-Aktivitäten Über 200 Kilometer Radwege führen durch den Nationalpark. Da einige sehenswerte Naturdenkmale nur zu Fuß erreichbar sind, hat man an den Übergängen von Fahrrad- zu Spazierwegen Abstellmöglichkeiten für den Drahtesel geschaffen.

Anreise/Unterkunft Anreise über die A3 oder A92, per Bahn über Plattling etwa nach Zwiesel oder Spiegelau. Unterkunft: Ferienwohnung Boxleitner, Waldhäuser, www.ferienwohnung-boxleitner.de; Landhotel Tannenhof, Spiegelau, www.landhotel-tannenhof.de.

Großes Bild: Auf den Wanderwegen stößt man immer wieder auf idyllische Seen.

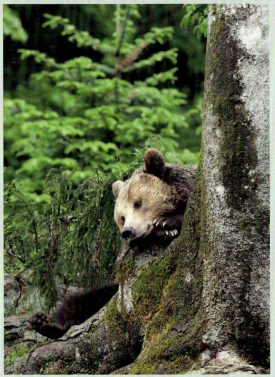

Braunbären sind nur noch im Freigelände anzutreffen.

+ TIPP + TIPP + TIPP +

↗ **Nationalparkzentrum Falkenstein** Die Nationalparkzentren sind optimal ausgestattet, um sich auf einen Aufenthalt einzustimmen. Jedes hat außerdem seine eigenen speziellen Angebote, die es zu einem lohnenden Ausflugsziel machen. Im Zentrum Falkenstein ist das vor allem das Freigelände mit Urwildpferden und die Steinzeithöhle mit nachempfundenen Höhlenmalereien (Tel 09922/500 20).

↗ **Baumwipfelpfad** Das Nationalparkzentrum Lusen hat den längsten Baumwipfelpfad der Welt zu bieten. Auf 1300 Metern Länge geht es auf 44 Meter hinauf in Richtung Baumkronen. Unterwegs machen Info-Tafeln die Besucher mit dem Wald vertraut. Auf dem Boden sollte man sich Zeit für den sieben Kilometer langen Rundweg durch das Wildtiergehege nehmen. Dort leben u. a. Wisente, Elche, Wölfe und Braunbären (www.baumwipfelpfad.by).

⌐ Schachten und Filze In vergangenen Zeiten ließen Landwirte ihr Vieh ähnlich wie in den Alpen im Wald der Gebirge weiden. So entstanden nahezu baumlose Wiesen, auf denen die Herden den Sommer über lebten. Diese Flächen wurden irgendwann nicht mehr genutzt und sich selbst überlassen. Man nennt sie Schachten. Auf dem Erlebnisweg »Schachten und Filze« kann man sie heute zu Fuß erkunden. Beginn der Tour ist am Info-Pavillon der Trinkwassertalsperre Frauenau.

⌐ Per Rad über die Grenze Die Lage an der tschechischen Grenze und die direkte Nachbarschaft zum tschechischen Nationalpark Šumava sollte man sich während eines Besuchs im Bayerischen Wald zunutze machen. Per Rad passiert man den Übergang bei Finsterau oder den bei Bayerisch Eisen-

stein, um Natur und Kultur des Böhmerwaldes kennenzulernen. Mehr davon bei Bayerwald Ticket, Tel. 09921/60 13 80 oder unter www.bayerwald-ticket.com.

⌐ Freilichtmuseum In Finsterau am Nationalpark und nahe der böhmischen Grenze wartet die Vergangenheit. Hier können Besucher nachempfinden, wie hart das Leben der Bauern und einfachen Arbeiter im Bayerischen Wald vor über 100 Jahren war. Höfe, ein Wirtshaus und eine Schmiede wurden aus der Umgebung geholt und hier wiederaufgebaut. Handwerker zeigen ihr Können in den Gebäuden des Museums (www.freilichtmuseum.de).

⌐ Höhenloipe Langlauf in klarer Bergluft mit faszinierenden Ausblicken, das bietet die Höhenloipe in Waldhäuser, sie ist 14 Kilometer lang. Dazu gibt es eine Skating- und drei unterschiedlich lange Nationalparkloipen sowie kürzere Strecken – das alles in Neuschönau. In-

Zahlreiche Wanderwege erschließen den Nationalpark.

formationen beim Tourismusbüro, Tel. 08558/96 03 28.

⌐ Winterwandern Wer nicht mit Schneeschuhen durch die Gegend stapfen, sondern einfach nur in traumhafter Winterlandschaft spazierengehen möchte, findet im Nationalpark auch hierzu beste Bedingungen. Einige Wege werden dafür ständig frei gehalten. Infos: Tourist-Information Spiegelau, Tel. 08553/96 00 17. Hier werden auch Schneeschuhwande-

rungen und Fahrten mit dem Pferdeschlitten angeboten.

⌐ Glasbläserei Die große Zeit der Glashütten ist vorbei, doch hat sie die Region stark geprägt. Schon deshalb sollte man sich eine Glasbläserei ansehen. Es ist faszinierend, welche Kunstwerke dort live vor den Augen der Besucher entstehen. Toll für Kinder: Man darf sich auch selbst einmal als Glasbläser versuchen (www.glasblaeserkunst-mauth.com).

Naturpark Altmühltal

Informationszentrum Naturpark Altmühltal, Notre Dame 1, 85072 Eichstätt
Tel. 08421/987 60
www.naturpark-altmuehltal.de
info@naturpark-altmuehltal.de

Mit einer Fläche von 2906 Quadratkilometern gehört der Naturpark Altmühltal zu den drei größten in Deutschland. Er liegt im Herzen Bayerns und präsentiert eine wahre Fülle von Natur-Attraktionen. Da ist zunächst das Tal der Altmühl selbst, das sich von West nach Ost durch Jurakalkfelsen schlängelt. Meist erscheint die Landschaft sanft und lieblich, doch ragen im nächsten Moment steile Wände auf. Auf den Hochebenen blickt man über Trockenrasenflächen, feuchte Auen in den Niederungen und über die Weite der typischen Wacholderheidelandschaft. Etwa die Hälfte des Parks gehört dem Wald. So abwechs-

lungsreich die Natur ist, so lang und wechselvoll ist auch die Geschichte dieses Landstrichs, in dem es viel zu sehen und zu erleben gibt. Schon die Kelten und dann die Römer haben hier ihre Spuren hinterlassen. Ein Teil des berühmten Limes führt durch den Naturpark. Wer Lust hat, kann noch weiter in der Historie zurückreisen. Zahlreiche Fossilienfunde berichten von der geologischen Veränderung, die das Altmühltal hinter sich hat. In so manchem Steinbruch darf man selbst nach Fossilien graben. Natürlich gibt es ein gut ausgebautes Netz an Wander- und Radwegen, die den gesamten Park erschließen.

Highlights Nachdem die Menschen im Mittelalter weite Waldflächen abgeholzt und danach ihr Vieh auf die neu entstandenen Weiden gebracht haben, entwickelte sich dort die ortstypische Heidelandschaft, die noch heute von Schafherden erhalten wird. Die schönste ist die Gungoldinger

Wacholderheide. Außer der Heide selbst kann man hier Pflanzen finden, die sonst nur noch selten anzutreffen sind. Dazu gehören allein drei Arten von Enzian. Steinerne Zeugen der Erdgeschichte sind die Zwölf-Apostel-Felsen. Es handelt sich um versteinerte Überreste von Riffen in einem vorzeitlichen Meer. In Reih und Glied stehen die Felstürme entlang des Altmühltals. Am besten den Radweg auf der anderen Flussseite benutzen – von dort aus hat man die schönste Sicht.

Outdoor-Aktivitäten Die griffigen und stufigen Felsen laden zum Klettern ein. Im Park gibt es verschiedene Reviere für unterschiedliche Ansprüche. Ein Klettergebiet mit viel Tradition ist das Massiv bei Wellheim. Der 50 Meter hohe Dohlenfelsen ist etwas für Könner. Aber nicht weit davon entfernt können auch Kinder und Einsteiger erste Versuche am »Asterix und Obelix«-Felsen

unternehmen. Informationen beim Tourismusverein Wellheim, Tel. 08427/15 13. Zur Einstimmung auf die Felsen oder bei Regenwetter steht eine vier Meter hohe Kletterwand unter Dach zur Verfügung. Besonderheit: Hier wird ohne Sicherung gekraxelt. Dicke Schaumstoffmatten machen Abstürze zum Vergnügen (www.b-34.de).

Anreise/Unterkunft Anreise über die A9, per Bahn zum Beispiel nach Donauwörth oder Kelheim.
Unterkunft: Ferienhof Pfisterer, Titting, Tel. 08423/297, www.ferienhof-pfisterer.de; Altstadthotel Adler, Eichstätt, Tel. 08421/67 67, www.adler-eichstaett.de.

Großes Bild: Das Leben ist ein ruhiger Fluss: Nirgendwo ist dieses Wort passender als im Tal der Altmühl, in dem man sich von jedem Zeitdruck befreit. Links: Felsformationen Burgstein und Zwölf Apostel.

Solnhofen

Zwischen Eßlingen und Solnhofen liegt das Geotop der Zwölf Apostel in einem Naturschutzgebiet. Es gehört zu den markantesten Steinformationen des Naturparks. Der knapp sechs Kilometer lange Rundweg »Teufel trifft Apostel« führt dorthin und auf der gegenüberliegenden Seite des Tals über die Teufelskanzel zurück. Los geht es am Bahnhofsplatz, Infos unter Tel. 09145/832 00. Solnhofen ist nicht nur für die Apostel-Felsen, sondern auch für Fossilien bekannt. Im Bürgermeister-Müller-Museum kann man Versteinerungen eines Ur-Vogels und von Kopffüßlern bestaunen. Auch interessant ist eine Ausstellung über den ortstypischen Plattenkalk und seine Bedeutung für die Lithografie.

↗ **Bootsfahrt** Wenn man schon im Altmühltal ist, sollte man auch auf das Wasser gehen. Zum Beispiel bei einer Bootswanderung. Die ist auf den 156 Kilometern zwischen Gunzenhausen und Kelheim möglich. Es gibt viel zu sehen und zu entdecken, Bootsrastplätze sind reichlich vorhanden, und auch kleine Abenteuer warten in Form von Wehren, Umtragepassagen und Bootsrutschen. Die gesamte Strecke ist für Familien geeignet. Mehr beim Naturpark-Informationszentrum, Tel. 08421/987 60.

↗ **Tropfsteinhöhle Schulerloch** Schon in der Jungsteinzeit bzw. in der Bronzezeit haben Menschen die Höhle als Rückzugsort genutzt. Diesen Umstand sollte man sich während der Führung, die von Musik und Licht begleitet wird, immer wieder vor Augen rufen. Von November bis März gehört die Höhle den Fledermäusen und ist für Besucher geschlossen (www.schulerloch.de).

↗ **Donaudurchbruch** Das Naturschutzgebiet Weltenburger Enge ist landschaftlich ausgesprochen reizvoll. Denn dort befindet sich der Donaudurchbruch. Er entstand, als der Fluss seinen Lauf geändert und

sich durch das Kalkgestein der fränkischen Alb gefressen hat. Hautnah kann man die eindrucksvolle Engstelle bei einer Donauschifffahrt erleben. Es führen aber auch Wanderwege durch das Naturschutzgebiet. Eine Tour lässt sich mit einem Besuch auf dem Michelsberg samt Befreiungshalle verbinden. Ihr monumentaler Bau erinnert an die Siege über den französischen Kaiser Napoleon.

↗ **Fossilsuche** Im Besuchersteinbruch bei Mörnsheim ist ein einzigartiges Erlebnis möglich. In den relativ einfach zu teilenden Kalkschichten darf man sich mit Hammer und Meißel als Archäologe versuchen

und nach Versteinerungen suchen. Ein Lehrpfad verrät, wie die Fossilsuche zum Erfolg wird (www.besuchersteinbruch.de).

↗ **Langlauf** Im Winter lässt sich die Schönheit des Altmühltals ganz neu entdecken – zum Beispiel beim Langlauf. Bei Jachenhausen oberhalb von Riedenburg gibt es zwei schöne Loipen von sechs und zehn Kilometern Länge. Weiter westlich liegen die beiden Loipen von Laubenthal. Beide werden vom Deutschen Alpenverein, Sektion Weißenburg betreut.

↗ **Eisstockschießen** Eisstockschießen ist eine typisch süddeutsche Wintersportdisziplin. Auf dem Aumühlweiher bei Weißenburg findet man bei geschlossener Eisdecke immer ein paar Sportler, denen man sich anschließen kann. Wem die Mannschaft oder die nötige Ausrüstung fehlt, der schlüpft einfach in seine Schlittschuhe und dreht einige Runden auf dem Eis. Infos bei der Tourist-Information, Tel. 09141/907124.

↗ **Alcmona Erlebnisdorf** In vielen Freilichtmuseen taucht man in die Zeit vor 100 Jahren oder gar in das Mittelalter ein. Deutlich weiter zurück geht es im Tal bei Dietfurt. Dort haben nachweislich zu fast allen Zeiten, von der Steinzeit bis zur Zeit der Kelten, Menschen ge-

lebt. Das Erlebnisdorf Alcmona zeigt das Leben der Bronze- und Eisenzeit (www.alcmona.de).

↗ **Limes-Radweg** Auf etwa 120 Kilometern verläuft der insgesamt 818 Kilometer lange Deutsche Limes-Radweg durch das Altmühltal. Der Abschnitt zwischen Theilenhofen und Kelheim kann mit gut ausgebauten und beschilderten Wegen abseits des Straßenlärms punkten. Steigungen sind allerdings zu bewältigen. Karte und mehr unter www.limesstrasse.de.

Großes Bild: Besucher genießen den Ausblick über das Altmühltal; links: Wanderer an den Zwölf Aposteln.

Allgäuer Alpen

Oberallgäu Tourismus Service GmbH, Jahnstraße 6, 87509 Immenstadt
Tel. 08323/994 91 50
www.oberallgaeu.de
info@oberallgaeu.de

Beschäftigt man sich mit den Allgäuer Alpen, wird schnell klar, dass hier Grenzen ebenso verschwimmen wie Begrifflichkeiten. Schon die Fläche des Allgäu lässt sich nicht völlig eindeutig festlegen. Sie stößt im Süden an den Bodensee, liegt hauptsächlich in Bayern, zu Teilen aber auch in Baden-Württemberg und sogar in Österreich. Die Allgäuer Alpen konkret liegen etwa zur Hälfte in Deutschland und zur anderen Hälfte im österreichischen Nachbarland. Auf deutschem Boden erstrecken sie sich über zwei Bundesländer. Ihr höchster Berg ist der 2657 Meter hohe Große Krottenkopf in Tirol. Auf bayerischem Gebiet ist die nur acht Meter niedrigere Hochfrottspitze die höchste Erhebung. Felsen und Gestein, Höhlen und Gletscher dominieren naturgemäß die Landschaft. Doch die Allgäuer Alpen sind noch viel mehr. Man findet dort Seen, sowohl im Tal als auch in atemberaubenden Höhen. Die Flüsse Lech, Breitach, Iller und andere Fließgewässer haben zum Teil deutliche Spuren hinterlassen, indem sie tiefe Schluchten gegraben haben. Die bayerischen Allgäuer Alpen sind in sechs Naturschutzgebiete aufgeteilt, die zusammen über 236 Quadratkilometer umfassen. Das größte ist das seit 1992 existierende Naturschutzgebiet Allgäuer Hochalpen. Einer der bekanntesten Orte der Region ist Oberstdorf.

Nebelhorn

Das 2224 Meter hohe Nebelhorn ist geologisch höchst interessant. Es liegt genau dort, wo die Sedimentschichten der Flyschberge und die Nördlichen Kalkalpen aufeinandertreffen. Der Berg besteht daher sowohl aus Kalk und Dolomit als auch aus dem recht groben Flysch. Die meisten Besucher des Nebelhorns interessieren sich jedoch weniger für seinen Aufbau, sondern kommen meist wegen seines grandiosen Wintersportgebietes, dem höchsten im Allgäu. Und gleich noch ein Superlativ: Auf den Berg führt die höchste Bergbahn des Allgäus hinauf, ehe man ganz oben eine atemberaubende Aussicht genießen kann. 400 Gipfel soll man bei guter Sicht von dort sehen können. Im Sommer lädt ein Panoramaweg zum Spaziergang ein, im Winter warten 13 Kilometer Skipiste, darunter die knapp acht Kilometer lange Abfahrt hinab ins Tal.

Trettachspitze und Mädelegabel

Sowohl die Mädelegabel mit ihren 2644 Metern als auch die 2595 Meter hohe Trettachspitze gehören zum Allgäuer Hauptkamm. An der Süd-Ost-Seite der Mädelegabel gab es einmal einen kleinen Gletscher, Schwarze Milz genannt. Er war der einzige seiner Art im Gebiet der Allgäuer Alpen. Die Trettachspitze trägt den Beinamen Allgäuer Matterhorn, was wohl daran liegt, dass es sich um einen der anspruchsvollsten Berge der Region handelt. Ihn zu bewältigen, gehört zu den eindrucksvollsten Erlebnissen für jeden Kletterer. Es braucht dazu Erfahrung und am besten einen ortskundigen Führer. Per Bus gelangt man nach Birgsau, den Startpunkt

Großes Bild: Wollgras wächst am Laufbichelsee, der zwischen Nebelhorn und Großem Daumen liegt. **Rechts oben:** Rund um Oberstdorf erheben sich Fell- und Nebelhorn. **Rechts unten:** Der mitten im Hochgebirge auf 1813 Meter Höhe liegende Schrecksee wird von Lahnerscharte und Lahnerkopf umstanden.

der Tour. Die erste Station ist das Waltenberger Haus, danach geht es zum Einödsberg und zum Nordostgrat. Auf der anderen Seite geht's dann wieder steil hinab. Mehr unter www.oberstdorf.de/wandern/bergsteigen.

Breitachklamm

In der Nähe von Oberstdorf wartet die tiefste Felsschlucht in ganz Mitteleuropa. Fast 100 Meter steigen die Wände steil über dem Tal der Breitach in die Höhe. Der Fluss ergießt sich schäumend in die Schlucht, schlängelt sich durch Gesteinsbrocken und stürzt in Abgründe. Verschiedene Wanderwege beziehen die Klamm mit ein. Der Weg führt über Holzstege. Start ist am Parkplatz in Tiefenbach. Dort und am oberen Ende der Schlucht wird der Eintritt kassiert (www.breitachklamm.com).

Weitere Highlights Das Wandern ist eine der populärsten Aktivitäten in den Allgäuer Alpen, besonders im Naturschutzgebiet Allgäuer Hochalpen. Das ist nicht weiter verwunderlich, denn die Nordalpen faszinieren mit oftmals nahezu unglaublichen Fernsichten. Eine leichte Strecke mit mäßigen Anstiegen ist der Rundweg zur Schwarzenberghütte. Die ehemalige Militärstation liegt 1396 Meter hoch auf einem Plateau. Nicht nur der Blick über die Alpenlandschaft ist traumhaft, auch die mehrere Hundert Jahre alten Ahornbäume sind ein Erlebnis für sich. Gestartet wird hinter der Hubertus-Kapelle in Bad Hindelang. Mehr Informationen hierzu bei der Tourist-Information Bad Hindelang, Tel. 08324/89 20.
Deutlich anspruchsvoller ist der beliebte Heilbronner Weg, den man von Oberstdorf aus erreicht. Es geht über die Mädelealp und Mädelescharte zur Socktalscharte und weiter zum Steinschartenkopf. Wer nicht schwindelfrei ist, sollte von dieser Route Abstand nehmen, denn unterwegs warten Leitern, die in luftiger Höhe über schwierige Abschnitte bzw. steil an einer Wand hinaufführen.

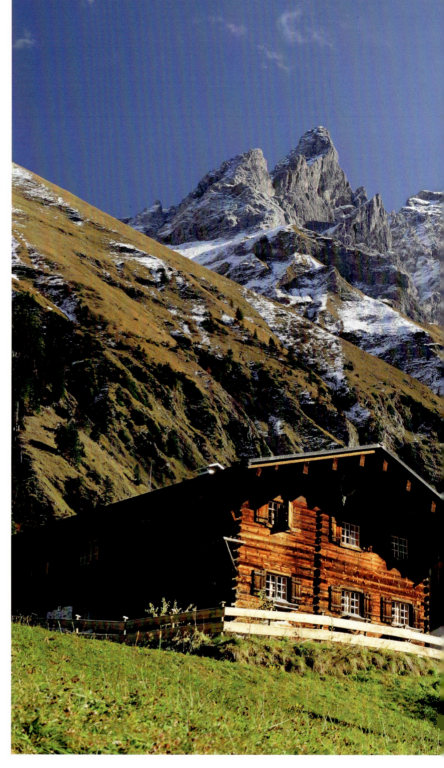

Outdoor-Aktivitäten Selbstverständlich laden so prächtige Berge, wie man sie hier findet, zum Klettern ein. Anfänger können erste Erfahrungen im Klettersteig-Schnupperkurs sammeln. Ordentliche Wanderschuhe reichen als Grundausstattung aus, die restliche Ausrüstung kann man sich leihen. Mehr Informationen und Anmeldung bei der Tourist-Information Oberstdorf, Tel. 08322/70 00.
Wer bereits Erfahrung im Bergsteigen hat, ist mit dem Hindelanger Klettersteig gut bedient. Von der Gipfelstation des Nebelhorns aus macht man sich auf den Weg und steht bald vor einer zehn Meter hohen Leiter, die auf den Wengenkopf führt. Details bei der Alpin-Info Oberstdorf, Tel. 08322/70 02 00.
Auch Mountainbiker kommen hier nicht zu kurz. Wie wäre es zum Beispiel mit einer Fahrt um die Nagelfluhkette? Es geht auf Radwegen los und auf Schotter weiter. Geführte Touren bei Allgäu Bikers (www.allgaeu-bikers.de).

Anreise/Unterkunft Anreise über die A7 oder A14, per Bahn zum Beispiel nach Oberstdorf. Unterkunft: IllerCamping, Sonthofen, Tel. 08321/23 50, www.iller-camping.de; Hotel Alpengasthof Löwen, Oberjoch, Tel. 08324/97 30, www.loewen-oberjoch.de. Viele weitere Unterkünfte findet man auf www.allgaeu.de/suchen-buchen.

Großes Bild: Trettachspitze (2595 Meter), Mädelegabel (2645 Meter) und Hochfrottspitze (2649 Meter) sind drei markante Berge des zentralen Hauptkamms, die für geübte Bergsteiger gut zu erklimmen sind. Bequemer geht es in der Breitachklamm zu: Hier führen ausgebaute Wege durch die Schlucht (links).

↗ **Steinadler** Ein wichtiges Naturschutzprojekt in den Allgäuer Alpen ist die Erhaltung des Lebensraumes des mächtigen Steinadlers. Im Hintersteiner Tal informiert die Adler-Hütte von Mai bis Oktober mit einer Ausstellung über das Naturschutzgebiet Allgäuer Hochalpen. Ein Adlerhorst wird gezeigt, und der Besucher erfährt einiges über weitere Bewohner der Alpen. Höhepunkt ist sicherlich eine Wanderung ins Reich des Steinadlers. Anmeldung ist erforderlich unter Tel. 08331/90 11 82.

↗ **Langlauf** Trotz unzähliger steiler Gipfel lockt im Winter auch flaches Gelände, in dem man sehr entspannt auf zwei Brettern dahingleiten kann. Eine schöne, leichte Langlaufstrecke von knapp fünf Kilometern Länge ist die Wiesenrunde, die Bad Hindelang mit Bad Oberdorf verbindet.

↗ **Erlebnisweg Alpenstadt** Inmitten von nahezu unbegrenzter Natur liegen einige wenige Städte. Die Menschen dort leben viel intensiver mit ihrer Umwelt, als es Leute in Ballungsräumen tun. Sonthofen wurde 2005 Alpenstadt des Jahres, da man sich hier besonders gut um Nachhaltigkeit und

um den Einklang mit der Natur kümmert. Ein Erlebnispfad informiert darüber und sorgt mit Kuhschellenxylophon, Fußfühlpfad und mehr für Unterhaltung für die ganze Familie. Er beginnt an der Tiefgarage Marktanger. Tourist-Information, Tel. 08321/61 52 91.

↗ **Themenwanderungen** Wandernd den Blick für die Natur zu schärfen und Interessantes zu lernen, ist das Ziel von Spaziergängen, die unter jeweils einem bestimmten Motto stehen. So kann man etwa einen Tag lang auf den Fährten des Alpensteinbocks unterwegs sein, oder an einer Pilzexkursion teilnehmen. Es gibt geologisch-

botanische Wanderungen oder Ausflüge mit Spektiv, um die besonders scheuen Bewohner der Berge beobachten zu können. Auch eine Fotopirsch, die Besichtigung einer Imkerei oder Käserei sind im Angebot (Alpin-Info Oberstdorf, Tel. 08322/70 02 00).

↗ **Allgäuer Bergbauernmuseum** Wie lebt es sich zwischen 2000 Meter hohen Bergen? Wie sieht der Alltag der Menschen aus, die dafür sorgen, dass frische Alpenmilch auf den Markt kommt, dass fruchtbares Land in einer schwierigen Gegend bewirtschaftet wird? Das Bergbauernmuseum gibt Antworten.

Man kann gemütlich vom Bau- ern- und Kräutergarten zur Im- kerei schlendern, Heuschinde und Rindenkoben besichtigen. Hier kommen Kinder besonders auf ihre Kosten (www.berg- bauernmuseum.de).

↗ **Alpe Schlappold** Am Fell- horn liegt inmitten eines Na- turschutzgebiets Deutschlands höchst gelegene Sennalpe. Dort wird seit Hunderten Jah- ren Käse hergestellt. Am bes- ten fährt man mit der Fellhorn- bahn bis zur Mittelstation. Von dort aus geht es zum hübschen Schlappoldsee und dann weiter hinauf zur Alpe. Der Weg ist auch mit einem Kinderwagen gut zu bewältigen. Am Ziel

kann man sich mit einer Brot- zeit stärken.

↗ **Naturschutzgebiet Ho- her Ifen** Rund um den Hohen Ifen (2231 Meter) findet sich eine bizarre hochalpine Land- schaft. Aufgrund ihrer eigenwil- ligen Gestalt und ihres Reich- tums an Alpenpflanzen wurde sie unter Schutz gestellt. Von der Bergstation der Liftanlage Ifen 2000 führt ein Rundweg zum Hohen Ifen und auf das auf österreichischem Terrain gele- gene Gottesackerplateau. Er ist zwölf Kilometer lang und erfor- dert einen sicheren Tritt.

↗ **Eistobel** Die Breitach- klamm ist die tiefere von bei-

den, dennoch lohnt auch ein Besuch der Schlucht des Eisto- bels. Sie ist als Abfluss eines eiszeitlichen Schmelzwasser- sees entstanden und hat sich im Lauf der Zeit immer tiefer in das Gestein gegraben. Wasser- fälle und Strudellöcher warten darauf, entdeckt zu werden. Ein Besuch im Winter, wenn alles zu Eis erstarrt ist, ist ein besonderes Erlebnis. Spezielle Führungen durch die Schlucht werden angeboten (www.eis- tobel.de).

↗ **Moos-Erlebnis-Pfad** Wer einen Abstecher zum Forggen- oder Hopfensee macht, der sollte einen Halt in Stötten am Auerberg einplanen. Dort gibt

es den Moos-Erlebnis-Pfad. Er ist ungefähr vier Kilometer lang und bringt den Besuchern auf 13 Stationen die Welt der All- gäuer Moore näher. Neben In- formationstafeln gibt es auch immer wieder etwas zu tun. Man kann hier seinen Gleich- gewichtssinn testen, ein Gefühl für die weiche Struktur des Bo- dens bekommen und dann wie- der gucken und staunen. Tou- rist-Information, Tel. 08349/ 920 40.

Der Klettersteig Heilbronner Weg ist schon seit Jahrzehn- ten einer der beliebtesten Höhenstrecken und verbleibt auf seiner gesamten Route in Höhen über 2400 Metern.

Ammergauer Alpen

Ammergauer Alpen GmbH
Eugen-Papst-Straße 9a
82487 Oberammergau
Tel. 08822/92 27 40
www.ammergauer-alpen.de
info@ammergauer-alpen.de

In direkter Nachbarschaft zu den Allgäuer Alpen befinden sich die Ammergauer Alpen. Es ist die Region König Ludwigs II., die Gegend zwischen Schloss Neuschwanstein, der Zugspitze und Garmisch-Partenkirchen. Etwa ein Viertel der Fläche der Ammergauer Alpen ragt nach Tirol hinein, der Rest liegt auf bayerischem Boden. Das Ammergebirge, wie man es auch noch nennt, gehört zu den Nördlichen Kalkalpen, in seinem Zentrum liegt die Quelle der Ammer. Die Ammergauer Hochplatte ist mit 2082 Metern die höchste Erhebung der nördlichen Kette. Mit Ausnahme einer Zone um Oberammergau herum sind die Ammergauer Alpen Naturschutzgebiet und damit das größte Bayerns. Den Besucher erwarten hier vielleicht nicht ganz so bizarre und spektakuläre Formationen wie in anderen Teilen der Alpen, die Region ist darum aber nicht weniger attraktiv. Im Gegenteil: Ungewöhnliche Waldgebiete, bedeutende Hoch- und Niedermoore und das Vorkommen extrem seltener Pflanzen machen seinen Reiz aus. Alles ist auf gut erschlossenen Wander- und Radwegen sowie Loipen zu erreichen. Hinzu kommen zahlreiche kulturelle Schätze, Kirchen, Theater und Klöster sowie die Ortschaften Ober- und Unterammergau, Garmisch-Partenkirchen, Füssen und Bad Bayersoien. Sie runden mit ihrem reichen touristischen Programm das Angebot der Urlaubsregion perfekt ab.

Ammertal

Von Bad Bayersoien führt ein zehn Kilometer langer Pfad, als Ammerrundweg II ausgewiesen, in das Naturschutzgebiet Ammerleite. Es handelt sich um eine mal wilde, mal sehr idyllische Schlucht, deren Hauptattraktion die Schleierfälle sind. Die Wasserfälle ergießen sich über üppig bemoostes Gestein. Manchmal führt der Weg über eine Brücke aus einem umgelegten Baumstamm, auch ist es ab und zu sumpfig, der Weg ist jedoch gut begehbar und nicht schwierig.

Tegelberg

Bei Schwangau, dem gleichnamigen See und dem berühmten Märchenschloss Hohenschwangau, liegt das imposante Tegelbergmassiv. Dessen höchste Erhebung ist der 1881 Meter hohe Branderschrofen. Die Bergbahn bringt nicht nur Spaziergänger, Kletterer und Skifahrer nach oben, sondern auch wagemutige Drachen- und Gleitschirmpiloten. Wer sportlich auf die Seilbahn verzichten will, steigt über einen der ausgeschilderten Wege zu Fuß nach oben. Das verlangt zwar Kondition, jedoch keine vertieften bergsteigerischen Erfahrungen. Oben kann man zwischen verschiedenen Wanderwegen wählen. Auch am Fuß des Massivs wird es nicht langweilig. Für die Kinder gibt es am Tegelberg eine Sommerrodelbahn mit großem Abenteuerspielplatz. Bei ihrem Bau und während der Errichtung der Talstation der Bergbahn hat man Überreste eines römischen Bades freigelegt, die man heute besichtigen kann.

Weitere Highlights Die Ammergauer Alpen bergen einen Schatz für Gesundheit und Wohlbefinden, das alpine Bergkiefern-Hochmoor. Als Bad oder Packung angewendet, kann es den gesamten Organismus stärken, die Durchblutung anregen und tut den Gelenken gut. Kuren kann man in Bad Kohlgrub. Details und Angebote bei Kur- und Tourist-Information Bad Kohlgrub, Tel. 08845/742 20.

Spektakulär sind die Schleierfälle, die wie Vorhänge über die moosbewachsenen Felsen rieseln.

Outdoor-Aktivitäten Die Ammer ist ein berühmtes Wildwasser-Revier. Ab Mai steht sie Kanufahrern zur Verfügung. Ohne eine große Portion Erfahrung und Können geht es allerdings nicht, denn es ist eine schwierige Strecke voller Action von Beginn an bis zu den Schleierfällen. Der Einstieg erfolgt vom Parkplatz bei Saulgrub aus. An der Böbinger Brücke bei Rottenbuch ist Schluss. Neben der Ammer sind auch der Rissbach und die Loisach als Wildwassergebiete.

Eine bedeutende Wintersportdisziplin in und um Oberammergau ist der Langlauf. Höhepunkt der Saison ist das erste Februar-Wochenende. Dann findet der König-Ludwig-Lauf, »Luggi-Lauf« genannt, statt, der zweitgrößte Volkslanglauf Europas. Um sich darauf vorzubereiten, stehen 13 Rundkurse zur Verfügung. Sie sind durch drei Loipen verbunden, sodass man rund 100 Kilometer von Schloss Linderhof bis Bad Bayersoien in verschiedenen Kombinationen absolvieren kann. Wer seine Technik verbessern oder die gesunde Sportart erst erlernen will, ist in den beiden Langlaufschulen genau richtig (www.nordic-oberammergau. de).

Anreise/Unterkunft Anreise über die A95 und dann über die B23, per Bahn nach Oberammergau. Unterkunft: Ferienwohnungen Klotz, Altenau, Tel. 08845/93 81, www.klotz-fewo. de; Vitalrefugium »Das Johannesbad«, Bad Kohlgrub, Tel. 08845/840, www.johannes-bad-schober.de.

Großes Bild: Ab dem Felsdurchbruch bei Saulgrub fließt die Ammer durch eine Wildwasserschlucht. Besonders gut gefiel es König Maximilian II. im Ammertal, das jahrhundertelang königliches Jagdrevier war, vom Volk nicht betreten werden durfte und deswegen seine wilde Ursprünglichkeit bewahren konnte.

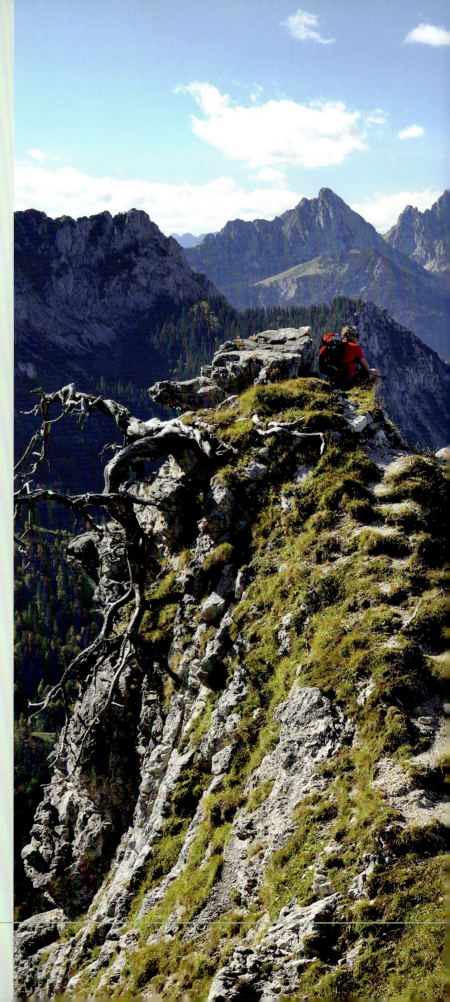

↗ Kloster Ettal Wenn das Wetter einmal nicht mitspielt, steht ein Besuch des berühmten Klosters in Ettal auf dem Programm. Es stammt aus dem 14. Jahrhundert, wurde 1744 aber durch ein Feuer zerstört und wiedererrichtet. Sehenswert ist die barocke Basilika. Interessant sind auch die von den Benediktinern geführte Brauerei und Destillerie (www.kloster-ettal.de).

↗ Ettaler Manndl Dieser 1633 Meter hohe Kalksteinfelsen ist ein Berg, dessen kahle Spitze aus einem bewaldeten Bergrücken herausragt. Auf seiner gegenüberliegenden Seite befindet sich das Ettaler Weibl, ein weiterer Kalkberg. Der Berg ist von Ettal aus eine beliebte Tagestour. Meist geht es auf sanft ansteigendem Wanderweg hinauf, bis es am Gipfel eine kurze Klettersteigpassage gibt. An der Westkante und in der Südwand gibt es Kletterrouten im Schwierigkeitsgrad IV bis V.

↗ Neuschwanstein und Hohenschwangau Ein Muss für jeden Besucher sind die Schlösser, die untrennbar mit König Ludwig II. verbunden sind. Beide haben prunkvolle Räume zu bieten. Die Spaziergänge zu den Schlössern sind bereits ein Vergnügen für sich. Besichtigungen sind nur in Kombination mit Führungen möglich (www.hohenschwangau.de).

↗ Hörnle Das Hörnle ist eigentlich eine Berggruppe aus drei Gipfeln. Der höchste ist das 1548 Meter hohe Hintere Hörnle. Das Areal wird als Hausberg von Bad Kohlgrub bezeichnet und bietet einen fantastischen Blick. Im Sommer kann man wandern oder mit dem Gleitschirm fliegen. Auch eine 4,6 Kilometer lange Nordic-Walking-Strecke gibt es. Im Winter locken zwei Ski-Abfahrten, eine Rodelbahn und ein Weg für Schneeschuhwanderungen, der an der Bergstation der Hörnlebahn beginnt.

Wanderer gehen über einen Grat am Tegelberg, im Hintergrund die Tannheimer Berge.

Fünfseenland

Tourismusverband Starnberger
Fünf-Seen-Land
Wittelsbacherstraße 2c
82319 Starnberg
Tel. 08151/906 00
www.sta5.de/info@sta5.de

Unweit der Landeshauptstadt München liegt das Fünfseenland. Im Allgemeinen versteht man darunter die Region zwischen den beiden großen Seen, dem Ammer- und Starnberger See, in der die drei kleineren Seen, der Wörth-, Pilsen- und der Weßlinger See, eingebettet liegen. Die sanften Hügel des Alpenvorlands bildeten sich hier durch Erosion und Ablagerung der Gletscher der letzten Eiszeit. Die so entstandene Moränenlandschaft ist heute eine intensiv landwirtschaftlich genutzte Flurfläche, die von Wäldern unterbrochen wird. In dieser Kulturlandschaft wachsen einige seltene alpine Pflanzenarten, unter anderem der Enzian und die dunkle Akelei. In den Mooren findet man sogar fleischfres-

sende Fettkraut- und Sonnentauarten. An den Seen kann man das Werk der Biber bestaunen, die hier seit einiger Zeit wieder heimisch geworden sind. Einer der markantesten Orte des Fünfseenlands ist der »heilige Berg«, das Kloster Andechs. Dieses geistige Zentrum der Region erreicht man auf einer Wanderung, die durch das urwüchsige Kiental bei Herrsching führt. Das Gebiet des Fünfseenlandes hat einen sehr hohen Freizeitwert und wird vor allem für Wassersport genutzt, aber auch viele Wanderer und Radfahrer lassen sich auf dem weitverzweigten Wegenetz die Landschaft näherbringen.

Starnberger See

Der Starnberger See ist der fünftgrößte See Deutschlands. Die Ausflugsboote der Bayerischen Seenschifffahrt bieten Fahrten zu Zielen rund um den See an. Mit dem Fahrrad oder zu Fuß kann man den See auf einem 42 Kilometer langen, gut markierten Weg umrunden. Obwohl der See eines der wichtigsten Naherholungsgebiete der Stadt München ist, hat er eine zentrale Bedeutung für den Vogelzug: In der kalten Jahreszeit überwintern über 20 000 Zugvögel aus dem Norden Europas und Russlands.

Würmtal

Nördlich des Starnberger Sees, der bis 1962 den Namen Würmsee trug, schließt sich das anmutige Würmtal an. Die Würm ist der einzige Abfluss des Sees und gab nicht nur der Landschaft, sondern auch der letzten Kaltzeit ihren Namen: die Würm-Eiszeit, die vor ca. 15 000 Jahren diese einzigartige Landschaft formte. Besonders interessant ist das Leutstettener Moos, das auf einem 12 Kilometer langen Lehrpfad erkundet werden kann. Das Moor ist auch Brutgebiet für viele Wasservögel, die hier einen Rückzugsort gefunden haben.

Ammersee

Obwohl der Ammersee nur wenig kleiner als der Starnberger See ist, geht es hier deutlich ru-higer und beschaulicher zu. Bis Anfang des 19. Jahrhunderts lebten nur wenige Fischer an seinem Ufer. Diese Bodenständigkeit spürt man noch heute und alles ist eine Spur stiller und gemütlicher. Auch die Natur ist hier noch ein wenig ursprünglicher und lädt zum Verweilen ein. Im See ist die Renke heimisch, ein guter Speisefisch, der in vielen Restaurants der Region auf der Speisekarte steht.

Pilsensee

Nordöstlich von Herrsching liegt der Pilsensee, der anfänglich noch mit dem Ammersee verbunden war. Erst Geröllablagerungen des Kienbachs trennten die beiden Seen. Mit einer Fläche von knapp 2 Quadratkilometern ist der Pilsensee deutlich kleiner als seine Brüder im Osten und Westen. Am nördlichen Ufer hat der hier einst heimische Biber heute sein Revier wieder zurückerobert. Am Südufer liegt das Naturschutzgebiet »Herrschinger Moos«, das eine Vielfalt von geschützten Tieren und Pflanzen beherbergt.

Wörthsee

Der Wörthsee ist der größte der drei kleinen Seen im Fünfseenland. Mit einer Fläche von vier auf zwei Kilometern kann man ihn in drei Stunden gut umwandern. Als Moorsee wird er im Sommer bis zu 25 °C warm und ist deshalb ein sehr beliebter Badesee, aber auch Surfer und Segler sind hier anzutreffen, da das Gewässer sehr ruhig ist und ideale Windbedingungen bietet. Selbst im Winter wird er zum Segeln genutzt. Eissegeln auf dem Wörthsee wird immer beliebter. Die Schlitten erreichen dabei unter idealen Bedingungen Geschwindigkeiten von bis zu 100 Stundenkilometer.

Osterseen

Südlich des Starnberger Sees schließen sich die Osterseen an die Region an. Auch sie sind wie die großen Seen im Norden ein Überbleibsel der letzten längeren Eiszeit. 20 größere und kleinere Seen bedecken insgesamt eine Fläche von 2,25 Quadratkilometern. Seit 1981 ist das gan-ze Areal Naturschutzgebiet und beherbergt mit seiner Mischung aus nährstoffarmen Seen, Wäldern sowie Nieder-, Übergangs- und Hochmooren eine außerordentliche Vielfalt an seltenen Tier- und Pflanzenarten.

Weitere Highlights Das Fünfseenland ist reich an Kunst- und Kulturschätzen. So findet man am Ufer des Starnberger Sees das Schloss Possenhofen, in dem die naturverbundene Kaiserin Elisabeth von Österreich ihre Kindheit verbrachte. Auf der Roseninsel im Starnberger See, auf die man mit einer sogenannten Plette vom Glockensteg in Feldafing (Fährbetrieb von Mai bis Mitte Oktober) übersetzen kann, traf sie sich mit ihrem Cousin Ludwig II. Auf der Insel kann man neben dem im 19. Jahrhundert angelegten

Großes Bild: Der Blick geht auf den Starnberger See und Tutzing. Linke Seite: Der Ammersee ist an vielen Stellen von Schilf gesäumt (oben); ein Wasserfall wartet in der Pähler Schlucht (unten).

Hechte wie dieser hier beißen in Starnberger und Ammersee eher selten an, Angler erfreuen sich hier aber an Renke und Karpfen.

Rosengarten (Blütezeit der Rosen: Mitte Juni und Mitte August) die Überreste prähistorischer Pfahlbauten am Grund des Sees bewundern, die seit 2011 zum Weltkulturerbe gehören. Am gegenüberliegenden Ufer in Berg befindet sich die Votivkapelle, die zu Ehren des Bayernkönigs Ludwig II. errichtet wurde. Die Kapelle steht oberhalb des Seeufers, an dem der Regent tot geborgen wurde. Ein Kreuz im See erinnert an ihn. Das Kloster Andechs ist die älteste Wallfahrtsstätte in Bayern und beeindruckt mit einer Rokoko-Ausstattung. Am Ammersee findet sich das Marienmünster Dießen mit dem Dießener Himmel, eine der imposantesten Barockkirchen Deutschlands.

Outdoor-Aktivitäten Alle fünf Seen eignen sich hervorragend zum Baden. Es werden zusätzlich viele sportliche Wasseraktivitäten angeboten. Segeln, Surfen, Wasserskifahren oder auch Stand-up-Paddeln. Die gesamte Region ist ideal zum Radfahren und Wandern oder auch für Nordic Walking.

Anreise/Unterkunft Das Fünfseenland erreicht man am besten von München aus. Über die A95 gelangt man zum Starnberger und über die A96 zum Ammersee. Entspannter ist die Anreise mit dem öffentlichen Nahverkehr. Starnberg, Tutzing, Feldafing und Herrsching haben eine direkte S-Bahnverbindung zum Münchner Hauptbahnhof (www.mvv-muenchen.de). Das Fünfseenland ist eine wichtige Tourismusregion Bayerns. Deshalb findet sich rund um die Seen in vielen Orten eine große Auswahl an Hotels, Pensionszimmern, Ferienwohnungen und Campingplätzen. Unterkunft: Pension Möwe, Tutzing, Tel. 08158/931 60, www.moewe-tutzing.de; Hotel Marina, Bernried, Tel. 08158/93 20, www.marina-bernried.de.

Großes Bild: Das Naherholungsgebiet der Osterseen bietet nicht nur herrliche Aussichten, sondern auch einige Badestellen sowie zahlreiche Wanderwege. Einer führt zum sprudelnden Quelltopf »Blaue Gumpe«.

+ TIPP + TIPP + TIPP +

↗ **Bademöglichkeiten** Die fünf Seen besitzen ein hervorragendes Wasser, das oft Trinkwasserqualität hat. Der Starnberger See ist sehr klar und mit einer Sichttiefe von bis zu 14 Metern macht Baden hier gleich noch einmal so viel Spaß. Aber auch an den anderen vier Seen gibt es unzählige schöne und schattige Bademöglichkeiten. Von kleinen, einsamen Buchten bis hin zu kompletten Erholungszentren sollte jeder genau den richtigen Platz für das perfekte Badevergnügen finden (www.sta5.de/reisefuehrer/wasser/badeplaetze-liegewiesen.html).

↗ **Wasserski** Wer es gern etwas schneller auf dem Wasser mag, ist in der Wasserskischule Possenhofen am Starnberger See an der richtigen Adresse. Hier werden laufend Kurse im Wasserskifahren angeboten (Tel. 08151/27 50).

↗ **Stand-up-Paddeln** Für alle, die etwas Neues ausprobieren wollen, ist Stand-up-Paddeln zu empfehlen. Elegant gleitet man aufrecht stehend auf einem Surfbrett und mit Hilfe eines Stechpaddels durch den See. Kurse und Leihgeräte bei: SUP Verleih Starnberg (www.sup-verleih-starnberg.de).

↗ **Segeln lernen** Durch ihre idealen Windbedingungen sind die beiden großen Seen hervorragende Reviere, um das Segeln zu erlernen. In Starnberg, Herrsching und Dießen bieten mehrere Segelschulen Kurse an – vom Schnupperkurs bis zur mehrtägigen Ausbildung mit Unterkunft. Weitere Informationen zum Beispiel bei: Segelschule Ammersee (www.ammersee-segelschule.de) oder Segelschule Starnberg (www.segelschule-starnberg.de).

↗ **Symbiose aus Kunst und Natur** Das unter dem Motto »Kunst, Architektur und Natur« stehende »Buchheim Museum der Phantasie« in Bernried steht beispielhaft für die gelungene Integration von Kultur in der sie umgebenden Landschaft. Das von Gras bewachsene Museum mit seiner berühmten Expressionisten-Sammlung liegt direkt am Ufer des Starnberger Sees im Höhenrieder Park. Kunstwerke und Skulpturen wurden zudem im Außenareal in den alten Baumbestand und die romantischen Teiche integriert (www.buchheimmuseum.de).

↗ **Wandern im Fünfseenland** Die Region ist geradezu prädestiniert zum Wandern: sanfte Hügel, Wälder und natürlich die Seen bieten eine Vielzahl von einzigartigen Wandermöglichkeiten – von kleinen Spaziergängen bis hin zu anspruchsvollen Tagestouren. Eine der schönsten Touren führt von Starnberg durch die Maisinger Schlucht zum Kloster Andechs und von dort hinab zum Ammersee nach Herrsching. Mit 21 Kilometern ist man gute 5 Stunden unterwegs, die wunderschönen Ausblicke in die bayerischen Alpen entschädigen für die Mühen. Viele weitere Vorschläge findet man auf den Seiten des Tourismusverbands Starnberger Fünf-Seen-Land (www.sta5.de/reisefuehrer/aktiv/wandern-nordic-walking.html).

↗ **Rund um die Osterseen** Auch die Osterseen südlich des Starnberger Sees bieten herrliche Wandermöglichkeiten. Von Iffeldorf aus kann man auf einem 10 Kilometer langen Rundweg die einzigartige Landschaft des Naturschutzgebiets entdecken. Auf jeden Fall sollte man ein Fernglas mitnehmen, denn hier kann man seltene Vögel wie zum Beispiel den Drosselrohrsänger beobachten. Weitere Informationen unter www.gpswandern.de/osterseen/ostersen.shtml.

↗ **Weitwanderweg** Der »König-Ludwig-Weg« startet in Berg am Starnberger See und führt über Possenhofen und die Klöster Andechs und Dießen zu den Königsschlössern bei Füssen. Auf 120 Kilometern kann man in fünf bis sieben Etappen auf den Spuren des bekannten bayerischen Regenten die wunderschöne Voralpenlandschaft erwandern (www.koenig-ludwig-weg.de).

↗ **Radfahren** In der Region gibt es ein sehr gut ausgebautes Radwegenetz. Neben den Rundtouren um die großen Seen besteht auch die Möglichkeit, mit dem Fahrrad von München aus 25 Kilometer durch das Würmtal an den Starnberger See zu radeln. Wer es nicht ganz so sportlich mag, kann auch ein E-Bike ausleihen. In Feldafing kann man sich ein Pedelec ausleihen und so entspannt die Umgebung entdecken. Weitere Vorschläge unter www.sta5.de/reisefuehrer/aktiv/radfahren.html.

Ob mit dem Segelboot auf dem Starnberger See oder mit dem Kanu auf der Würm: Das Fünfseenland bietet vor allem Wassersportbegeisterten eine Vielzahl an Aktivitäten.

Blaues Land

Tourismusgemeinschaft
Das Blaue Land, c/o Tourist-
Information Murnau
Kohlgruber Straße 1
82418 Murnau am Staffelsee
Tel. 08841/614 10
www.dasblaueland.de
info@dasblaueland.de

Unweit des Marktes Garmisch-Partenkirchen liegen Murnau, der Staffelsee und das Murnauer Moos – weit über die Landesgrenzen hinaus bekannt als »Blaues Land«, ein Ort der Sehnsucht im oberbayerischen Alpenvorland. Der Name wurde von den Expressionisten Franz Marc und Wassily Kandinsky geprägt, die sich von der Stimmung dieser Landschaft zu ihren Werken inspirieren ließen. Das leuchtende Blau der Seen, die dunklen Moore und das einzigartige Licht, das den Bergen abends ein blaues Leuchten verleiht, schaffen eine Bilderbuchkulisse. Die Region ist eine

In den Abendstunden zeigt sich, warum die Region um den Staffelsee »Blaues Land« heißt.

bodenständig gebliebene Kulturlandschaft, die es geschafft hat, trotz der intensiven landwirtschaftlichen Nutzung im Murnauer Moos ein Ökosystem zu bewahren, das Naturliebhaber anzieht, die seltene Tiere und Pflanzen beobachten oder die Ruhe genießen wollen.

Staffelsee

Der Staffelsee ist der größte See im Blauen Land. Wie die meisten Seen der Gegend ist auch er in der Würm-Eiszeit entstanden. Eine Besonderheit sind die sieben Inseln, die sich im See verteilen. Diese entstanden erst, als sich der Wasserspiegel im Laufe der Zeit um mehr als zehn Meter absenkte. Der südliche Teil des Sees dient als Erholungsgebiet, wohingegen weite Bereiche des nördlichen Ufers Naturschutzgebiet sind, in dem man seltene Pflanzen und Wasservögel beobachten kann.

Murnauer Moos

Das Murnauer Moos ist mit einer Fläche von 32 Quadratkilometern das größte zusammenhängende Alpenrandmoor Mitteleuropas. In diesem Ökosystem findet man über 1000 Pflanzenarten, von denen 164 auf der Roten Liste stehen, zum Beispiel die Sibirische Schwertlilie oder das Wanzen-Knabenkraut. Das Moor gilt auch als eines der größten Brutgebiete in

Europa. Verschiedene Wege laden zum Erkunden ein, oder man erlebt die Natur auf einer geführten Wanderung.

Eichsee

Dieser malerische kleine See liegt versteckt im Moorgebiet nördlich des Kochelsees und gewährt einen fantastischen Blick auf Benediktenwand, Jochberg, Herzogstand und Heimgarten. Da der Eichsee nur zu Fuß oder mit dem Rad zu erreichen ist, gilt er immer noch als echter Geheimtipp. Wer es bis hierher geschafft hat, kann sich in dem warmen Moorwasser entspannen und sich auf der kleinen Liegewiese am Südende eine Auszeit vom Alltag gönnen.

Weitere Highlights In Murnau kann man das Münter-Haus besichtigen. Hier entstanden zahlreiche der Werke von Kandinsky und Gabriele Münter in der Epoche des Blauen Reiters. Bis heute findet man in der Stadt viele Galerien von heimischen Künstlern mit regelmäßigen Ausstellungen (www.murnau.de/de/munterhaus_p2)

Outdoor-Aktivitäten Die Region ist ein Wanderparadies: auf über 110 Kilometer Wanderwegen kann man die Schönheit der Natur entdecken. Aber auch für Radfahrer und Mountainbiker gibt es viele interessante Tourenvorschläge. Ferner sind die Seen ideal zum Baden, Segeln und Surfen.

Anreise/Unterkunft Das Blaue Land erreicht man über die Autobahn A95 bis zur Ausfahrt Murnau. Unterkünfte findet man vor allem in Murnau, aber auch in den kleineren Orten gibt es eine gute Auswahl an Hotels, Pensionszimmern, Ferienwohnungen und Campingplätzen. Unterkunft: Hotel Angerbräu, www.angerbraeu.de; Hotel Klausenhof am Park, www.klausenhof-murnau.de.

Großes Bild: Sonnenaufgang über dem Blauen Land.

+ TIPP + TIPP + TIPP +

↗ **Bademöglichkeiten** Am Staffelsee laden vier öffentliche Bäder zum Sprung ins warme Nass ein. Mit bis zu 26 °C ist der See einer der wärmsten in Deutschland. Bis auf den Nordteil des Sees, der Naturschutzgebiet ist, kann man auch viele schattige Buchten zum Baden nutzen.

↗ **Wandern** Die Region zeichnet sich durch eine Vielzahl an Wandermöglichkeiten aus. Eine der schönsten Touren ist die Umrundung des Staffelsees, mit über 20 Kilometern eine sportliche, aber lohnende Tour, da man ständig Ausblicke über den See in Richtung Alpen genießen kann. Auf der Moos-Runde kann man 13 Kilometer durch das nördliche Murnauer Moos wandern und seine einzigartige Pflanzenwelt entdecken.

↗ **Geführte Wanderungen** In den Sommermonaten werden am Wochenende regelmäßig Natur-Erlebnis-Führungen durch das Murnauer Moos angeboten. Auf ihnen erfährt man Wissenswertes über die Entstehung des Moors, seine Flora und Fauna und die Pflege (www.dasblaueland.de/de/gefhrte-wanderungen-1_p3). Ein besonderes Erlebnis sind Kräuterwanderungen, bei denen die Kräuter nicht nur erklärt, sondern auch gesammelt und verwendet werden. Weitere Informationen unter www.dasblaueland.de/de/kraeuterwanderungen-mir-elfie-courtenay.

↗ **Meditationsweg** Neu im Blauen Land ist ein Meditationsweg. Er führt in Etappen über 105 Kilometer von Bad Kohlgrub über den Staffelsee und Ohlstadt zum Kloster Ettal. Im Einklang mit der Natur kann man an spirituellen Orten Kraft tanken (www.brennendes-herz.webseiten.cc).

Wettersteingebirge

*Garmisch-Partenkirchen
Tourismus, Rathausplatz 1,
82467 Garmisch-Partenkirchen
Tel. 08821/18 04 19
www.gapa.de
online@gapa.de*

Das Wettersteingebirge gehört zu den Nördlichen Kalkalpen und liegt zwischen Garmisch-Partenkirchen im Norden und Seefeld in Tirol im Süden. Der Gebirgsstock ist sehr kompakt und hat schroff abfallende Gipfel, die weit über 2500 Meter hinaufragen, darunter mit der Zugspitze (2962 Meter) den höchsten Gipfel Deutschlands. Das Gebirge ist durch mehrere Seilbahnen und eine Zahnradbahn sehr gut erschlossen. Viele Touristen verbringen in der Region ihren Urlaub, um bei Naturschönheiten wie der Partnachklamm, dem Höllental oder dem Eibsee den Alltag zu vergessen. Der Deutsche Alpenverein unterhält hier mehrere Hütten. Am bekanntesten sind das »Münchner Haus« auf der Zugspitze, die »Knorrhütte«, die »Meillerhütte«, die »Höllentalangerhütte« und die »Reintalangerhütte«, die alle zu Fuß erreichbar sind und als Stützpunkt für ausgedehnte Wanderungen dienen. Trotz der intensiven Almwirtschaft gibt es abseits des Touristenstroms bis heute Möglichkeiten, die Ruhe und Abgeschiedenheit der Berge zu genießen. Hier haben sich viele Tierarten ihren ursprünglichen Lebensraum bewahrt. So kann man Steinadler, Alpensalamander, Murmeltiere und Gämsen beobachten. Selbst ein seit Jahren ausgestorben geglaubter Schmetterling wurde kürzlich auf der Zugspitze wiederentdeckt.

Eibsee

Der See liegt auf 1000 Metern direkt unterhalb der Zugspitze. Er entstand, als sich der Loisachgletscher zurückzog. Die heutige Form bekam der See durch einen gewaltigen Felssturz vor ca. 3000 Jahren. Noch heute sind Überreste dieses Felssturzes als acht kleine Inseln im See zu sehen. Das Gewässer ist komplett von Wald umgeben und schimmert in einem satten Grünton. Bei der zweistündigen Wanderung um den See hat man herrliche Ausblicke auf die Zugspitze.

Partnachklamm

Die Partnachklamm ist eines der beeindruckendsten Naturschauspiele im Werdenfelser Land. Über Millionen von Jahren hat sich die Partnach, die vom Schneeferner auf dem Zugspitzblatt gespeist wird, im Reintal tief in den harten Muschelkalk gegraben und eine faszinierende Landschaft geschaffen. An vielen Stellen sind die bis zu 80 Meter hohen Wände der Klamm nur wenige Meter voneinander getrennt. Vom 19. Jahrhundert bis weit in die 1960er-Jahre hinein wurde unter Einsatz von Leib und Leben Holz durch die

Klamm getriftet. Schon im Jahr 1912 begann man auch mit der touristischen Nutzung der Schlucht. Der bestehende Triftsteig wurde ausgebaut und an vielen Stellen wurden Tunnel durch den Fels getrieben, um die Klamm auf voller Länge begehbar zu machen. Durch die Tunnelbauweise ist die Klamm weitgehend unverbaut und bietet immer wieder eine Vielzahl von atemberaubenden neuen Fotomotiven.

Höllental

Auch das Höllental beherbergt eine beeindruckende Klamm. Sie wurde vor über 100 Jahren touristisch erschlossen und ist heute mit ihren bis zu 150 Meter tiefen Schluchten, Wasserfällen und verschlungenen Stegen ein unvergleichliches Naturerlebnis. Im Gegensatz zur

Großes Bild: Die Zugspitze spiegelt sich im Eibsee. Links: Schnell rauscht die Partnach durch die Partnachklamm.

383

Partnachklamm ist die Höllentalklamm nur im Sommer zu besichtigen. Eine beliebte Route ist, mit der Alpspitzbahn hinaufzufahren und über das Höllental nach Grainau abzusteigen.

Alpspitze

Die Alpspitze thront über dem Markt Garmisch-Partenkirchen und ist mit ihrer markanten Pyramidenform der inoffizielle Hausberg der Einwohner. Der Berg ist ein beliebtes Ausflugsziel, das durch die Alpspitzbahn erschlossen ist. Vor allem Klettersteigfans kommen hier auf ihre Kosten. Die Nordwand-Ferrata ist für Anfänger ein beliebter Einstieg in die Welt des Kletterns. Und wer unter der Woche früh genug aufsteigt, wird sogar mit dem Anblick von ein paar Gämsen belohnt.

Zugspitze

Deutschlands höchster Berg, die Zugspitze, dominiert die Bergkulisse des Wettersteins. Mit seiner markanten, nach Westen steil abfallenden Flanke ist er schon von Weitem erkennbar. Der Gipfel wurde 1820 erstmals bestiegen. Heute ist der Berg einer der wichtigsten Touristenmagnete der Region, auf den zwei Aufstiegshilfen führen. So gelangen jährlich über 500 000 Menschen auf den Gipfel. Trotz dieser Zahl sind die zahlreichen Wege auf die Zugspitze selten überlaufen, da die Strecke und der Höhenunterschied sehr fordernd sind. An den Flanken des Berges befinden sich drei große Gletscher, so kann man auf dem Schneeferner etwa das halbe Jahr über Wintersport betreiben. Obwohl der Gipfel gut besucht wird, lohnt sich ein Aufstieg, die einmalige Fernsicht und die hochalpine Natur sind ein grandioses Erlebnis.

Weitere Highlights Ein besonderes Highlight ist das Königshaus am Schachen, das Ludwig II. von 1869–1872 im Schweizer Chaletstil errichten ließ. Die Räume im Parterre sind sehr schlicht gehalten, wohingegen im Obergeschoss das türkische Zimmer eine unglaubliche Pracht entfaltet. Der Raum ist im maurischen Stil eingerichtet, edle Teppiche bedecken den Boden, luxuriöse Diwane laden zum Verweilen ein und in der Mitte plätschert sogar ein Springbrunnen. Das Königshaus ist nur zu Fuß erreichbar. Der kürzeste Aufstieg ist von Elmau in knapp vier Stunden möglich (www.schachenhaus.de).

Outdoor-Aktivitäten Das Wettersteingebirge ist ein wahres Eldorado für Freizeitsportler. Klettern, Bergsteigen, Wandern und Mountainbiken kann man hier auf vielen Routen. Das Wegenetz für Radler und Wanderer ist gut gepflegt und bietet Touren für jeden Geschmack. Kletterer finden Routen in allen Schwierigkeitsgraden, und aufgrund der guten Erschließung durch verschiedene Seilbahnen ist der Weg bis zur Wand nicht weit.

Anreise/Unterkunft Das Wettersteingebirge liegt südlich von Garmisch-Partenkirchen. Der Markt ist über die A95 in einer guten Stunde von München erreichbar. Mit dem Zug bestehen stündliche Verbindungen zum Münchner Hauptbahnhof. Auch mit dem Fernbus ist Garmisch-Partenkirchen an München und den Münchner Flughafen angeschlossen. Von Garmisch-Partenkirchen aus ist das Wettersteingebirge durch mehrere Bergbahnen erreichbar. Übernachtungsmöglichkeiten gibt es hauptsächlich in Garmisch-Partenkirchen, aber auch verschiedene Hütten im Wetterstein, die zu Fuß erreichbar sind, bieten einfache Übernachtungsmöglichkeiten an. Unterkunft: Gästehaus Pia Maria, www.gaesteheim-piamaria. de; Hotel Zugspitze, www.hotel-zugspitze.de.

Großes Bild: Berühmtes Panorama der Zugspitze mit Gipfelkreuz. Links: Klettersteig auf die Zugspitze.

↗ **Aufstieg zur Zugspitze**
Auf die Zugspitze gibt es eine Vielzahl von Aufstiegsmöglichkeiten. Die bequemste ist natürlich mit der Zugspitzbahn: eine Zahnradbahn bringt die Tagesgäste seit über 80 Jahren innerhalb von 45 Minuten zum Gipfel. Wer es noch schneller mag, kann die Seilbahn vom Eibsee nehmen. In atemberaubenden zehn Minuten überwindet man 2000 Meter Höhenunterschied – fast zu wenig Zeit, um die Aussicht zu genießen. Für alle, die den höchsten Berg Deutschlands zu Fuß erklimmen möchte, gibt es zwei Hauptrouten. Für ambitionierte Wanderer ist der Aufstieg durch das Reintal zu empfehlen. Mit Übernachtungsmöglichkeiten in der Reintalangerhütte und Knorrhütte kann man die 2200 Meter Höhenunterschied in seinem eigenen Tempo ersteigen. Die zweite Route führt durchs Höllental über einen rasanten Klettersteig direkt zum Gipfel. Auch hier wird eine Übernachtung auf der Höllentalhütte dringend empfohlen.

↗ **Skifahren und Snowboarden** Unterhalb des Zugspitzgipfels liegt das höchste Skigebiet Deutschlands. 20 Kilometer bestens präparierte Pisten bieten fast das halbe Jahr über leichte bis mittelschwere Abfahrten.

↗ **Klettern** Das Wettersteingebirge ist ein beliebtes Klettergebiet. Hier findet man Routen aller Schwierigkeitsgrade, und für alle, die das Klettern erlernen oder ihre Technik verbessern wollen, stehen erfahrene Bergführer zur Verfügung. Informationen unter www.bergfuehrer-werdenfels.de.

↗ **Alpspitz-Ferrata** Einer der beliebtesten Klettersteige führt auf die Alpspitze. Die Nordwand-Ferrata ist in wenigen Minuten von der Bergstation der Alpspitzbahn zu erreichen. Gut gesichert mit Klettersteigset und Helm kann man in weniger als drei Stunden auf dem Gipfel stehen. Voraussetzung ist – wie bei allen Klettersteigen – Trittsicherheit, Schwindelfreiheit und alpine Erfahrung.

↗ **AlpspiX** Auf dem Osterfelderkopf unweit der Bergstation der Alpspitzbahn wurde im Jahre 2010 eine atemberaubende Aussichtsplattform errichtet. Zwei frei schwebende Arme, die mit Gitterrosten ausgelegt sind, ragen weit über den Abgrund und geben einmalige Aus- und Tiefblicke in das 1000 Meter darunter liegende Höllental (www.zugspitze.de/de/sommer/berge/garmisch-classic/alpspix).

↗ **Durch die Partnachklamm** Eine der schönsten Wanderungen im Wetterstein ist der Weg durch die Partnachklamm und weiter hinauf auf den Schachen. Der Weg startet am Olympiastadion in Partenkirchen und schon nach wenigen Minuten steht man am Eingang der beeindruckenden Klamm. Auf 700 Metern wurde die Klamm durch in den Fels gesprengte Stollen und Durchgänge begehbar gemacht. Der Weg bietet zu jeder Jahreszeit einmalige Eindrücke. Für alle, die eine sportliche Herausforderung suchen, ist das Weiterwandern zum Königsschloss auf dem Schachen empfohlen. Bis hierher ist man mindestens vier bis fünf Stunden unterwegs und muss einen Höhenunterschied von 1150 Metern überwinden. Dafür wird man mit einem einmaligen Panorama und einem kulturellen Kleinod belohnt, das man sich nicht entgehen lassen sollte. Weitere Informationen unter www.schachenhaus.de.

↗ **Radfahren und Mountainbiken** Rund um Garmisch-Partenkirchen gibt es insgesamt 453 Kilometer Radwege. Vor allem die Mountainbiker finden hier ein exzellentes Terrain. Von einfachen Einsteigertouren bis hin zu anspruchsvollen Profitouren hat jeder die Wahl nach seinem Geschmack. Zum Beispiel kann man das Wettersteingebirge auch mit dem Mountainbike umrunden. Auf 80 Kilometern und fast 2000 Höhenmetern erlebt man steile Auffahrten, schmale, technisch anspruchsvolle Pfade, rasante Abfahrten und Ausblicke auf die Kulisse des Wettersteingebirges und des Karwendels (www.radtourist.de/mtb-tour-zugspitze-wettersteingebirge).

↗ **Paragliden** Durch die Erschließung mit Seilbahnen gibt es sehr gute Möglichkeiten, mit dem Gleitschirm zu fliegen. Ideale Startplätze sind der Osterfelder oder das Kreuzeck. Vom Kreuzeck schwebt man über eine Höhendifferenz von 900 Metern hinab nach Garmisch-Partenkirchen und hat einen wunderschönen Blick über das Werdenfelser Land bis zum Starnberger See. Wenn das Wetter klar ist, kann man in der Ferne sogar die Landeshauptstadt München erkennen. Angebote zu Kursen und Tandemflügen gibt es unter anderem bei www.aerotaxi.de.

↗ **Iglu-Dorf** Ein besonderes Erlebnis im Winter ist eine Übernachtung im Iglu-Dorf auf dem Zugspitzferner. Hier steht eine kleine Siedlung mit 20 Schneehäusern, einer Bar und zwei Whirlpools. Dank warmer Expeditionsschlafsäcke und kuscheligen Schaffellen wird es einem auch nicht kalt. Nachts genießt man aufgrund fehlender Lichtquellen einen Sternenhimmel, den man nie mehr vergisst. Informationen unter www.zugspitze.de/de/winter/berge/zugspitze/iglu-dorf.

Großes Bild: Die Zugspitze ist einer der kältesten Orte Deutschland. Bis zu –30 °C kann es hier werden, und manchmal bläst der Wind mit 300 Kilometern pro Stunde.

Loisachtal und Loisachwinkel

*Stadt Wolfratshausen,
Veranstaltungsmanagement,
Tourismus und Wirtschaftsför-
derung, Marienplatz 1,
82515 Wolfratshausen
Tel. 08171/21 40
www.wolfratshausen.de
info@wolfratshausen.de*

Die Loisach ist ein 114 Kilometer langer Gebirgsfluss, der aus
Tirol kommend durch Garmisch-
Partenkirchen, den Kochelsee
und Wolfratshausen der Isar
zufließt. Ihr Name stammt aus
dem Keltischen und bedeutet
»die Liebliche«. Bis auf wenige
Ausnahmen macht der Fluss seinem Namen alle Ehre. Beschaulich fließt er durch die kleineren
und größeren Gemeinden an
seinen Ufern und mündet, nachdem er eine Kehrtwende nach
Süden macht, in den Kochelsee.
Nur gute zwei Kilometer Luftli-
nie entfernt fließt die Loisach
auf derselben Seeseite wieder

Eine Winterlandschaft wie aus dem Bilderbuch: die Loisach am Kochelsee

hinaus und speist das Loisach-
Kochelsee-Moor, das Heimstatt
von vielen selten gewordene
Pflanzen ist. An den Hängen der
mächtigen   Benediktenwand,

die sich hinter Benediktbeuern
über dem Loisachtal erhebt, lebt
eine Kolonie von über 100
Steinböcken. Bei einer Bestei-
gung des Gipfels kann man die

Tiere vor allem am frühen Morgen beobachten. Hinter Benediktbeuern verlässt die Loisach
die bayerischen Voralpen und
fließt wenige Kilometer später

in der Pupplinger Au bei Wolfratshausen in die Isar. Nach und nach wird die Loisach im Tal von Oberau bis Garmisch-Partenkirchen renaturiert, um einerseits einen besseren Hochwasserschutz zu erzielen, und andererseits Erholungsflächen für Menschen und Rückzugsgebiete für Tiere zu schaffen.

Highlights Das Kloster in Benediktbeuern ist seit seiner Gründung bis heute ein wichtiges geistiges und kulturelles Zentrum der Region. Die Klosterkirche St. Benedikt mit ihren schönen Fresken ist eine der bedeutendsten Barockkirchen Oberbayerns. Heute ist das Kloster ein Ort der Begegnung. In den Räumen befinden sich ein Café, eine Jugendherberge und das »Zentrum für Umwelt und Kultur Benediktbeuern«, das sich die Erhaltung der natürlichen Lebensgrundlage und des kulturellen Erbes zum Ziel gesetzt hat. Zu diesem Zweck unterhält es eine Umweltjugendbildungsstätte und ver-

schiedene Naturstationen in der näheren Umgebung.

Outdoor-Aktivitäten Das Loisachtal bietet gute Wandermöglichkeiten sowie viele interessante Radtouren. Auf der Loisach selbst kann man mit dem Kanu und dem Schlauchboot längere Touren unternehmen.

Anreise/Unterkunft Die wichtigsten Orte im Loisachtal sind Garmisch-Partenkirchen, Benediktbeuern und Wolfratshausen. Diese Orte sind über die A95 von München aus zu erreichen. Auch die deutsche Bahn verbindet die Orte des Loisachtals im Stundentakt mit München. Unterkunft: Hotel Gasthof Humplbräu, Wolfratshausen, www.humplbraeu.de; Ferienwohnung Meurer, Wolfratshausen, www.ferienwohnungmeurer.de.

Großes Bild: Auf ihrem Weg zur Isar durchfließt die Loisach den besonders malerischen Kochelsee.

+ TIPP + TIPP + TIPP +

↗ **Wandern** Die Moorlandschaft des Loisachtals lernt man am besten auf einer Wanderung kennen. Zum Beispiel gibt es von Benediktbeuern aus eine zehn Kilometer lange, gut beschilderte Runde durch das Loisach-Kochelsee-Moor, die zu verschiedenen Biotopen und Vogelbeobachtungsstationen führt (www.benediktbeuern.de/tourismus/wandern).

↗ **Freilichtmuseum Glentleiten** Im Freilichtmuseum wurden historische Gebäude aus Oberbayern wiederaufgebaut. Ein Schwerpunkt bildet die bäuerliche Technik mit Schmiede, Mühle und Wetzsteinmacherei. Darüber hinaus gibt es regelmäßig Sonderveranstaltungen, die Einblicke in das bäuerliche Leben des 18. Jahrhunderts geben (www.glentleiten.de).

↗ **Lehrpfade** In der Nähe des Klosters Benediktbeuern wurden mehrere Lehrpfade zum Erleben der Natur angelegt. So findet man hier einen Wildbachlehr-, einen Barfuß- und einen Klangpfad (www.zuk-bb.de/zuk/klosterland-und-naturerleben/lehrpfade).

↗ **Schlauchbootfahrten** Mit dem Schlauchboot gemütlich die Loisach hinabpaddeln ist eine fabelhafte Art, den Fluss und seine Naturlandschaft sowie seine Bewohner kennenzulernen. Infos unter www.bavariaraft.de/de/gruppentouren-angebote.html.

↗ **Radfahren** Entlang der Loisach gibt es auf mehreren Abschnitten gute Radwege. Zwischen Garmisch-Partenkirchen und Ohlstadt kann eine familienfreundliche 23 Kilometer lange Radtour unternommen werden. Der Weg ist meist abseits vielbefahrener Straßen und bietet Ausblicke auf blühende Moorwiesen.

Kochelsee und Kochelmoos

Tourist-Information Kochel am See, Bahnhofstraße 23, 82431 Kochel am See Tel. 08851/338 www.kochel.de info@kochel.de

Der Kochelsee liegt 65 Kilometer südlich von München am Rande der Bayerischen Alpen. Das Gewässer entstand in der Würm-Eiszeit durch Ausschürfung des Isar-Loisach-Gletschers. Er ist ca. sechs Quadratkilometer groß und wird auf der Südseite von den Kochler Hausbergen Sonnenspitz, Jochberg, Herzogstand und Heimgarten, die alle um 1500 Meter hoch sind, umrahmt. Im Norden schließt an ihn das Loisach-Kochelsee-Moor, das durch Verlandung von Teilen des Sees entstand, an. Die Region ist ein beliebtes Urlaubsgebiet und wird im Sommer von vielen Erholungsuchenden besucht, die

Bootshäuser am Kochelsee

zum Baden, Surfen und Wandern hierherkommen. Trotz der Vielzahl der Gäste hat sich die Natur weitgehend ihre Ursprünglichkeit bewahrt. Vor allem das Kochelmoor ist ein einmaliges Ökosystem und Lebensraum für viele seltene Pflanzenarten. Auch Wiesenbrüter finden in den einsamen Hochmooren, Bruchwaldresten und aufgelassenen Torfstichen ideale Nistbedingungen. Auf einer geführten Vogelbeobach-

tung kann man mit etwas Glück so scheue Tiere wie die Goldammer, den Gimpel oder sogar einen Eisvogel entdecken. Die Berge im Süden bieten viele interessante Ausflugsmöglichkeiten. So kann man die meisten auf gut beschilderten Wegen besteigen und dabei wunderschöne Almwiesen und Bergwälder entdecken.

Highlights Kochel am See ist die Heimat von Franz Marc,

dem Mitbegründer der Kunstrichtung Blauer Reiter. Im Jahre 1986 wurde ein Museum für den Künstler angelegt, das eine Auswahl seiner Werke zeigt (www.franz-marc-museum.de). Am Ortsausgang von Kochel liegt das Erlebniskraftwerk Walchensee. Hier werden die Wasserkraft im Allgemeinen und das 1924 erbaute Walchenseekraftwerk im Speziellen erlebbar gemacht (Tel. 08851/772 11).

Outdoor-Aktivitäten Die Region rund um den Kochelsee bietet eine Fülle von Freizeitbeschäftigungen. Es gibt Wandermöglichkeiten am See oder in den nahe gelegenen Bergen. In der Nähe des Walchenseekraftwerks gibt es gute Klettermöglichkeiten, an denen Alpinisten für Touren trainieren. Durch die Windbedingungen bietet der See Seglern, Wind- und Kitesurfern ideale Voraussetzungen.

Anreise/Unterkunft Der Kochelsee ist von München entweder mit dem Auto über die A95 oder mit dem Zug zu erreichen. Die wichtigsten Orte sind Kochel und Schlehdorf. Hier findet man eine gute Auswahl an Hotels und Campingplätzen. Unterkunft: Seehotel Grauer Bär, www.grauer-baer.de; Haus Vorderlipp (Bauernhof, Ferienwohnungen), www.vorderlipphof.de.

Großes Bild: Kochelseemoor mit Blick auf Jochberg, Herzogstand und Heimgarten.

+ TIPP + TIPP + TIPP +

⌐ **Baden** Der Kochelsee ist im Sommer ein beliebter Badesee. Im Ort Kochel selbst gibt es Badeplätze mit Liegewiesen, die frei genutzt werden können. Auch in Schlehdorf und am Walchenseekraftwerk gibt es mehrere Bademöglichkeiten. Im Winter – oder wenn das Wetter einmal nicht so gut ist – empfiehlt sich der Besuch der Kristall-Therme Trimini direkt am Ufer des Sees (www.kristall-trimini-kochel-am-see.de).

⌐ **Kräuterwanderungen** Kochel am See ist Teil der »Kräuter-Erlebnis-Region« Tölzer Land. Sobald der Frühling die letzten Schneereste vertrieben hat, finden von April bis Juni rund um den Kochelsee regelmäßig Wildkräuterwanderungen, Kräuterführungen sowie »urige, geologisch-botanische Wanderungen« statt. Informationen unter www.toelzer-land.de/kraeuter.

⌐ **Auf den Jochberg** Von der Kesselbergstraße, die vom See in wenigen Minuten mit dem Auto erreicht werden kann, wandert man über einen schmalen, steilen Pfad, der gut ausgeschildert ist, in gut zwei Stunden bis zum Gipfel des Jochbergs. Von hier aus hat man einen weiten Blick über den Kochelsee, das Moor und bei klarer Sicht bis zum Starnberger See und nach München. Ausführliche Informationen zur Tour unter www.tourentipp.de/de/touren/Jochberg-Bergtour-Walchensee_1.html.

⌐ **Kunstspaziergang** Auf den Spuren von Franz Marc entdeckt man die Orte, an denen er die Motive seiner bekannten Werke gefunden hat. Nähere Informationen erhält man bei der Tourist-Information in Kochel am See, Tel. 08851/338.

Walchensee und Herzogstand

Tourist-Information Walchensee
Ringstraße 1, 82432 Walchensee
Tel. 08858/411
www.walchensee.de
info@walchensee.de

70 Kilometer südlich von München, eingerahmt von den Bayerischen Alpen, liegt der Walchensee. Seine Ufer sind weitgehend unverbaut und kein Motorboot stört die Natur am See. Mit einer Tiefe von fast 190 Metern ist er einer der tiefsten Seen in den deutschen Alpen. Trotz der vielen Erholungsuchenden, die am Wochenende zum See strömen, hat sich vor allem im Süden und Osten des Sees eine einzigartige Naturlandschaft erhalten, in der so seltene Blumen vorkommen wie der Schwalbenwurzenenzian, der Seidelbast, die Alpenanemone und der Bärlapp. Im See befindet sich die Insel Sassau, die nicht betreten wer-

In der Morgendämmerung ist der Walchensee eine Oase der Stille.

den darf. Hier hat sich eine Flora entwickelt, wie sie früher am Walchensee verbreitet war – es stehen hier einige Eiben, die älter als 500 Jahre sind. Der Herzogstand ist der Hausberg des Walchensees. Mit einer Seilbahn erreicht man bequem die Herzogstandhäuser, von denen es nur noch wenige Höhenmeter bis zum Gipfel sind. Schon der bayerische König Ludwig II. schätzte den unvergleichlichen Ausblick vom Her-

zogstand, der von München im Norden bis in den Karwendel im Süden reicht. Heute ist der Herzogstand ein beliebtes Ausflugsziel, der neben vielen Wandermöglichkeiten auch Informationen über Geologie, Flora und Fauna auf mehreren Infotafeln für den interessierten Wanderer bereithält.

Highlights Der Walchensee diente in mehreren Filmen als Kulisse. So wurden ein Teil der

Häuser aus dem Film »Wicki und die starken Männer« erhalten und können heute im Wikingerdorf »Flake« kostenlos besichtigt werden. In den Sommermonaten werden hier regelmäßig Erlebnisführungen angeboten.

Outdoor-Aktivitäten Der Walchensee ist ein beliebtes Ziel für Segler und Surfer. Der spezielle Walchenseewind ist in Fachkreisen sehr geschätzt und lockt viele Surfbegeisterte an. Der See ist auch ein beliebtes Tauchgebiet, in dem Freizeitsportler und Profis nach versunkenen Wracks tauchen. Rund um den See bieten sich verschiedene Wandermöglichkeiten, die von einfachen Spaziergängen bis hin zu anspruchsvollen Gipfeltouren reichen. Auch Mountainbiker können rund um den See mehrere spannende Touren finden.

Anreise/Unterkunft Der Walchensee liegt ca. 200 Höhenmeter über dem Kochelsee und ist über die Jochbergstraße zu erreichen. Am See selbst liegt der kleine Ort Walchensee, der Übernachtungsmöglichkeiten bietet. Unterkunft: Haus Bergzeit (Ferienhaus), www.ferienhaus-walchensee.info; Seehotel & Gasthaus Einsiedel, www.hotelamwalchensee.de.

Großes Bild: Fantastischer Blick vom Herzogstand auf Walchensee; rechts: Segler auf dem Walchensee.

+ TIPP + TIPP + TIPP +

↗ **Baden im Walchensee** Der Walchensee ist vor allem bei Familien mit Kindern zum Baden sehr beliebt. Das Ufer des Sees ist weitgehend unverbaut, und durch das Verbot von Motorbooten ist das Wasser sehr sauber und klar. Viele Uferstellen sind flach und laden zum Spielen ein.

↗ **Wanderung** Eine beliebte, aber anspruchsvolle Wanderung führt vom Herzogstand zum Heimgarten. Nachdem man bequem die ersten Höhenmeter mit der Seilbahn überwunden hat, wird die Route nach dem Gipfel des Herzogstands eine wunderschöne Gratwanderung, für die man unbedingt alpine Erfahrung und geeignetes Schuhwerk mitbringen muss. In gut zwei bis drei Stunden erreicht man den Gipfel des Heimgartens, von dem man einen einmali-

gen Blick auf den Walchensee hat. Von hier steigt man direkt zum See ab. Für die gesamte Runde sollte man mindestens fünf Stunden reine Gehzeit einplanen (www.tourentipp.de/de/touren/Herzogstand-Heimgarten-Bergtour_358.html).

↗ **Panorama-Naturlehrpfad auf dem Herzogstand** Auf 2,5 Kilometer Länge werden auf elf Schautafeln Besonderheiten der Natur rund um den Herzogstand er-

klärt. So erfährt man viel Wissenswertes über die Entstehung des Walchensees, die Bedeutung des Schutzwaldes und über die Flora und Fauna.

↗ **Wikingermarkt** Im September findet in der ehemaligen Filmkulisse von »Wicki und die starken Männer« ein Wikingermarkt statt, bei dem Gruppen das Leben im Mittelalter veranschaulichen. Infos bei der Touristeninformation Walchensee, Tel. 08858/411.

Isartal

Tourist-Information Bad Tölz
Max-Höfler-Platz 1
83646 Bad Tölz
Tel. 08041/786 70
www.bad-toelz.de
info@bad-toelz.de

Die »Reißende«, was der Name Isar ursprünglich bedeutet, ist heute in weiten Teilen ein gezähmter Gebirgsfluss. Fast 300 Kilometer legt sie auf ihrem Weg aus dem Karwendel bis zur Donau zurück und durchfließt dabei die unterschiedlichsten Naturlandschaften, vor allem die bayerischen Voralpen und die Münchner Schotterebene. Über Jahrhunderte wurde auf dem Fluss Holz geflößt und viele Mühlen nutzten die Wasserkraft des kräftigen Stroms. Später wurden mehrere Wasserkraftwerke am Fluss errichtet. So verlor die Isar nach und nach ihren natürlichen Lauf. In den 1980er-Jahren fand eine Rückbesinnung statt und es wurde

damit begonnen, dem Fluss wieder ein natürliches Bett zu ermöglichen. Vor allem die Stadt München hat viel Mühe in die Renaturierung der Isar investiert. So wurde der Fluss zwischen dem Wehr in Großhesselohe und dem Deutschen Museum aus seinem engen Bett befreit und Kiesbänke, Inseln und flache Uferzonen geschaffen, die heute von Münchnern zum Flanieren, Baden und Grillen genutzt werden. Dabei schafft der Fluss sich nach und nach sein eigenes Flussbett, das sich von Jahr zu Jahr verändert. Heute haben viele Fische, die selten geworden sind, wieder eine Heimstatt in der Isar. So findet man in kleinen Beständen Huchen, Koppen und Welse.

Hinterautal und Vorderriß

Die Isar entspringt nur wenige Kilometer hinter der österreichischen Grenze im Hinterautal in Tirol. Von Scharnitz aus erschließt ein Fahrweg das romantische Karwendeltal. Mit dem Mountainbike erreicht man nach einer leichten Tour mit wenigen Steigungen das Hallerangerhaus. Von hier aus ist die Isarquelle in wenigen Minuten erreichbar. Das Tal ist in seiner Ursprünglichkeit ein typisches Karwendeltal und bietet dem Wanderer oder Mountainbiker herrliche Ausblicke in die unverfälschte Natur.

Sylvensteinstausee

Im Jahre 1954 wurde südlich von Lenggries mit dem Bau eines Staudamms begonnen, um die flussabwärts liegenden Orte Lenggries, Bad Tölz und München vor den verheerenden Hochwassern der Isar zu schützen. Zu diesem Zweck wurde die Ortschaft Fall evakuiert und einige Meter höher neu errichtet. Heute ist der Speichersee ein beliebtes Ausflugsziel zum Baden, Kajakfahren und Tauchen. Die idyllische Kulisse des Sees mit der mächtigen Brücke im Vordergrund

und den Bergen des Karwendels dahinter ist bis heute ein beliebtes Fotomotiv.

Pupplinger Au

Die Pupplinger Au liegt nördlich von Wolfratshausen und ist ein Naturschutzgebiet an der Mündung der Loisach in die Isar. Sie ist einer der ursprünglichsten Abschnitte der Isar. Jedes Jahr verlagert sich hier durch Erosion und Sedimentation der Flusslauf. In dieser faszinierenden Auenlandschaft mit seiner zum Teil einmaligen und schützenswerten Vegetation findet man unter anderem bedrohte Orchideenarten wie zum Beispiel Händelwurz und Fliegenragwurz. Seltene Vögel wie Fluss-

Impressionen aus dem Isartal: Werdenfelser Land im Oberen Isartal (großes Bild); Isar-Ursprung in Tirol und Sylvensteinstausee (linke Seite oben und unten); Isartal bei Königsdorf und bei Geretsried (links oben und unten).

seeschwalbe und Flussregenpfeifer finden auf den Kiesinseln ideale Nistbedingungen.

Highlights Die Isar durchfließt auf 14 Kilometern Länge die Landeshauptstadt München und ist seit der Stadtgründung Lebensader und grüne Lunge der Stadt. Deshalb sollte man bei einem Besuch der Naturschönheiten der Isar unbedingt einen Abstecher nach München machen. Einerseits kann man hier das Flair der Großstadt ge-

nießen und Kunst und Kultur in den weltberühmten Museen besichtigen, andererseits sind die Isarauen und der englische Garten ein beliebtes Naturerlebnis, das zum Verweilen einlädt (www.muenchen.de).

Outdoor-Aktivitäten Die Isar ist auf ihrer gesamten Länge ein Ausflugsziel und Naherholungsgebiet für die Städte an ihrem Lauf. Vor allem im Sommer wird der Fluss gern zum Baden und Bootfahren genutzt.

In den umliegenden Bergen gibt es zahllose Touren für Wanderer und Mountainbiker in allen Schwierigkeitsgraden. Mehr Adrenalin benötigt man bei den Funsportarten: Raften bei Lenggries und Canyoning in den Seitentälern am Sylvenstein.

Anreise/Unterkunft Die Isar durchfließt auf ihrem Weg in Richtung Donau viele bekannte touristische Orte wie zum Beispiel Mittenwald, Lenggries, Bad Tölz, Wolfratshausen und

München. Alle diese Orte sind gut mit der Bahn erreichbar und bieten Unterkunftsmöglichkeiten in Hotels, Ferienwohnungen und auf Campingplätzen. Unterkunft: Pension & Gästehaus Werner, Lenggries, Tel. www. gaestehaus-werner.de; Landhaus Theresa, Bad Tölz, www. landhaus-theresa.de.

Maiglöckchen, Schachblume und Frauenschuh wachsen an den Isarauen, hier bei Geretsried (großes Bild).

+ TIPP + TIPP + TIPP +

⚐ Radfahren Die Isar wird fast in ihrer gesamten Länge vom gut ausgeschilderten Isarradweg begleitet. Er folgt dem Fluss meist auf ufernahen Wegen und kann in fünf gemütlichen Tagesetappen bewältigt werden (www.isarradweg.de).

⚐ Rafting Auf der Teilstrecke von Lenggries nach Bad Tölz kann man die wilde Seite der Isar kennenlernen. Mit dem Schlauchboot meistert man auf der ca. drei bis vier Stunden dauernden Tour Stromschnellen und wilde Wasserwirbel. In Bad Tölz gibt es verschiedene Anbieter, die im Sommer bei jedem Wetter die Tour durchführen.

⚐ Canyoning am Sylvenstein In den Schluchten um den Stausee befindet sich eines der besten Canyoning-Gebiete. Outdoor-Unternehmen bieten Touren an. Bei den Einsteiger-touren seilt man sich bis zu zehn Meter ab oder springt drei Meter tief in die nächste Gumpe.

⚐ Vogelbeobachtung Mit dem Schlauchboot kann man die Isarauen bei Bad Tölz erkunden, unterwegs erklärt ein Vogelexperte seltene heimische Vogelarten und die Besonderheiten der Auenwälder. Das ruhig dahingleitende Boot stört die Vögel nicht und man kann sie so mit dem Fernglas beobachten (www.sport-piraten.de/angebotsuebersicht/bootstouren/vogelbeobachtungstour-isar.html).

⚐ Floßfahrt auf der Isar Zwischen Wolfratshausen und München werden Fahrten auf dem Floß angeboten. Mit dem Flößerhandwerk haben diese Touren wenig zu tun, aber wer eine zünftige bayerische Gaudi mit Blaskapelle und Bier erleben will, ist hier genau richtig. Zwei Floßrutschen sorgen für spritzige Abkühlung auf dem Weg nach München (www.isarflossfahrten.de).

Schmalensee, Gerold-see und Lautersee

Alpenwelt Karwendel
Mittenwald Krün Wallgau
Dammkarstraße 3
82481 Mittenwald
Tel. 08823/339 81
www.alpenwelt-karwendel.de
info@alpenwelt-karwendel.de

Rund um den Markt Mitten-wald am Fuße des Karwendels findet man eine große Anzahl von wunderschön gelegenen kleineren Seen. Der Lautersee liegt 100 Höhenmeter ober-halb von Mittenwald in einem Hochtal zwischen Hohem Kranzberg und Ederkanzel. Eine kurze Wanderung entlang des Lainbachs bringt einen hin-aus zum See, der neben dem Naturgenuss auch zum Baden und Angeln lockt. Der Schma-lensee liegt zwischen Mitten-wald und Klais. In seiner ru-higen, glatten Oberfläche spiegeln sich die Karwendel-spitzen malerisch wider. Der

Schafe grasen im Morgennebel an einem der Mittenwalder Seen.

See ist bei Spaziergängern und Anglern gleichermaßen be-liebt. Er beherbergt mit Forel-len, Hechten, Zandern, Karpfen und Schleien eine große Aus-

wahl Fische. In der Nähe des Sees liegt die größte zusam-menhängende Buckelwiese in Bayern. Dieses einzigartige Naturphänomen ist ein Über-

bleibsel aus der Eiszeit. Heute sind die Wiesen ein geschütz-tes Biotop, das auf sehr engem Raum eine sehr große Arten-vielfalt vereint. Die moorigen

Senken und die trockenen Hügel bilden den Lebensraum für Enziane, Trollblume, Fliegen-Ragwurz, Knabenkräuter, Stendelwurz, Fettkräuter und Schwarzwurze. Der Geroldsee ist ein Moorsee mit hervorragender Wasserqualität, der sich im Sommer sehr schnell erwärmt und deshalb bei Badegästen sehr beliebt ist.

Highlights Mittenwald ist bekannt für den Geigenbau. Schon seit 1684 werden in der Marktgemeinde dank der umliegenden Wälder Geigen gebaut und seit dem 19. Jahrhundert gibt es eine Schule, die den Geigenbau lehrt. Für alle Interessierten ist ein Besuch im Geigenbaumuseum zu empfehlen. Seit 1930 erklärt dieses liebevoll gestaltete Museum den Geigenbau. Der Schwerpunkt liegt auf den barocken Geigen, Geschichte, Handwerk und natürlich wird auch eine Auswahl der Instrumente gezeigt (www.geigenbaumuseum-mittenwald.de).

Outdoor-Aktivitäten Die Seen rund um Mittenwald bieten sich im Sommer zum Baden an. Aber auch Wanderungen an den Seen oder in die umliegenden Berge sind ein beliebter Zeitvertreib. Ausflügler mit dem Rad oder Mountainbike kommen sich auf den vielen Wegen garantiert nicht in die Quere.

Anreise/Unterkunft Mittenwald liegt an der B2 von Garmisch-Partenkirchen kommend kurz vor der österreichischen Grenze. Die Bahn fährt von München im Stundentakt in die Region. Der Ferienort Mittenwald bietet Unterkünfte in allen Preiskategorien. Von Campingplätzen über Pensionen, Ferienwohnungen bis hin zu Wellness-Hotels. Unterkunft: Gästehaus Flora, www.gaestehaus-flora.com; Natur-Campingpark Isarhorn, www.camping-isarhorn.de.

Großes Bild: Der Geroldsee hat im Sommer oft angenehme Badetemperaturen.

+ TIPP + TIPP + TIPP +

↗ **Walderlebnisweg Lautersee** Am Lautersee wurde 2010 speziell für Kinder ein Walderlebnispfad angelegt. 12 Stationen laden zum spielerischen Erkunden ein. So lernt man viel über den Wald, seine Bewohner und seine Bedeutung als Schutzwald in den Alpen (www.alpenwelt-karwendel.de/walderlebnispfad-mittenwald-bayern).

↗ **Mountainbiketour** Eine Traumrunde von Mittenwald um den Kranzberg und zu den Buckelwiesen ist auf gut 33 Kilometern eine mittelschwere Herausforderung für alle Mountainbiker. Auf guten Wegen überwindet man insgesamt knapp 500 Höhenmeter. Am Lautersee und Ferchensee vorbei fährt man zum Schloss Elmau. Von dort geht es um den Hohen Kranzberg herum und zum Geroldsee,

bevor es an den Buckelwiesen vorbei wieder zurück nach Mittenwald geht (www.almenrausch.at/touren/mountainbike-touren/tour/ggg753.html).

↗ **Wasserweg in Mittenwald** Zwischen Lautersee und Ferchensee wurde vor Kurzem ein neuer Themenweg eingeweiht. Auf mehreren Infotafeln werden die Geschichte des Lautersees sowie die geologischen Besonderheiten der Region erklärt.

↗ **Panoramakino Kranzberggipfel** 15 Ruheliegen stehen auf dem Gipfel des Hohen Kranzbergs für ein einzigartiges Kinoerlebnis bereit. Das 360-Grad-Panorama mit Karwendel, Zugspitze und Werdenfelser Land lädt so zum Genießen ein. Den Kranzberg erreicht man mit dem Sessellift oder aber zu Fuß auf einer schönen Runde über Lauter- und Ferchensee (www.alpenwelt-karwendel.de/panorama-kino-kranzberggipfel).

Karwendelgebirge

Alpenwelt Karwendel
Mittenwald Krün Wallgau
Dammkarstraße 3
82481 Mittenwald
Tel. 08823/339 81
www.alpenwelt-karwendel.de
info@alpenwelt-karwendel.de

Das Karwendel ist eine der ursprünglichsten Gebirgsgruppen in den nördlichen Kalkalpen. Begrenzt wird es vom Inntal im Süden, dem Achensee im Osten und der Isar mit dem Sylvensteinstausee im Norden. Nur ein kleiner Teil des Gebirges liegt in Bayern, der weitaus größere liegt im österreichischen Tirol. Das Karwendel umfasst vier große, von West nach Ost verlaufende Gebirgsketten, zwischen denen tief eingeschnittene Täler liegen. Die schroffen Berge erreichen an vielen Stellen Höhen von über 2000 Metern. Die meisten Gipfel sind sehr abgelegen. Um die Birkarspitze – mit 2749 Metern der

Im Frühling sind die Wiesen des Karwendel mit Krokussen übersät.

höchste Berg des Karwendels – zu erreichen, muss man zu Fuß oder mit dem Mountainbike erst 18 Kilometer durch das Karwendeltal zurücklegen, um zum eigentlichen Berg zu kommen. Auf Grund der fehlenden touristischen Erschließung, die nur in den Randbereichen erfolgt ist, haben hier sehr viele Tiere und Pflanzen einen Rückzugsraum gefunden. Fast die gesamte Gebirgsgruppe steht unter Naturschutz und ist damit das größte

Schutzgebiet Österreichs. In den Hochlagen der Berge kann man Steinadler, Steinböcke, Gämsen und Murmeltiere beobachten. Auch das Alpenschneehuhn ist hier zu Hause. Es ist die einzige heimische Vogelart, die ihr Federkleid im Winter wechselt.

Engtal und Ahornboden

Im Rißtal erwartet den Besucher einer der faszinierendsten Naturräume der Alpen. Über 2000

bis zu 600 Jahre alte, knorrige Ahornbäume wachsen verstreut auf dem weiten Talgrund. Der Kontrast zwischen den Almböden, dem lichten Wald und den Bergen, die ringsum das Tal überragen, bildet eine wunderschöne Kulisse. Vor allem im Herbst, wenn sich die Blätter gelb färben, strömen viele Besucher in das kleine Tal, um die einmalige Farbenpracht zu bewundern. Die Entstehung dieses Ahornwalds ist nahezu unbekannt, da die Ahornschösslinge normalerweise in dem intensiv beweideten Tal keine Möglichkeit zum Wachsen gehabt hätten. Heute geht man davon aus, dass vor 300 Jahren Viehseuchen oder Krieg dazu geführt haben, dass für mehrere Jahre keine Tiere in das Tal zum Weiden geschickt wurden und sich der Baumbestand so entwickeln konnte.

Weitere Highlights Mittenwald ist für seine traditionellen Fresken aus dem 18. Jahrhundert, die sogenannten Lüftlmalereien, bekannt, die man an vielen Gebäuden findet. Die bildgewaltigen Häuserwände erzählen oft biblische Geschichten. Bei Führungen durch den Ort werden die schönsten Beispiele gezeigt und erklärt.

Outdoor-Aktivitäten Im Sommer bieten sich unzählige Wandermöglichkeiten, und auch Kletterer finden ideale Bedingungen, zum Beispiel an den Lalider Wänden in der Nähe der Falkenhütte. In den tief eingeschnittenen Tälern gibt es ideale Routen für Mountainbiker. Auch im Winter hat man unzählige Möglichkeiten. Die einsamen Gipfel sind sehr beliebt bei Skitourengehern, und am Achensee gibt es ein großes Skigebiet, das keine Wünsche offen lässt.

Anreise/Unterkunft Mittenwald ist das Tor zum Karwendel, die Stadt liegt an der B2 Garmisch-Partenkirchen-Innsbruck und bietet Unterkunftsmöglichkeiten in allen Kategorien. Der Große Ahornboden liegt im Engtal. Von Vorderriß am Sylvenstein zweigt eine mautpflichtige Straße ab, die durch den Großen Ahornboden zu den Engalmen führt. Unterkunft: Gästehaus Gebirgsblick, Krün, www.gebirgsblick-kruen.de; Landhaus Sonnenbichl, Mittenwald, www.sonnenbichl-mittenwald.de.

Großes Bild: Ahornboden; links: Kletterer am Mittenwalder Höhenweg.

401

↗ **Mittenwalder Höhen-
weg** Der Mittenwalder Höhenweg ist einer der schönsten
Gratwanderungen in den bayerischen Bergen. Von Mittenwald
bringt die Karwendelbahn den
Wanderer schnell auf 2300 Meter und fast direkt an den Einstieg des Höhenwegs. Der gesi-
cherte Steig sollte nur mit
kompletter Klettersteigausrüs-
tung und Helm begangen werden. In anregendem Auf und Ab
folgt der Weg dem Kamm, der
sich bis zur Kirchlspitze zieht.
Von hier beginnt der lange Abstieg über die Brunnsteinhütte
zurück nach Mittenwald. Die
Tour hat keine hohen technischen Schwierigkeiten, trotzdem sollte sie nicht unterschätzt
werden. Absolute Schwindelfreiheit ist unbedingt notwendig
und mit 6-8 Stunden reiner Gehzeit und einem Abstieg von über
1800 Höhenmetern ist die Tour
nur für konditionsstarke Berg-

tourengeher geeignet (www.
tourentipp.de/de/touren/Mit-
tenwalder-Hoehenweg-Kletter-
steig_318_tt.html).

↗ **Leutascher Geister-
klamm** Kurz hinter der österreichischen Grenze wartet das
Reich des Klammkobolds auf
kleine und große Besucher. Auf
einem 800 Meter langen,
atemberaubend angelegten
Steig, der hoch über der Klamm
am Fels klebt, erklären Klamm-
geister und Kobolde die geologischen Besonderheiten der
Leutaschklamm. Nicht nur ein
Spaß für alle Kinder, sondern
auch ein einmaliges Naturerlebnis mit vielen Gumpen,
Wasserfällen und senkrechten,
engen Felswänden (www.leu-
tascher-geisterklamm.at).

↗ **Themenweg Eng** Zwi-
schen dem Besucherparkplatz
und dem Almdorf Eng wurde ein
Naturlehrpfad über den Großen
Ahornboden, die Eng und die
Almen eingerichtet. Auf elf
Schautafeln wird Wissenswer-

tes über das Karwendel, die Natur und die Kulturlandschaft
vermittelt (www.karwendel.
org/de/karwendel_erleben/
2012_besuchereinrichtungen/
naturlehrpfad_engalm.php).

↗ **Snowkitefahren** Nicht
nur im Sommer ist Kitefahren
eine spannende und aktionsrei-

che Funsportart, auch im Winter kann man diesen Sport aus-
üben. Im Gegensatz zum
Wasser kann man auf Schnee
auch besser stehen, weshalb

der Einstieg in den Sport um
einiges leichter fällt (www.ext-
rem-sport-schwerdt.com).

↗ **Freeriden** In Mittenwald
gibt es die längste Freeride-Ab-
fahrt Deutschlands. Über 6 Kilometer geht es 1300 Höhenmeter
durch das Dammkar von der
Bergstation der Karwendelbahn

hinab nach Mittenwald. Ein einmaliges Naturerlebnis für alle
erfahrenen Skifahrer (www.kar-
wendelbahn.de/page/de/karwen-
delwinter/skiroute_dammkar).

Berg-Ahorne

Man schrieb den 16. Mai 1424, als unter dem Schatten des ehrwürdigen Berg-Ahorns von Trun der Schweizerische Graue Bund gegründet wurde. Jedes Jahr wurde hier die Bundesversammlung abgehalten, immer direkt vor dem Baum. Nachdem ihn ein

haftet. Er strebt mit seinen dicken Ästen gen Himmel und bildet eine gigantische Baumkrone. Auf den Ahornböden im Karwendelgebirge wurden Hunderte solcher Exemplare der Spezies *Acer pseudoplatanus* gepflanzt, die vor allem im Herbst, wenn

Sturm 1870 umgeworfen hatte, wurde der Wurzelstock des über 500 Jahre alten Berg-Ahorns feierlich im Ehrenhof des Ortes aufgestellt. Die Geschichte aus der Schweiz bezeugt die besondere Aura, die dem Berg-Ahorn an-

sich das Laub der Berg-Ahorne in feuriges Rot und warmes Orange färbt, viele Wanderer anziehen. Die Bäume, die bis zu 30 Meter hoch werden, sind genügsam und sorgen für eine Erschließung auch karger Böden.

Murmeltiere machen gern Männchen oder sie hoppeln auf allen Vieren recht schwerfällig dahin. Die Vorderbeine sind kürzer als die Hinterbeine, der Gang ist leicht torkelnd. Sie leben als reine Pflanzenfresser, die sich von Wurzeln und Kräutern ernähren. Häufig sieht man Murmeltiere in unmittelbarer Nähe zu den Kuhherden der Almen, denn sie profitieren von den wegen der Beweidung stets frisch nachwachsenden Trieben. Vor allem in den westlichen Alpen sind Murmeltiere verbreitet. Um eine Existenzgrundlage zu haben, brauchen die großen Nagetiere tiefgründigen Boden, in dem sie buddeln und ihre Baue anlegen können. Die Hauptröh-re endet in einigen Metern Tiefe in einem geräumigen Kessel. Der Bau liegt meist unter einem Felsbrocken und wird von einem Familienverband bewohnt. Vor Winterbeginn tragen sie Unmengen Heu in die Baue: als

Schlafpolster und Trockenfutter zugleich. Von Oktober bis April halten die Alpenmurmeltiere ihren sprichwörtlich langen Winterschlaf. Zuvor verstopfen sie die Eingänge von innen mit Erde und einem dicken Grasbüschel.

Zwei Wochen nach dem Erwachen paaren sich die erwachsenen Tiere. Kurz nach dem Winterschlaf wirft das Murmeltierweibchen nach verzögerter Trächtigkeit meist drei bis fünf Junge.

Tegernsee, Tegernseer Tal und Wallberg

Tegernseer Tal Tourismus
Hauptstraße 2, 83684 Tegernsee
Tel. 08022/92 73 80
www.tegernsee.com
info@tegernsee.com

Das Tegernseer Tal gehört sicherlich zu den Bilderbuchlandschaften Bayerns. Ein sechs Kilometer langer und zwei Kilometer breiter, kristallklarer See liegt eingebettet in die Berge der Bayerischen Voralpen. Die Wasserqualität des Sees erreicht Trinkwasserqualität, da durch den Bau einer Ringkläranlage keine Abwässer mehr in den See gelangen. Das Tal wird seit über 1300 Jahren von Menschen für Ackerbau und Almwirtschaft genutzt. Diese intensive Nutzung hat nicht nur das Überleben der Menschen vor Ort gesichert, vielmehr wurden durch Rodungen neue Lebensräume für Fauna und Flora ge-

schaffen. Die heutige Vielfalt an Blumen ist auch eine Folge der mit der Natur in Einklang stehenden Bewirtschaftung der Hänge des Tegernseer Tals. So findet der aufmerksame Wanderer hier noch sehr seltene Pflanzenarten wie zum Beispiel den Frauenschuh und den Stängellosen Enzian. Auf der Südseite des Sees thront der Wallberg. Der mächtige Bergstock ist entweder leicht mit der Seilbahn oder etwas beschwerlicher zu Fuß zu erklimmen. Mit seinen 1722 Metern bietet er eine unvergleichliche Fernsicht von der Zugspitze bis nach München, sogar der Wilde Kaiser und der Großglockner sind an guten Tagen zu entdecken. Für alle, die nicht nur die Aussicht genießen wollen, gibt es einen Alpen-Lehrpfad, der auf 31 Schautafeln die Flora und Fauna und die geologische Entstehung der Region erläutert.

Highlights In Gmund am Tegernsee ist die Büttenpapierfabrik Gmund ansässig. Jeden ersten und dritten Donnerstag im Monat werden hier Führungen angeboten; dabei wird der gesamte Entstehungsprozess vom Rohstoff Holz bis zum fertigen Büttenpapier erläutert. Das Highlight des Rundgangs ist die älteste Papiermaschine Europas, die seit 1883 ununterbrochen an diesem Ort Büttenpapier herstellt. Die Anmeldung erfolgt in der Tourist-Information Gmund, Tel. 08022/706 03 50.

Outdoor-Aktivitäten Das Tegernseer Tal ist ein beliebtes Ausflugsziel im Sommer wie im Winter. Über 300 Kilometer markierte Wanderwege erschließen die Berge, die den See einrahmen. Vor allem der Wallberg im Süden bietet einen einmaligen Blick über den gesamten See. Aber auch der Hirschberg oder der Fockenstein laden zur Erkundung ein. Auch Mountainbiker finden viele sportliche Trails von leicht bis anspruchsvoll. Im Winter ist das Tegernseer Tal

ein beliebtes Skigebiet. Am Oedberg, Hirschberg und am Wallberg findet man präparierte Abfahrten für jeden Geschmack. Auch Langläufer verfügen über 100 Kilometer gespurte Loipen. Ein besonderer Spaß ist das Rodeln. Viele Almen bieten kostenlos Schlitten an, mit denen man rasant ins Tal abfahren kann.

Anreise/Unterkunft Der Tegernsee ist von München über die A8 und B318 innerhalb einer Stunde gut erreichbar. Auch die Bayerische Oberlandbahn fährt stündlich an den See. Das Tegernseer Tal ist eine sehr beliebte Ferienregion und bietet Unterkünfte in allen Kategorien (www.tegernsee.com/unterkuenfte-angebote.html).

Großes Bild: Panorama von Holzsteg am Tegernsee mit Wallberg, Setzberg und Fockenstein im Hintergrund. Linke Seite: Blick vom Gipfel der Bodenschneid auf den Tegernsee und Seezufluss.

+ TIPP + TIPP + TIPP +

↗ **Baden** Der Tegernsee bietet an vielen Orten rund um den See Bademöglichkeiten von einfachen Uferzugängen bis hin zu richtigen Strandbädern. Wer im Winter auf ein Bad im See nicht verzichten will, ist in der Seesauna in Tegernsee genau richtig. Nach einem Saunagang im Saunaschiff Irmingard kann man direkt in den eiskalten See springen – ein überragendes Erlebnis (www.monte-mare.de/de/tegernsee.html).

↗ **Erlebnisweg an der Weißach** 20 interaktive Stationen laden dazu ein, die Flora und Fauna des Landschaftsschutzgebiets Weißachauen kennenzulernen – ein interessanter Spaß für die ganze Familie (www.tegernsee.com/erlebnis-ausflug/naturschauspiel-kreuth-der-erlebnisweg-an-der-weissach.html).

↗ **Geführte Steinadlerwanderung** Von Mai bis Oktober werden im Wallberggebiet von Experten durchgeführte Wanderungen in das Revier des Steinadlers angeboten. Dabei erfährt man viele Hintergrundinformationen zu diesem majestätischen Greifvogel, und mit etwas Glück kann man ihn sogar bei der Jagd beobachten (www.tegernsee.com/wandern-berge/steinadlerwanderungen-tegernsee.html).

↗ **Naturkäserei Tegernseer Land** Bei einer Führung durch diese Schaukäserei lernt man viel Interessantes über die Herstellung des Naturprodukts Heumilchkäse, angefangen mit der Heumilchwirtschaft über die Viehhaltung bis hin zur eigentlichen Herstellung und Reifung des Käses. Selbstverständlich darf man den Käse am Ende der Führung auch selbst verkosten (www.naturkaeserei.de).

Schliersee und Spitzingsee

Gäste-Information Schliersee
Perfallstraße 4
83727 Schliersee
Tel. 08026/606 50
www.schliersee.de
tourismus@schliersee.de

Der Schliersee ist ein oberbayerischer See in der Nähe von Miesbach. Der 2,5 Kilometer lange und 1,5 Kilometer breite See ist eine Perle der bayerischen Voralpen. An seinem Ostufer liegen die Gemeinde Schliersee und die Teilorte Neuhaus und Fischhaus, die Westseite des Sees ist bis auf die Bahnlinie nach Bayrischzell nahezu unverbaut. Der See kann auf einem 7 Kilometer langen Rundweg gemütlich umwandert werden. Trotz Ringkanalisation war das Wasser lange Jahre von Algen schwer belastet. Heute lockt dank einer Druckluftleitung, die den See regelmäßig umwälzt, das kristallklare Was-

Die Josefsthaler Wasserfälle sind auf einem netten Spaziergang vom Spitzingsee aus zu erreichen.

ser wieder Badegäste zum Sprung ins kühle Nass. Nur wenige Kilometer südlich des Schliersees erreicht man über den Spitzingsattel das Hochtal des Spitzingsees. Der kleine See liegt inmitten einer traumhaften Landschaft mit dunklen Wäldern, sanften Almwiesen und den Bergen der Voralpen. Klare Luft und Freizeitmöglichkeiten locken viele Touristen an den See. Trotzdem gibt es immer noch versteckte Wege, auf de-

nen man die Einsamkeit der Natur auf sich wirken lassen kann. Die Natur im wahrsten Sinne des Wortes kann man auf vielen Hütten des Deutschen Alpenvereins genießen, die unter dem Motto »So schmecken die Berge« regionale Spezialitäten anbieten und den Wanderer zum Verweilen einladen.

Highlights In Neuhaus findet man eine echte Whiskey-Destillerie. Seit über 10 Jahren wird

hier bayerischer Whiskey gebrannt. Auf mehreren Schautafeln wird der gesamte Herstellungsprozess erläutert und am Ende des Rundgangs, nach einem Blick auf die Fässer, in denen der edle Tropen reift, kann der Besucher den Whiskey auch verkosten (www.slyrs.de).

Outdoor-Aktivitäten Die Gegend bietet im Sommer exzellente Wanderbedingungen. Rotwand, Brecherspitze, Jägerkamp und viele weitere Berge ermöglichen familienfreundliche Hüttentouren bis hin zu ambitionierten Gipfelerlebnissen. Im Winter stehen im Skigebiet am Spitzingsee über 20 präparierte Pisten zur Verfügung. Hier findet jeder das passende Skierlebnis. Ein besonderes Vergnügen ist Eislaufen oder Eisstockschießen auf dem Spitzingsee.

Anreise/Unterkunft Der Schliersee ist von München über die A8 und B307 innerhalb einer Stunde gut erreichbar. Auch die Bayerische Oberlandbahn fährt stündlich an den Schliersee. Von hier besteht eine Busverbindung zum Spitzingsee. Die Region bietet Unterkünfte in allen Kategorien. Unterkunft: Gästehaus Schmetterer am See, Schliersee, www.schmetterer-am-see. de; Pension Forelle, Schliersee, www.pension-forelle.de.

Großes Bild: Ein traumhaftes Panorama bietet der Schliersee auch im Spätherbst.

+ TIPP + TIPP + TIPP +

↗ **Bockerlbahnwanderungen** 1919 brach ein Föhnsturm über die Valepp herein und knickte über 300 000 Bäume um. Um das Holz schnellstmöglich abzutransportieren, wurde in Rekordzeit eine 12 Kilometer lange Bahnstrecke an den Schliersee gebaut. Heute kann man auf den Spuren dieser Bahn eine vierstündige Wanderung unternehmen und auf verschiedenen Schautafeln die Geschichte der Bahn und ihre Bedeutung für die Region nachlesen.

↗ **Rotwand Reibn** Die »Rotwand Reibn« ist eine der klassischen Skitouren. Vom Spitzingsee aus steigt man zur Rotwand auf und kehrt über Auerspitz und Taubensteinhaus zum See zurück. Die Tour ist mit fast 7 Stunden und 1250 Höhenmetern anstrengend, aber man wird mit herrli-

chen Ausblicken in die Bergwelt Bayerns und die Zentralalpen belohnt (www. hoehenrausch.de/berge/rotwand/reibn-skitour/index.php).

↗ **Markus Wasmeier Freilichtmuseum** In dem liebevoll gestalteten Museum des in Schliersee geborenen Olympiasiegers kann man neben historischen Bauernhäusern und Handwerksbetrieben Bauerngärten besichtigen. Hier werden vergessene Nutzpflanzen

wie Flachs und Hanf angebaut und deren Verwendung erklärt. Auch werden regelmäßige Kräuterführungen angeboten (www.wasmeier.de).

↗ **Schaufütterung** Am Spitzingsee verbringen ca. 50 Hirsche die kalte Jahreszeit in einem Wintergatter. Um den Bergwald vor den Tieren zu schützen, werden sie von Januar bis März mit Heu und Rüben angefüttert. Man kann sie dabei aus der Nähe beobachten.

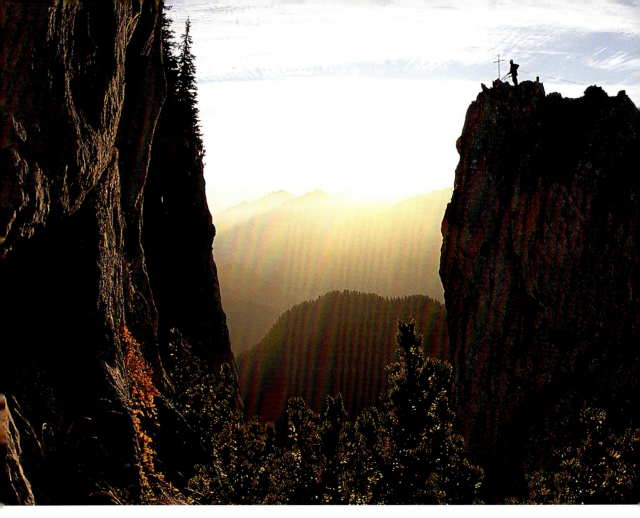

Mangfallgebirge und Mangfalltal

Touristik und Freizeit im Mangfalltal, Schnürmann 1, 83052 Bruckmühl
Tel. 08062/97 45
www.tourist-info-bruckmuehl.de
vorstand@tourist-info-bruckmuehl.de

Südlich von München zwischen Isar und Inn liegt das Mangfallgebirge. Seine Gipfel erreichen Höhen bis zu 1884 Meter. Viele der Berge sind beliebte Ausflugsziele und zählen zu den »Münchner Hausbergen«. Besonders bekannt sind –um nur einige zu nennen – die Rotwand, der Wendelstein, der Wallberg und der Hirschberg. Die Region ist durch viele Seen, Almwiesen und dunkle Wälder charakterisiert. Die malerische Landschaft wirkt oft, als wäre sie einem Bilderbuch entsprungen. Die Mangfall, ein Nebenfluss des Inns, hat dem Gebiet seinen Namen gegeben. Ihr idyl-

Wiese am Gipfel der Bodenschneid mit dem Tegernsee im Hintergrund

lisches Flusstal ist fernab vom Massentourismus ein beschauliches Rückzugsgebiet für Vögel und Amphibien. Obwohl das Mangfallgebirge selbst touristisch sehr stark genutzt wird und jedes Wochenende Tausende von Menschen in die Berge zur Erholung strömen, hat sich hier eine große Artenvielfalt bewahrt, die der aufmerksame Wanderer auf seinen Touren entdecken kann. So gedeihen hier immer noch viele Orchide-

enarten wie Fliegen-Ragwurz und Frauenschuh. Auch viele Enzianarten sind hier heimisch. Am seltensten sind die Vorkommen von Kreuzenzian, der in enger Symbiose mit dem Kreuzenzian-Ameisenbläuling lebt. Dieser Falter legt seine Eier ausschließlich auf dieser Enzianart ab. Auch scheues Großwild wie Gämsen, Rotwild und sogar Steinböcke ist in der Region heimisch und kann am frühen Morgen beobachtet werden.

Bodenschneid

Die Bodenschneid ist ein 1669 Meter hoher Berg zwischen Tegernsee und Spitzingsee im Mangfallgebirge. Ein langer, grasiger Bergrücken führt von Süden zum höchsten Punkt mit einem großen Kreuz und Ausblick auf den Tegernsee. Die Nordseite fällt steil in Richtung Spitzingsee ab. Die Bodenschneid kann von mehreren Seiten problemlos bestiegen wer-

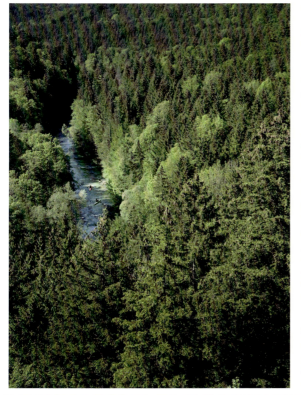

den, die beliebtesten Aufstiege sind die von Neuhaus am Schliersee und vom Enterrotach in der Nähe des Tegernsees.

Wendelstein

Der Wendelstein ist der höchste Berg des Mangfallgebirges. Mit seiner markanten Form und der Antennenanlage des Bayerischen Rundfunks auf seinem Gipfel ist er einer der auffälligsten Berge in den Bayerischen Voralpen. Der Gipfel gehört zu den am besten ausgebauten Berggipfeln in den Alpen. Hier drängen sich die Bergstation einer Seilbahn, der Bahnhof der Zahnradbahn, ein Observatorium, eine Kirche und eine Ausflugsgaststätte auf engem Raum. Trotz des Trubels ist die Aussicht traumhaft, und wer den mühsameren Weg zu Fuß auf den Berg wählt, kann auf einer der drei Hauptrouten noch unverfälschte Natur und Bergeinsamkeit erleben. Besonders interessant sind die vier Lehrpfade des Geo-Park Wendelstein.

Mangfalltal

Das Mangfalltal schließt sich nördlich an den Tegernsee an. Die Mangfall hat sich hier als einziger Abfluss des Sees ein tiefes Bett zwischen Isar und Inn gegraben. Nördlich der kleinen Ortschaft Valley ändert der Fluss seine Richtung um fast 180 Grad und fließt in südöstlicher Richtung dem Inn zu. Aufgrund des Reichtums an Grundwasser bezieht die Stadt München seit über 100 Jahren den größten Teil ihres Trinkwassers aus dem Tal.

Weitere Highlights An Christi Himmelfahrt treffen sich an der Wallfahrtskapelle Birkenstein in der Nähe von Fischbachau Hunderte Pilger und

Großes Bild: Wer kurz vorm Gipfel des Wendelsteins noch eine kleine Kletterpartie in Kauf nimmt, wählt den Rossstein als Ziel. Links: An einigen Abschnitten der Mangfall sind Kajakfahrer willkommen.

über 40 Trachtengruppen zur Trachtenwallfahrt – ein eindrucksvolles Zeugnis von Brauchtum und Frömmigkeit im bayerischen Oberland. Auch an anderen Tagen im Jahr ist die Kapelle einen Abstecher nach einer Wanderung wert.

Outdoor-Aktivitäten Das Mangfallgebirge bietet mit seinen vielen Gipfeln ein großes Angebot für Freizeitsportler. Unzählige Touren führen auf die bekanntesten Gipfel. Das dichte Hüttennetz ermöglicht neben Tagestouren auch mehrtägige Wanderungen auf den transalpinen Fernwanderwegen Via Alpina und E4. Auch mit dem Mountainbike gibt es viele interessante Touren in allen Schwierigkeitsgraden. Im Winter bietet das Skigebiet Sudelfeld beste Skibedingungen. 31 Kilometer Abfahrten warten darauf, entdeckt zu werden. Das Leitzachtal rund um Bayrischzell ist ein Leistungszentrum für den Langlauf, sodass sich hier viele gespurte Loipen für Anfänger und Fortgeschrittene befinden.

Anreise/Unterkunft Das Mangfallgebirge liegt südlich von München und lässt sich von vielen Orten aus erkunden. Schliersee, Tegernsee und das Leitzachtal sind gut mit Bahn oder Auto erreichbar. Unterkunft: Ferienwohnungen Stei-

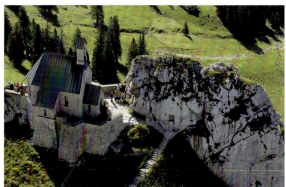

ninger, Fischbachau, www.ferienwohnungen-steininger.de; Gasthof/Hotel »Zur schönen Aussicht«, Kleinhöhenrein, Tel. www.zur-schoenen-aussicht.com.

Großes Bild: Die Mangfall eignet sich ganz besonders für Kajaktouren. Oben: Das kleine Wendelsteinkircherl liegt unweit des Wendelsteinhauses.

+ TIPP + TIPP + TIPP +

↗ **Wanderreiten** Reiterferien einmal ganz anders: Mit dem Pferd hinauf ins Mangfallgebirge reiten, auf einer Alm übernachten und am nächsten Tag ins Leitzachtal hinab – zwei Tage in einem neuen Rhythmus, eins werden mit dem Pferd und der Natur, Entschleunigung leben und in Ruhe die Almwiesen genießen. Was gibt es Schöneres? Nähere Informationen zu den Ritten vom Inn ins Leitzachtal gibt es unter www.steinreb.de/wanderreiten-bayern-steinreb. html.

↗ **Mountainbiken** Eine anspruchsvolle, aber auch sehr lohnende Tour ist die Umrundung des Wendelsteins mit dem Mountainbike. Gestartet wird bei der Seilbahn-Talstation der Wendelsteinbahn. 51 abwechslungsreiche Kilometer und 1600 Höhenmeter warten auf den ambitionierten Biker – einmalige Ein- und Ausblicke inbegriffen.

↗ **Geo-Park Wendelstein** Der Wendelstein begann sein Dasein vor 250 Millionen Jahren als Korallenriff vor der Küste Afrikas. So unglaublich das klingen mag: Bei genauerer Betrachtung der Felsen erkennt man heute noch Fossilien von Meeresbewohnern. Der Geo-Park am Wendelstein dient dazu, dem interessierten Wanderer diese Besonderheiten zu erklären. Auf 36 Schautafeln auf vier verschiedenen Geo-Wegen werden die Entstehung der Alpen, das urzeitliche Leben und erdwissenschaftliche Phänomene erläutert (www.wendelsteinbahn.de/bergbahnen/sommererlebnis/geopark/geopark.php).

↗ **Kajaktouren auf der Mangfall** Ein Naturerlebnis der besonderen Art ist eine Wildwasserkajakfahrt auf der Mangfall. Der Fluss ist glänzend für Einsteiger geeignet und mit der Hilfe eines erfahre- nen Guides lernt man schnell, wie man auch als Anfänger Hindernissen ausweicht und den besten Weg findet. So bleibt genügend Zeit, die Schönheiten der Umgebung wahrzunehmen (www.kajak-company.de/Kurse/index.html).

↗ **Wanderung zu Deutschlands höchstgelegener Kirche** Die erste Wirtin des Wendelsteinhauses beklagte 1882, dass es keine Kirche auf dem Wendelstein gäbe. Ein Vorwurf, den Max Kleiber zum Anlass nahm, das Wendelsteinkircherl zu bauen. 1890 wurde sie geweiht und ist seither nicht nur Ausflugsziel, sondern auch beliebter Hochzeitsort.

Chiemgau

Chiemgau Tourismus
Leonrodstraße 7
83278 Traunstein
Tel. 0861/909 59 00
www.chiemgau-tourismus.de
info@chiemgau-tourismus.de

Das Chiemgau ist eine alte Na-
tur- und Kulturlandschaft im
südöstlichen Bayern. Begrenzt
wird das Chiemgau durch den
Inn im Westen, die Chiemgauer
Alpen im Süden und den Ruper-
tiwinkel sowie das Berchtesgadener Land im Osten. Das
Chiemgau wird vor allem durch

seine Seen und Moore geprägt, wie zum Beispiel das Kendlmühlfilzen im Süden des Chiemgaus, eines der größten Hochmoore Süddeutschlands. Typisch ist die Landschaft rund um die Seenplatte von Seeon und Eggstätt und natürlich auch das »Bayerische Meer« – der Chiemsee. Er bildet das Herz der Region. An seinem Ostufer liegt Chieming, das der gesamten Region den Namen gab. Der Mensch hat über Jahrtausende diese urzeitliche Landschaft durch Ackerbau und Siedlungsbau zu einer einmaligen Kulturlandschaft geformt. Die Klöster in Seeon und

auf der Fraueninsel sowie die großen, aus Stein gebauten bäuerlichen Anwesen, im Volksmund »Itakerhöfe« genannt, sind Zeugnis für die reichhaltige Kultur der Region. Auch König Ludwig II. war von der Schönheit der Landschaft so beeindruckt, dass er »sein Versailles« auf einer Insel im Chiemsee errichten wollte. Heute ist das Chiemgau eine bodenständige, von Landwirtschaft und Tourismus geprägte Region, die für viele Besucher mit ihren weiten Feldern, sanften Hügeln und den typischen Zwiebeltürmen das Idealbild Bayerns darstellt.

Seeoner Seen

Das Naturschutzgebiet Seeoner Seen ist eine Eiszerfallslandschaft mit lichten Auenwäldern, Nieder- und Hochmooren nördlich des Chiemsees. Sieben größere Einzelseen, die keine Oberflächenzuflüsse haben, sondern nur von Grund- und Regenwasser gespeist werden, bieten einer Vielzahl von Insekten, Amphibien und Vögeln einen unberührten Lebensraum. Bei einer Wanderung durch die Seenplatte sollte man einen Abstecher zum Kloster Seeon, das die Geschichte hier geprägt hat, unbedingt mit einplanen.

Eggstätter-Hemhofer Seenplatte

Bereits seit 1939 ist die Landschaft nördlich des Chiemsees Naturschutzgebiet. Das Landschaftsbild wird von Moränenhügeln, Toteislöchern, Auen, Mooren und den Seen geprägt. In der urzeitlichen Landschaft finden sich viele seltene Insektenarten wie zum Beispiel der Hochmoor-Perlmuttfalter und die Libellenart Zierliche Moosjungfer. Am besten erkundet

Großes Bild: Kloster Seeon am Seeoner See; links: Uferidylle am Langbürgner See.

415

man die Seen auf einem der Rundwege, die durch die harmonische Landschaft führen.

Chiemsee

Mit 80 Quadratkilometern ist der Chiemsee der größte bayerische See, er ist Anziehungspunkt für Wassersportler, Erholungsuchende und Kulturbegeisterte. Auf dem See selbst gibt es einen regelmäßigen Schiffsverkehr, der zwischen den größeren Orten sowie zu der Herren- und der Fraueninsel verkehrt. Die 14 Boote der Chiemsee-Schiffahrt ermöglichen einen bequemen Transport und traumhafte Blicke in die Chiemgauer Alpen (www.chiemsee-schifffahrt.de). Der See ist eines der bekanntesten Urlaubsziele in Bayern, und in den Sommermonaten sind Erholungsuchende aus aller Welt zu Gast. Trotzdem gibt es geschützte Bereiche – vor allem in der Hirschauer Bucht, die der Flora und Fauna Rückzugsorte bieten und Heimstatt vieler Pflanzen, Insekten und Vögel sind.

Tiroler-Achen-Delta

Die Tiroler Ache ist der bedeutendste Zufluss des Chiemsees. Das Mündungsdelta ist Naturschutzgebiet, das nicht betreten werden darf. Der Fluss spült jährlich große Mengen an Sand und Geröll in den See, sodass das Delta jedes Jahr um ca. 10 000 Quadratmeter wächst. Die Auenwälder, Kiesbänke und Wasserflächen dienen seltenen Vögeln wie dem Schwarzhalstaucher, dem Kormoran, der Schellente, dem Gänsesäger, dem Wespenbussard, dem Schwarzmilan, der Rohrweihe, der Tüpfelralle, dem Wachtelkönig und der Bekassine als Brutplatz.

Weißache

Die Weißache mündete früher in die Tiroler Ache. Um die Verlandung des Chiemsees durch die Tiroler Ache zu verlangsamen, wurde Anfang des 20. Jahrhunderts der Rothgraben angelegt, der nun die Weißache parallel zur Tiroler Ache in den Chiemsee führt. In dem ruhigen Moorbach, der durch eine urwüchsige Landschaft führt, leben heute zahlreiche Fischarten wie Döbel, Rutte, Aal und Hecht. An seinen Ufern findet man die Kreuzotter und auch zahlreiche Amphibien sind hier heimisch.

Kendlmühlfilzn

Südlich des Chiemsees liegt das Naturschutzgebiet Kendlmühlfilzn. Das Hochmoor entstand durch die Verlandung des Ur-Chiemsees. Bis weit in die 1980er Jahre hinein wurde in dem Moor Torf abgebaut. Erst durch den entschiedenen Einsatz von Anwohnern und Naturschützern wurde das Moor 1992 geschützt und ein Programm zur Renaturierung aufgelegt. Heute findet man

Für die einen ist es der Chiemsee, für die anderen das »Bayerische Meer«. Für letztere Ansicht sprechen nicht nur beide Abbildungen, auch der Hauptanlegeplatz für Schiffe heißt »Übersee«.

Aus der Luft zeigen sich erst
die Ausmaße des unberührten
Deltas der Tiroler Ache.

hier wieder Kiebitze, Moorfrösche und Auerhühner. Im Frühjahr blühen das Wollgras und der Sonnentau, und auch das Haarmützenmoos ist hier wieder heimisch.

Weitere Highlights Majestätisch auf einer Insel im Chiemsee thront das Schloss Herrenchiemsee. Mit dem Linienboot ist man in einer halben Stunde auf der Insel und kann das von König Ludwig II. nach dem Vorbild von Versailles erbaute Schloss besichtigen. Über 20 Prunkräume sind dem Besucher in dem halb fertigen Schloss zugänglich. Highlight ist der 75 Meter lange Spiegelsaal, dessen Ausstattung atemberaubend ist.

Outdoor-Aktivitäten Rund um den Chiemsee steht der Wassersport im Mittelpunkt. Baden, Segeln, Windsurfen, Stand-Up-Paddeln und Kajakboote werden in vielen Orten angeboten. Radfahrer finden eine unvergleichliche Landschaft, die zu gemütlichen

Abgestorbene Birken im Hochmoorgebiet Kendlmühlfilzn

Fahrten mit dem Trekkingrad oder dem E-Bike einlädt. Auch Wanderer kommen hier nicht zu kurz: Interessante Wanderungen durch eiszeitliche Landschaften, Moore und Wälder stehen zur Auswahl.

Anreise/Unterkunft Das Chiemgau erreicht man in gut einer Stunde über die A8 von München aus. Prien am Chiemsee wird im Stundentakt von der Deutschen Bahn angefah-

ren. Rund um die Seen gibt es in vielen Orten eine große Auswahl an Hotels, Pensionszimmern, Ferienwohnungen und Campingplätzen. Unterkunft: Familotel »Zum Steinbauer«, Amerang, www.zum-steinbauer.de; Yachthotel Chiemsee, Prien, www.yachthotel.de.

Großes Bild: An schönen Sonnentagen tummeln sich zahlreiche Segelschiffe auf dem riesigen Chiemsee.

+ TIPP + TIPP + TIPP

↗ **Bademöglichkeiten** Das Chiemgau ist ein Badeparadies. Am Chiemsee laden mehr als 10 Strandbäder in den Orten Prien, Übersee, Chieming, Breitenbrunn und Felden zum Baden und Planschen ein. Auch am Siemsee, Rinsersee und Hartsee gibt es ausgewiesene Badeplätze mit allen Annehmlichkeiten. Wer eine einsame Badebucht dem Trubel eines Freibades vorzieht, findet an mehreren Stellen abgeschiedene Badestellen. Dabei sollte man aber die ausgewiesenen Naturschutzgebiete unbedingt beachten, damit die Flora und Fauna in diesen Bereichen ungestört bleibt.

↗ **Segeln** Der Chiemsee hat durch seine Windbedingungen ideale Voraussetzungen zum Segeln. Wer das Segeln erst noch erlernen will, findet mehrere Segelschulen am See, die Kurse für Anfänger und Fortgeschrittene anbieten. Erfahrene Segler können sich Segelboote auch für einen Tag mieten und gemütlich die Sonne und die Wellen auf dem bayerischen Meer genießen.

↗ **Windsurfen** Auch für Windsurfer ist der Seewind perfekt. Mit Hilfe eines Trainers lernt man schnell die einfachen Techniken und kann üben, das Brett in den Wind zu steuern. Natürlich kann man sich auch ein Brett leihen und auf eigene Faust sein Können verbessern (www.surfschule-chiemsee.de).

↗ **Radfahren** Im Chiemgau ist eine große Auswahl an ausgeschilderten Radwegen vorhanden. Einer der beliebtesten ist der Chiemseeradweg. Auf 55 Kilometern umrundet man den See und entdeckt auf dem Weg viele Aussichtspunkte, Badegelegenheiten und natürlich

Einkehrmöglichkeiten. Neben dem eigenen Fahrrad kann man sich auch an mehreren Verleihstationen Fahrräder und E-Bikes für eine individuelle Tagestour ausleihen. Mehrere Fernradwege führen durch das Chiemgau und können hier abschnittsweise befahren werden. Die bekanntesten sind der Innradweg und der Bodensee-Königssee-Radweg.

↗ **Ballon fahren** Die Schönheit des Chiemgaus kann man am besten bei einer Ballonfahrt aus der Luft entdecken. Rund um den Chiemsee gibt es drei Veranstalter, die Fahrten anbieten. In der Regel werden täglich Fahrten durchgeführt, bei denen man bis zu zwei Stunden über den See und die bayerischen Voralpen gleitet. In aller Ruhe kann man die markante Landschaft unter sich bestaunen – die Seen, Wälder und Hügel und die Kulturlandschaft, die die Gegend nachhaltig geprägt hat (www.ballonfahrt.info; www.chiem-

seeballoning.de; www.ts-ballonfahrten.de).

↗ **Erlebnisangebote** Der Tourismusverband Chiemsee-Alpenland bietet auf seiner Webseite eine Vielzahl von Erlebnisangeboten für die Region an. Hier drei besonders schöne Beispiele: »Erlebnisbootsfahrt an das Delta der Tiroler Achen«: Jeden Freitag und Samstag in den Sommermonaten erklären erfahrene Biologen auf einer dreistündigen Fahrt die Besonderheiten des Naturschutzgebietes. »Wasserforscher an der Prien«: Hier entdecken Kinder mit Sieb und Lupe das Leben in einem Fluss. Angeleitet von einer Diplom-Biologin wird Ökologie spielerisch begreifbar gemacht. »Fledermausführung Herrenchiemsee«: Bei dieser Abendveranstaltung bekommt man einen ausführlichen Einblick in das Leben der Fledermäuse. Mit Live-Beobachtungen, Ausstellung und Wanderung über die Insel. Weitere

Angebote unter www.chiemsee-alpenland.de.

↗ **Durchs Moor der Kendlmühlfilzn** Eine der schönsten Wanderungen im Hochmoor ist der Ewigkeitsweg bei Grassau. Auf einem 15 Kilometer langen Rundweg entdeckt man die Schönheiten der Kendlmühlfilzen sowie einen Wasserfall und kann im Moormuseum noch allerlei Informationen über das Naturschutzgebiet erfahren (www.chiemgau-tourismus.de/de/im-nsg-kendlmueh-filz).

↗ **Wintersport** Auch im Winter ist das Chiemgau ein beliebtes Ausflugsziel. Vor allem in Sachrang, aber auch in Oberaudorf steht der Langlauf im Vordergrund. Auf mehreren gespurten Loipen kann man tief verschneite Wälder und Wiesen auf den schmalen Brettern erobern. Natürlich gibt es auch Anfängerkurse für alle, die diese entspannte Wintersportart kennenlernen wollen (www.skischule-sachrang.de)

Chiemgauer Alpen

Chiemgau Tourismus
Leonrodstraße 7
83278 Traunstein
Tel. 0861/909 59 00
www.chiemgau-tourismus.de
info@chiemgau-tourismus.de

Die Chiemgauer Alpen bilden den südlichen Abschluss des Chiemgaus. Im Westen ist der Inn, im Osten die Traun und die Berchtesgadener Alpen die Grenze dieser Gebirgsgruppe in den nördlichen Kalkalpen. Obwohl die Berge mit 1500–1900 Metern nur eine bescheidene Höhe erreichen, gewähren sie viele wunderschöne Ausblicke über die bayerischen Voralpen, das Chiemgau mit dem bayerischen Meer und teilweise bis in die Zentralalpen. Der höchste Berg ist mit 1961 Metern das Sonntagshorn südlich von Ruhpolding, das im Winter ein beliebtes Ziel von Skitourengehern ist. Die meisten Berge sind eher sanfte Erhebungen, die von

mehreren Seiten relativ einfach bestiegen werden können. Die Nähe zu München, die leichte Erreichbarkeit, das reiche Angebot an Hütten und Almen sowie die Aufstiegshilfen am Hochfelln, an der Kampenwand und am Hochries haben dazu geführt, dass die Chiemgauer Alpen eine beliebte Ausflugsregion geworden sind. Trotz des Ansturms hat sich die Landschaft ihren natürlichen Charakter bewahrt und viele Tier- und Pflanzenarten haben hier Rückzugsgebiete gefunden. So kann man selbst am helllichten Tag nur einige Höhenmeter unterhalb der Bergstation der Hochfelln-Bahn Murmeltiere pfeifen hören und sie mit etwas Glück auch in den grasigen Abhängen vor ihrem Bau sitzen sehen.

Heuberg und Heutal

Der Heuberg ist eine Ansammlung von vier Berggipfeln (Wasserwand, Kitzstein, Heuberg, Kindlwand) über dem Inntal und bildet den Abschluss der Chiemsind Mehlprimel, Alpenfettkraut und Ragwurz.

Priental

Die Prien, ein 32 Kilometer langer Wildbach, hat ein wunderschönes Tal im Herzen der Chiemgauer Alpen geschaffen. Westlich wird es vom Zellerhorn und Spitzstein und östlich von der Kampenwand und dem Geigelstein überragt. Der Hauptort des Tals ist Aschau, das Ausgangspunkt für viele Outdoor-Aktivitäten ist. Die Prien mündet schließlich in den Chiemsee und sorgt mit ihrer Fracht von Sedimentgestein für die Verlandung der Schafwaschener Bucht.

Kampenwand

Die Kampenwand ist nicht der höchste Berg der Chiemgauer Alpen, aber einer der bekanntesten und markantesten. Ihr 12 Meter hohes Kreuz, das größte in den bayerischen Alpen, ist schon von Weitem gut

erkennbar. Auch der Gipfel mit seinem felsigen Kamm sticht aus den umliegenden Bergen deutlich hervor. Der Aufstieg von Aschau über die Steinlingalm bis zum Gipfel dauert knapp drei Stunden. Bis zur Steinlingalm führt auch eine Seilbahn. Die letzten gut 200 Höhenmeter erfordern Trittsicherheit und Schwindelfreiheit, da man für den Endspurt bis zum Gipfel den Einsatz der Hände benötigt. Kurz vor dem Gipfel führt der Weg durch die Kaisersäle – eine kleine Schlucht – und schließlich über eine Eisenbrücke zum höchsten Punkt. Vom Gipfel bietet sich ein eindrucksvoller Ausblick über das bayerische Meer, das Chiemgau, das Mangfallgebirge und die Berchtesgadener Alpen.

Großes Bild: Aussicht von der Kampenwand nach Südosten mit dem Chiemsee. Krokusse am Heuberg und Aurikel an der Kampenwand (linke Seite oben und unten) begeistern ebenso wie die Prien (oben).

gauer Alpen nach Westen. Der Heuberg selbst ist mit 500 Höhenmetern Aufstieg eine leichte Familienwanderung. Die Wasserwand, die rechts vom Heuberggipfel liegt, ist dagegen eine anspruchsvolle Tour, die an einigen Stellen mit Drahtseilen gesichert ist. Auf dem Rückweg lohnt ein Abstecher zu den Wasserfällen in der Nähe des Berggasthofs »Duftbräu« (www. tourentipp.de/de/touren/Heuberg-Wasserwand-Kitzstein-Bergtour_39.html).

Samerberg

Das Hochplateau Samerberg liegt 200 Höhenmeter über dem Inntal am Fuß der Hochries. Hier findet man zahlreiche Almen und Hütten, die die Region – neben der Schönheit der Natur – zu einem beliebten Wandergebiet machen. Vor allem abseits der Wege haben sich einige Quellmoose erhalten, die eine reiche Artenvielfalt bieten. Besonders schöne Alpenpflanzen, die man hier entdecken kann,

Geigelstein

Der Geigelstein ist seit 1991 Naturschutzgebiet. Eine Bürgerinitiative hat sich hier erfolgreich gegen den Bau eines Skigebiets zur Wehr gesetzt und den Erhalt des einzigartigen Naturraums ermöglicht. Rund um den 1813 Meter hohen Berg findet man über 720 Farn- und Blütenpflanzen, von denen mehr als 100 streng geschützt sind. Dieser einzigartige Blumenberg kann im Sommer auch von Ungeübten bestiegen werden. Sogar im Winter gibt es zwei Routen für Skitourengeher, wobei der Aufstieg von Westen die einfachere Variante ist.

Weißbachklamm

Die Weißbachschlucht liegt zwischen Weißbach und Schneizelreuth an der deutschen Alpenstraße. Der Weißbach hat sich hier eine tiefe, enge Schlucht gegraben, die auf einem fünf Kilometer langen Wanderweg erkundet werden kann. Vor allem für Kinder ist der Weg zur Schlucht schon ein Erlebnis, da sie hier einen idealen Wasserspielplatz vorfinden, mit Kiesbänken zum Planschen und erfrischenden Gumpen, die zum Baden einladen.

Weitere Highlights In Ruhpolding bietet sich ein Besuch des Hammerschmiede-Museums an. Hier wurden mehrere Hundert Jahre lang Eisenwaren und vor allem Kuhglocken geschmiedet. Eine beeindruckende Sammlung von Kuhglocken ist im Museumsladen zu besichtigen. Die Mühle wurde mit einem Wasserrad betrieben, das bis heute in Betrieb ist (www.museum-glockenschmiede.de).

Outdoor-Aktivitäten Die Chiemgauer Alpen halten eine Vielzahl von sportlichen Betätigungsfeldern bereit. Im Sommer bieten die Berggipfel Wandermöglichkeiten, auch mehrtägige Hüttentouren sind problemlos möglich. Die Kletterer finden ausgezeichnete Bedingungen an den Felsen der Kampenwand vor. Interessante Mountainbike-Touren auf abwechslungsreichen Single-Trails findet man zum Beispiel in Reit im Winkl, Innzell oder Ruhpolding. Im Winter kann man Ski laufen, alpin zum Beispiel auf der Steinplatte bei Reit im Winkel, oder Langlaufen im Priental und in der Chiemgau Arena Ruhpolding. Inzell ist ein Leistungszentrum für den Eisschnelllauf, auch Freizeitsportler sind herzlich willkommen.

Anreise/Unterkunft Die bekanntesten Orte der Chiemgauer Alpen, Samerberg, Aschau, Reit im Winkl, Innzell und Ruhpolding, sind schnell mit dem Auto über die A8 München-Salzburg erreichbar. Sie dienen als Ausgangspunkt für ausgedehnte Unternehmungen in die Bergregionen der Chiemgauer Alpen. Da die gesamte Region ein Urlaubsziel ist, findet man hier eine große Auswahl an Unterkünften in allen Preisklassen. In den Bergen selbst bieten mehrere Hütten des Deutschen Alpenvereins Übernachtungen an. Unterkunft: Burghotel Aschau, www.burghotel-aschau.de; Traunbachhäusl Ruhpolding, www.traunbachhausl.de.

Das Gipfelkreuz am Geigelstein (oben) ist ebenso Ziel vieler Touren wie der Felssturm der Kampenwand (rechts).

+ TIPP + TIPP + TIPP

↗ **Boarischer Entschleunigungsweg** Im Priental bezeichnet sich die Gemeinde Aschau als »Bankerldorf«, und so finden sich hier und in den Nachbargemeinden insgesamt 450 Sitzbänke und über 160 Themenbänke. Jede dieser Bänke lädt zum Entspannen und Schauen ein. Hinsetzen und ankommen, einfach einmal nur die wunderschöne Aussicht genießen. In diesem Sinne wurde ein spezieller Entschleunigungsweg eingerichtet, der in 10 Stationen – sprich Sitzgelegenheiten – Zeit für Ruhe, Meditation und innere Einkehr im Einklang mit der Natur ermöglicht (www.aschau.de/de/entschleunigungsweg).

↗ **Mountainbiken** Die Chiemgauer Alpen bieten gute Möglichkeiten für Mountainbiker. Eine mittelschwere Tour mit 39 Kilometern und 1600 Höhenmetern führt zum Beispiel rund um den Hochgern (www.chiemgau-mountainbike.de).

↗ **Paragliding** Im Chiemgau sind mehrere Berge zum Paragliden geeignet. Wer noch kein Profi ist, kann das Fluggefühl bei einem Tandemflug kennenlernen. Beliebte Fluggebiete sind am Hochries und am Hochfelln. Von hier aus hat man einen traumhaften Blick auf den Chiemsee, während man langsam dem Boden entgegenschwebt (www.tandemfliegenchiemgau.de).

↗ **Hüttentour** Auf dieser vom Deutschen Alpenverein zusammengestellten Wandertour umrundet man auf traumhaften Pfaden das Priental. Am ersten Tag steigt man von Aschau über die Frasdorfer Hütte in drei Stunden zur Riesenhütte auf.

Der zweite Tag bietet eine wunderschöne Gratwanderung: in anregendem Auf und Ab wandert man über den Klausenberg zum Spitzsteinhaus. Am dritten Tag wechselt man die Talseite von West nach Ost und erklimmt die ersten Höhenmeter auf dem Weg zum Geigelstein. Die Priener Hütte bietet dann ein willkommenes Abendessen und Schlafquartier. Am letzten Tag der Rundtour warten mit dem Geigelstein und der Kampenwand noch einmal zwei Klassiker auf den Wanderer. Durch das Naturschutzgebiet erklimmt man zuerst den Geigelstein, von dem man eine einmalige Aussicht genießt. Danach geht es hinunter auf den Dalsensattel und wieder ansteigend bis zur Bergstation der Kampenwandbahn. Hier entscheidet man sich je nach Fitness zum Aufstieg auf die Kampenwand oder dazu, doch lieber mit der Bahn ins Tal zu schweben (www.davplus.de/huettentrekking/chiemgautour).

↗ **Schuster-Gangl-Klettersteig** Dieser wunderschön angelegte Klettersteig führt vom Wandfuß der Steinplatte mehr oder weniger senkrecht über 200 Höhenmeter zum Gipfel der Steinplatte. Für den Steig sind eine komplette Klettersteig-Ausrüstung inklusive Helm und alpine Erfahrung unbedingt notwendig. Der Steig ist mit C (mittlere Schwierigkeit) klassifiziert und sollte auch nur von Wanderern mit ersten Erfahrungen im Fels begangen werden (www.hoehenrausch.de/berge/steinplatte).

↗ **Biathlon erleben** Im Wintersportort Ruhpolding kann man in der Chiemgau Arena den beliebten Wintersport Biathlon einmal selber ausprobieren. Trainiert wird direkt auf der Weltcup-Anlage, auf der erfahrene Trainer die wichtigsten Verhaltensregeln beim Umgang mit der Waffe erklären – und schon kann man selbst versuchen, die Scheiben zu treffen (www.biathloncamp.de).

Ob Gämse, Gams oder – nach alter Rechtschreibung – Gemse: alle drei Begriffe bezeichnen dieselbe Art *Rupicapra rupicapra.* Die zu den Ziegenarten zählende Gämse lebt vorwiegend in den Hochge-birgslagen des Alpenraums. Sie findet zwar auch oberhalb der Baumgrenze genügend Lebensraum und Nahrung, die vor allem aus jungen Trieben besteht, bevorzugt allerdings hohe Berge mit dichten Wäldern, in die sie sich zurück-ziehen kann. In Deutschland hat sie eigentlich keine natürlichen Feinde, Angriffe von Luchsen sind äußerst selten. Am meisten macht der Gämse der Mensch zu schaffen, Tausende werden jedes Jahr allein in Deutschland bejagt. Dies geht allerdings mit einer stabilen Population ein-her, die Gämse gilt derzeit nicht als in ihrem Bestand gefährdet. Die Tiere leben – zumindest in den Sommermonaten – in festen Verbänden aus Weibchen und Jungtieren. Diese Herden haben meist zwischen 20 und 30 Mitglieder. Die Böcke sind Einzelgänger und schließen sich immer nur zeitweise einem Verband an. Während der Paarungszeit im Herbst kommt es zu erbitterten Kämpfen zwischen den konkurrierenden Männchen. Im Frühjahr wirft die Geiß meist ein oder zwei Junge, die etwa drei Monate gesäugt werden.

Nationalpark Berchtesgaden

*Nationalparkverwaltung
Berchtesgaden
Doktorberg 6
83471 Berchtesgaden
Tel. 08652/968 60
www.nationalpark-berchtesga-
den.bayern.de
poststelle@npv-bgd.bayern.de*

Im Jahre 1978 wurde der Nationalpark Berchtesgaden als erster und einziger hochalpiner
Nationalpark in Deutschland
mit dem Ziel gegründet, einen
Rückzugsraum für die Natur in
diesem einsamen Flecken im
Südosten Bayerns zu schaffen.

Das Herzstück des Parks ist der Königssee mit den umliegenden Bergen des Hagengebirges, des Watzmannstocks, des Hochkalters und der Reiteralpe. Obwohl der Park von über 230 Kilometern Wanderwegen erschlossen wird, ist das gesamte Gebiet bis auf die touristischen Hotspots am Königssee, St. Bartholomä und dem Jenner eher einsam. So kann man hier ungestört majestätische Adler, Rotwild, Gämsen, Steinböcke und Murmeltiere beobachten. Auch viele Insekten, Reptilien und Amphibien leben im Nationalpark – stellvertretend sei hier die schwarze Kreuzotter genannt. Seltene Pflanzen wie der Frauenschuh, das Edelweiß und die Zwergprimel kann man hier ebenfalls entdecken. Aber nicht nur Flora und Fauna machen die Besonderheit des Nationalparks aus, sondern vor allem die vielen interessanten geologischen Phänomene wie der Funtensee, das Wimbachtal oder der Blaueisgletscher. Um seinen Aufenthalt in diesem idyllischen Fleck zu planen, sollte man mit einem Besuch im Nationalparkzentrum in Schönau beginnen (www.haus-der-berge.bayern.de).

Hintersee und Hintertal

Der Hintersee ist ein kleiner, malerischer See am Fuße des Hochkalters. Entstanden ist der See durch einen Bergsturz aus dem Blaueistal vor ca. 4000 Jahren. Der See ist im Winter bei Wintersportlern zum Eislaufen und Eisstockschießen sehr beliebt. Im Sommer zieht der Zauberwald am Ostufer viele Besu-

Großes Bild: Barmsteine; linke Seite: Taubensee mit Blick auf Watzmann; links: Hintersee.

cher in seinen Bann. Aus Teilen des Bergsturzes hat sich eine wildromantische Schlucht gebildet, mit großen Felsblöcken, die zum Teil von Pflanzen überwuchert sind. Durch diese Märchenwelt bahnt sich ein Wildbach seinen Weg.

Hochkalter

Westlich des Watzmannmassivs oberhalb des Wimbachgries liegt die Hochkaltergruppe. Keiner der Gipfel hier ist über einen Wanderweg erschlossen, weshalb die Gegend vor allem bei Kletterern sehr beliebt ist. Wanderer kommen herauf, um von der Blaueishütte, die Kletterern als Stützpunkt dient, einen Blick auf das Blaueis zu werfen – den nördlichsten Gletscher der Alpen, der in den letzten Jahren viel an Fläche verloren hat.

Wimbachtal und Wimbachklamm

Das 12 Kilometer lange Hochtal liegt zwischen den Gebirgsmas-

siven des Watzmanns und des Hochkalters. Am Eingang des Tals befindet sich die romantische Wimbachklamm. Über Jahrmillionen hat sich der Wildbach hier einen Weg durch das Gestein gebahnt und eine einmalige Naturschönheit mit unzähligen Wasserfällen geschaffen. Der hintere Teil des Tals bis zu den Palfelhörnern wird von einem bis zu 300 Meter mächtigen Schuttstrom geprägt, der wie eine Mondlandschaft wirkt.

Königssee und Obersee

Der Königssee ist einer der schönsten Seen der bayerischen Alpen. Mit seinem tiefen, smaragdgrünen Wasser liegt er wie in einem Fjord eingebettet zwischen den Bergen von Watzmann und Jenner. An der Nordseite befindet sich Schönau, der Hauptort des Sees. Auf dem Gewässer sind nur Elektoboote erlaubt, sodass über dem See eine unvergleichliche Stille liegt, die den Besucher die Hektik des Alltags vergessen lässt. Boote brin-

gen die Gäste das ganze Jahr nach St. Bartholomä mit seiner eindrucksvollen Wallfahrtskapelle und zum Obersee. Der Obersee liegt, von einem Moränenwall getrennt, einen knappen Kilometer südlich des Königssees und ist über einen Wildbach mit ihm verbunden. Bedingt durch die Tiefe des Sees von über 190 Metern friert er im Winter in der Regel nicht zu. Nur etwa alle zehn Jahre ist es möglich, zu Fuß von Schönau nach St. Bartholomä zu laufen – das

letzte Mal war der See ganze 29 Tage im Jahr 2006 zugefroren.

Watzmann

Der Watzmann ist unbestritten der König der Berchtesgadener Alpen. Mit einer Höhe von 2713 Metern und seiner markanten Form thront er über dem Berchtesgadener Land. Die Überschreitung der drei Hauptgipfel – Hocheck, Mittelspitze und Südspitze – gilt als eine der anspruchsvollsten Bergtouren im bayerischen Alpenraum: insgesamt 2100 Höhenmeter müssen dazu überwunden werden und mehrere Stellen verlangen Klettergeschick. Die Ostwand, mit 1800 Metern die höchste durchgehende Felswand der Ostalpen, ist der Traum und gleichzeitig auch oft der Alptraum für viele Alpinisten. Die Durchsteigung dieser Wand ist technisch nicht sehr kompliziert, aber die Länge der Tour und die schwierige Orientierung machen den Berg zum Schicksalsberg von

über 100 Bergsteigern, die seit der Erstbesteigung hier den Tod fanden. Eine artenreiche Flora und Fauna zeichnet das Massiv ebenfalls aus, seltene alpine Pflanzen, wie das Wilde Alpenveilchen, die sonst in den bayerischen Alpen nicht mehr vorkommen, gedeihen hier.

Funtensee

Der Funtensee oberhalb des Königssees gilt mit –40 °C als Kältepol Deutschlands, da sich die

Kaltluft im Winter in der Senke sammelt und wegen der fehlenden Sonneneinstrahlung nicht mehr entweichen kann. Diese klimatische Besonderheit führt zu einer doppelten Waldgrenze, nicht nur nach oben, sondern auch nach unten hört der Waldbewuchs ca. 60 Meter oberhalb des Sees auf, da die im Winter konstant unter null liegenden Temperaturen einen Baumbestand unmöglich machen.

Weitere Highlights In der Marktgemeinde Berchtesgaden befindet sich das Salzbergwerk Berchtesgaden. Seit 1517 wird in Berchtesgaden Salz abgebaut. In dem Besucherbergwerk werden täglich alle 10 Minuten Führungen angeboten. Hier lernt man die Geschichte des Bergwerks, die Bedeutung des Salzhandels und die Arbeitsbedingungen unter Tage kennen. Neben den historischen Fakten kommt bei zwei Rutschen, dem Spiegelsee und der Grubenbahn, der Spaß nicht zu kurz (www.salzzeitreise.de).

Outdoor-Aktivitäten Im Sommer steht Wandern, Klettern und Mountainbiken im Vordergrund, aber auch mehrere Badeseen locken. Für die Abenteuerlustigen ist auch Canyoning und Rafting im Angebot. Im Winter gibt es Skilanglauf, Skitouren und Schneeschuhtouren.

Anreise/Unterkunft Das Berchtesgadener Land und der Nationalpark liegen in der äußersten südöstlichen Ecke Deutschlands. Die Anfahrt erfolgt über die A8 München–Salzburg, Ausfahrt Traunstein/Siegsdorf oder Bad Reichenhall. Die gesamte Region ist touristisch gut erschlossen. Unterkunft: Pension »Haus am Berg«, Berchtesgaden, www.pension-hausamberg.de; Hotel-Pension »Seeblick«, Bad Reichenhall, www.hotel-seeblick.de.

Großes Bild: Beeindruckend ist die Ostwand von Watzmann und Kleinem Watzmann; kleines Bild: Panorama des Königssees mit Watzmann.

↗ Skitour »Kleine Berchtesgadener Reibn« Eine der beliebtesten Skitouren im Berchtesgadener Land startet am Königssee. Eine herrliche Rundtour durch den Nationalpark Berchtesgaden erwartet den ambitionierten Skitourengeher. Auf der siebenstündigen Tour überwindet man 1400 Höhenmeter und erreicht am Schneibstein auf 2276 Metern den höchsten Punkt. Traumhafte Ausblicke und Abfahrten erlebt man auf dem Rückweg zum See (www.tourentipp.de/de/touren/Kleine-Reibn-Berchtesgaden-Skitour_580.html).

↗ Skitour »Große Berchtesgadener Reibn« Mit 4500 Höhenmetern, mehr als 50 Kilometer Distanz und über 40 Grad steilen Abfahrtspassagen ist die Große Reibn eine der großen Herausforderungen in den deutschen Alpen. In drei Tagesetappen mit Übernachtungen auf dem Carl-von-Stahl-Haus und dem Kärlinger Haus umrundet man den Königssee und das Watzmannmassiv mit dem Funtenseetauern als höchstem Punkt und kehrt durch das Wimbachgries nach Schönau zurück. Eine ausführliche Beschreibung der Tour, die nur für sehr geübte und konditionsstarke Tourengeher geeignet ist, findet man unter www.tourentipp.de/de/touren/Grosse-Reibn-Berchtesgadener-Alpen-Skitour_1478.html.

↗ Geführte Wanderungen Auf den Internetseiten der Nationalparkverwaltung werden im Sommer geführte Wanderungen durch den Nationalpark angeboten. Hier einige Beispiele: »Im Tal der Adler«: Jeden Donnerstag wird eine Wanderung ins Klausental veranstaltet, bei der man das Revier des Steinadlers, sein Brutverhalten und seine Jagdstrategien kennenlernt. »Dem Murmeltier auf der Spur«: Eine Tour, die vor allem für Kinder interessant ist. In der Nähe der Königsbachalm werden unter fachkundiger Anleitung die scheuen Tiere beim Sonnen vor ihrem Bau beobachtet. »Kräuterwanderung«: Hier steht nicht der Gipfel im Mittelpunkt, sondern die Kräuter am Wegesrand. Man bekommt viele Erklärungen sowie Tipps und Tricks, wie man Kräuter verwenden kann. »Auf zur Sennerin«: Eine Sennerin erzählt auf der Schwarzbachalm über den Lebensraum Alm, wie Käse hergestellt wird und so manches kleine Küchengeheimnis. Es gibt auch Touren, die extra mit dem Prädikat »auch für Gehschwache« ausgezeichnet sind.

↗ Kesselbach-Canyoning-Tour Adrenalin pur verspricht selbst die Einsteigertour: Abseiling, das heißt Sprünge ins kalte Wasser und Wasserrutschen erwarten alle, die sich trauen (www.canyoning-rafting.de/index.php/canyoning/canyoning-kesselbach.html).

↗ Klettersteigschule Berchtesgaden In Schönau am Königssee hat die erste Klettersteigschule ihre Pforten geöffnet. Von Schnupperkursen bis hin zu Fortgeschrittenenkursen kann man hier die richtige Durchsteigung eines Klettersteiges erlernen (www.klettersteigschule.de).

↗ Rennbob-Taxi Ein ganz besonderes Erlebnis bietet die Bob- und Rodelbahn Königssee an. Wagemutige können sich auf der ältesten Kunsteisbahn der Welt in einem Zweierbob als Beifahrer den Eiskanal hinabstürzen. Jeder, der die Übertragungen aus dem Weltcup im Fernsehen gesehen hat, kann am eigenen Leib erleben, wie es sich anfühlt mit fast 100 Stundenkilometern den Berg hinabzubrettern (www.rennbob-taxi.de).

↗ Malerwinkel Ein kurzer Spaziergang vom großen Besucherparkplatz führt zum Malerwinkel. Von hier aus hat man einen wunderschönen Blick über den gesamten See. Eine Aussicht, die viele Maler inspiriert hat, nicht zuletzt auch Caspar David Friedrich, dessen Watzmannbild zu seinen bekanntesten Werken zählt (www.berchtesgadener-land. com/de/koenigssee-malerwinkel-rundwanderweg).

↗ **Rinnkendl-Steig** Den schönsten Blick auf den Königssee hat man entweder vom Malerwinkel oder aber von der Archenkanzel hoch über dem See. Die Tour startet in Schönau bei der Bobbahn und zieht westseitig den Hang hinauf, bis man zur Kühroint Alm kommt. Von hier ist es nicht mehr weit bis zur Archenkanzel, die einen atemberaubenden Blick auf den See bietet. Anschließend steigt man über den gesicherten Rinnkendl-Steig nach St. Bartholomä ab. Während des gesamten Abstiegs genießt man einen atemberaubenden Blick in die Tiefe auf den fast senkrecht unter einem liegenden See. Die Tour sollte man früh beginnen, da der Rückweg nur über den See möglich ist und man das letzte Boot nicht verpassen sollte (www.berchtesgadener-land.com/de/rinnkendl-steig).

↗ **Ruderboot fahren** Bei den vielen schönen und anstrengenden Touren sollte man die Entspannung nicht vergessen und deshalb auch einmal ein Ruderboot mieten und sich einfach auf dem See treiben lassen. Ruhe, Sonne, Erholung pur – man muss es einfach ausprobieren.

Großes Bild: Nebel hat sich über dem Funtensee gebildet und taucht die Landschaft in eine mystische Atmosphäre. **Links:** Wimbachklamm.

Alpensteinböcke

In den Alpen leben wieder große Rudel von Steinböcken. Sie waren Mitte des 19. Jahrhunderts gänzlich verschwunden, wurden aber erneut angesiedelt. Alpensteinböcke wechseln jahreszeitlich kaum in tiefere Lagen. Im Winter suchen sie Südhänge nahe der Baumgrenze auf. Die Steingeiß ist nur wenige Tage brünstig, sie wird dann von einem starken Bock aufgesucht. Anfang Juni kommt ein Kitz zur Welt. Alpensteinböcke sind geschickte Kletterer, die sogar in Felskaminen von einer Wand zur anderen springen. Im Schnee hingegen zeigen sie sich unbeholfen und suchen lieber das nackte Gestein auf, wo sie Flechten äsen. Im Sommer tragen die Steinböcke ein raues, überwiegend fahlgraues Fell, wobei die Färbung bei den Geißen etwas mehr ins rötlich Gelbe spielt. Im Winter werden Steinböcke gelblich grau; alte

Männchen zeichnen sich durch einen dunklen Schulterfleck aus. Die höchstens 35 Zentimeter langen Hörner der Steingeiß ähneln kleinen Sicheln. Die viel größeren Hörner mit den vorstehenden, verdickten

Wülsten des männlichen Alpensteinbocks schwingen im einfachen Bogen nach hinten. Sie können, die Biegung mitgemessen, einen Meter lang werden. Tagsüber ruhen Steinböcke gern wiederkäuend unter geschützten Felsüberhängen, in den Nachmittagsstunden ziehen sie grasend talwärts, erreichen dann die Weidegründe zur Dämmerung und grasen friedlich die Nacht hindurch.

Eine der vielen pracht-
vollen Alleen, für die die
Insel Rügen berühmt ist

Reiseatlas

Die Karten auf den folgenden Seiten zeigen Deutschland im Maßstab 1 : 900 000. Die geografischen Details wurden dabei durch eine Vielzahl touristischer Informationen ergänzt – etwa Piktogramme, die Lage und Art aller wichtigen Sehenswürdigkeiten und Freizeitziele angeben. Die Nationalparks, Biosphärenreservate und Naturparks sind besonders gekennzeichnet.

Zeichenerklärung 1:900.000

Autobahn		**E43**	Europastraßennummer
Gebührenpflichtige Autobahn		**7** **3**	Autobahnnummern
Autobahn im Bau		**311** **14**	Straßennummern
4- oder mehrspurige Straße		22	Autobahnanschlussnummer
4- oder mehrspurige Straße im Bau		○	Anschlussstelle
Fernstraße			Autobahntankstelle
Fernstraße im Bau			Autobahnrasthaus
Wichtige Hauptstraße			Autobahnrasthaus mit Motel
Wichtige Hauptstraße im Bau			Für Wohnwagengespanne nicht geeignet
Hauptstraße			Für Wohnwagengespanne gesperrt
Nebenstraße			Autoverladung
Eisenbahn		10 %	Steigungsangaben
Fährlinie		XI-III	Wintersperre
Staatsgrenze		**MAUT**	Gebührenpflichtiger Tunnel
Grenzen der Bundesländer			Wichtiger Flughafen
National- und Naturpark			Flughafen
Sperrgebiet		**Dinkelsbühl**	Sehenswerter Ort

Besondere Sehenswürdigkeiten

Autoroute	Schutzgebiet für Seelöwen/Seehunde	Burg/Festung/Wehranlage	Arena/Stadion
Bahnstrecke	Zoo/Safaripark	Burgruine	Rennstrecke
Hochgeschwindigkeitszug	Küstenlandschaft	Sehenswerter Turm	Golf
Schiffsroute	Strand	Windmühle	Pferdesport
UNESCO-Weltnaturerbe	Insel	Palast/Schloss	Skigebiet
Gebirgslandschaft	Quelle	Technisches/ industrielles Monument	Segeln
Felslandschaft	UNESCO-Weltkulturerbe	Kriegsschauplatz/ Schlachtfeld	Windsurfen
Schlucht/Canyon	Sehenswerter Ort	Bergwerk geschlossen	Tauchen
Gletscher	Vor- und Frühgeschichte	Staumauer	Kanu/Rafting
Vulkan, erloschen	Römische Antike	Sehenswerter Leuchtturm	Seehafen
Höhle	Christliche Kulturstätte	Herausragende Brücke	Wellenreiten
Flusslandschaft	Romanische Kirche	Herausragendes Gebäude	Wasserski
Wasserfall/Stromschnelle	Gotische Kirche	Grabmal	Badeort
Seenlandschaft	Renaissance-Kirche	Denkmal	Freizeitbad
Fossilienfundstätte	Barock-Kirche	Mahnmal	Mineralbad/Therme
Naturpark	Byzantinisch/orthodoxe Kirche	Markt	Freizeitpark
Nationalpark (Landschaft)	Christliches Kloster	Feste und Festivals	Spielcasino
Nationalpark (Flora)	Jüdische Kulturstätte	Museum	Berghütte/Alm
Nationalpark (Fauna)	Kulturlandschaft	Freilichtmuseum	Wandern/Wandergebiet
Botanischer Garten	Historisches Stadtbild	Theater	Aussichtspunkt
Biosphärenreservat	Imposante Skyline	Weltausstellung	Bergbahn
Wildreservat	Information	Olympische Spiele	

Bc   Bd   Ca   Cb

28

29

N O R D S E E

30

31

Ostfriesische Inse

Spie
Spi

Baltrum
Langeoog
Langeoog

Juist   Norderney
Juist   Norderney   Neuhari

Borkum   Nesse
Nessmersiel   Dornumersiel
Dornum
Neßmersiel   Dornum   Bensersiel   Esens

Borkum   Dornumersiel
Memmert   Nationalpark   Norddeich   Hage   Holtgast   Dünum   Wittm

Ameland   Rottumerplaat   Niedersächsisches   Norden   Lütetsburg   Großheide   Westerholt   Neuschoo
Schiermonnikoog   Burg Berum   Leetzdorf   Blomberg

Nes   Buren   Rottumeroog   Leybucht   Osteel   Wirdum   Ostfriesla
Hollum   Schiermonnikoog   Greetsiel   Marienhafe   Moormus   Südbrookmerland   Ostfriesla
Terschelling   Nationaal Park   Wattenmeer   Krummhörn   Wirdum   Aurich   Wittm
Schiermonnikoog   Pilsum   Osteel   Hinte   Wiesmoo

Lauwersoog   Pieterburen   Eemshaven   Ems-Jade-Ka
Oosterend   Holwerd   Warffum   Roodeschool   Eemshaven   Campen   Großefehn   Bagband
Sint Jacobi-   Marrum   Ferwerd   Metslawier   Zoutkamp   Uithuizen   Rysum   Kunsthalle   EMDEN   Neukamperfehn

parochie   Anjum   Ulrum   Weh-   Middelstum   Menkemaborg   Moormerland   Uplenger
Dokkum   den Hoorn   Eemsmond   Ostfriesisches   Leer
Rinsumageest   Driesum   Winsum   Bedum   Landesmus   Evenburg   Hesel   Uplenge
Museum Het   Aldtsjerk   Dapwoude   Kollum   Loppersum   Appingedam   Dollard   Leer   Westover
Princessehof   Mar-   Zwaag-   Grootegast   Aduard   Ten Boer   Nikolaikerk   Delfzijl   Jemgum   Detern
Planetarium   sum   Oldekerk   Zuidhorn   Hoogkerk   Nieuwolda   Nortmoo
LEEUWARDEN   Veenwouden   Surhuister-   GRONINGEN   Siddeburen   Weener   Ostrhauder
Franeker   Hurdegrave   Burgum   veen   Oldehove   Groninger Museum   Scheemda   Bunde   Rhaude   dingen

Elfstedentocht   Wiewerd   De   Marum   Leek   Haren   Hortus   Slochteren   Beerta   Weener
Warga   Roden   Fraeylema-   borg   Nieuweschans
Drachten   Peize   Eelde   Hoogezand-   Oude   Winschoten   Westover
De Waterpoort   Akkrum   Nij   Sappemeer   Pekela   Bellingwolde   Weener
Sneek   Beets   Zuidlaren   Heiligerlee   Bellingwold   Rhaude
Vries   Veendam   Oude   dingen
Pekela

Bc   Bd   444   Ca   Cb

440